Aspects de l'itération

Sc!

Sciences pour la communication

Vol. 106

Les ouvrages publiés dans cette collection ont été sélectionnés par les soins du comité éditorial, après révision par les pairs.

Collection publiée sous la direction de
Marie-José Béguelin, Alain Berrendonner,
Denis Miéville et Louis de Saussure

Laurent Gosselin, Yann Mathet,
Patrice Enjalbert & Gérard Becher

Aspects de l'itération

L'expression de la répétition en français: analyse linguistique et formalisation

PETER LANG
Bern • Berlin • Bruxelles • Frankfurt am Main • New York • Oxford • Wien

Information bibliographique publiée par «Die Deutsche Nationalbibliothek»
«Die Deutsche Nationalbibliothek» répertorie cette publication dans la
«Deutsche Nationalbibliografie»; les données bibliographiques détaillées sont disponibles
sur Internet sous ‹http://dnb.d-nb.de›.

Cette publication a été rendue possible grâce au soutien financier du laboratoire DYSOLA
(EA 4701) de l'Université de Rouen, et du laboratoire GREYC (UMR 6072)
de l'Université de Caen-Basse Normandie.

Graphisme: Atelier 4b, Sandra Meyer

ISBN 978-3-0343-1415-2 br. ISBN 978-3-0352-0215-1 eBook
ISSN 0933-6079 br. ISSN 2235-7505 eBook

Hochfeldstrasse 32, CH-3012 Berne, Suisse
info@peterlang.com, www.peterlang.com

Imprimé en Suisse

Remerciements

Les travaux présentés dans cet ouvrage ont été initiés dans le contexte du projet TCAN OGRE («Intervalles temporels et applications à la linguistique textuelle: vers une prise en compte des notions d'ordre de grandeur et de répétition»). Les auteurs tiennent à remercier l'ensemble des participants au projet et tout particulièrement son initiateur et animateur François Levy.

Nous remercions également l'ensemble des étudiants en master et thèse impliqués dans ces recherches pour leur précieuse contribution.

Nos travaux ont été menés au sein des laboratoires DYSOLA (EA 4701) de Rouen, et GREYC (UMR 6072) de Caen. Nous exprimons notre gratitude pour leur contribution à la publication de ce livre.

Tables des matières

Introduction

1. L'itération comme objet linguistique 1
2. Pluralité et aspect itératif 6
3. Les sources de l'itération 11
4. L'itération des procès: procès modèle et procès itéré 16
5. Ontologie et calcul temporel 19
6. Vers un traitement de l'itération dans la SdT 22

Chapitre 1. L'itération dans le modèle SdT

Laurent Gosselin, Université de Rouen

1. **Introduction: différents types d'aspect itératifs** **25**
   1.1. Aspects répétitif, fréquentatif, habituel 25
   1.2. Itération présuppositionnelle / non présuppositionnelle 28
   1.3. Présentation du chapitre 29
2. **Le modèle SdT** **30**
   2.1. Des structures d'intervalles 30
   2.2. Relations entre bornes et entre intervalles 33
   2.3. L'aspect: aspect conceptuel *versus* visée aspectuelle 34
      2.3.1 Aspect lexical versus *grammatical*
      2.3.2 Les types de procès
      2.3.3 Les phases
      2.3.4 Les visées aspectuelles
      2.3.5 Visées directes et indirectes
   2.4. Le Temps 41
   2.5. Propriétés de l'intervalle de référence 43
      2.5.1 Anaphoricité
      2.5.2 La corrélation visée aspectuelle / temps relatif
      2.5.3 La coupure modale
   2.6. Propriétés de l'intervalle circonstanciel 54
      2.6.1 Circonstanciels de durée
      2.6.2 Circonstanciels de localisation temporelle
   2.7. Principes de calcul: la compositionnalité holiste 61

3 **L'aspect itératif comme aspect conceptuel** **68**
3.1 La récursivité des Procès (*lato sensu*) 68
3.2 Les agglomérats de procès 71
3.3 Composition des agglomérats de procès 76
3.4 Relations internes aux agglomérats 78
4 **Représentations de l'itération** **85**
4.1 Une représentation au moyen d'intervalles 85
4.2 La série itérative comme macroprocès 88
4.3 Représentations de l'élément itéré 92
5 **Le calcul de l'itération** **96**
5.1 Les sources de l'itération 96
5.2 Les syntagmes verbaux intrinsèquement itératifs 99
5.3 La portée des adverbiaux fréquentatifs 101
5.4 Les conflits 114
5.4.1 Le mécanisme
5.4.2 Le classement des conflits
6 **Le calcul des valeurs temporelles, des visées aspectuelles et des coupures modales** **122**
6.1 Les valeurs temporelles absolues 123
6.2 Les visées aspectuelles 123
6.3 Les coupures modales 130
7 **Les relations circonstancielles** **131**
7.1 L'itération circonstancielle 131
7.2 Les types de circonstanciels itératifs 133
7.3 Le calcul de la relation circonstancielle (RC) 134
7.3.1 Portée sur la série itérative
7.3.2 Portée sur les occurrences
7.3.3 Portée sur les agglomérats
7.3.4 La relation circonstancielle subordonnée
8 **Conclusion** **139**
8.1 Aspect itératif et pluralité 139
8.1.1 Une convergence entre approches quantificationnelle et aspectuelle
8.1.2 L'aspect comme quantification sur les événements
8.1.3 Remarques critiques
8.2 Compositionnalité et complexité de l'aspect 145
8.2.1 Problèmes posés par la compositionnalité de l'aspect

8.2.2 Complexité et compositionnalité holiste
8.3 Résumé des propositions 149

Chapitre 2. Une approche cognitive de l'itération et sa modélisation objet

Yann Mathet, Université de Caen

1 Introduction **153**
1.1 Perspectives en matière de modélisation 153
1.2 Circonscription de notre objet d'étude 156
2 Analyse et représentation des itérations: itérant et itérés **157**
2.1 Exemple introductif 157
2.2 Une hypothèse cognitive: les deux facettes de l'itération 158
2.3 Espaces mentaux et modèles itératifs 160
2.3.1 Les «espaces mentaux» de Fauconnier
2.3.2 Présentation des Espace Mentaux Itératifs (ou Espaces Modèles)
2.3.3 Espaces mentaux itératifs d'un discours
2.3.4 Propriétés des espaces mentaux itératifs
2.3.5 Récursivité des espaces mentaux itératifs
2.3.6 Espaces mentaux itératifs et calendrier
2.3.7 Espaces mentaux itératifs et construction des itérations
2.4 Lien entre itérant et itérés: notions de clonage et de projection 169
2.5 Les intervalles de la SdT dans le présent modèle 173
3 Présentation du modèle de l'itération **174**
3.1 Langage de modélisation «UML»: quelques éléments 175
3.2 Itération 176
3.3 Itérateur 178
3.3.1 Présentation
3.3.2 Modélisation
3.3.3 Lien avec les «sources de l'itération» de la SdT
3.4 Modèle Itératif 181
3.4.1 Procès modèle
3.4.2 Relations entre procès modèles
3.4.3 Intervalles circonstanciels modèles
3.4.4 *Constructions récursives: l'itération comme procès modèle*
3.5 Retour sur la dualité vision extensionnelle / intensionnelle 186

3.6 Modélisation des procès 189

4 Mise en œuvre des espaces modèles: liens entre procès modèles 191

4.1 Procès modèles concomitants 192

4.2 Procès successifs, ou «série de procès» 193

4.3 Cas général 194

5 Mise en œuvre du modèle de l'itération: analyses et constructions 195

5.1 Itération issue d'un itérateur quantificatif 195

5.2 Itération issue d'un itérateur calendaire régulier 196

5.3 Itération issue d'un itérateur fréquentiel 198

5.4 Itération issue d'un itérateur événementiel: *quand, chaque fois que…* 202

5.5 Opération de *fusion:* rattachement d'itérations événementielles 203

6 Sélections: accès à une partie des itérés; modèle et mise en œuvre 205

6.1 Introduction 205

6.2 Définition et modélisation 206

6.3 Rôle d'une sélection 208

6.4 Exemples et analyses 210

6.4.1 Sélections simples (sélecteur=ensemble d'indices)

6.4.2 Sélecteurs fréquentiels

6.4.3 Particularisation de procès modèles via une sélection

6.4.4 Procès modèles hypothétiques et procès modèles conditionnels comme moteurs de sélection

6.4.5 Sélections récursives

6.5 Itérations implicites (présupposées) 223

7 Itérations satellites 224

8 Bilan et perspectives 226

8.1 Bilan sur la constitution du contenu itératif 226

8.2 Perspectives 230

8.2.1 Enrichissement du modèle: exemple de la prise en compte d'un contenu itératif à évolution progressive

8.2.2 *Vers un traitement automatique de l'itération en discours*

Chapitre 3. L'itération: structures temporelles et quantification

Patrice Enjalbert et Gérard Becher, Université de Caen

1 Introduction **235**
2 Modèle algébrique **243**
2.1 Présentation 243
2.2 La notion de série temporelle 246
2.2.1 Présupposés. Intervalles généralisés
2.2.2 Définitions
2.3 Relations et opérations sur les séries 249
2.3.1 Relations entre séries
2.3.2 Ratio d'une série par rapport à une sur-série
2.3.3 Composante d'un intervalle dans une sur-série
2.3.4 Complémentaire d'une série
2.3.5 Restriction d'une série
2.3.6 Agglomération
2.3.7 Extraction de sous-série
3 Sémantique des expressions calendaires itératives **258**
3.1 Présentation 258
3.2 Lexique calendaire 259
3.3 Sémantique des ECI: principes généraux 261
3.4 Détermination 263
3.4.1 Expressions considérées
3.4.2 Les déterminants «les», «tous les», «chaque», …
3.4.3 Les déterminants «un», «un certain», …
3.4.4 Les déterminants «la plupart des», «presque tous les», …
3.4.5 Les déterminants «certains», «quelques», …
3.4.6 *Remarque: problèmes de distributivité*
3.5 Quantification explicite 267
3.5.1 Expressions de la forme «n X par Y»
3.5.2 Expressions de la forme «n fois par Y»
3.5.3 Expressions de la forme «n X sur p»
3.5.4 «Tous les n X»
3.6 Compléments 269
3.6.1 Heures
3.6.2 Les intervalles itératifs

4 Procès itératifs et relation circonstancielle: ontologie temporelle **271**
4.1 Présentation 271
4.2 Principes généraux de la théorie SdT. Rappel succinct 273
4.2.1 Procès (temps et aspect)
4.2.2 Relation circonstancielle
4.3 Procès itératifs: entités temporelles associées 277
4.3.1 Procès type et itération. Aspect d'un procès itératif
4.3.2 Compléments circonstanciels
5 La relation circonstancielle itérative **281**
5.1 Cadre de l'étude. Principes de l'analyse 281
5.2 Structure informationnelle des énoncés CC_{iter} + P_{iter} 284
5.3 Le calcul de la relation circonstancielle CC_{iter} + P_{iter} 287
5.4 Propriétés de la relation entre séries 290
5.4.1 Correspondance entre séries circonstancielles et de procès (IC_i et IP_i): deuxième formulation
5.4.2 Propriétés «négatives»
5.4.3 Propriétés «positives»
5.4.4 Bilan
5.5 Compléments: cas d'un procès non aoristique, relation circonstancielle subordonnée 300
5.5.1 Procès non aoristique
5.5.2 La relation circonstancielle subordonnée
5.6 Discussion 304
5.6.1 «Procès stricts»
5.6.2 «Lois générales»
5.7 CC unitaires: calcul de la relation circonstancielle CC_{unit} + P_{iter} 307
5.7.1 Configuration simple CC_{unit} + P_{iter}
5.7.2 Configuration mixte CC_{unit} + CC_{iter} + P_{iter}
6 Sémantique des adverbes itératifs **310**
6.1 Principes de l'analyse 310
6.2 Cas d'un substrat à composante itérative 317
6.2.1 Quantificateurs généralisés
6.2.2 Les adverbes itératifs comme modificateurs de la relation circonstancielle: formalisation

6.2.3 Les adverbes itératifs comme modificateurs de la relation prédicative (cas où le foyer est un constituant du procès). Généralisation
6.2.4 Discussion. Adverbiaux et adverbes itératifs: des formes de quantifications distinctes?
6.3 Cas d'un substrat non itératif 327
6.3.1 Configurations étudiées
6.3.2 Formalisation
6.3.3 Discussion: focalisation sur l'adverbe
6.4 Sémantique lexicale des adverbes aspectuels: distributions fréquentielles caractéristiques 331
6.4.1 Usage sélectif: caractérisation de la famille de relations $<_A$
6.4.2 Usage restrictif: caractérisation de la famille de relations $\subseteq_A$
7 L'itération en discours 340
7.1 Une dynamique assertionnelle 341
7.2 Discussion 344
8 Conclusion 346
8.1 Notre contribution peut être rassemblée en cinq points 346
8.2 Pluralité verbale, quantification et séries temporelles 350
8.3 Prolongements, travaux futurs 352

Conclusion 353
1 Modélisation 353
2 L'expression de l'itération 357

Bibliographie 363

Introduction

«Au commencement était le Verbe,
Et le Verbe était radoteur ...»
(Ghelderode: *La Balade du Grand Macabre*)

1. L'itération comme objet linguistique

Cet ouvrage porte sur l'itération en tant qu'objet linguistique. Il s'agit d'étudier comment une langue telle que le français nous permet de concevoir et d'exprimer la répétition; répétition d'événements, d'états, de périodes... *i.e.* de toutes formes d'entités conçues comme pourvues d'une dimension temporelle, et dont un locuteur peut envisager une succession d'occurrences dans le temps. On prendra préalablement soin, conformément aux principes les plus fondamentaux de la sémantique linguistique, de distinguer d'une part la notion commune de répétition, et d'autre part l'itération comme catégorie langagière, dotée de propriétés spécifiques. Précisons cette distinction.

Notre expérience quotidienne, envisagée d'un point de vue social et cognitif, nous met constamment en présence de «phénomènes répétitifs». Considérons à titre d'exemple la répétition des jours, des saisons, des années... Elias (1984/1996) montre que le calendrier, comme structure fondamentalement répétitive, règle l'activité humaine dans la plupart des sociétés. Mais que l'on se tourne vers les domaines artistiques ou scientifico-technologiques, et l'on verra que la répétition n'y est pas moins prégnante (voir, entre mille exemples, l'analyse par Fournier 2000: 551 du thème dit «du destin» de la cinquième symphonie de Beethoven comme répétition de répétitions, ou, dans un tout autre domaine, les boucles des programmes informatiques). D'un point de vue phénoménologique général, cette notion commune de répétition provient d'opérations de catégorisation et de construction d'entités dans le temps, dont résulte un découpage, dans le flux de nos expériences, d'entités à dimension temporelle, subsumées par une même catégorie.

Mais dans le champ linguistique, cette répétition est exprimée sous la forme très particulière de ce que l'on nomme traditionnellement, en linguistique française, «d'aspect itératif», aspect qui se caractérise par le fait que le procès (état ou événement) qu'il affecte est présenté comme se reproduisant dans le temps un nombre de fois déterminé (aspect *répétitif* ou *itératif stricto sensu*) ou indéterminé (aspect *fréquentatif* ou *habituel*[1]). Cet aspect, qui relève donc de la catégorie plus générale de la *pluralité*, appliquée aux procès, s'oppose aux aspects *semelfactif* et *singulatif* (ces deux termes, traditionnellement tenus pour équivalents, sont distingués par Tournadre 2004: 22 afin de désigner respectivement «ce qui se produit une fois au moins» et «ce qui se produit une fois au plus»).

L'itération (ou aspect itératif) ne correspond cependant pas seulement à la pluralité des procès (catégorie parfois désignée par le terme de «pluriactionnalité», cf. Lasersohn 1995, Van Geenhoven 2004, 2005, Laca 2006, Tovena 2008), car l'itération désigne, dans cet ouvrage, la répétition dans le temps d'un même procès[2].

a) Par *répétition dans le temps*, nous entendons que les intervalles de procès correspondants (c'est-à-dire les intervalles des occurrences de procès) ne peuvent coïncider: il y a au moins succession des bornes initiales de ces intervalles. Remarquons qu'une définition qui imposerait que ces intervalles soient disjoints (qu'ils ne puissent se recouvrir partiellement) conduirait à exclure un énoncé comme:

(1) Chaque année, Pierre aimait une nouvelle femme

qui n'implique nullement que Pierre ait cessé d'aimer les précédentes quand il tombe à nouveau amoureux.

b) Par *même procès*, nous entendons le fait qu'une forme infinitive unique puisse rendre compte de chaque occurrence de procès (par ex. «*aimer une nouvelle femme*» dans l'énoncé ci-dessus). Nous verrons cependant (cf. chapitre 1, § 3.2) que ce sont parfois des agglomérats de procès qui sont itérés,

1 Sur ces distinctions, cf. Vlach (1981), Kleiber (1987: 115), Molendijk (2001).

2 Costachescu (2012) oppose ainsi la pluralité *itérative* («chaque dimanche, à midi, Victor mange une omelette aux champignons») à la pluralité *collective* («Victor et Dora ont déplacé les malades (ensemble + en équipe)») et à la pluralité *distributive* («Victor et Dora ont déplacé les malades (séparément)»).

ces agglomérats sont alors subsumés par une série d'infinitifs liés par des connecteurs, comme dans l'exemple:

(2) Chaque matin, il se levait, prenait son petit-déjeuner, s'habillait, puis il partait au travail

série d'infinitifs: «se lever puis prendre son petit-déjeuner puis s'habiller puis partir au travail».

c) Ces formes infinitives doivent en outre comporter un sujet explicite et identifiable, et ce sujet doit rester stable d'une occurrence à l'autre (dans le cas d'un pluriel, il ne doit pas y avoir changement de l'intégralité des protagonistes d'une occurrence à l'autre). Ainsi n'entrent pas dans le champ de notre étude des exemples comme:

(3) Au 19ème siècle, les femmes accouchaient dans la douleur.

Le protagoniste de l'accouchement peut en effet changer d'une occurrence à l'autre. De plus, la première clause n'est pas non plus respectée, car rien n'empêche que plusieurs femmes aient accouché au même moment. De même, l'exemple (4a), emprunté à Fauconnier (1984: 60-61) pose problème dans la mesure où le sujet peut changer d'une occurrence à l'autre. C'est néanmoins un cas limite puisqu'il peut être reformulé en (4b) qui répond, quant à lui, aux critères que nous venons de poser:

(4a) Le Président change tous les sept ans
(4b) La France change de Président tous les sept ans.

Or l'aspect itératif peut prendre des formes extrêmement complexes, mettant en relation diverses pluralités (séries) de procès. Considérons, à titre d'illustration, cet exemple tiré du «récit itératif» que constitue selon Genette (1972: 145-182) le premier volume de la *Recherche*: *Du côté de chez Swann*:

(5) Nous rentrions toujours de bonne heure de nos promenades pour pouvoir faire une visite à ma tante Léonie avant le dîner. Au commencement de la saison, où le jour finit tôt, quand nous arrivions rue du Saint-Esprit, il y avait encore un reflet du couchant sur les vitres de la maison et un bandeau de pourpre au fond des bois du Calvaire, qui se reflétait plus loin dans l'étang [...]. Dans l'été au contraire, quand nous rentrions, le soleil ne se couchait pas encore; et pendant la visite que nous faisions chez ma tante Léonie, sa lumière qui s'abaissait et touchait la fenêtre était arrêtée entre les grands rideaux et les embrasses, divisée, ramifiée, filtrée, et incrustant de petits morceaux d'or le bois de citronnier de la commode, illuminait obliquement la chambre [...]. Mais certains jours fort rares,

> quand nous rentrions, il y avait bien longtemps que la commode avait perdu ses incrustations momentanées, il n'y avait plus quand nous arrivions rue du Saint-Esprit nul reflet de couchant étendu sur les vitres et l'étang au pied du calvaire avait perdu sa rougeur, quelquefois il était déjà couleur d'opale [...]. Alors, en arrivant près de la maison, nous apercevions une forme sur le pas de la porte et maman me disait: «Mon Dieu! voilà Françoise qui nous guette, ta tante est inquiète; aussi nous rentrons trop tard.» Et sans avoir pris le temps d'enlever nos affaires, nous montions vite chez ma tante Léonie pour la rassurer [...].
> (Proust, *A la recherche du temps perdu*, Gallimard, La Pléiade, t. I, 1987: 131).

Sont ainsi construites des séries itératives qui entretiennent entre elles différents types de relations, que nous nous attacherons à décrire et à formaliser (en particulier aux chapitres 2 et 3).

Il existe une littérature relativement abondante sur ces questions. On distinguera d'une part la sémantique linguistique d'inspiration formelle, représentée essentiellement par Kleiber (1987) – qui présente une synthèse critique des travaux anglo-saxons de l'époque, ainsi que des propositions d'analyse – et aujourd'hui par les études portant sur la «pluriactionnalité», catégorie qui recouvre aussi bien la pluralité d'événements non itératifs que la pluralité d'événements réitérés. D'autre part, l'itération a fait l'objet d'analyses spécifiques en sémantique formelle, où cette notion est envisagée sous l'angle de la quantification, en particulier dans le cadre de la théorie des quantificateurs généralisés (voir ci-dessous, § 2). Enfin, la linguistique descriptive a mis au jour l'ensemble des marqueurs proprement itératifs du français (Lim 2002), et étudié à quelles conditions certains marqueurs pouvaient devenir source d'itération (Gosselin 1996, Bres 2007, Mascherin 2007).

Mais il faut bien reconnaître que de nombreuses questions demeurent non résolues, que l'on se trouve relativement démuni devant un exemple comme celui de Proust ci-dessus, et qu'il n'est, au fond, pas inexact d'affirmer avec Mascherin (2007: 230-231) que

> La question du statut de l'itérativité au sein du système aspectuo-temporel n'a jamais été véritablement débattue. Certains travaux effectuent des classements qui distinguent aspect lexical, aspect flexionnel et itération. Dans d'autres travaux, l'itération est considérée comme un élément résultant de la déformabilité des procès, qui n'est pas exprimée spécifiquement par des marques formelles. Elle est également parfois classifiée avec les valeurs inchoatives, résultatives, ... qui sélectionnent une partie des procès. Enfin, dans d'autres classifications, il s'agit d'une valeur appartenant à l'aspect flexionnel, notamment en tant qu'effet

> de sens de l'IMP. [...] L'itérativité est clairement intégrée comme un élément de la temporalité, mais on peut se demander quelles sont les raisons de ces classements diversifiés qui entraînent une instabilité de son rôle aspectuo-temporel. Si la variété des marqueurs en est sûrement la cause, elle ne peut en aucun cas justifier cette absence de statut car nous avons vu [...] que chacune des catégories aspectuo-temporelles est loin d'être exprimée par des marqueurs identiques.

Un programme d'étude de l'itération doit au moins reprendre les questions suivantes:

a) Quelle est la nature (lexicale et/ou grammaticale) de l'aspect itératif? S'agit-il d'une catégorie aspectuelle à part, conçue comme un aspect «quantitatif» - qui resterait à définir précisément - par Dik (1997), Tournadre (2004) et Mascherin (2007)? Ou, au contraire, comme la combinaison de formes aspectuelles disponibles par ailleurs? Mais quels seraient alors les principes à l'origine de telles combinaisons?

b) Comment penser le rapport entre itération et pluralité nominale. Y a-t-il, comme le soutient Asnes (2004, 2008), une véritable équivalence fonctionnelle entre la quantification nominale et la «quantification d'événements» marquée par les flexions verbales, considérées comme des «quantifieurs aspectuels», l'itération marquée par l'imparfait apparaissant alors comme une «quantification pluralisée homogénéisante» comparable à celle qu'opère l'article indéfini pluriel *des* dans le domaine nominal?

c) On constate une assez grande variété de *déclencheurs* de l'itération: circonstanciels calendaires (*tous les jours*, *un lundi sur deux*), adverbes fréquentiels (*souvent*, *parfois*) ou répétitifs (*trois fois*), etc. dont la présence marque clairement l'itération (tout en ajoutant des contraintes sémantiques spécifiques). Mais cette énumération rend-elle compte de l'ensemble des *sources* de l'itération? Doit-on, par exemple, tenir l'imparfait pour un temps intrinsèquement itératif, ou isoler un emploi itératif de ce temps verbal, ou encore considérer que rien dans son sémantisme propre n'est itératif (cf. Bres 2007: «le temps verbal en lui-même n'est pas plus itératif que semelfactif») et que l'itération exprimée par les énoncés à l'imparfait est une propriété émergente de l'interaction de l'ensemble de leurs constituants?

d) Comment représenter et calculer l'aspect itératif? Quelles ontologies, *cognitives* ou *formelles*, convient-il de développer à cet effet, que ce soit en termes de procès, pour rendre compte de ces «macroprocès» que constituent les séries itératives, ou en termes de périodes temporelles pour rendre compte de l'inscription répétitive dans le temps? Ces «entités» étant établies, quelles règles peut-on mettre en œuvre, quels calculs peut-on élaborer pour construire la représentation sémantique des énoncés?

Détaillons quelque peu ces différents questionnements, à l'éclaircissement desquels le présent ouvrage se propose de contribuer.

2. Pluralité et aspect itératif

L'itération constitue donc un cas particulier d'expression de la pluralité en langue, que nous pourrons commodément nommer *pluralité temporelle.* Deux grandes traditions semblent se partager ce domaine d'étude. Selon la première, l'itération doit être appréhendée à travers une notion aspectuelle spécifique dite «aspect itératif». Dans la seconde l'accent est mis sur le parallèle avec la quantification nominale, à l'œuvre par exemple dans la détermination: la différence tient alors essentiellement au type de domaine considéré, procès *vs* entités.

Ce second type d'approche se prête bien à une expression – voire une formalisation – logique. Elle se retrouve dans des travaux qui se réclament explicitement d'une sémantique formelle (Kamp & Reyle 1993, Pratt & Francez 2001, Van Eynde 1987, de Swart 1995) mais aussi chez nombre d'auteurs utilisant le codage logique comme support de l'analyse (Ogihara 1995, Rothstein 1995). On notera le titre des articles cités comme indice clair du cadre «quantificationnel» des analyses proposées. Le principe en est, au moins initialement, assez simple. Considérons l'énoncé:

(6a) Tous les lundis, Jean allait à la piscine

exprimant une pluralité d'occurrences du procès «Jean aller à la piscine». On pourra par exemple paraphraser (6a) comme: «pour toute période temporelle étiquetée *lundi* il existe un événement ayant pour type *Jean aller à la piscine* et comme inscription temporelle une sous-période de ce lundi». Une représentation simple utilisant le formalisme logique pourrait alors être:

(6b) $\forall t\ [(\text{lundi}(t)\ \&\ t<t0) \Rightarrow \exists e\ (\text{aller\_à\_la\_piscine}(e)\ \&\ \text{agent}(e,\text{Jean})\ \&\ \text{occur\_at}(e,t))]$

où t, t' sont des variables de type «période», t0 désigne l'instant d'énonciation et e est une variable de type «événement».

Diverses variantes, techniquement et linguistiquement plus élaborées, peuvent être et ont été proposées. Par exemple, on pourra recourir à l'appareillage des quantificateurs généralisés (Barwise & Cooper 1981), pour rendre compte des adverbes ou locutions adverbiales de fréquence *souvent*, *rarement*, *parfois*, *trois fois*…, par analogie avec les déterminants quantificateurs *la plupart*, *peu de*, *quelques*, *trois*…: voir par exemple de Swart (1995), Rimell (2005), Abeillé et al. (2004), Fintel (1996/2004). Un autre facteur de différentiation tient à la nature des entités sur lesquelles opère la quantification. Ainsi, au lieu de quantifier sur des «instants» ou «périodes» (repérage temporel des événements itérés) on peut choisir de le faire sur les «situations» (*states of affair*) auxquelles ces événements participent. Combinant ces deux types de variantes, un énoncé tel que:

(6c) Quand il fait beau, Jean va souvent se baigner.

sera représenté d'une manière semi-formelle:

(6d) SOUVENT$_s$ [Il fait beau]$_s$ [Jean va se baigner]$_s$

où s est une variable de situation, la notation [P]$_s$ signifie que le prédicat P est satisfait «en s», et SOUVENT$_s$ [P]$_s$ [Q]$_s$ peut se paraphraser : dans la plupart des situations s où P est vrai, Q l'est également.

Quoi qu'il en soit de ces développements formels, une chose les caractérise dans leur ensemble à savoir *l'absence de point de vue global sur le procès itéré*. Selon ces analyses en effet – et ainsi qu'il apparaît clairement dans une formalisation de type (6b) ou (6d) – une itération n'introduit pas *un* procès (itératif) qui subsumerait un ensemble d'occurrences mais *une pluralité* d'événements singuliers auxquels il est fait directement référence, par la variable de quantification.

A contrario, le terme même «d'aspect itératif» indique que l'itération n'est plus envisagée uniquement d'un point de vue référentiel (ou quantificationnel), mais d'abord comme une façon de présenter les procès (états et événements). La nécessité de dépasser la perspective purement référentielle devient manifeste dès lors que l'on considère le couple d'énoncés:

(7) (Cette année-là) il se promenait avec Marie, chaque lundi

(8) (Cette année-là) il s'est promené avec Marie chaque lundi.

Contrairement à ce qui est parfois affirmé (cf. Boneh et Doron 2008: 114), le passé composé n'exclut nullement l'itération fréquentative, simplement, il ne la présente pas sous une même «visée aspectuelle» (pour une définition précise, cf. chap. 1, § 2.3.4) que l'imparfait. Or ce qui est remarquable, c'est que la différence de visée aspectuelle entre l'imparfait inaccompli et le passé composé aoristique (global) se retrouve, dans les énoncés (7) et (8), non pas au niveau du procès itéré lui-même, qui est vu de façon globale dans les deux cas, comme l'indiquent les relations de compatibilité[3]:

(9a) (Cette année-là) il se promenait pendant deux heures avec Marie chaque lundi
(9b) ?* (Cette année-là) il se promenait depuis deux heures avec Marie chaque lundi

(10a) (Cette année-là) il s'est promené pendant deux heures avec Marie chaque lundi
(10b) * (Cette année-là) il s'est promené depuis deux heures avec Marie chaque lundi.

mais à celui de la série itérative, qui est présentée sous un aspect inaccompli avec l'imparfait et global avec le passé composé, comme le montrent, là encore, les relations de compatibilité:

(11a) Lorsque j'ai fait sa connaissance, il se promenait avec Marie, chaque lundi, depuis deux ans
(11b) * Lorsque j'ai fait sa connaissance, il s'est promené avec Marie, chaque lundi, depuis deux ans

(12a) ?*Pendant dix ans, il se promenait avec Marie chaque lundi
(12b) Pendant dix ans, il s'est promené avec Marie chaque lundi.

Il paraît donc indispensable de concevoir l'itération non seulement comme la construction d'une pluralité de procès, mais aussi comme celle d'une série itérative de procès, cette série itérative étant dotée d'un statut d'entité sémantique à part entière. On verra que l'aspect itératif consiste précisément en cette double construction d'un procès itéré (ou «procès modèle», cf. ci-dessous, § 4) et d'une série itérative, chacune de ces deux entités pouvant entretenir des relations particulières avec d'autres éléments de l'énoncé. Avançons, dès maintenant, quelques arguments en faveur de cette analyse.

Un exemple comme:

(13) Depuis quelque temps, le capitaine Hatteras, suivi de son fidèle chien [...], se promenait chaque jour pendant de longues heures. (J. Verne, *Les aventures du capitaine Hatteras*, Le Livre de Poche, 1979: 624)

3 La compatibilité avec les circonstanciels de durée globale [*pendant*/*en* +durée] indique que la visée aspectuelle est aoristique (globale), tandis que la compatibilité avec [*depuis* + durée] indique, à l'inverse, une visée inaccomplie, ou éventuellement accomplie (voir chapitre 1, § 2.6.1).

montre que, dans un même énoncé, des circonstanciels de durée peuvent porter sur le procès itéré (*de longues heures*) ou sur la série itérative (*depuis quelque temps*). On observe un phénomène comparable avec:

(14) Il a couru le marathon en trois heures pendant dix ans.

Mais ce que révèle aussi l'exemple (13), c'est que le procès itéré et la série itérative peuvent faire l'objet de deux visées aspectuelles différentes: le procès itéré est saisi de façon globale (comme l'indique le circonstanciel de durée globale *pendant de longues heures*), alors que la série itérative est vue sous un aspect inaccompli (attesté par la présence de *depuis quelque temps*).

Par ailleurs, il est possible de sélectionner, par exemple au moyen d'un coverbe de phase, une des phases du procès itéré (ex. 15a) ou une de celles de la série itérative (15b):

(15a) Chaque soir, il se mettait à travailler vers huit heures
(15b) C'est vers cette époque qu'il se mit à travailler plus régulièrement.

Il est même possible de combiner les deux:

(16) C'est à cette époque qu'il cessa de se mettre à travailler à huit heures du soir.

Dans cet exemple, *cesser de* marque la phase finale de la série, tandis que *se mettre à* sélectionne la phase initiale du procès itéré.

De même qu'il est possible d'établir des relations chronologiques (antériorité, simultanéité, postériorité, recouvrement) entre procès à l'intérieur de séries itératives (ex. 17a), il est tout aussi envisageable de construire des relations du même type entre les séries elles-mêmes (17b), et là encore, de combiner les deux (17c):

(17a) Chaque matin, il prenait le métro, descendait à la station Concorde, puis il continuait à pied
(17b) Avant qu'il n'aille à son travail en vélo, il prenait le métro chaque matin
(17c) Avant qu'il n'aille à son travail en vélo, il prenait le métro, descendait à la station Concorde, puis il continuait à pied.

Enfin, s'il fallait un argument plus «référentiel» en faveur de l'existence de la série itérative comme entité à part entière, le processus d'anaphorisation est mobilisable. Comparons les enchaînements:

(18a) Ils jouaient aux cartes tous les jeudis, et ça durait depuis dix ans
(18b) Ils jouaient aux cartes tous les jeudis, et ça durait pendant deux heures.

Dans ces énoncés, le pronom anaphorique *ça* renvoie respectivement à la série itérative (18a) et au procès itéré (18b), qui ont tous deux statut d'entités référentielles.

Cependant, comme le montre l'exemple de Proust ci-dessus (1), toute série itérative n'est pas directement constituée d'une itération de procès «simples», elle peut aussi résulter de l'itération de séries itératives (par un processus récursif). Soit pour exemple:

(19) A cette époque-là, chaque année, il se baignait trois fois par jour, pendant les trois mois d'été.

Le procès itéré consiste en une occurrence de baignade; une première sous-série répétitive de trois occurrences de baignade est ainsi constituée. Elle fait elle-même l'objet d'une itération fréquentative localisée pendant les trois mois d'été de chaque année) au sein d'une série itérative englobante qui est localisée (*à cette époque-là*). Illustrons cet enchâssement de séries itératives au moyen d'un schéma informel:

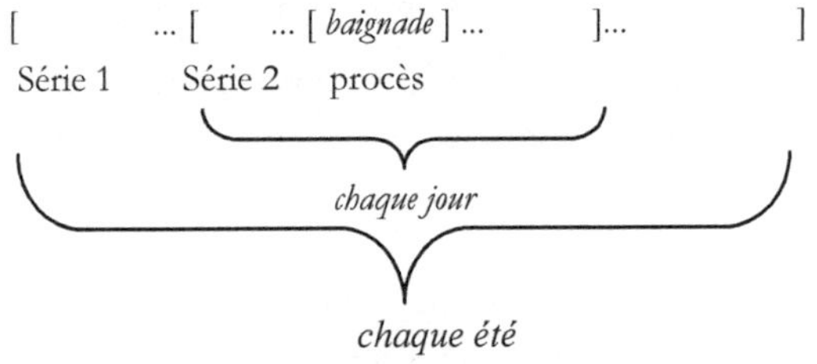

Figure 1: itération d'une série itérative

Nous aurons à préciser et à modéliser cet aspect itératif de façon à articuler la double construction du procès itéré et de la (des) série(s) itérative(s) avec les différentes visées aspectuelles qui vont les affecter au sein de l'énoncé. Mais avant d'envisager cette modélisation et les développements formels qu'elle implique, il convient de poser la question des «marqueurs» de l'aspect itératif.

3. Les sources de l'itération

La question des sources de l'itération pose directement celle, beaucoup plus générale, du calcul de l'aspect. Or le calcul aspectuel est principalement abordé, dans le champ de la sémantique d'inspiration formelle, par le biais de la question de la «*compositionnalité* de l'aspect», à laquelle est consacrée une abondante littérature (voir, entre autres, les travaux de Verkuyl, Krifka, Moens et Steedman, De Swart ...). Par «compositionnalité», il faut entendre le fait que la signification d'un tout (syntagme, proposition ou phrase) résulte de la combinaison des significations des parties qui le constituent. Déterminer les principes de la compositionnalité de l'aspect consiste à établir un ordonnancement des étapes selon lesquelles s'opère la composition des valeurs aspectuelles des constituants pour aboutir à celle de l'énoncé tout entier. Et calculer l'aspect d'un énoncé revient à opérer cette composition des valeurs aspectuelles (des parties jusqu'au tout) selon un ordre défini *a priori*. Très schématiquement, on convient qu'un lexème verbal a une certaine valeur, laquelle peut se trouver modifiée par celles de ses arguments (compléments d'objet direct ou indirect, complément de lieu[4], et – dans certains cas – sujet[5]), que l'ensemble ainsi constitué peut se trouver affecté à son tour par la valeur aspectuelle d'un complément circonstanciel de durée, puis par celle du temps verbal, et enfin par des éléments contextuels[6]. Pour donner un aperçu tout-à-fait informel de ce type de mécanisme, on admettra que le verbe *boire* désigne un procès non borné (atélique), lequel va rester tel quel avec un complément d'objet introduit par un article partitif (*boire du vin*), alors qu'il va être borné par un complément d'objet introduit par l'article indéfini singulier (*boire un verre de vin*). Ce syntagme pourra à son tour se trouver affecté par un circonstanciel de durée: *boire de l'eau pendant 5 minutes* devient borné. Et enfin par l'aspect que marque le temps verbal: «*il but de l'eau*» est considéré comme borné, tandis que «*il buvait de l'eau*» ne l'est pas, et que «*il buvait un verre d'eau*» perd son trait de bornage par le biais d'une procédure de *coercion* (cf. Moens et Steedman 1988, De Swart 1998,

4 Exemple: «*nager jusqu'à la rive*».

5 Cf. Martin (1988), qui oppose «*l'enfant tombe*» (ponctuel) à «*la pluie tombe*» (non ponctuel); voir aussi Asnes (2007).

6 Pour une présentation détaillée, cf. Borillo (1991), De Swart (1998).

voir ci-dessous). Soit encore un exemple, emprunté à Partee (2000: 488-489), d'analyse compositionnelle d'un groupe verbal comprenant des marqueurs itératifs[7]:

> a. write
> b. write a letter
> c. write a letter every day
> d. write a letter every day for two weeks
> e. write a letter every day for two weeks every summer
> f. write a letter every day for two weeks every summer for ten years
> Thus the simple verb in (a) [...] is atelic, while the verb phrase in (b), with its quantized object, is telic. But the further frequentative modification in (c) yields an atelic predicate. [...] when a durative adverbial is added, as in (d), the result is a telic expression [...]. And the recursivity of these processes of modification is shown by (e, f), again atelic and telic respectively.

A l'origine de ces recherches, on trouve trois motivations essentielles:

a) la volonté d'étendre à l'ensemble du champ sémantique le principe de compositionnalité initialement conçu par Frege dans le cadre de la logique extensionnelle[8], ce principe étant, de surcroît, appliqué de façon unilatérale (les parties déterminent la valeur du tout, mais la réciproque ne vaut pas);
b) la conception arborescente de la syntaxe définie par Chomsky, qui permet de faire remonter les traits sémantiques dans l'arbre en opérant leur composition à chaque nœud branchant (cf. Verkuyl 2005), de sorte que la sémantique devient une manière de «décalque» de la syntaxe (cf. Rastier 1994: 111);
c) la perspective d'un calcul sémantique implémentable (sémantique computationnelle), qui paraît impliquer que l'on prenne la signification des morphèmes pour entrées stables du système de traitement.

Cette conception de la compositionnalité de l'aspect a soulevé divers types d'objections (nous n'entrons pas dans le détail des questions techniques internes à ce type d'approche). Evoquons celles qui touchent à ses principes mêmes.

7 L'analyse ne va pas jusqu'à la prise en compte du temps verbal.

8 Cf. Milner (1989: 312).

Elle ne dissocie pas l'aspect lexical (conceptuel) de la visée aspectuelle. Ce point est aujourd'hui contesté jusque dans les rangs de la sémantique d'inspiration formelle (à la suite de Smith 1991).

Conçue de façon unidirectionnelle (selon une perspective dite «atomiste»), la compositionnalité de la signification ne tient aucun compte de l'effet de la valeur du tout sur celle des parties, que Frege a cependant lui-même reconnu[9] et que l'on désigne sous le nom de principe de *contextualité*. Ce second principe implique que la valeur du tout n'est pas réductible à la composition de celles de ses parties (considérées indépendamment de leur insertion dans ce tout), et demande que soit définie une nouvelle forme de compositionnalité dite «gestaltiste» (Victorri) ou holiste (Gosselin). Evidemment, la prise en compte de ce principe pose à l'entreprise calculatoire un défi nouveau, qui a pu conduire un auteur comme Lakoff (1987: 465) à la considérer comme irréalisable:

> Other theories of grammar assume some form of atomism, namely, that the meaning of a grammatical construction is a computable function of the meanings of its parts. We will argue instead that grammatical constructions in general are holistic, that is, that the meaning of the whole construction is motivated by the meanings of the parts, but is not computable from them.

L'itération fournit un bon exemple de ces difficultés. Dans un énoncé aussi fameux que la phrase incipit de la *Recherche du temps perdu*:

(20) Longtemps, je me suis couché de bonne heure

l'aspect itératif apparaît comme une signification *émergente*, qui résulte de la mise en commun de divers éléments, dont *aucun* ne possède une valeur itérative intrinsèque. Le passé composé n'est jamais considéré comme un temps itératif par les grammaires françaises. Le syntagme verbal «*se coucher de bonne heure*» ne l'est pas davantage, comme en témoigne la lecture spontanément semelfactive de:

(21) Je me suis couché de bonne heure.

Et l'adverbe *longtemps* ne constitue pas non plus un marqueur intrinsèquement itératif, comme le montre l'interprétation semelfactive de:

(22) «Longtemps, je t'ai cru mort, perdu! Assassiné!» (Villiers de l'Isle-Adam, *Le Prétendant*, Acte IV, sc. 5).

9 Cf. Engel 1994: 10, Gosselin 2005: 105 sq.

Deux solutions se présentent alors. Ou l'on suppose la présence dans ces structures d'un «marqueur silencieux» («*silent frequency operator*», Van Geenhoven 2004, 2005), doté d'un contenu sémantique et d'un statut syntaxique, mais dépourvu de réalisation phonétique. Ou l'on considère l'itération comme une valeur qui émerge de l'interaction des divers marqueurs constitutifs de l'énoncé. La première solution est évidemment non falsifiable, voire circulaire, car c'est uniquement sur la base d'une interprétation itérative que l'on postule la présence d'un marqueur itératif «silencieux», au moyen duquel on va pouvoir calculer, selon les mécanismes compositionnels classiques, la valeur itérative de l'énoncé. Le second type d'analyse ne peut devenir acceptable que si l'on parvient à en préciser suffisamment les mécanismes pour qu'elle devienne prédictive (i.e. que l'on puisse prédire, à partir de l'interaction de divers marqueurs non intrinsèquement itératifs, la valeur itérative globale de l'énoncé). C'est cette deuxième voie que nous allons emprunter dans cet ouvrage.

Considérer que la valeur itérative émerge de l'interaction des éléments constitutifs de l'énoncé n'implique cependant pas que l'on renonce à la compositionnalité atomiste. Moens et Steedman (1988: 18) et de Swart (1998) ont proposé à cet effet de recourir à une procédure de «coercion». Dans l'exemple qui nous occupe, le procès «*se coucher de bonne heure*» peut être caractérisé comme [+ ponctuel]. Or ce trait entre en conflit avec le trait [- ponctuel] associé à l'adverbe de durée *longtemps*. Ce conflit se trouve résolu par la création de l'itération qui convertit le procès ponctuel en procès (itératif) non ponctuel, devenant ainsi compatible avec l'adverbe duratif. Cette procédure permet de maintenir le parcours du calcul du sens orienté de façon unidirectionnelle, de bas en haut, selon un ordre, syntaxique, *a priori*. Elle ne va cependant pas sans difficultés, pour les raisons suivantes:

a) tout conflit entre un adverbe ou complément circonstanciel duratif et un procès ponctuel ne peut se trouver résolu par l'itération:

(23) ?*Pendant deux heures, je me suis couché de bonne heure
(il paraît nécessaire de faire intervenir des connaissances d'arrière-plan, pour déclencher ce mode de résolution)

b) certains conflits du même type sont résolus par d'autres modes de résolution. Exemples:

(24) Pendant un mois, j'ai fermé la boutique
(on comprend que la boutique est restée fermée pendant un mois)

(25) En deux heures, j'ai trouvé la solution
(les deux heures en question précèdent la découverte de la solution).

c) ce n'est pas toujours le procès qui se trouve modifié par le circonstanciel: dans les exemples ci-dessus, c'est le complément de durée qui voit sa portée déviée vers l'état résultant du procès en (24)[10], vers sa phase préparatoire en (25) (donc la résolution du conflit ne suit pas un ordre syntaxique *a priori*);
d) il n'y a pas simplement substitution de traits, le trait [+ ponctuel] n'a pas été remplacé par le trait [- ponctuel] en (20). Les deux traits restent également pertinents, mais ils ne s'appliquent pas aux mêmes entités: alors que la série itérative est non ponctuelle (c'est sur elle que porte l'adverbe *longtemps*), le procès modèle reste ponctuel.

Enfin, la version atomiste classique de la compositionnalité se caractérise fondamentalement par son caractère «étapiste» (cf. Victorri 1997): la construction du sens s'effectuant dans un ordre fixe, unidirectionnel, des éléments les plus simples vers les plus complexes, le traitement sémantique est conçu comme strictement préalable à la prise en compte du contexte discursif (cf. Borillo 1991), qui détermine «l'enrichissement pragmatique» de la structure sémantique, en précisant tout particulièrement les relations référentielles (déictiques) à la situation d'énonciation. L'aspect étant une catégorie strictement sémantique (ni référentielle, ni déictique), il doit donc se trouver intégralement déterminé dès la structure sémantique. Or là encore, ce type d'approche s'avère inadéquat pour traiter certains énoncés itératifs. En effet, la construction de l'aspect itératif peut se trouver uniquement déterminée par des connaissances encyclopédiques (ex.: «*j'ai fait du piano pendant dix ans*») ou situationnelles (ex.: «*je joue du piano*» énoncé par quelqu'un qui n'est pas en train d'en jouer). D'où la nécessité d'articuler autrement les relations entre sémantique et pragmatique, non plus sous la forme d'une transmission unidirectionnelle des informations, mais de façon interactive (cf. Récanati 2007: 48, 201) et non «étapiste».

10 Les contraintes qui pèsent sur ce type d'interprétation sont étudiées par Apothéloz (2008).

4. L'itération des procès: procès modèle et procès itéré

Les phénomènes itératifs en langue mettent donc en jeu, comme il a été montré, non seulement une pluralité de procès, mais aussi un procès global qui subsume chacun des procès singuliers, et qui est clairement accessible d'un point de vue linguistique (voir par exemple ce à quoi réfère *commencer* dans «il commence à prendre des leçons de piano»).

Considérons à présent le court texte suivant:

(26a) Cette année, ils se retrouvent tous les dimanches en famille
(26b) La réunion commence par un apéritif aux environs de midi.

La phrase (26a) fait apparaître une pluralité de procès, répartis dans le temps de façon hebdomadaire, et dont on pourrait faire le décompte (environ 52 occurrences dans l'année).

La phrase (26b) qui lui fait suite mérite par contre une attention particulière. Bien que sa lecture se fasse de façon très naturelle, le fait d'y trouver un singulier (*la réunion*) doit nous amener à nous questionner sur le statut de son référent: il y a bien 52 occurrences de réunions, qui toutes débutent aux environs de midi, mais il s'avère donc qu'il est possible de référer à l'ensemble de ces procès par un procès singulier. Quel est donc au juste le statut de ce procès singulier? Quel lien entretient-il avec les procès multiples auxquels il semble pouvoir se substituer? Dans quel but utiliser un singulier pour référer à une multiplicité?

Il s'agit là d'un autre axe de notre étude, dont le postulat sera schématiquement le suivant.

L'itération en langue possède simultanément deux facettes:

- Celle, extensionnelle, qui présente les procès itérés dans leur pluralité. Elle est sans doute celle qui vient communément à l'esprit, et nous renvoie, d'un point de vue linguistique, au traitement du pluriel.
- L'autre, que l'on pourrait qualifier d'intensionnelle (ou générique) par opposition à la première, et qui permet au contraire de considérer les différents itérés sous un même jour, comme s'il s'agissait d'un même procès, et, partant, d'un procès unique.

Surprenante au premier abord, cette seconde facette trouve pourtant son origine dans la façon même dont est constituée une itération temporelle.

Itérer en langue, c'est d'abord et avant tout itérer un *même*[11] procès. C'est en cela que la phrase (26b) est légitime: elle décrit non pas la pluralité des procès itérés (ce que fait la phrase précédente), mais se focalise sur ce qu'est ce *même* procès, sorte de modèle à tous les procès qui sont itérés par duplication.

Remarquons que ce premier exemple fait apparaître non seulement les deux facettes de l'itération, mais aussi la possibilité de les convoquer simultanément: alors que (26a) présente les réunions de façon extensionnelle, il est possible dès la phrase suivante (26b), sans précaution ni transition aucune, de se focaliser sur la vision intensionnelle pour préciser comment se déroule une réunion de famille. Nous verrons que de tels allers-retours sont courants au fil d'un texte au sein d'une même itération, et offrent au locuteur une souplesse et une économie de langue remarquables.

De façon corollaire, chaque procès itéré possède lui-même un double aspect. Il est d'une part un procès singulier, car, déjà, d'un point de vue temporel, aucun des itérés n'a lieu le même dimanche, mais aussi parce que même du point de vue du contenu, aucune réunion n'est tout à fait identique aux autres (un invité de plus ou de moins, des conditions météorologiques chaque fois différentes, etc.). C'est la facette extensionnelle. Mais ce procès singulier est d'autre part supposé être, de façon paradoxale, la copie presque conforme d'un procès typique, ce que nous avons qualifié de *même* procès ci-dessus. C'est la facette intensionnelle.

Enfin, l'une des difficultés de notre étude est que la façon dont se fait la genèse d'une itération en langue ne répond pas à un schéma prédéfini. Si l'exemple (26) nous montre le cas d'une itération créée de façon extensionnelle pour ensuite apporter des précisions de façon intensionnelle, on a la possibilité de faire exactement le contraire, comme le montre (27):

(27a) A cette époque, le dimanche, avait lieu une réunion familiale
(27b) Cela a duré plusieurs années, donnant lieu à quelque 200 réunions.

En effet, (27a) nous présente un dimanche prototypique, comme en atteste le singulier *le*, tandis que (27b) embrasse, de façon extensionnelle, les

11 Le terme *même* est à prendre avec un certain nombre de précautions, puisque nous verrons ici-même qu'il ne peut s'agir d'une identité. Il s'agit plutôt d'un certain point de vue du locuteur qui prend le parti de considérer comme suffisamment similaires un certain nombre de procès.

quelque 200 procès créés par l'itération (notons au passage que *cela a duré* fait écho au procès global dont il a été question dans une section précédente). Mais plus encore, la frontière entre les deux facettes ne semble pas hermétique, dans la mesure où l'on peut partir d'un procès réellement singulier (contrairement à (27a) où l'on nous invite à considérer tous les dimanches comme un seul, en décrivant un dimanche prototypique, mais où il est clairement entendu qu'il y a bien en filigrane une multiplicité d'itérés) comme base d'une construction itérative, comme en atteste l'exemple (28):

(28a) Je suis allé à la piscine ce matin
(28b) D'ailleurs, j'y retourne dès demain, et m'y abonnerai probablement.

Dans cet exemple, la première phrase (28a) fait clairement référence à un procès unique, daté. Le texte pourrait en rester là, et il n'y aurait alors pas lieu de parler d'itération. Pourtant, (28b) co-construit une itération (au moins un deuxième itéré, sans doute plus en cas d'abonnement) à partir de ce procès singulier, qui est donc capable de servir de modèle à d'autres procès par duplication. C'est clairement établi d'un point de vue linguistique, par l'usage de *re-* dans j'y *retourne*, qui indique que le nouveau procès construit, placé temporellement le lendemain, est le *même* que celui auquel il réfère. Idéalement, notre étude devrait donc être capable de rendre compte de cette souplesse en proposant des mécanismes permettant de passer du procès singulier à un procès prototypique, base d'une multiplicité de procès.

Ces mises en lumière, couplées à ce qui a été montré précédemment sur la nécessité de disposer d'un procès global, doivent nous amener à nous interroger sur les différentes entités mises en jeu dans les phénomènes itératifs, sur le statut de chacune et sur les liens qu'elles entretiennent les unes par rapport aux autres. Aussi, la présente étude étant à la fois linguistique et informatique, nous prendrons soin de proposer un modèle qui puisse rendre compte au mieux de la façon dont les itérations sont conçues et manipulées en langue. En particulier, les deux façons d'accéder aux itérations, extensionnelle et intensionnelle, devront trouver leur pendant formel dans les termes du modèle proposé. Cela fera notamment l'objet d'une «modélisation objet» au chapitre 2 de l'ouvrage.

5. Ontologie et calcul temporels

Il est communément admis que l'analyse temporelle des énoncés en langue requiert une certaine ontologie d'entités temporelles composée en général d'instants et intervalles munis d'un ensemble de relations et propriétés: relations de positionnement sur la ligne du temps, atomicité *vs* durabilité d'un intervalle, bornage, etc. Certes, certains auteurs peuvent s'en remettre à une structuration des événements (ou éventualités, procès, situations, etc.) eux-mêmes (cf. Eberle 1988, ou certaines approches de l'itération en termes de quantificateurs généralisés évoquées *supra*); mais même en ce cas on est souvent amené à introduire des «objets» (instants, intervalles...) permettant d'exprimer et de décrire l'inscription temporelle des énoncés, leur datation (cf. par exemple Kamp et Reyle 1993: 500 sq.).

Dans le cas de procès singulatifs l'intuition comme la formalisation de ces objets temporels est relativement simple: toute période devant être considérée (inscription temporelle d'un procès, dénotation d'un circonstanciel de temps etc.) peut être décrite comme un *intervalle* sur la droite du temps, c'est-à-dire une «portion de temps», un «bloc», découpé par deux instants qui en sont les bornes. Dans:

(29a) Hier, Jean se promenait avec son chien (lorsque ...).

nous aurons un intervalle pour «*Hier*», un autre pour l'extension temporelle du procès «*Jean se promener*» situé antérieurement au moment de l'énonciation, ainsi qu'un intervalle localisant l'énonciation; dans la tradition Reichenbachienne, un «moment de référence» pourra compléter le dispositif et marquer le caractère inaccompli du procès par une inclusion dans l'intervalle du procès lui-même. Ce qui peut être schématisé par la figure 2.

Mais qu'en est-il d'un énoncé itératif tel que (déjà cité)?

(30) Depuis quelque temps, le capitaine Hatteras, suivi de son fidèle chien [...], se promenait chaque jour pendant de longues heures.

Ici, l'inscription temporelle du procès principal («*le capitaine Hatteras se promenait*») ne peut certes plus se décrire comme une période simple (un intervalle), puisque l'énoncé exprime en fait l'occurrence d'une *suite* d'événements du même type. Temporellement, nous avons donc *une suite* (ou *série*) *d'intervalles*, chacun correspondant à une promenade. Observons par ailleurs que cette série est sous-spécifiée et que nous ne connaissons pas le nombre de ses composantes. Notre ontologie temporelle devra donc s'adjoindre ce type d'objet «itératif» sous-déterminé.

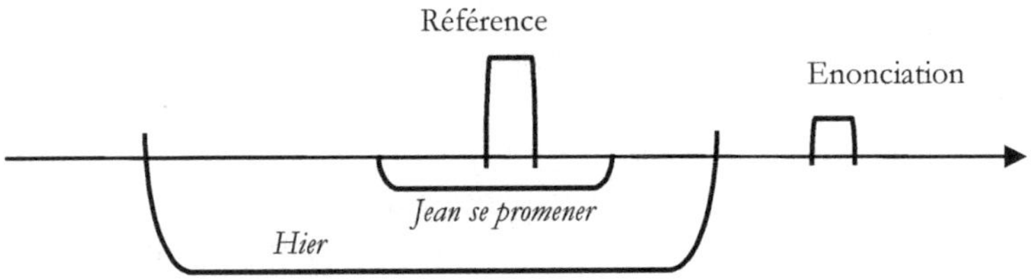

Hier, Jean s'est promené de longues heures avec son chien

Figure 2: Structure temporelle d'un procès simple (singulatif)

Nous pourrons de la même manière représenter la suite d'intervalles décrite par le circonstanciel «*chaque jour*». Encore faudra-t-il rendre compte de la correspondance entre ces deux séries temporelles: et donc adapter les règles de calculs de la relation circonstancielle – quelles qu'elles soient – à cette nouvelle configuration. D'autre part, comme précédemment, nous avons bien un intervalle «ordinaire» correspondant au circonstanciel «*Depuis quelque temps*», mais celui-ci doit à son tour être mis en rapport non avec un intervalle simple (associé au procès) mais à cette série d'intervalles (ici simplement une relation d'englobement).

Enfin, il nous faut rendre compte de la visée aspectuelle sur l'énoncé. Ou plus précisément, en suivant les analyses des paragraphes précédents, de la *double* visée sur le procès modèle (qui se trouvé itéré) et sur l'itération elle-même: dans notre exemple, aoristique pour le premier et inaccompli pour le second.

En bref et en résumé, partant du fait que «l'aspect itératif consiste précisément en cette double construction d'un procès itéré et d'une série itérative, chacune de ces deux entités pouvant entretenir des relations particulières avec d'autres éléments de l'énoncé» (*supra* § 2), nous sommes, du point de vue temporel, en présence de structures temporelles complexes, faisant intervenir:

- des intervalles «standard»: certains circonstanciels ayant valeur globale, les intervalles d'énonciation et de référence, ainsi que, nous le verrons, des intervalles liés au procès modèle;
- des séries d'intervalles correspondant à l'inscription temporelles des occurrences d'un procès itéré ainsi qu'aux circonstanciels itératifs.

La figure 3 illustre (partiellement) ce jeu complexe.

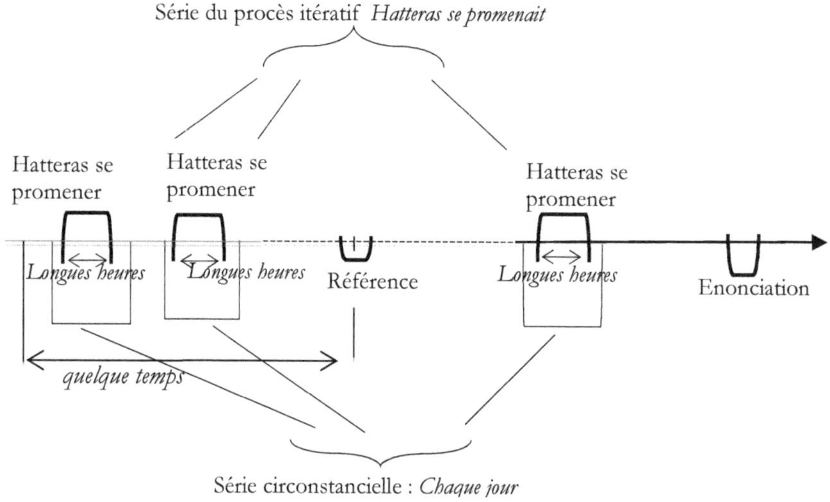

Figure 3: Structure temporelle d'un procès itératif

Finalement, une autre question doit être abordée, en articulation avec ce calcul noué autour du procès: celle de la sémantique des compléments circonstanciels eux-mêmes, tels que:

> chaque jour, le lundi, la plupart des lundis, un jour/un lundi/un mois sur deux, le premier lundi du mois, …

qui constituent une autre instance de l'expression de l'itération en langue. Ces expressions jouent un double rôle: marqueurs, sources d'itération d'une part, et expression de la localisation temporelle des procès itératifs de l'autre.

Les questions qui se posent ici sont à la fois de nature lexicale: comment formaliser la sémantique de ces éléments répétitifs par essence que sont les termes calendaires (jours, mois...); et compositionnelle: les expressions calendaires on le voit, peuvent être arbitrairement complexes, faisant intervenir des déterminants et quantificateurs spécifiques. Il convient alors de décrire un calcul permettant d'attribuer une valeur sémantique (elle aussi nécessairement en termes de série temporelle) à des expressions telles que ci-dessus. Il s'agit là d'un problème de sémantique formelle qu'il convient d'étudier pour compléter les calculs opérés autour du procès.

6. Vers un traitement de l'itération dans la SdT

Une fois ces divers principes de représentation posés, des règles de calcul des différents types de relations (aspectuo-temporelles, circonstancielles...) doivent être élaborées en étendant et adaptant les règles en œuvre pour des procès simples. Au vu des problèmes posés par l'analyse et la modélisation de l'itération, il nous a paru que le modèle SdT[12] pouvait constituer un cadre adapté à notre recherche, et ce pour deux raisons essentielles:

a) il permet de traiter conjointement (au moyen de structures d'intervalles) les relations référentielles entre procès et les visées aspectuelles (deux phénomènes dont on a vu qu'ils devaient nécessairement être pris en compte par l'analyse des énoncés itératifs);
b) il propose une alternative à la compositionnalité atomiste classique, sous le nom de compositionnalité holiste: un système de calcul spécifiquement adapté au traitement des significations qui ne sont pas attribuables à un marqueur unique, mais qui résultent d'une interaction globale de divers éléments (cas typiquement illustré par certains énoncés itératifs pour lesquels il ne nous paraît pas souhaitable de postuler la présence de «marqueurs silencieux»).

De l'ensemble des problèmes soulevés dans cette introduction découle l'organisation de l'ouvrage, en trois parties distinctes, mais étroitement articulées:

12 Le modèle SdT (*Sémantique de la Temporalité*) est présenté et argumenté dans Gosselin (1996) et (2005), Gosselin et Person (2005).

a) Un premier chapitre, proprement linguistique, tente de caractériser l'aspect itératif (relativement aux autres aspects) ainsi que les moyens qui permettent de l'exprimer, dans le cadre du modèle linguistique SdT.
b) Sont ensuite abordés, au chapitre 2, les problèmes d'ontologie cognitive relatifs à la nature même de l'itération, conçue, sous cet angle, comme un processus qui construit une multiplicité de procès à partir d'un même «procès modèle». Les concepts informatiques de la modélisation «objet» sont ici mobilisés.
c) Puis le chapitre 3 propose un modèle mathématique qui permet de décrire de façon explicite et rigoureuse la complexité des structures temporelles impliquées dans la modélisation de l'itération en langue.

De manière générale, l'insertion de la sémantique dans le champ des sciences cognitives impose à l'analyse linguistique de nouvelles exigences:
a) la formulation de modèles cognitivement plausibles;
b) une formalisation mathématique poussée, contribuant à la définition de ces modèles de manière claire et reproductible, et les rendant utilisables pour le traitement automatique des langues.

Que l'on refuse la pratique souvent constatée de simplification abusive des données langagières, et l'entreprise de constitution d'une sémantique linguistiquement adéquate, cognitivement plausible et formellement consistante devient une véritable gageure. Pour y répondre, divers dispositifs sont envisageables. Celui que nous avons retenu dans cet ouvrage consiste, non pas à proposer un modèle unique surpuissant, mais à adopter une perspective de «multimodélisation»[13]. Il s'est agi, plus précisément, d'articuler trois modèles à visées partiellement différentes, élaborés par des auteurs dont les champs de compétences sont distincts, mais travaillant en étroite collaboration depuis de nombreuses années[14]. Ces trois points de vue, linguistique, cognitivo-informatique et logico-mathématique, se complètent mutuellement (des correspondances et des renvois sont systématiquement précisés entre les différents modèles), pour donner de l'itération une description utilisable à la fois pour des analyses en sémantique grammaticale, en sémantique cognitive, et pour des tâches de traitement automatique.

13 Varennes (2007) introduit, dans une perspective comparable, mais à propos du domaine des sciences du vivant, le concept de «pluriformalisation».

14 Cf. Enjalbert (2005).

L'itération dans le modèle SdT

Laurent GOSSELIN, Université de Rouen

1. Introduction: différents types d'aspect itératif

1.1 Aspects répétitif, fréquentatif, habituel

Dans le champ de l'itération, il est d'usage de distinguer différentes sous-classes, même si l'on a parfois quelque peine à les dissocier clairement. L'aspect «répétitif» ou «itératif *stricto sensu*» se caractérise par le fait que le nombre d'occurrences du procès itéré est déterminé (cf. Vlach 1981, Kleiber 1987, Doetjes 2007):

(1) Il est sorti trois fois

A l'inverse, les aspects «fréquentatif» et/ou «habituel» impliquent l'indétermination du nombre d'occurrences:

(2) A cette époque, il allait souvent à l'école en vélo.

Cette opposition affecte directement la nature des bornes de la série itérative. On montre, dans Gosselin (1996: 69-70), et ci-dessous § 4.2, que l'aspect répétitif implique le bornage intrinsèque de la série (qui se comporte au regard des compléments de durée comme un accomplissement), alors que l'aspect fréquentatif induit un bornage extrinsèque de la série, comme l'indique le test classique de compatibilité, au passé composé, avec les compléments de durée:

(3a) En une semaine / ?*pendant une semaine, Marie a aperçu Pierre trois fois [bornage intrinsèque]

(3b) ?*En une semaine / pendant une semaine, Marie a souvent aperçu Pierre [bornage extrinsèque].

La distinction entre aspects fréquentatif et habituel n'est pas vraiment stabilisée dans la littérature. On tient généralement l'aspect habituel pour un cas particulier de l'aspect fréquentatif (Kleiber 1987), impliquant que l'itération se déroule *de façon régulière sur une longue période* (Boneh et Doron 2008: 114, Cunha 2012), conformément à ce qu'exprime le terme d'*habitude*[1]. Exemple:

(4) Chaque soir, M. Cascabel avait l'habitude de vérifier si le coffre était bien à sa place (J. Verne, *César Cascabel*, 10/18, 1978: 51).

On opposera, de ce point de vue les «adverbes d'habitude» (cf. Schlyter 1977, Molinier et Lévrier 2000) comme *généralement*, *habituellement*, *régulièrement*, *périodiquement* ... aux «adverbes de fréquence» comme *parfois*, *souvent*, *fréquemment*, qui n'impliquent, pour leur part, ni que la répartition de la distribution des occurrences de procès concerne une longue période, ni qu'elle soit aussi régulière qu'avec les adverbes d'habitude, comme le montre la différence d'acceptabilité entre les énoncés:

(5a) En prenant des notes pendant le cours de ce matin, cet étudiant s'est parfois / souvent / fréquemment trompé

(5b) ?? En prenant des notes pendant le cours de ce matin, cet étudiant s'est généralement / habituellement / périodiquement trompé.

L'aspect habituel se combine volontiers avec le présent de vérité générale (présent gnomique) ou avec l'imparfait:

(6) Paul fume / fumait la pipe.

Toutefois, contrairement à ce qu'affirment Boneh et Doron (2008: 114)[2], en prenant appui sur les exemples (7a,b) ci-dessous, cet aspect n'est pas incompatible avec le passé composé ou le passé simple. Car s'il est vrai que (7b), à la différence de (7a), ne peut exprimer l'habitude (la répétition régulière sur une longue période), cela tient au moins autant au circonstanciel qu'au temps verbal, comme il apparaît en (7c) qui présente manifestement le procès sous un aspect habituel[3]:

1 Comme le notent Boneh et Doron (2008: 133), il n'y a cependant pas correspondance exacte entre la notion usuelle d'habitude et l'aspect habituel, dans la mesure ou celui-ci peut affecter des procès relatifs à des entités inanimées (ex.: *la température chute habituellement dans la soirée*), alors qu'on ne peut dans ce cas parler de véritable habitude (??*la température a l'habitude de chuter dans la soirée*), à moins de considérer que l'habitude concerne le «concepteur» (au sens de Langacker 1987, 1992) qui envisage la série de procès.

2 Ces auteures paraissent cependant être revenues sur cette position. Cf. Boneh et Doron (2010: 342-343).

3 Cette distinction entre valeurs fréquentatives et habituelles sera reprise au § 5.6.2 de la troisième partie.

(7a) Dans sa jeunesse, Jean allait au travail en bus
(7b) Dans sa jeunesse, Jean est allé / alla au travail en bus
(7c) Toute sa jeunesse, Jean est allé / alla au travail en bus.

On conviendra de parler, pour l'aspect fréquentatif non habituel, d'aspect «fréquentatif *stricto sensu*».

Soit pour résumer les différentes classes d'aspect itératif:

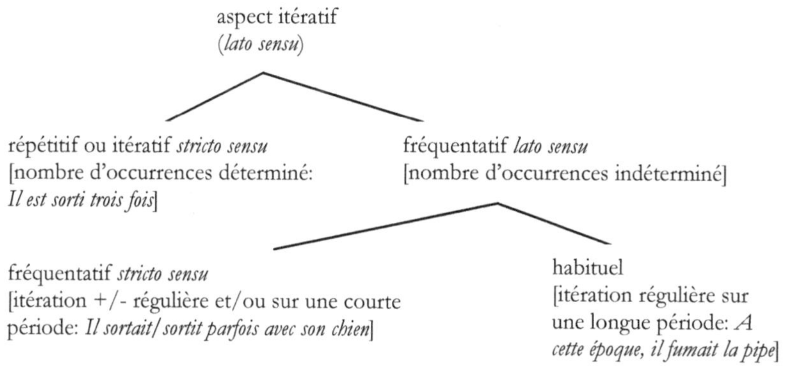

Figure 1: classement des types d'aspect itératif

Les difficultés de classement apparaissent lorsque le nombre d'occurrence est éventuellement déterminé, mais pas indiqué (ex. *plusieurs fois*, *à plusieurs / maintes reprises*). On est alors en droit d'hésiter entre aspects répétitif et fréquentatif *stricto sensu*, d'autant plus que les tests de compatibilité avec les compléments de durée ne permettent pas vraiment de trancher:

(8) ?En deux heures / ?pendant deux heures, il a fait cette erreur plusieurs fois / à maintes reprises.

De même, il est souvent difficile de distinguer entre aspect fréquentatif *stricto sensu* et aspect habituel, d'une part parce que la régularité / irrégularité n'est pas toujours indiquée, d'autre part parce qu'il semble relativement arbitraire de déterminer ce qu'est une longue période. On ne voit pas clairement comment classer, dans ce conditions, des énoncés comme:

(9a) Ce matin, Pierre toussait
(9b) Cet hiver-là, Pierre toussait.

Ces observations nous conduisent à tenir pour très difficilement applicables les analyses qui traitent ces trois types d'itération au moyen de représentations sémantiques totalement disjointes, sous forme, par exemple, d'opérateurs différents, sans rapport entre eux (cf. Bertinetto et Lenci 2012). Il nous paraît préférable de considérer qu'il s'agit plutôt d'effets de sens en contexte, qui relèvent d'une même opération abstraite d'itération au sens large.

1.2 Itération présuppositionnelle / non présuppositionnelle

A ces distinctions d'ordre sémantique s'ajoute une opposition au plan énonciatif. Alors que, dans tous les exemples précédents, la série itérative est posée par l'énoncé, il existe une autre catégorie d'énoncés itératifs dans lesquels la série itérative est présupposée. Il s'agit des énoncés qui contiennent le préfixe *re-* ou les adverbes *encore* et *déjà* (pris dans leur emploi itératif[4]), ainsi que les expressions *à/de nouveau*, *une fois de plus*, *pour la troisième fois*, *comme d'habitude*, *comme chaque matin*, etc., mais aussi l'adjectif *habituel*. En énonçant

(10a) Paul a encore / à nouveau mis son chapeau
(10b) Comme d'habitude, Paul a mis son chapeau
(10c) Paul a mis son habituel chapeau.

le locuteur présente un procès (*Paul a mis son chapeau*) et indique, par présupposition[5], que ce procès s'inscrit dans une série itérative, ce qui est tout différent de:

(11) Paul met / mettait habituellement son chapeau

qui pose directement l'existence de la série itérative (au sens où l'itération constitue l'objet principal de l'assertion).

4 Ces marqueurs polysémiques peuvent évidemment prendre d'autres valeurs. Sur *re-*, cf. Amiot (2002), Mascherin (2007); sur *encore*, cf., entre autres, Victorri et Fuchs (1996). *Déjà* prend une valeur répétitive dans un énoncé comme «il y avait alors dans la Fôret-Noire un dragon monstrueux qui avait *déjà* dévoré mainte et mainte personne» (Dumas, *Aventures de Lyderic*, Motifs, 2008: 40).

5 Sur l'analyse présuppositionnelle de *encore*, itératif, cf. Martin (1983: 40-43), Tovena et Donazzan (2008: 87).

On parlera donc d'aspect itératif présuppositionnel pour décrire ce type de fonctionnement énonciatif de l'aspect itératif. Remarquons que si, dans la plupart des cas, il s'agit, au plan sémantique, d'un aspect fréquentatif (au sens où l'on ignore le nombre d'occurrences de la série), des expressions comme *pour la troisième fois* induisent plutôt une valeur répétitive, ce qui est confirmé par la compatibilité avec [*en* + durée] indiquant la durée de la série itérative:

(12) Il sort pour la troisième fois en deux heures.

On pourrait objecter que cet aspect itératif présuppositionnel n'est pas de même nature sémantique que l'aspect itératif non présuppositionnel, relativement au statut de la série itérative. En effet, si l'existence d'une série itérative ayant statut d'entité sémantique à part entière a pu être attestée dans le cas où elle est posée (cf. *Introduction*, § 2), les tests deviennent très difficiles à mettre en œuvre dès lors qu'elle est seulement présupposée. Le test de la reprise anaphorique au moyen du pronom *ça* reste pourtant opératoire:

(13) Il a encore / une fois de plus / de nouveau / pour la dixième fois oublié de fermer la porte. Et *ça* dure depuis une semaine.

C'est la série itérative qui est ici présentée comme inaccomplie, ce qui est confirmé par la présence de [*depuis* + durée].

Observons, en outre, qu'itération présuppositionnelle et non présupositionnelle peuvent parfaitement se combiner, dans des exemples comme:

(14a) Il reprit du gâteau encore trois fois
(14b) Par la suite, il refit souvent ce trajet.

Dans ces énoncés, une partie de la série itérative est présupposée, tandis qu'une autre partie est posée, selon un mode répétitif (14a) ou fréquentatif (14b).

1.3 Présentation du chapitre

Nous présenterons d'abord (§ 2) le modèle SdT dans ses grandes lignes, en insistant sur les éléments qui vont nous être utiles pour analyser l'itération. Puis, nous évoquerons, dans ce cadre, la question de la nature de l'aspect itératif (§ 3). Il apparaîtra que, comme on l'a déjà évoqué au § 2 de l'Introduction générale, cet aspect consiste à représenter une pluralité de procès subsumés par une même catégorie, au moyen de la mise en œuvre simultanée de deux types d'entités sémantiques, susceptibles de recevoir chacune diverses spécifications aspectuo-temporelles: l'occurrence type du procès (qui sera conçue comme «procès modèle» dans la modélisation proposée au chapitre 2), et la série itérative (considérée comme un «macroprocès»). Nous proposerons ensuite des représentations des divers types d'énoncés itératifs (§ 4). Nous pourrons alors aborder le calcul de l'itération (comment passer des marqueurs aux représentations, § 5): on balaiera rapidement le champ des marqueurs itératifs (puisqu'une description quasi exhaustive en a été proposée par Lim 2002), pour nous attarder davantage d'une part sur la question de la portée des adverbes fréquentatifs, et d'autre part sur les mécanismes qui conduisent à construire de l'itération (fréquentative) en l'absence de marqueurs itératifs. Enfin nous examinerons les visées aspectuelles qui affectent les procès itérés ainsi que les séries itératives (§ 6), puis nous terminerons par l'étude des relations circonstancielles dans les énoncés itératifs (§ 7). La Conclusion proposera une rapide synthèse de l'ensemble, précédée d'une comparaison avec certaines orientations actuelles de la littérature sur l'aspect.

Nous utiliserons à la fois des exemples construits (qui permettent un contrôle strict des paramètres en jeu) et des exemples attestés, de complexité croissante, que nous introduirons progressivement, afin d'illustrer le fonctionnement du modèle.

2. Le modèle SdT

2.1 Des structures d'intervalles

Le modèle SdT (présenté et argumenté dans Gosselin 1996 et 2005, Gosselin et Person 2005) est un modèle néo-reichenbachien qui représente les catégories et relations temporelles et aspectuelles au moyen de structures d'intervalles disposés sur l'axe temporel. Quatre grands types d'intervalles sont mis en œuvre: l'intervalle d'énonciation [01,02], l'intervalle du procès [B1,B2], l'intervalle de référence (ou de monstration) [I,II], et l'intervalle circonstanciel [ct1,ct2]. L'intervalle d'énonciation renvoie à l'énonciation effective de l'énoncé. L'intervalle du procès ([B1,B2]) correspond à une opération de *catégorisation*, *i.e.* à la subsomption d'une série de changements et/ou de situations sous la détermination d'un procès. L'intervalle de référence ([I,II]) résulte d'une opération de *monstration*; il correspond à ce qui est perçu / montré du procès, par exemple à ce qui est asserté lorsque l'énoncé est assertif[6], et va ainsi permettre d'exprimer la «visée aspectuelle». Les intervalles circonstanciels sont marqués par les compléments de localisation temporelle (ex. *mardi dernier*, *le jour où Pierre est venu*) et les compléments de durée (ex. *pendant trois heures*).

Prenons un exemple:

(15) La police recherchait le coupable depuis trois jours

On lui associera le chronogramme suivant:

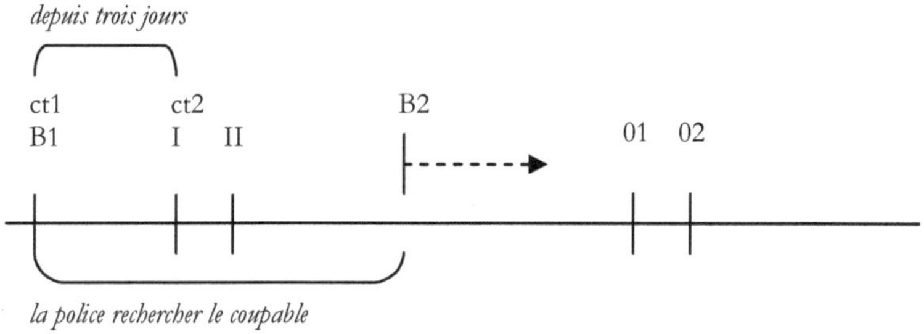

Figure 2: chronogramme de l'ex.(15)

En énonçant (15), le locuteur parle d'un certain moment (le moment de référence, noté [I,II]) et situe le commencement (B1) du procès «*la police rechercher le coupable*» trois jours avant ce moment de référence, qui est lui même situé dans le passé (il est antérieur au moment de l'énonciation). La fin du procès (B2) n'est pas située relativement au moment de l'énonciation (il se peut que la police soit encore à la recherche du coupable, ce que nous représentons au moyen de la flèche en pointillés).

6 Ce modèle est, à certains égards, comparable à celui de Klein(1994): [B1,B2] correspond à TSit («time of situation»), [I,II] à TT («topic time»), et [01,02] à TU («time of utterance»).

Le fait de remplacer les points de Reichenbach par des intervalles permet de rendre compte de la différence aspectuelle qui oppose à l'imparfait dit «inaccompli», «imperfectif» ou «sécant» (qui, comme le montre la Figure 2, présente une «vue partielle» du procès), le passé simple, dit «aoristique», «perfectif» ou «global» (qui en offre une «vue globale») dans un exemple comme:

(16) La police rechercha le coupable pendant trois jours

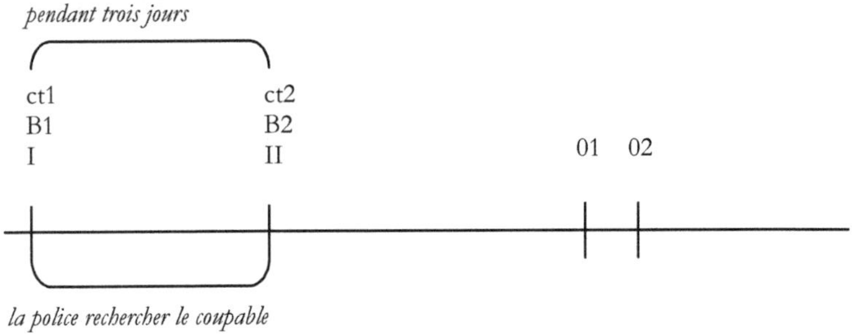

Figure 3: chronogramme de l'ex. (16)

Pour représenter les phrases complexes, on duplique l'axe temporel pour chaque proposition subordonnée, par souci de lisibilité. Ainsi l'énoncé:

(17) Hier, les journalistes ont annoncé que la police recherchait le coupable depuis trois jours

se verra associer le chronogramme:

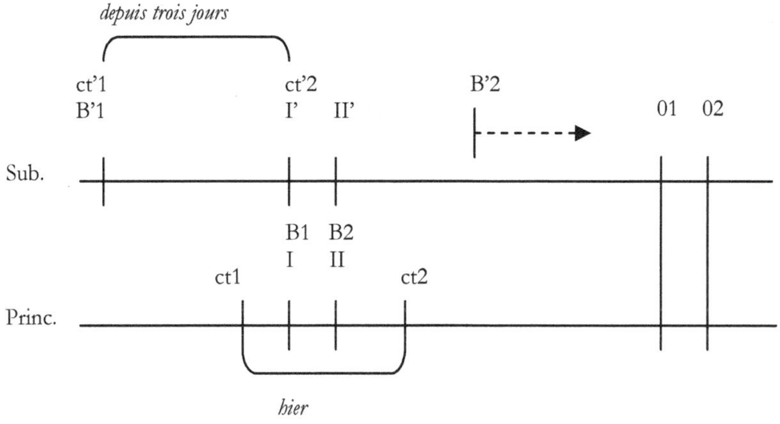

Figure 4: chronogramme de l'ex. (17)

Précisons que les représentations iconiques (chronogrammes) constituent, au mieux, des approximations des structures aspectuo-temporelles, qui ne peuvent être exactement appréhendées que par les représentations symboliques, sous forme de contraintes sur des variables d'intervalles (cf. chapitre 3).

2.2 Relations entre bornes et entre intervalles

Nous admettons les définitions suivantes:

> Soit i, j, k, des bornes quelconques d'intervalles quelconques (éventuellement du même intervalle),
> $i = j$ [coïncidence]
> $i \propto j$ [i précède j, mais en est infiniment proche; la précédence est immédiate, au sens où aucun élément ne peut être introduit entre ces deux bornes]
> $i \prec j$ [i précède j, mais ne se trouve pas dans son voisinage immédiat]
> $i < j =_{df} (i \propto j) \vee (i \prec j)$ [i précède j de façon immédiate ou non]
> $i \leq j =_{df} (i < j) \vee (i = j)$ [i précède (de façon immédiate ou non) ou coïncide avec j].
>
> Par définition, pour tout intervalle [i,j], $i < j$, ce qui veut dire que tout intervalle a une durée, aussi infime soit-elle.

Les relations entre intervalles se laissent exprimer à partir des relations entre bornes. Soit deux intervalles [i,j] et [k,l]; il nous a paru utile de retenir les relations suivantes:

antériorité: [i,j] ANT [k,l] $=_{df}$ $j < k$ (la fin du premier intervalle précède strictement le début du second)
postériorité: [i,j] POST [k,l] $=_{df}$ $l < i$ (la fin du second intervalle précède strictement le début du premier)
précédence: [i,j] PREC [k,l] $=_{df}$ $i < k$ (le début du premier intervalle précède celui du second)
coïncidence: [i,j] CO [k,l] $=_{df}$ $(i = k) \wedge (j = l)$
simultanéité: [i,j] SIMUL [k,l] $=_{df}$ $(i \leq l) \wedge (k \leq j)$ (l'intersection des deux intervalles est non nulle).
recouvrement: [i,j] RE [k,l] $=_{df}$ $(i < k) \wedge (j > l)$ (le second intervalle est inclus dans le premier et leurs bornes ne peuvent coïncider)
accessibilité: [i,j] ACCESS [k,l] $=_{df}$ $(i \leq k) \wedge (j \geq l)$ (le second intervalle est inclus ou coïncide avec le premier).

2.3 L'aspect: aspect conceptuel *versus* visée aspectuelle

2.3.1 Aspect lexical versus *grammatical*

La tradition grammaticale française oppose l'aspect lexical (marqué par les lexèmes verbaux) à l'aspect grammatical (exprimé par les conjugaisons). Cette opposition morphologique est censée coïncider avec une distinction d'ordre sémantique: l'aspect lexical correspond à la construction d'un *procès* (état ou événement), alors que l'aspect grammatical exprime une façon de voir / montrer le procès, une *visée aspectuelle.* Ainsi dans l'exemple:

(18) Pierre se promenait

on admet que «se promener» exprime un procès de type «activité» (selon la classification de Vendler 1967) et que l'imparfait donne à voir ce procès selon une visée sécante ou inaccomplie: il est «vu de l'intérieur» sans prise en compte de ses bornes initiale et finale.

Cette double opposition doit cependant être remise en cause. D'une part, Tournadre (2004: 34-36) a montré, exemples à l'appui, qu'elle n'était pas généralisable: ce que certaines langues expriment au moyen de lexèmes, d'autres le marquent par des grammèmes. D'autre part, même dans une langue comme le français, il est apparu que le procès n'était pas indiqué uniquement par le lexème verbal mais par l'ensemble de la prédication (cf. Gosselin et François 1991), dans laquelle certains grammèmes, comme le déterminant du SN objet, sont amenés à jouer un rôle décisif (on oppose classiquement «*manger un gâteau*» qui désigne un accomplissement à «*manger du gâteau*» qui correspond à une activité). De plus, la visée aspectuelle n'est pas non plus exclusivement marquée par les grammèmes de la conjugaison, car elle résulte le plus souvent d'une interaction complexe entre les marques de conjugaison et divers autres éléments de l'énoncé, voire du texte, dont certains sont des lexèmes. On observe, par exemple, que si l'on ajoute un circonstanciel de durée du type [*pendant* + N de durée] à l'énoncé (18), comme ce complément implique la prise en compte de la durée totale du procès et donc l'accès à ses bornes, initiale et finale, la visée aspectuelle va s'en trouver modifiée, l'interprétation s'orientant, selon le contexte, vers une valeur itérative ou d'imparfait dit «narratif»[7]:

(19) Pierre se promenait pendant deux heures.

S'il n'est donc plus envisageable d'opposer l'aspect lexical à l'aspect grammatical sur une base strictement morphologique, il n'en reste pas moins nécessaire de dissocier, au plan sémantique, d'un côté la construction d'un procès comme résultat d'un processus de *catégorisation* (i.e. de subsomption d'une portion découpée dans le flux des changements et des situations intermédiaires, sous la détermination d'un concept) et, d'un autre côté, la visée aspectuelle comme opération de *monstration* d'un procès préalablement construit. On opposera ainsi l'*aspect conceptuel* (de construction de procès par catégorisation) à la *visée aspectuelle* (qui opère la monstration du procès par l'intermédiaire d'une «fenêtre de monstration» ou «intervalle de visibilité» qui en donne à voir tout ou partie). Si elle n'est pas unanimement partagée, cette double conception de l'aspect présente toutefois des affinités évidentes à la fois avec la tradition aspectuelle guillaumienne, avec la perspective cognitive (voir, entre autres, Langacker 1987, 1992, ainsi que le concept

7 On trouve de très nombreux exemples d'imparfait narratif avec ce type de complément de durée dans les aventures de *Fantômas*: «Après avoir enlevé son chapeau, le jeune homme s'était agenouillé, puis il restait pendant près d'un quart d'heure immobile au pied de cette tombe [...]» (Souvestre et Allain, *Fantômas: L'hôtel du crime*, Robert Laffont, 1988: 514).

de «*windowing*» chez Talmy 2000: 258, Col et Victorri 2007), mais aussi avec certains courants de sémantique d'inspiration formelle (voir d'une part Smith 1991, Caudal et Vetters 2006, et d'autre part Klein 1994, Demirdache et Uribe-Etxebarria 2002, Laca 2005, ainsi que Battistelli 2009).

2.3.2 Les types de procès

Concernant l'aspect conceptuel, deux types de distinctions doivent être retenus ici: le classement des types de procès et le découpage des procès en phases. On admet la classification des types de procès par Vendler (1967), redéfinie pour le français, à la suite de François (1989) et Martin (1988), au moyen de traits, validés par des tests:

a) Les **états** sont non dynamiques, atéliques et non ponctuels (*habiter une maison*, *être en vacances*): ils sont incompatibles (sans glissement de sens[8]) avec «*être en train de* Vinf» (au présent ou à l'imparfait) et «*en* + durée», mais compatibles avec «*pendant* + durée» (lorsqu'ils sont conjugués au passé composé);

b) Les **activités** sont dynamiques, atéliques et non ponctuelles (*marcher*, *manger des frites*, *dormir*[9]): elles sont compatibles avec «*être en train de* Vinf» et «*pendant* + durée», mais non avec «*en* + durée»;

c) Les **accomplissements** sont dynamiques, téliques et non ponctuels (*manger une pomme*, *terminer un travail*): ils sont compatibles avec «*être en train de* Vinf» et «*en* + durée», mais non avec «*pendant* + durée»;

d) Les **achèvements** sont dynamiques, téliques et ponctuels (*apercevoir un avion*, *atteindre un sommet*, *trouver une solution*): leur ponctualité les rend incompatibles (sans glissement de sens[10]) avec les compléments de durée; c'est pourquoi l'expression «*mettre* n temps *à* Vinf» ne peut être interprétée que comme mesurant la durée de la phase qui précède le procès, et devient paraphrasable par «*mettre* n temps *avant de* Vinf».

8 Sur le concept de «glissement de sens», cf. Fuchs, Gosselin, Victorri (1991), Gosselin (1996, chap. 2).

9 Le fait que *dormir* ou *attendre* soient à classer parmi les activités montre bien qu'il s'agit d'une classification purement linguistique et non référentielle.

10 On peut bien sûr énoncer «*il a trouvé la solution en dix minutes*», «*il a atteint le sommet en trois heures*» ou «*il s'est arrêté pendant deux mois*», mais il y a alors glissement de sens, car la durée mesurée est celle de la phase qui précède (la recherche de la solution ou l'ascension du sommet) ou qui suit le procès lui-même (son état résultant).

2.3.3 Les phases

Chaque procès est virtuellement décomposable en cinq phases (cf. Dik 1989, Vet 2002, Tournadre 2004, Gosselin 2010a,b, 2011), trois phases correspondant à «l'aspect interne» (phases initiale, médiane et finale), et deux phases composant «l'aspect externe» (Borillo 2005): les phases préparatoire et résultante, selon un schéma du type[11]:

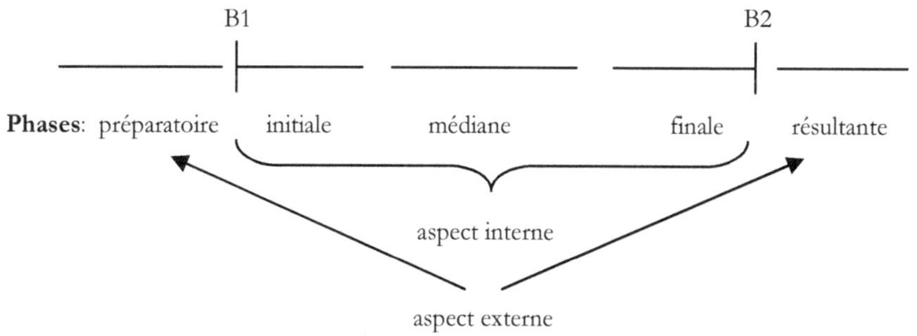

Figure 5: structure phasale des procès

Ces phases peuvent être sélectionnées par des coverbes qui construisent des sous-procès (Gosselin 2010a,b, 2011), lesquels sont à leur tour décomposables en cinq phases (par un procédé récursif). On note ces sous-procès au moyen d'intervalles ([B'1,B'2], [B"1, B"2], etc.). Soit, pour exemple, la représentation iconique associée à «*s'apprêter à commencer à manger*» (par souci de lisibilité, on duplique les axes temporels):

11 Cette structure phasale concerne le procès une fois qu'il est catégorisé, et ne doit pas être mise sur le même plan que les figures qui rendent compte de l'opération de catégorisation à partir d'un schéma primitif (pré-conceptuel) comportant des changements et des situations intermédiaires, comme celles qui sont proposées par Moens et Steedman (1988), Kamp et Reyle (1993: 558 sq.), Gosselin (1996: 50 sq.), ou encore Croft (2012). Car dans ce cas, la portion du schéma primitif subsumée par la catégorie de procès varie systématiquement en fonction du type de procès (état, activité, accomplissement, achèvement). Ainsi, un état transitoire correspond, au plan du schéma primitif, à une absence de changement (il est donc adéquatement représenté par un segment de droite, dont les bornes sont exclues), mais une fois l'état catégorisé au moyen d'un prédicat (ex. *être malade*), il devient virtuellement décomposable en cinq phases selon la structure méréotoplogique générale. On peut *commencer à / continuer à / cesser d'être malade.*

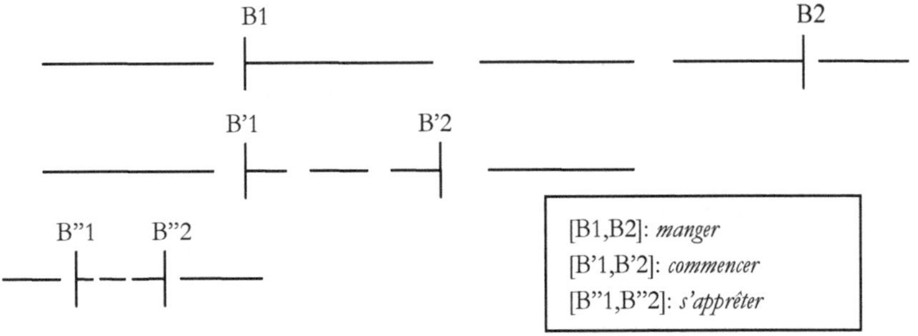

Figure 6: chronogramme de «*s'apprêter à commencer à manger*»

Le sous-procès marqué par *commencer à* coïncide avec la phase initiale du procès *manger*, tandis que celui qu'exprime *s'apprêter à* est inclus dans la phase préparatoire du sous-procès, laquelle correspond également à la phase préparatoire du procès *manger*. Cette structure rend donc compte à la fois du fait que «*s'apprêter à commencer à manger*» est quasi-synonyme de «*s'apprêter à manger*», et de ce que «*s'être apprêté à commencer à manger*» n'implique pas «*commencer à manger*», dans la mesure où B"2 ne coïncide pas nécessairement avec B'1 (la phase résultante du sous-procès *s'apprêter* – exprimable par *être prêt* – peut prendre place avant le début du sous-procès *commencer*). Soit, sous forme symbolique: B"1 < B"2 ≤ B'1 = B1 < B'2 < B2.

2.3.4 *Les visées aspectuelles*

Les phases peuvent aussi être «rendues visibles» par les visées aspectuelles. Ces visées, qui déterminent ce qui est montré/perçu du procès ou du sous-procès, sont exprimées, dans le modèle, par la position de l'intervalle de référence (de monstration) relativement à celui du procès. On distingue ainsi quatre visées aspectuelles de base en français:

a) Avec la visée *aoristique* (perfective, globale), le procès est montré dans son intégralité (les deux intervalles coïncident), à l'exclusion de son aspect externe: [I,II] CO [B1,B2] (soit I = B1, II = B2); ex.: *Il traversa le carrefour.*

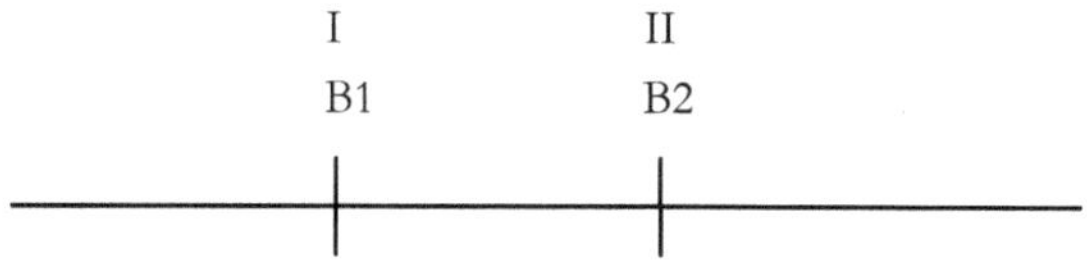

Figure 7: visée aoristique / globale /perfective

b) La visée *inaccomplie* (imperfective, sécante) ne présente qu'une partie de l'aspect interne du procès: l'intervalle de référence est inclus dans celui du procès, dont les bornes initiale et finale ne sont pas prises en compte: [B1,B2] RE [I,II] (soit B1 < I, II < B2); ex.: *Il traversait le carrefour* (l'imparfait doit être interprété ici au sens de *était en train de traverser*).

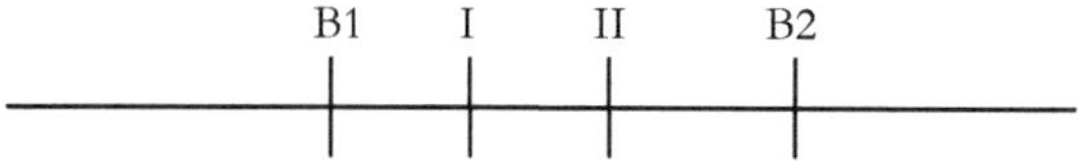

Figure 8: visée inaccomplie / sécante / imperfective

c) La visée *accomplie* montre la phase résultante du procès: [I,II] POST [B1,B2] (soit B2 < I); ex.: *Il a terminé son travail depuis dix minutes.*

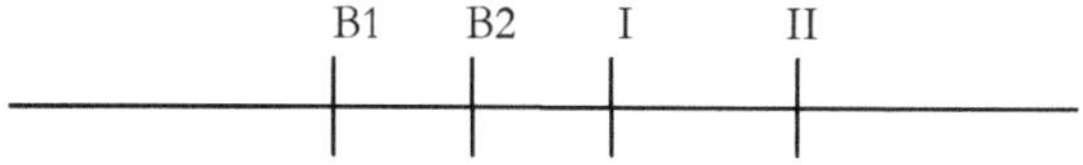

Figure 9: visée accomplie

d) La visée *prospective* en présente la phase préparatoire: [I,II] ANT [B1,B2] (soit II < B1); ex.: *Il allait traverser le carrefour.*

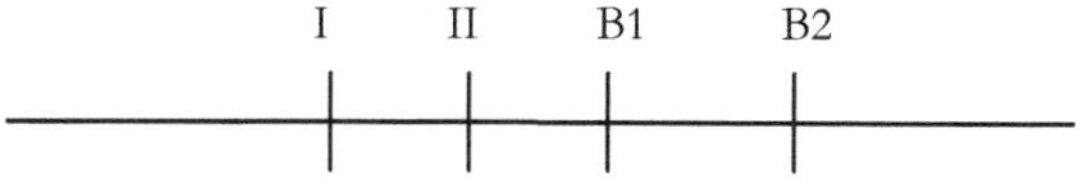

Figure 10: visée prospective

Ces visées sont marquées par les conjugaisons et les «auxiliaires de visée aspectuelle» («*être sur le point de*», «*être en train de*», «*aller*», «*venir de*» ...), mais toujours en relation avec d'autres éléments de l'énoncé, car ces expressions (flexions et auxiliaires) sont généralement polysémiques. Nous avons montré, dans Gosselin (2010a,b, 2011), qu'il y avait lieu de distinguer deux types de périphrases aspectuelles en français, correspondant à deux procédures distinctes de sélection des phases d'un procès et possédant des caractéristiques de fonctionnement syntactico-sémantiques bien différentes. Les coverbes sélectionnent les phases en construisant des sous-procès (notés [B'1,B'2], cf. section précédente), qui ont un statut référentiel, alors que les auxiliaires de visée aspectuelles opèrent cette sélection en déterminant la position de l'intervalle de référence relativement au procès ou au sous-procès qu'il affecte.

2.3.5 Visées directes et indirectes

Comme les visées aspectuelles peuvent affecter des sous-procès (catégorisés au moyen de coverbes), on est parfois amené à distinguer une «visée directe» sur le sous-procès correspondant à la phase catégorisée et une «visée indirecte» sur le procès lui-même. Cela se traduit dans le modèle par le fait que l'intervalle de référence entretient une relation d'un certain type avec l'intervalle de phase ([B'1,B'2]) et une relation d'un autre type avec l'intervalle de procès ([B1,B2]). Soit pour exemple:

(20) Au château d'Edimbourg, John Benstede, clerc et émissaire spécial d'Edouard d'Angleterre, s'apprêtait également à conclure sa mission. (P.C. Doherty, *La couronne dans les ténèbres*, trad. A. Bruneau et Ch. Poussier, 10/18, 1996: 211)

On analysera comme suit ses caractéristiques aspectuelles:

a) aspect conceptuel: *s'apprêter à:* [B'1,B'2]; *conclure sa mission:* [B1,B2];
s'apprêter à: coverbe exprimant un sous procès correspondant à tout ou partie[12] de la phase préparatoire du procès *conclure sa mission* (accomplissement):
B'1 < B'2 ≤ B1 < B2
b) visée directe inaccomplie sur la phase préparatoire: [B1',B'2] RE [I,II]:
B'1 < I < II < B'2
c) visée indirecte prospective sur le procès: [I,II] ANT [B1,B2]:
I < II < B1 < B2.
d) structure aspectuelle complète: B'1 < I < II < B'2 ≤ B1 < B2

Soit, sous forme de chronogramme:

12 Voir ci-dessus le commentaire de la Figure 6.

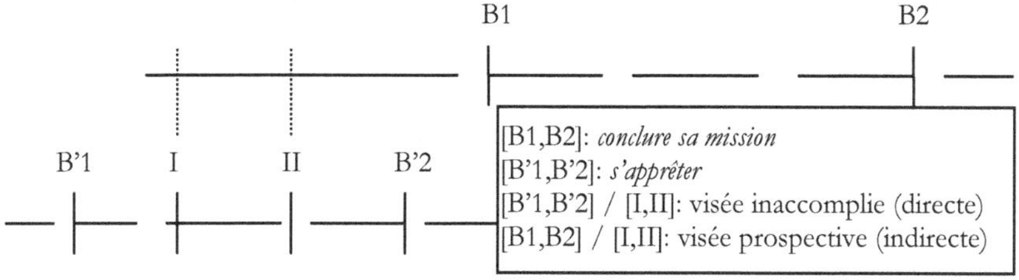

Figure 11: chronogramme de l'ex. (20)

Cette distinction entre visées directe et indirecte sur le procès nous conduit à introduire *deux nouveaux types de visée aspectuelle*, qui n'apparaissent, en français moderne, que de façon indirecte (i.e. comme affectant d'abord une phase catégorisée du procès): les visées *inchoative* (qui porte sur la phase initiale) et *terminative* (affectant la phase finale). Encore faut-il préciser que ces visées, parce qu'elles sont indirectes, se laissent à leur tour diviser en inchoative inaccomplie / inchoative aoristique, et en terminative inaccomplie / terminative aoristique. Exemples:

(21a) Il commençait (était en train de commencer) à repeindre sa salle de bain (inchoatif inaccompli: $B1 = B'1 < I < II < B'2 \{ B2$)
(21b) Il commença à repeindre sa salle de bain (inchoatif aoristique: $B1 = B'1 = I < II = B'2 \{ B2$)
(22a) Il finissait de repeindre sa salle de bain (terminatif inaccompli: $B1 \{ B'1 < I < II < B'2 = B2$)
(22b) Il finit / termina de repeindre sa salle de bain (terminatif aoristique: $B1 \{ B'1 = I < II = B'2 = B2$).

2.4 Le temps

Le *temps absolu* est défini comme la relation entre l'intervalle de référence et le moment de l'énonciation (considéré lui-même comme un intervalle: [01,02]):

a) Temps *présent*: les deux intervalles coïncident ou se chevauchent: $I \leq 02$, $01 \leq II$
b) Temps *passé*: $II < 01$
c) Temps *futur*: $02 < I$.

Cette définition du temps, qui s'oppose à la conception traditionnelle selon laquelle c'est la position du procès par rapport au moment de l'énonciation qui constitue le temps absolu, permet d'éviter l'indécidabilité qui devrait logiquement affecter un grand nombre de relations temporelles dès lors que l'on substitue des intervalles aux points. Ainsi, dans l'exemple (15) du § 2.1 (*la police recherchait le coupable depuis trois jours*), le locuteur n'indique en rien si le procès a cessé ou non au moment de l'énonciation. Le procès a certes une partie passée, mais il se peut très bien qu'il se poursuive dans le présent et même dans le futur. La seule information sûre, c'est qu'au moment de référence, situé dans le passé, le procès était en cours (aspect inaccompli, représenté par la Figure 2).

De même, avec un énoncé comme «*Quand j'ai regardé par la fenêtre, il allait pleuvoir*», on sait que l'intervalle de référence est antérieur à celui de l'énonciation (temps passé) et à celui du procès (aspect prospectif), mais aucune contrainte linguistique ne porte sur les relations chronologiques entre le procès et le moment de l'énonciation[13].

Quant au temps relatif, il se trouve désormais défini non plus comme la relation entre deux procès, mais comme la relation entre deux intervalles de référence (notés respectivement [I,II] et [I',II'])[14]:

a) *Simultanéité*: $I \leq II'$, $I' \leq II$
b) *Antériorité*: $II < I'$
c) *Postériorité*: $II' < I$.

Remarquons qu'il est très important, lorsqu'on analyse les phénomènes temporels dans les textes, de préciser quelles relations sont contraintes et quelles relations restent indéterminées (comme, par exemple, la position de B'2 relativement à [01,02] dans l'exemple 15), l'indétermination relative étant une propriété essentielle de la sémantique des textes.

13 Pour d'autres arguments en faveur de cette définition du temps, cf. Klein (1994: 21-24).
14 Voir l'argumentation dans Gosselin (1996: 21).

2.5 Propriétés de l'intervalle de référence

L'intervalle de référence (qui correspond, au plan cognitif, à la «fenêtre» de monstration) est doué de propriétés particulières:

a) Il est anaphorique, au sens où il provoque la recherche, dans le contexte, d'un intervalle antécédent avec lequel il doit coïncider;
b) Il opère la «coupure modale» entre l'irrévocable et le possible: les procès ou éléments de procès qui le précèdent sont présentés comme ne pouvant plus être remis en cause (à moins bien sûr, de marqueurs spécifiquement dédiés à cet effet), tandis que ceux qui suivent restent dans le champ de l'envisagé, de ce qui peut ou non se réaliser.

Ces deux propriétés sont longuement développées et argumentées dans Gosselin (2005); nous nous contenterons ici d'en rappeler les principes, dont nous aurons besoin ultérieurement pour calculer les visées aspectuelles et les coupures modales dans les tours itératifs (cf. § 5 et 6).

2.5.1 Anaphoricité

Dire que l'intervalle de référence est intrinsèquement anaphorique, c'est dire qu'il n'est pas autonome, qu'il a besoin d'un intervalle antécédent, et qu'il soumet la sélection de cet antécédent à un ensemble de conditions:

a) Les deux intervalles doivent coïncider; il est donc nécessaire que cette relation de coïncidence ne contrevienne pas aux instructions codées par les autres marqueurs de l'énoncé, ni aux autres contraintes générales sur les structures aspectuo-temporelles.
b) L'intervalle antécédent doit lui-même disposer d'un certain ancrage circonstanciel. Cet ancrage peut être direct (ex.: *Mardi dernier*) ou indirect (ex.: *après que* ...).
c) On retient pour antécédent l'intervalle le plus saillant dans le contexte. Le degré de saillance des intervalles est déterminé par une échelle de saillance relative, qui se présente, schématiquement, ainsi:

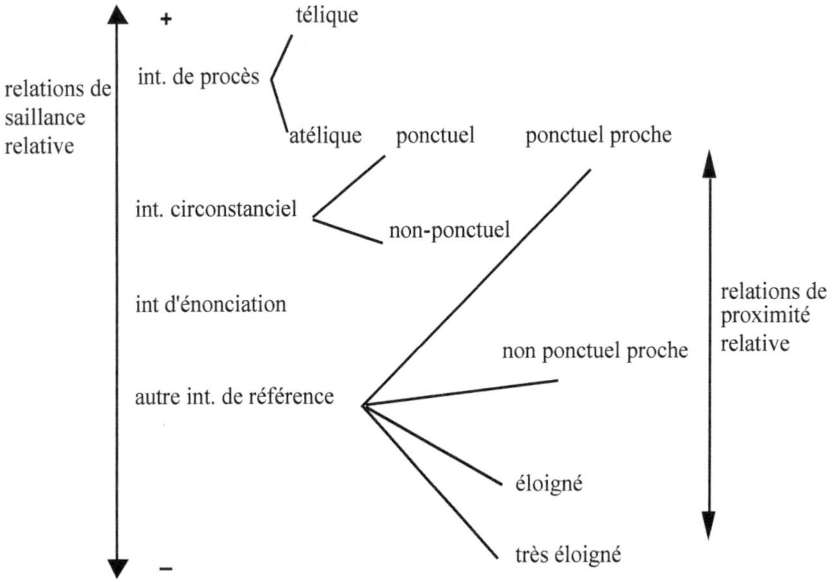

Figure 12: échelle de saillance des intervalles antécédents

Quant aux relations de proximité relative, qui concernent l'intervalle de référence pris pour antécédent, elles se laissent à leur tour ainsi représenter[15]:

15 A propos de l'intervalle antécédent interne à la phrase, on doit faire intervenir la distinction entre concordance et indépendance des propositions. Des systèmes de règles sont proposés dans Gosselin (1996: 222-234), et nettement améliorés (simplifiés) dans Person (2004).

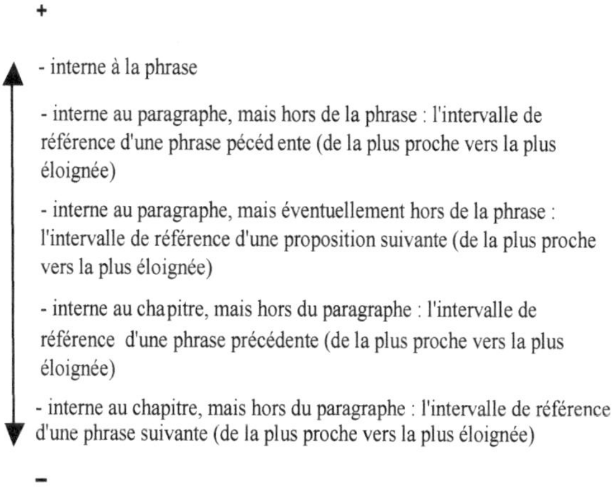

Figure 13: relations de proximité relative

La recherche de l'intervalle antécédent s'arrête dès qu'un candidat adéquat a été trouvé.

Ce dispositif permet de rendre compte de deux types de phénomènes:

a) du fonctionnement textuel des temps verbaux (pourquoi l'imparfait est dit anaphorique, par exemple[16]);
b) de la visée aspectuelle qui affecte les procès présentés au moyen d'un temps qui ne code aucune instruction aspectuelle particulière.

Nous nous arrêtons quelques instants sur ce deuxième point, qui va concerner plus directement le calcul de la visée aspectuelle sur les occurrences de procès dans les séries itératives. On admet qu'à la différence du passé simple ou de l'imparfait, certains temps comme le futur simple, le subjonctif présent, ou le conditionnel présent (mais aussi le présent de narration) ne contraignent pas directement l'aspect. En témoigne le fait qu'ils sont – moyennant des contextes appropriés, et sans qu'il soit fait recours à une procédure de résolution de conflit – compatibles aussi bien avec [*pendant/en* + durée] qu'avec [*depuis* + durée]:

16 Pour une discussion sur l'adéquation de ce dispositif explicatif et prédictif, cf. Kleiber (2003), Gosselin (2005), Patard (2007).

(23a) Pierre marchera pendant cinq minutes
depuis cinq minutes (,à ce moment-là)
(23b) Je voudrais que Pierre marche pendant cinq minutes
depuis cinq minutes (,à ce moment-là)
(23c) Je savais que Pierre marcherait pendant cinq minutes
depuis cinq minutes (,à ce moment-là).

Nous ne pensons pas cependant que ces énoncés soient dépourvus de visée aspectuelle, ni même qu'ils présentent un aspect neutre[17]; simplement, la visée aspectuelle n'est pas directement et univoquement marquée par le temps verbal; nous observons qu'elle résulte de la procédure de recherche d'un intervalle antécédent pour l'intervalle de référence, en fonction des relations de saillance relative (Figure 12). Les conséquences suivent:
a) si le procès est télique (intrinsèquement borné), la visée sera aoristique: l'intervalle de référence est lié par celui du procès:

(24a) Pierre courra jusqu'à la poste en cinq minutes
* depuis cinq minutes
(24b) Je voudrais que Pierre coure jusqu'à la poste en cinq minutes
* depuis cinq minutes
(24c) Je savais que Pierre courrait jusqu'à la poste en cinq minutes
* depuis cinq minutes

b) si le procès est atélique (borné de façon extrinsèque), trois cas se présentent:

– en présence d'un circonstanciel ponctuel, qui a le même degré de saillance relative que le procès, on obtient une ambiguïté virtuelle:

(25) A huit heures, il dormira (visée aoristique: «s'endormira»; visée inaccomplie: «sera en train de dormir»)

– un phénomène comparable se produit en présence d'un autre intervalle de référence ponctuel proche:

(26) Pierre rencontrera Marie. Elle se promènera pendant cinq minutes
depuis cinq minutes.

– sinon, l'aspect est aoristique.

17 C'est la solution retenue pour le futur simple en français par Smith (1991).

2.5.2 La corrélation visée aspectuelle / temps relatif

Un deuxième type de contrainte vient interférer avec les relations de saillance relative pour déterminer la visée aspectuelle lorsqu'elle n'est pas contrainte par la conjugaison. Il s'agit de la corrélation globale entre visée aspectuelle et temps relatif. On considère, en effet, que la relation temporelle de succession implique, par défaut, la visée aoristique (globale), et donc le liage de l'intervalle de référence par celui du procès, alors qu'inversement la simultanéité a partie liée avec la visée inaccomplie[18]. Réciproquement, la visée aoristique impose, par défaut, la relation de succession, quand la visée inaccomplie favorise grandement la simultanéité.

visée aspectuelle		*temps relatif*
aoristique	⇔	succession
inaccompli	⇔	simultanéité

Figure 14: corrélation visée aspectuelle / temps relatif

Cette contrainte permet de désambigüiser les énoncés dans lesquels la conjugaison ne marque pas la visée aspectuelle et où le procès atélique a un degré de saillance relative équivalent à celui d'un intervalle circonstanciel ponctuel ou d'un autre intervalle de référence ponctuel proche (cf. Figure 12). Car ce sont alors les relations temporelles qui permettent de choisir le bon antécédent (par élimination ou choix de l'intervalle de procès). Considérons l'exemple (adapté de Arrivé *et al.* 1986) de présent de narration suivant:

(27) Le proviseur entre. Les élèves parlent.

Le présent de narration ne marque pas la visée aspectuelle[19]. Le premier procès étant télique et ponctuel fournit à son intervalle de référence un intervalle antécédent prioritaire. La visée aspectuelle est donc aoristique, comme le confirme la paraphrase possible au passé simple (*«le proviseur entra»*). En revanche, le second procès est atélique (il s'agit d'une activité). Comme on dispose d'un intervalle ponctuel proche (celui qui est associé au procès ponctuel de la phase qui précède), une ambiguïté virtuelle est créée: l'intervalle de référence du procès (*parler*), conformément à ce qu'indique la

18 Pour une discussion, cf. Gosselin (2005: 138-139).

19 Cf. Gosselin (2005: 209).

Figure 12, peut aussi bien se rattacher au procès lui-même qu'à l'intervalle de référence du procès précédent. De là deux paraphrases possibles correspondant respectivement aux visées aoristique et inaccomplie qui résultent de ces deux types de rattachement:

(28a) Le proviseur entra. Les élèves parlèrent.
(28b) Le proviseur entra. Les élèves parlaient.

Comme il apparaît, le choix de l'une ou l'autre de ces visées aspectuelles a des conséquences immédiates sur la temporalité relative: succession avec l'aoristique, simultanéité avec l'inaccompli. Mais, réciproquement, il suffit d'introduire un marqueur de succession pour que l'ambiguïté virtuelle disparaisse:

(29) Le proviseur entre. Aussitôt, les élèves parlent.

Car la succession entraîne la visée aoristique. La transposition à l'imparfait standard n'est plus envisageable[20]. On verra, au § 6, que cette contrainte, due à la corrélation entre visée aspectuelle et temps relatif peut être amenée à jouer un rôle décisif dans la construction de l'itération et la détermination de l'aspect des occurrences de procès dans les séries itérative.

2.5.3 La coupure modale

Le temps vécu se donne à l'expérience la plus immédiate sous la forme d'un *flux irréversible* (Husserl), opérant la conversion continue du possible (ce qui est encore à venir) en irrévocable (ce qui est devenu nécessaire au sens où il ne peut plus en être autrement). Très concrètement, alors que nous pouvons agir ou essayer d'agir sur le possible, l'irrévocable échappe, par définition, à toute tentative de changement intentionnel[21].

Le temps comme flux irréversible, paraît donc partagé par une «coupure modale», constamment fluctuante, qui isole le possible de l'irrévocable; ce que l'on représentera au moyen d'une structure asymétrique[22]:

20 Et l'on ne peut plus introduire [*depuis* + durée]: * Aussitôt les élèves parlent depuis cinq minutes.

21 Cf. Platon, *Protagoras* 324b, et surtout Aristote, *Ethique à Nicomaque* VI, 2, 1139b 6-11. Pour une discussion, cf. Gosselin (2013).

22 Cf. Lagerqvist (2009: 38). Dans le cadre de la sémantique des mondes possibles, cette conception est représentée par une structure dans laquelle le passé est conçu de façon

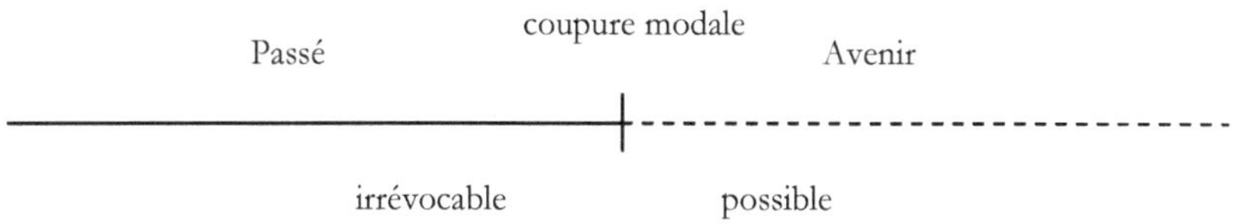

Figure 15: l'asymétrie modale du temps

Alors que le point de vue «logico-discursif» d'Aristote (*De l'interprétation* 9) le conduit à identifier le moment présent comme lieu de la coupure modale pour définir des «valeurs modales temporelles» (le futur est possible, le présent et le passé sont irrévocables), une analyse proprement linguistique repère, à un autre niveau d'analyse, une autre coupure modale opérée par le moment de référence[23]. Plus précisément, dans le cadre du modèle SdT, c'est la borne finale de l'intervalle de référence (II) qui va opérer la coupure modale entre l'irrévocable et le possible, et définir ainsi des «valeurs modales aspectuelles».

Encore faut-il préciser, à propos de ces valeurs modales aspectuelles, que

a) c'est le propre du mode indicatif (par opposition au subjonctif, à l'impératif ou à l'infinitif) que de faire passer cette coupure modale au moment de référence;
b) on identifie le caractère simplement possible d'un procès au fait que le contexte droit peut indiquer qu'il n'a finalement pas eu lieu (même si ce n'est évidemment pas toujours le cas).

Prenons tout de suite un exemple illustrant le fonctionnement de l'aspect prospectif, marqué par [*aller* Vinf]:

> (30) «Antoine Laho allait lâcher l'homme qu'il tenait vaincu sous son genou et se relever». (P. Féval fils, *Mariquita*, Omnibus, 1997: 964).

Bien que les procès soient envisagés dans le passé (au début du XVIIIe), ils sont présentés comme simplement possibles à cause de l'aspect prospectif, qui situe le moment de référence et donc la coupure modale avant les inter-

linéaire, alors que le futur est ramifié; cf. Martin (1983), Thomason (1984), Kaufman *et al.* (2006).

23 Cf. Vet (1981).

valles de procès. C'est pourquoi la suite peut indiquer, sans incohérence, qu'ils ne se sont pas réalisés:

(31) Il n'en eut pas le temps et tomba la face contre terre avec un gémissement sourd. Un long couteau catalan était planté entre ses deux épaules!

Les hypothèses ci-dessus conduisent aux prédictions suivantes:
a) Avec les visées aoristique («*il traversa la route*») et accomplie («*il a traversé la route depuis 5 minutes*», les procès sont intégralement situés dans l'irrévocable, soit les figures respectives:

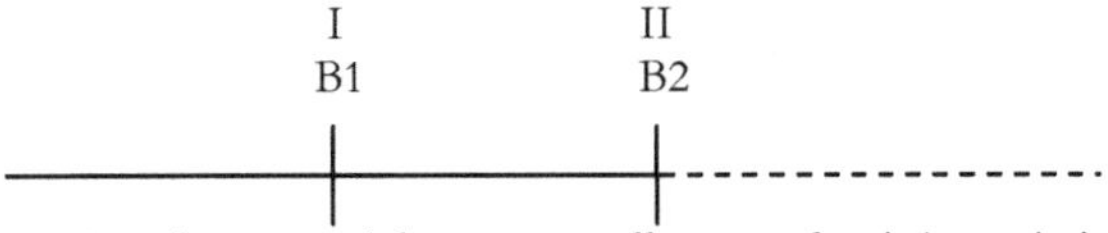

Figure 16a: valeurs modales aspectuelles avec la visée aoristique

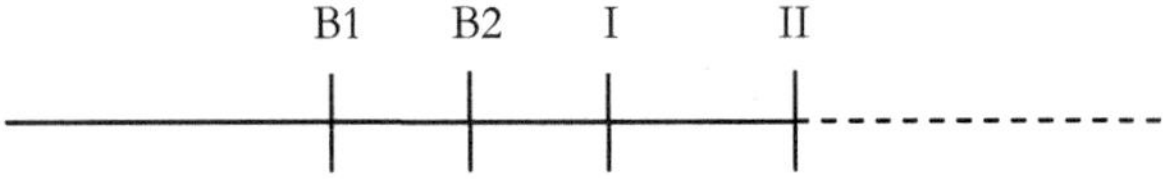

Figure 16b: valeurs modales aspectuelles avec la visée accomplie

b) La visée inaccomplie situe la fin du procès dans le domaine du possible; d'où, avec les procès téliques, le «paradoxe imperfectif»[24] (on ne sait pas si le procès est allé jusqu'à son terme: «*il traversait la route (quand soudain ...)*»):

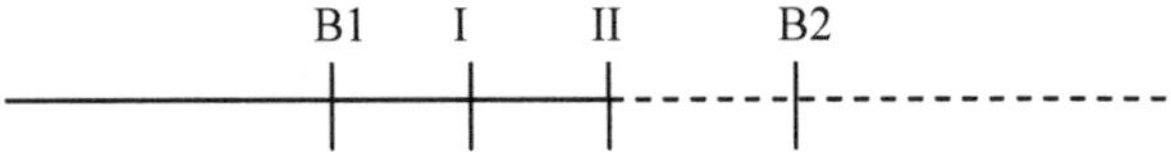

Figure 17: valeurs modales aspectuelles avec la visée inaccomplie

Avec les procès atéliques, la même configuration conduit simplement à n'envisager que comme une possibilité le fait qu'un procès d'arrière-plan (à l'aspect inaccompli) se poursuive après la fin du procès de premier plan qu'il est censé recouvrir («*les élèves parlaient quand le proviseur entra*»: on ne sait pas si les élèves ont continué de parler[25]):

24 Cf. Dowty (1977).
25 Le contexte peut impliquer que le procès inaccompli est interrompu par le procès de premier plan («Ils réveillèrent ceux qui dormaient») ou, inversement, en particulier

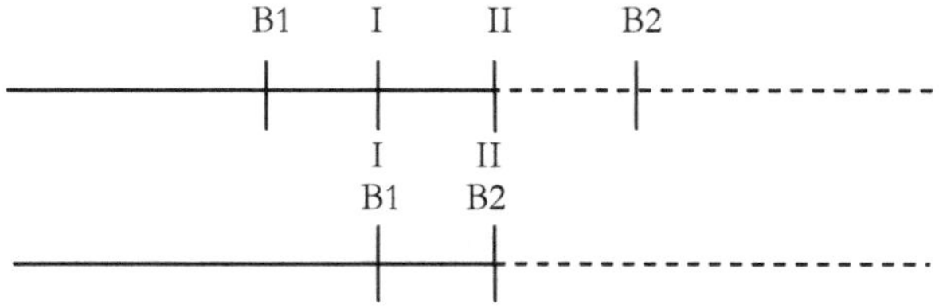

Figure 18: valeurs modales aspectuelles dans un enchaînement textuel

c) La visée prospective laisse l'intégralité du procès dans le champ du possible (*«il allait traverser la route (quand soudain…)»*:

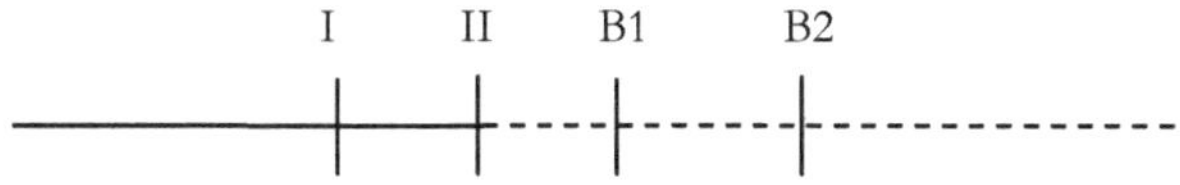

Figure 19: valeurs modales aspectuelles avec la visée prospective

Ces oppositions se retrouvent à l'identique quand la visée aspectuelle est marquée directement par la conjugaison et/ou par des auxiliaires (*venir de, aller, être sur le point de, être en train de* …), ou indirectement par des coverbes (*commencer à, se mettre à, s'arrêter de, cesser de, finir de, s'apprêter à, tarder à, continuer à, persister à* …).

Si la visée indirecte sur le procès est prospective, le procès est intégralement situé dans le champ du possible, quelle que soit la visée directe sur le sous-procès (marqué par le coverbe). De sorte que le contexte droit peut infirmer la réalisation du procès[26]:

> (32) «Il s'apprêtait à conduire Tripham hors de la pièce quand on frappa.» (Doherty, *La couronne dans les ténèbres*, trad. A. Bruneau et Ch. Poussier, 10/18, 1996: 74)

Lorsque la visée indirecte est inaccomplie (sur le procès), la borne initiale appartient à l'irrévocable, et la borne finale au possible, ce qui provoque, avec les procès téliques, l'indétermination (au moins provisoire) du fait que le procès soit parvenu ou non à son terme. Cette visée indirecte inaccomplie peut résulter de diverses configurations, entre autres:

---

quand il est interprété, dans le discours, comme exprimant une perception, que ce procès inaccompli se poursuit au delà de la coupure modale («Il s'approcha de la fenêtre. Il neigeait abondamment»).

26 Voir la Figure 11 au § 2.3.5 ci-dessus.

– une visée directe, inaccomplie ou aoristique, sur un sous-procès correspondant à la phase médiane (ex. «*il continuait / continua de faire la vaisselle*»);
– une visée inaccomplie ou accomplie sur la phase initiale (ex. «*il commençait / avait commencé à faire la vaisselle*»);
– une visée prospective ou inaccomplie sur la phase finale (ex. «*il allait finir / finissait de faire la vaisselle*»).

Soit un exemple de visée inaccomplie sur la phase initiale, avec interruption du procès:

(33) La marquise se replaça auprès du feu, et vers minuit le sommeil *commençait à la gagner*, lorsque la porte s'ouvrit tout à coup [...]. (Ponson du Terrail, *Une fille d'Espagne*, R. Laffont, 1992: 317)

Ce qui est remarquable, et conforme à nos hypothèses, c'est qu'avec les coverbes de phase initiale, ce phénomène, comparable au «paradoxe imperfectif»[27], se produit même si cette phase initiale est vue de façon aoristique (car la borne finale du procès lui-même reste hors d'atteinte); on parle alors de visée indirecte «inchoative aoristique» (cf. § 2.3.5 ci-dessus):

(34) Arrivé chez lui, Paul *se mit à* faire la vaisselle, mais il ne la termina pas. (Vetters 2003: 123)

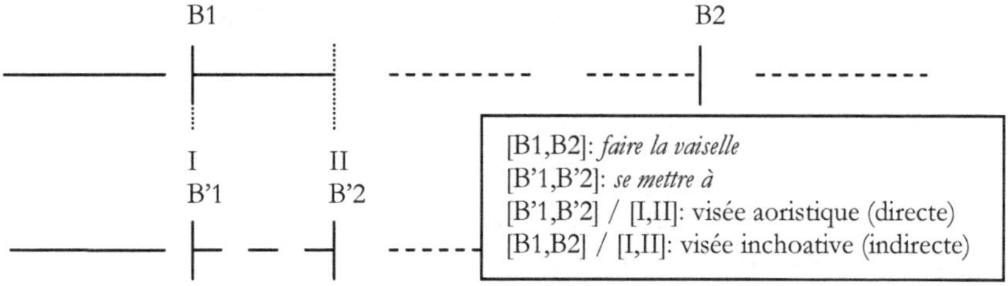

Figure 20: chronogramme de l'exemple (34)

Lorsque la visée aspectuelle indirecte est «terminative aoristique» (i.e. aoristique sur la phase finale) ou accomplie, le procès est situé tout entier dans l'irrévocable, et sa réalisation ne peut être annulée (ex. «*il acheva de faire les courses / il rentra de faire les courses*»). En revanche, si la visée directe (sur le

27 Ce phénomène n'est donc pas fondamentalement lié à l'aspect «progressif», contrairement à ce qui est admis dans la tradition anglo-saxonne (cf. Dowty 1977, et, pour une mise au point récente, Portner 2009: 243-245).

sous-procès) est inaccomplie sur la phase terminale («terminative inaccomplie»), on retrouve le «paradoxe imperfectif» (puisque la visée indirecte sur le procès est alors inaccomplie):

(35) Il était en train de finir de manger son gâteau (quand soudain ...).

Synthétisons l'ensemble au moyen d'un tableau:

Visée aspectuelle directe	Phase catégorisée	Visée aspectuelle indirecte	Domaine modal du procès	Exemple
prospective	Ø	Ø	possible	*il allait sortir*
	préparatoire	prospective	possible	*il allait s'apprêter à sortir*
	initiale	prospective	possible	*il allait commencer à ranger sa chambre*
	médiane	inaccomplie	mixte	*il allait continuer de ranger sa chambre*
	finale	inaccomplie	mixte	*il allait achever de ranger sa chambre*
	résultante	indéterminée[28]	mixte (par défaut)	*il allait rentrer de faire les courses*
inaccomplie	Ø	Ø	mixte	*il était en train de traverser le carrefour*
	préparatoire	prospective	possible	*il était en train de s'apprêter à sortir*
	initiale	inaccomplie	mixte	*il était en train de commencer à ranger sa chambre*
	médiane	inaccomplie	mixte	*il était en train de continuer de ranger sa chambre*
	finale	inaccomplie	mixte	*il était en train de finir de ranger sa chambre*
	résultante	accomplie	irrévocable	*il était en train de rentrer de faire les courses*
aoristique (globale)	Ø	Ø	irrévocable	*il traversa le carrefour*
	préparatoire	prospective	possible	*il s'apprêta à sortir*
	initiale	inchoative	mixte	*il se mit à ranger sa chambre*
	médiane	inaccomplie	mixte	*il continua de ranger sa chambre*
	finale	terminative	irrévocable	*il acheva de ranger sa chambre*
	résultante	accomplie	irrévocable	*il rentra de faire les courses*

28 Cette indétermination provient, de même que lorsqu'une visée accomplie porte sur la phase préparatoire, du fait que les sous-procès peuvent être inclus ou coïncider avec les phases (voir ci-dessus, § 2.3.3).

accomplie	Ø	Ø	irrévocable	*il a traversé le carrefour depuis 5 minutes*
	préparatoire	indéterminée	possible (par défaut)	*il s'est préparé à partir depuis longtemps*
	initiale	inaccomplie	mixte	*il a commencé à ranger sa chambre depuis 5 minutes*
	médiane	? inaccomplie	mixte	*?? il a continué de ranger sa chambre depuis 5 minutes*
	finale	accomplie	irrévocable	*il a fini de ranger sa chambre depuis 5 minutes*
	résultante	accomplie	irrévocable	*il est rentré de faire les courses depuis 5 minutes*

Figure 21: visées aspectuelles et domaines modaux

Le domaine modal est considéré comme mixte lorsque la borne initiale du procès est dans le champ de l'irrévocable tandis que la borne finale appartient au possible. Il apparaît ainsi que, contrairement à ce qu'affirment Reyle, Rossdeutscher et Kamp (2007: 630), la visée aspectuelle, bien que n'ayant pas de statut référentiel, joue un rôle décisif au plan vériconditionnel.

2.6 Propriétés de l'intervalle circonstanciel

Tout comme dans les paragraphes précédents, nous présentons le modèle en prenant appui sur des énoncés singulatifs. Nous montrerons, aux § 6 et 7, comment ces principes généraux s'appliquent aux structures itératives.

Les intervalles circonstanciels sont marqués par les compléments circonstanciels temporels (y compris les subordonnées temporelles), mais non par les adverbiaux aspectuels (cf. § 4.2.3). Parmi les circonstanciels temporels, on distingue à nouveau:

a) les circonstanciels de *durée*, qui définissent la taille de l'intervalle circonstanciel sans opérer de localisation;
b) les circonstanciels de *localisation temporelle*, qui situent l'intervalle circonstanciel de façon plus ou moins précise et plus ou moins déterminée par rapport au calendrier (localisation absolue), à l'intervalle de l'énonciation (localisation déictique), ou à un autre procès (localisation relative); ce dernier type de localisation est caractéristique des subordonnées circons-

tancielles, dans lesquelles l'intervalle circonstanciel est situé par rapport au procès exprimé par la subordonnée[29].

2.6.1 Circonstanciels de durée

Les circonstanciels de durée peuvent exprimer (entre autres):

a) la durée du procès lui-même[30]: [*en* + durée], [*pendant* + durée], [durée]). Exemples:

(36a) Il a lu ce livre en trois heures
(36b) Il dormit trois heures/pendant trois heures.

Ces compléments impliquent une visée aspectuelle de type aoristique, permettant l'accès aux bornes du procès. Les compléments de type [durée] et [*pendant* + durée] signalent que les bornes du procès sont extrinsèques (procès atéliques), tandis que [*en* + durée] n'est compatible qu'avec les procès intrinsèquement bornés (téliques)[31].

b) la durée qui s'écoule entre la borne initiale du procès et la borne initiale de l'intervalle de référence ([*depuis* + durée] ou [*il y a* + durée *que*][32] combinés avec la visée d'inaccompli, voir l'ex. 15 et la Figure 2 du § 2.1) ou entre la borne finale du procès et la borne initiale de l'intervalle de référence ([*depuis* + durée] ou [*il y a* + durée *que*] combinés avec la visée accomplie).

2.6.2 Circonstanciels de localisation temporelle

Quant à la localisation temporelle, elle se définit au moyen de trois paramètres: a) le mode de repérage circonstanciel, b) la relation circonstancielle

29 Remarquons qu'un circonstanciel de localisation temporelle peut aussi exprimer une durée: «*pendant ces trois années*»; cf. aussi Apothéloz (2008: 203).

30 Sauf en cas de conflit, où, à la suite d'un glissement de sens, ils mesurent la durée de la phase préparatoire ou de la phase résultante. Ex.: «*il a atteint le sommet en trois heures*», «*il s'est arrêté pendant trois heures*».

31 Voir ci-dessus, § 2.3.2.

32 Voir aussi des expressions du type «*ça fait* + durée *que*». On prendra garde à ne pas confondre ces expressions avec le tour sans *que*: [*il y a* + durée], qui marque la localisation temporelle et non la durée pour elle-même (comparer: «*il y a deux heures qu'il dort*» à «*il y a deux heures, il dormait*»). Sur les différences entre [*depuis* + durée] et [*il y a* + durée], cf. Apothéloz (2008: 211 sq.).

(sa portée et sa nature), et, dans les cas de subordination temporelle, c) la relation circonstancielle subordonnée.

Pour caractériser le fonctionnement des intervalles circonstanciels dans le texte, il est, tout d'abord, nécessaire de distinguer différents modes de repérage. Il paraît, schématiquement, possible d'isoler trois modes de repérage autonomes et deux modes non autonomes (déictiques et anaphoriques)[33].

2.6.2.1 Modes de repérage autonomes

On oppose trois cas:

a) Le circonstanciel renvoie à un intervalle déterminé du calendrier en lui donnant sa désignation propre et complète. On parlera de circonstanciel de *date complète*: *Le 10 août 1983*, *en 1728*, *le 3 juillet 1928 à 5 heures*, etc. L'homologue de ces dates complètes, dans le domaine de la référence nominale à des objets, est constitué par les descriptions définies complètes.
b) L'intervalle circonstanciel est éventuellement déterminé dans son extension (sa durée), mais reste indéterminé quand à sa localisation: *un jour*, *une fois*, *par une belle matinée de septembre*, «*En je ne sais quelle année*»[34], etc. On parlera de *dates indéterminées*. Ces expressions peuvent être comparées aux descriptions indéfinies (dont elles partagent souvent la morphologie).
c) La *subordination circonstancielle* constitue un mode de repérage autonome (dans la mesure où la subordonnée circonstancielle ne renvoie à rien d'autre qu'à elle-même), mais strictement relatif, puisque seule la relation entre deux procès, se trouve ainsi établie (ex.: «*Pierre mangeait quand Marie est arrivée*»).

2.6.2.2 Modes de repérage non autonomes:

a) Repérage *déictique*:
L'intervalle circonstanciel est lui-même repéré par rapport au moment de l'énonciation ([01,02]). Il s'agit des circonstanciels *déictiques*: *aujourd'hui*, *demain*, *l'année dernière*, *mardi prochain*, *dans trois semaines*, *il y a quinze jours*, etc.

33 Sur cette distinction, cf. Moeschler (1993).
34 Balzac, *L'auberge rouge* (ed. 1950), phrase *incipit*.

b) Repérage *anaphorique*:
Certains circonstanciels sont *intrinsèquement anaphoriques* (à la manière des pronoms anaphoriques), au sens où la localisation qu'ils expriment ne peut être fixée qu'en référence à d'autres éléments du texte: *le lendemain, ce jour-là, l'année précédente*, etc.

Les circonstanciels de *date incomplète* (*le 8 juillet, en août, à 8 heures,* etc.) demandent pour fixer leur référence que la datation soit complétée (le plus souvent par renvoi à un circonstanciel énoncé préalablement dans le texte):

(37) En 1781 ... Le dix mars ... A huit heures ...

Mais il arrive aussi qu'elle soit complétée en référence à la situation d'énonciation (ex. «*en mai* [de cette année]»). Ils sont comparables aux descriptions définies incomplètes.

2.6.2.3 La portée de la relation circonstancielle

L'intervalle circonstanciel entretient une relation précise avec l'un au moins des intervalles associés à la proposition à laquelle il appartient. Cette *relation circonstancielle*, notée RC, associe l'intervalle circonstanciel soit à celui du procès ([B1,B2]), soit à l'intervalle de référence ([I,II])[35], et elle peut prendre différentes valeurs. Nous verrons que dans les subordonnées temporelles, l'intervalle circonstanciel, associé à la subordonnée tout entière, entretient aussi une relation avec l'intervalle de référence ou avec celui du procès de la subordonnée elle-même (relation circonstancielle subordonnée).

Afin de définir des contraintes sur la portée du circonstanciel de localisation temporelle, il convient d'abord de rappeler quelques principes sur la stratification énonciative de l'énoncé, telle qu'elle est conçue par H. Kronning et H. Nølke. Selon cette perspective, l'énoncé, en contexte, se décompose en un *substrat* et un *foyer*[36]. Empruntons un exemple à Kronning (1996: 46-47):

(38) – Où Pierre a-t-il passé ses vacances ?
– Il a passé ses vacances en Bretagne

35 Cf. Hornstein (1990: 24 sq.) et Klein (1994).

36 On trouve une analyse comparable dans Lambrecht (1994). Nølke (2001) développe une classification des différents types de focalisation.

Substrat: Pierre a passé ses vacances en un endroit x
Foyer: x = Bretagne.

Même si la notation adoptée (au moyen de *x* et de l'égalité) n'est qu'une commodité et n'est pas toujours utilisable (par exemple lorsque c'est une circonstanciel de manière qui se trouve focalisé, en réponse à une question du type «*comment a-t-il fait cela* ?»), cette distinction paraît avoir une portée très générale. Selon Kronning «le foyer est la figure qui, présentée comme le résultat d'un choix fait par le locuteur, en réponse à une question réelle ou virtuelle, a une saillance communicative susceptible d'assurer la pertinence discursive et argumentative de l'énoncé. Cette figure se détache du fond qu'est le substrat, dont la vérité est censée être préalablement admise par les interlocuteurs.» (Kronning parle à son propos de «présupposé stratificationnel»).

Nous pouvons désormais poser les principes suivants:

a) Un circonstanciel détaché, externe au syntagme verbal, appartient toujours au substrat, alors qu'un circonstanciel intégré au syntagme verbal appartient au foyer de l'énoncé[37].
b) L'intervalle circonstanciel marqué par les circonstanciels de localisation temporelle porte sur l'intervalle du procès ([ct1,ct2] RC [B1,B2]) lorsque le complément circonstanciel est intégré au syntagme verbal, et qu'il appartient donc au foyer de l'énoncé.
c) L'intervalle circonstanciel porte sur l'intervalle de référence ([ct1,ct2] RC [I,II]) quand le circonstanciel est détaché, et qu'il appartient donc au substrat de l'énoncé, au présupposé stratificationnel.

A ce principe vient s'ajouter la contrainte selon laquelle, un intervalle de procès affecté par un circonstanciel doit être accessible à partir de l'intervalle de référence:

[ct1,ct2] RC [B1,B2] $\Rightarrow$ [I,II] ACCESS [B1,B2].

37 Pour être exact, il faudrait dire qu'il appartient au foyer «simple» de l'énoncé. Car Nølke oppose la «focalisation simple» à la «focalisation spécialisée». Dans ce modèle, «la *focalisation simple* est marquée syntaxiquement, elle donne lieu à une stratification énonciative de l'énoncé en *substrat* et *foyer*, et elle ne contracte aucune relation privilégiée avec l'intonation. La *focalisation spécialisée* est toujours assistée de l'accent d'insistance et se superpose à la structuration stratificationnelle introduite par la focalisation simple» (Nølke 2001: 137).

Cette contrainte est cognitivement vraisemblable: on ne peut localiser un procès que si l'on en perçoit les bornes. Cela revient à dire que la localisation d'un procès par un circonstanciel implique la visée aoristique.

Ces principes ont, entre autres, les conséquences suivantes:
a) Lorsque le procès est présenté sous une visée aoristique ([B1,B2] CO [I,II]), aucune différence de nature temporelle ou aspectuelle n'apparaît entre les constructions intégrée et détachée du circonstanciel:

(39a) Samedi, Pierre est allé à la pêche
(39b) Pierre est allé à la pêche samedi (on admet, pour la commodité de l'exposé, que les circonstanciels placés en fin de proposition, sans ponctuation, doivent être interprétés comme intégrés au SV et donc comme focalisés)
$ct1 < B1 = I < II = B2 < ct2$.

b) A l'aspect inaccompli, qui dissocie [B1,B2] de [I,II], l'effet produit par les deux constructions est nettement différent:

(40a) A huit heures, Pierre dormait
(40b) Pierre dormait à huit heures.

Dans (40a), le circonstanciel (ponctuel) localise l'intervalle de référence (avec lequel il coïncide) sans que la situation des bornes du procès (non ponctuel) soit précisée: $B1 < ct1 = I \propto II = ct2 < B2$.

Mais l'énoncé (40b), pourvu que l'on considère bien le circonstanciel comme intégré et focalisé, implique l'itération ainsi qu'une contraction du procès sur sa phase initiale (*il s'endormait régulièrement à huit heures*). On montrera, au § 5.4, que cette interprétation résulte, d'une part, du conflit qui oppose le circonstanciel ponctuel au procès intrinsèquement non ponctuel (sur lequel il devrait porter), et, d'autre part, de la visée inaccomplie, normalement marquée par l'imparfait, qui empêche que l'on puisse accéder, à partir de l'intervalle de référence, aux bornes du procès (conflit régulièrement résolu par l'itération: l'occurrence type étant vue de façon globale, alors que la série itérative est perçue comme inaccomplie, voir ci-dessous, § 5.4).

2.6.2.4 La nature de la relation circonstancielle

La nature de la relation circonstancielle se trouve définie par la relation entre les bornes de l'intervalle circonstanciel et celles de l'intervalle sur lequel il porte. Elle est principalement déterminée par le type de marqueur

circonstanciel mis en œuvre. On distingue huit types de relations circonstancielles (cf. Gosselin 1996: 243-246). Soit deux exemples:
a) Recouvrement: [ct1,ct2] RE ([I,II] et/ou [B1,B2])
ex.: *au cours de la matinée, dans le courant de la semaine, courant décembre, dans la soirée, tandis que P, alors que P*, etc.

b) Coïncidence à gauche: ct1 = (I et/ou B1)
ex.: *dès le début de la matinée, dès que P, sitôt que P, aussitôt que P, à partir du moment où P*, etc.

2.6.2.5 La relation circonstancielle subordonnée

Les subordonnées temporelles sont régies par les mêmes principes que les autres compléments circonstanciels temporels. Reste cependant à préciser la nature et la portée de la relation (notée *relation circonstancielle subordonnée*: RCs) entre l'intervalle circonstanciel [ct1,ct2] et les autres intervalles constitutifs de la structure aspectuo-temporelle de la proposition subordonnée.

On distingue deux modes de subordination temporelle: la subordination *directe*, marquée par une conjonction ou une locution conjonctive (*quand, comme, tandis que, pendant que,* etc.), et la subordination *indirecte*, construite au moyen d'un syntagme prépositionnel contenant un substantif désignant une période de temps, suivi d'une relative servant à identifier ou à caractériser cette période (*le jour où, un jour où, l'année où, au moment où, après le jour où*, etc.).

Avec la *subordination indirecte*, la relation circonstancielle subordonnée prend la forme:

[ct1,ct2] ACCESS [I,II], où [I,II] désigne l'intervalle de référence de la subordonnée.

Le circonstanciel porte sur [I,II] et non sur [B1,B2], comme l'indique la possibilité d'énoncer «*un jour où il pleuvait*», qui laisse indéterminée la situation des bornes du procès lui-même (quand il a commencé et cessé de pleuvoir).

Avec la *subordination directe*, la situation dénotée par la subordonnée sert non pas à identifier ou à caractériser la période correspondant à l'intervalle circonstanciel, mais à la définir. C'est pourquoi l'intervalle circonstanciel doit coïncider avec celui du procès exprimé par la subordonnée:

[ct1,ct2] CO [B1,B2], où [B1,B2] correspond au procès de la subordonnée.

C'est la nature et la portée de la relation circonstancielle dans la principale qui, avec les visées aspectuelles, détermine les relations chronologiques entre procès (cf. Gosselin 1996: 248 sq.).

2.7 Principes de calcul: la compositionnalité holiste

Nous avons montré au § 4 de l'Introduction à quelles difficultés se heurtait un modèle compositionnel atomiste pour calculer l'aspect itératif, et nous avons plaidé pour un modèle compositionnel holiste. Expliquons plus précisément ce que nous entendons par là.

La différence essentielle entre les deux types de modèles tient au fait que les modèles atomistes sont obligés, pour rendre compte de l'itération dans un énoncé ne comportant pas de marqueurs spécifiquement itératif, soit de postuler l'existence d'opérateurs «invisibles» (Vlach 1981) ou «silencieux» (Van Geenhoven 2004, 2005), soit d'admettre une procédure de *coercion* qui opère des substitutions de traits (Moens et Steedman 1988, de Swart 1998, Partee 2000), alors qu'une approche holiste, qu'elle se dise monosémiste ou polysémiste[38], exclut, d'une part, l'existence de marqueurs silencieux, et postule, d'autre part, que les valeurs de départ du calcul (valeurs en langue construites par le linguiste) vont se retrouver dans les effets de sens en contexte (valeurs d'arrivée correspondant aux observables). Autrement dit, dans ce cadre, il ne saurait y avoir de simple substitution de traits. Ainsi l'aspect inaccompli, associé, en langue, à l'imparfait doit nécessairement se retrouver dans tous les effets de sens de ce temps verbal en contexte, simplement, il n'affectera pas toujours le procès lui-même, mais, dans le cas de l'itération, par exemple, la série itérative prise globalement[39].

38 L'opposition entre monosémie et polysémie (liée finalement au seul fait qu'on insiste davantage sur l'unité des valeurs en langue ou sur la pluralité des effets de sens en discours) masque, en fait, la véritable unité de ces approches, et a conduit à diverses méprises, comme celle de Bres (2005: 79) qui présente le modèle défendu par Gosselin (1996, 2005) comme autorisant les instructions (ou valeurs en langue) associées aux temps verbaux à changer de valeur en contexte, alors que celles-ci sont fondamentalement conçues comme contextuellement invariables (Gosselin 1996: 164 postule «la stabilité et l'invariabilité contextuelle» des instructions).

39 Sur l'imparfait narratif, voir ci-dessous, § 3.2.

S'il paraît dès lors légitime de considérer les modèles de Bres (cf., entre autres, Bres 2005, Barcelo et Bres 2006) et de Gosselin (1996, 2005) comme relevant d'un même type d'approche, holiste, ils diffèrent cependant par l'architecture qu'ils mettent en œuvre. Le modèle de Bres est un modèle à deux niveaux, qui oppose les valeurs en langue (décrites, pour ce qui concerne les temps verbaux, sous forme d'instructions) et les effets de sens en discours. Le lien entre les deux est opéré par le processus d'actualisation, défini, comme «l'opération linguistique qui permet de passer des potentialités de la langue à la réalité du discours» (Barcelo et Bres 2006: 22). Bres (2005: 61) s'inspire de Victorri (1999: 96) – qui associe à toute unité linguistique un potentiel de *convocation* et d'*évocation* – pour décrire les valeurs en langue sous forme d'*instructions* comprenant deux faces: ce que le morphème *offre* et ce qu'il *demande* au cotexte. Il tient à préciser, reprenant à son compte la position de Fuchs (1994: 120), que la notion de *cotexte* n'est qu'une commodité, car le cotexte n'est constitué lui-même que d'un ensemble de morphèmes pourvus chacun d'une instruction (déterminant ce qu'il offre et demande aux autres morphèmes constitutifs de l'énoncé). De sorte que le calcul du sens est clairement holiste ou interactionniste. Il est conçu comme une forme de «marché»:

> je dirai que chaque morphème arrive sur le marché de l'énoncé avec son instruction (ce qu'il offre et ce qu'il demande) et qu'il est un des éléments du cotexte des autres morphèmes avec lesquels il interagit pour produire le sens de l'énoncé: il n'y a donc pas action du cotexte sur tel ou tel morphème, mais *interaction* des différents morphèmes entre eux. (Bres 2005: 83)

Les effets de sens sont ainsi produits par l'interaction des différentes instructions. Trois types de cas sont distingués selon que l'interaction est

a) concordante: les demandes sont toutes satisfaites;
b) tendanciellement ou partiellement discordante: certaines demandes ne sont pas satisfaites;
c) discordante: il n'y a pas d'adéquation entre les demandes et les offres.

Le premier cas correspond à l'emploi *standard* (Barcelo et Bres 2006: 20) des morphèmes, qui produit les effets de sens *typiques* (Bres 2005: 66). Le second cas donne lieu à des effets *stylistiques* (comme celui de l'imparfait narratif). Enfin le dernier ne se rencontre guère que dans des textes de nature expérimentale, comme la poésie surréaliste[40].

Appliqué à l'itération, ce dispositif conduit à l'analyse suivante:
a) Les temps verbaux ne sont pas intrinsèquement itératifs: «le temps verbal en lui-même n'est pas plus itératif que semelfactif» (Bres 2007)[41].
b) L'itération est construite par des éléments du contexte, des marqueurs itératifs: «les effets de sens semelfactif et itératif sont produits non par le temps verbal, mais par les éléments du contexte. Le temps verbal, quel qu'il soit, est compatible avec ces sens.» (Barcelo et Bres 2006: 35[42]).
c) Dans les énoncés itératifs, l'apport du temps verbal consiste à déterminer la visée aspectuelle qui affecte la série itérative et non les occurrences de procès. Par exemple, avec le passé simple, qui exprime l'incidence (i.e. la prise en compte de la borne initiale), «l'incidence concerne non le déroulement de chaque procès (l'itération dissout la singularité dans le pluriel des occurrences) mais celui de la série elle-même» (Bres 2005: 142). Quant à l'imparfait, conformément à sa valeur en langue, il détermine une saisie «cursive» (inaccomplie, imperfective) de la série itérative et non des occurrences de procès[43].

Même si nous en partageons l'essentiel, plusieurs points font, à nos yeux, difficulté dans cette analyse:
a) Il n'est pas fait explicitement mention des cas où l'énoncé est clairement itératif alors qu'il ne contient aucun marqueur explicitement itératif comme dans «*Longtemps, je me suis couché de bonne heure*». Il faudrait alors supposer que l'effet de sens itératif résulte de l'interaction partiellement discordante entre un adverbe de durée (*longtemps*) et un procès télique ponctuel (*se coucher de bonne heure*). Mais, il paraît cependant difficile de considérer que l'on a affaire ici à un emploi stylistique marqué, comme le prédit le modèle.

40 Cf. par exemple, R. Desnos, *Les Ténèbres* XX: «Dans bien longtemps je suis passé par le château des feuilles.»

41 Cette thèse, à laquelle nous souscrivons sans réserve, s'oppose aussi bien aux appellations grammaticales traditionnelles «d'imparfait d'habitude» qu'à des analyses beaucoup plus récentes, comme celle de Asnes (2008); cf. ci-dessous, § 8.1.

42 Voir aussi Bres (2005: 142), (2007).

43 Bres (2005: 144) retrouve ce type d'analyse chez Guillaume (1974: 90). Voir aussi de Swart (2010).

b) Il paraît excessif de considérer que le temps verbal n'entre en rien dans la production de l'effet itératif, car, s'il est exact qu'aucun temps verbal n'est intrinsèquement itératif, il semble bien que cet effet de sens soit parfois produit par l'interaction discordante entre le temps verbal lui-même et un ou plusieurs éléments du contexte. Ainsi une phrase du type:

(41) Je me promenais de huit heures à midi

ne pourra guère être interprétée en contexte que comme itérative (ou éventuellement comme relevant de l'imparfait narratif), du fait de la discordance qui existe entre la visée inaccomplie marquée par l'imparfait et la prise en compte des bornes du procès, indiquée par l'expression «*de huit heures à midi*».

c) Enfin, et c'est là notre réserve la plus importante (car il paraît relativement aisé d'aménager le modèle de façon à répondre aux deux précédentes), ce dispositif théorique ne prévoit pas que les occurrences de procès puissent faire l'objet d'une saisie aspectuelle indépendante de celle qui affecte la série itérative, ni *a fortiori* que ces visées aspectuelles puissent être calculées. Or il nous est apparu que c'était là une nécessité, pour rendre compte, par exemple, du fait que dans l'énoncé, déjà donné dans l'Introduction:

(42) Depuis quelque temps, le capitaine Hatteras, suivi de son fidèle chien [...], se promenait chaque jour pendant de longues heures. (J. Verne, *Les aventures du capitaine Hatteras*, Le Livre de Poche, 1979: 624)

la série itérative est présentée comme inaccomplie, alors que les occurrences sont vues sous un aspect global (comme l'indiquent respectivement les circonstanciels de durée «*depuis quelque temps*» et «*pendant de longues heures*»).

Pour répondre à ces exigences, il nous a paru souhaitable d'adopter un autre type d'architecture de modèle, non plus à deux niveaux (celui des valeurs en langue et celui des effets de sens en contexte), mais à trois niveaux, qui, entre les deux précédemment cités, intercale celui de la construction des représentations aspectuo-temporelles. Considérer que la construction des représentations relève d'un niveau autonome suppose que celle-ci n'est pas entièrement et exclusivement déterminée par les valeurs en langue des morphèmes, mais aussi par un certain nombre de principes qui lui sont propres: tout particulièrement les propriétés des intervalles (comme le caractère anaphorique de l'intervalle de référence et les propriétés des intervalles circonstanciels), ainsi que des mécanismes de résolution de conflit.

Le caractère anaphorique de l'intervalle de référence joint aux principes de sélection d'un antécédent pour cet intervalle va nous permettre de calculer la visée aspectuelle qui affecte les occurrences de procès au sein de la série itérative, même lorsqu'aucun marqueur ne la contraint explicitement. Les modes de résolution de conflit vont nous servir à calculer l'effet itératif (fréquentatif) lorsqu'il n'est codé par aucun marqueur intrinsèquement itératif (comme dans la phrase *incipit* de *La recherche du temps perdu*).

Résumons le dispositif de résolution de conflit présenté dans Gosselin (1996 et 2005): on admet que chacun des marqueurs aspectuo-temporels code une ou plusieurs instruction(s) pour la construction d'intervalles ou de relations entre bornes sur l'axe temporel. Ces instructions constituent la part aspectuo-temporelle de la *valeur en langue* (invariable et hors contexte) du marqueur. La composition sémantique réside alors dans l'assemblage, contraint par les principes généraux sur les propriétés des différents types d'intervalles, de ces divers éléments des structures sémantiques (intervalles, relations entre intervalles, relations entre bornes). Le but de cet assemblage est d'obtenir une structure globale qui soit 1) cohérente, et 2) compatible avec les contraintes pragmatico-référentielles fondées sur les connaissances d'arrière-plan. Or il arrive très souvent que différentes instructions codées par un même énoncé soient contradictoires (au sens où les éléments de structure à construire sont incompatibles ou entrent en conflit avec les principes généraux) ou que la structure sémantique produite ne s'accorde pas aux connaissances d'arrière-plan. Dans le modèle SdT, ces *conflits* sont résolus par la mise en œuvre de *modes de résolution de conflit*, qui consistent à déformer – le moins possible – les structures globales selon des procédures régulières et prédictibles, de façon à satisfaire *toutes*[44] les exigences linguistiques (i.e. correspondant aux instructions codées par l'énoncé ou dépendant de principes généraux sur la bonne formation des structures) et pragmatico-référentielles.

44 Le fait que toutes les contraintes doivent être satisfaites distingue fondamentalement notre approche de la résolution de conflit dans la Théorie de l'Optimatité, selon laquelle les contraintes en conflit sont ordonnées de la plus faible à la plus forte, de sorte que, dans la plupart des cas, seul l'effet de la contrainte la plus forte est perceptible (Hendriks *et al.* 2010: 8).

Soit quelques exemples:

a) Conflit résolu par la contraction du procès sur sa borne initiale:

(43) Ils dormirent à 11heures

dormir: activité: B1 $\prec$ B2;
passé simple: aspect aoristique: I = B1, II = B2;
à 11 heures: circonstanciel ponctuel: ct1 $\propto$ ct2;
construction syntaxique du circonstanciel: intégré au SV: ct1 $\leq$ B1, B2 $\leq$ ct2;
d'où ct1 = B1 $\propto$ B2 = ct2, ce qui est incompatible avec l'aspect non ponctuel marqué par *dormir* (B1 $\prec$ B2);
résolution du conflit par déformation de la structure: le procès se contracte sur sa phase initiale, ponctuelle, ce qu'atteste la paraphrase:

(44) Ils s'endormirent à 11heures.

Notons qu'un tel conflit ne se produit pas avec

(45) Ils se réveillèrent à 6 heures

qui présente un procès intrinsèquement ponctuel.

b) Conflit résolu par glissement vers l'état résultant:

(46) Les policiers enfermèrent le coupable pendant trois ans.

un double conflit, linguistique et pragmatico-référentiel, oppose le procès «*enfermer le coupable*» au circonstanciel de durée: d'une part, il s'agit d'un accomplissement normalement incompatible avec «*pendant* + durée»; d'autre part, il est difficilement envisageable, sur la base de nos connaissances communes, que l'action même d'enfermer quelqu'un puisse durer plusieurs années;
résolution du conflit par déformation de la structure: le circonstanciel mesure la durée de l'état résultant: on comprend que le coupable *reste enfermé* pendant trois ans.

Ce sont ces procédures régulières de déformation des structures, qui donnent lieu à des effets de sens dérivés (non standards), comme le résume le schéma:

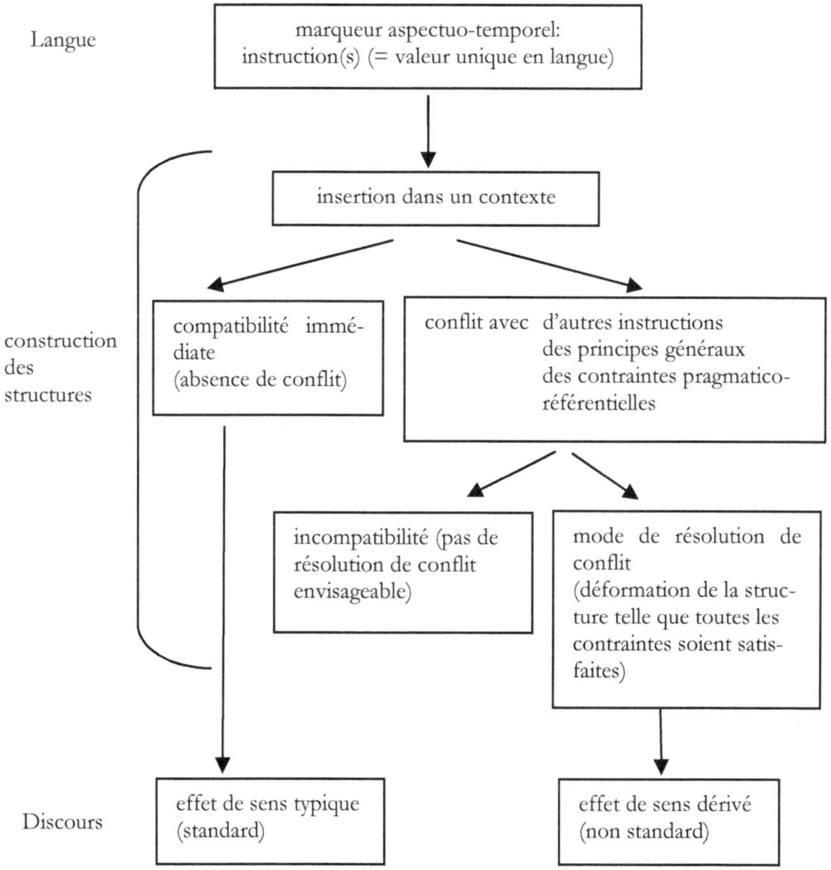

Figure 21: dérivation des effets de sens

Mais il faut insister sur le fait que c'est, au mieux, une commodité que d'attribuer un effet de sens dérivé à un marqueur particulier (et de parler, par exemple, «d'imparfait itératif» ou «d'imparfait d'habitude»), car cet effet de sens résulte de l'interaction globale des marqueurs, des principes généraux et des contraintes pragmatico-référentielles au sein de l'énoncé.

3. L'aspect itératif comme aspect conceptuel

3.1 La récursivité des Procès (*lato sensu*)

L'incapacité pour les approches classiques de classer l'itération dans la catégorie de l'aspect lexical ou dans celle de l'aspect grammatical – qui a conduit certains auteurs à postuler l'existence d'une catégorie aspectuelle à part («l'aspect quantitatif», cf. Dik 1997, Tournadre 2004, Mascherin 2007) – provient de ce que l'itération résulte d'un marquage tantôt lexical, tantôt grammatical, ou peut même n'être pas explicitement marquée. L'abandon de ce type d'approche (cf. ci-dessus § 2.3.1) au profit d'une distinction purement sémantique, qui oppose l'*aspect conceptuel* (résultant du processus de catégorisation et de constructions d'entités dans le temps) à la *visée aspectuelle* (qui opère la monstration de ces entités), nous permet désormais de considérer les structures itératives comme relevant fondamentalement de l'aspect conceptuel, et donc de processus cognitivo-linguistiques de catégorisation. Dans ce cadre, l'itération, qu'elle soit de nature répétitive ou fréquentative, résulte d'abord d'une construction de procès plus ou moins complexe. Chacune de ces catégories de procès ainsi constituée fait, dans l'énoncé, l'objet d'une visée aspectuelle spécifique. Une modélisation cognitive globale en sera proposée au chapitre 2. Nous nous contenterons ici de préciser certaines caractéristiques linguistiques de cet aspect conceptuel.

Nous avons vu (au § 2 de l'Introduction générale) que l'itération met en jeu deux types d'entités qui relèvent de l'aspect conceptuel: une occurrence type et une série itérative. Et nous avons montré que cette série itérative avait, elle-même, les propriétés d'un (macro-)procès: elle fait l'objet d'une visée aspectuelle particulière, elle peut être affectée d'un circonstanciel de durée, d'un coverbe de phase, etc. Elle peut, de plus, être reprise anaphoriquement par les pronoms *ça* et *cela*, et entretenir diverses relations chronologiques avec d'autres séries ou d'autres procès.

Ces considérations nous conduisent à poser, au niveau de l'aspect conceptuel, l'existence d'une catégorie de «Procès *lato sensu*», englobant à la fois les procès *stricto sensu*, les séries itératives comme macroprocès, et les phases dès lors qu'elles sont catégorisées comme sous-procès au moyen de coverbes (cf. § 2.3.3). Ces Procès *lato sensu* présentent les caractéristiques générales suivantes:

a) Ils peuvent être présentés, en contexte, sous une visée aspectuelle, directe ou indirecte, particulière (prospective, inaccomplie, globale, accomplie, inchoative ou terminative[45]).
b) Ils peuvent faire l'objet de déterminations circonstancielles temporelles, de localisation ou de durée.
c) Ils peuvent entretenir entre eux des relations chronologiques.
d) Ils sont virtuellement décomposable en cinq phases; ils possèdent la propriété d'autosimilitude caractéristique des objets fractals: les parties, ainsi que les parties des parties présentent la même configuration que le tout.
e) Ils constituent des référents du discours, dans la mesure où ils peuvent être désignés anaphoriquement au moyen des pronoms *ça / cela*.

Observons en outre que l'itération (qui construit des séries itératives) peut affecter non seulement des procès *stricto sensu*, mais aussi des phases (*«souvent il commençait à pleuvoir»*) ou des séries itératives (*«souvent il éternuait plusieurs fois de suite»*). De même, les phases peuvent porter sur des procès, sur d'autres phases ou sur des séries itératives, selon un processus récursif.

Pour rendre compte de la récursivité des constructions relevant de l'aspect conceptuel, nous présentons une grammaire de l'aspect conceptuel sous la forme d'un système de règles de réécriture, en insistant sur le fait que ces règles ne prétendent nullement rendre compte du marquage morphosyntaxique de l'aspect, mais uniquement de l'organisation hiérarchique des catégories conceptuelles. On distingue d'abord:

a) quatre catégories conceptuelles, la première subsumant les trois autres:

> P: Procès au sens large;
> p: procès au sens strict;
> SI: série itérative;
> PH: phase;

b) deux opérateurs portant sur ces catégories, pour les transformer en une catégorie englobante (SI ou PH):

> iter: opérateur d'itération, qui sert à constituer une série itérative (SI) à partir d'un procès (P) modèle, en en dupliquant les occurrences;
> ph: opérateur d'extraction de phase (PH) à partir d'un procès (P).

45 Rappelons que les visées inchoative et terminative sont indirectes, et se décomposent en inchoative/terminative aoristique et inaccomplie (§ 2.3.5).

Soit maintenant les règles récursives qui permettent de générer l'ensemble des constructions possibles:

P → p | SI | PH [un Procès *lato sensu* correspond à un procès *stricto sensu*, à une série itérative ou à une phase]

SI → iter P [une série itérative se compose d'une itération d'un même Procès *lato sensu*]

PH → ph P [une phase résulte de l'application d'un opérateur d'extraction de phase sur un Procès *lato sensu*].

Soit les exemples (47a,b,c) et les structures arborescentes correspondantes:

(47a) Il commença à parler
(47b) Il s'apprêta à commencer à parler
(47c) Il commença à venir le lundi

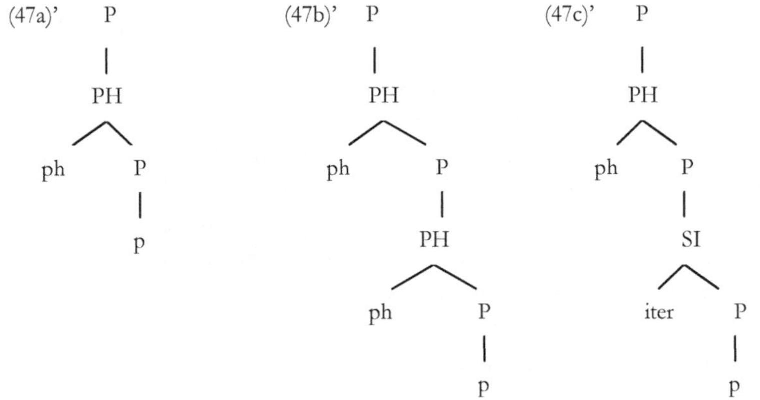

Figure 22: structures de l'aspect conceptuel

Pour simplifier la présentation, on ne retiendra que les nœuds terminaux (ou «feuilles»: les opérateurs et la catégorie de procès *stricto sensu*). On obtient ainsi les structures équivalentes:

(47a)" ph p
(47b)" ph (ph p)
(47c)" ph (iter p)

et, pour les exemples (48a,b,c):

(48a) Il s'apprêta à commencer à venir le lundi

(48a)' ph (ph (iter p))
(48b) Parfois, il s'arrêtait de venir le mercredi
(48b)' iter (ph (iter p)
(48c) Souvent il éternuait plusieurs fois de suite
(48c)' iter (iter p).

Ce dispositif est cependant loin d'être suffisant pour rendre compte, au seul niveau de l'aspect conceptuel, des divers types d'énoncés itératifs que l'on rencontre dans les textes, en particulier littéraires, car ce sont souvent non des procès isolés qui sont itérés, mais des agglomérats de procès distincts.

3.2 Les agglomérats de procès

Considérons une séquence du type:

(49) Chaque matin, il se levait, avalait un café très fort, s'habillait et sortait.

Il apparaît que chacun des procès est itéré, mais de façon absolument solidaire de ceux qui l'environnent. Il ne s'agit manifestement pas d'une succession d'itérations, mais de l'itération d'une succession de procès (cf. Haillet 2007: 70, voir la notion de «modèle itératif» au chapitre 2). Autrement dit, il paraît n'y avoir qu'*une seule série itérative* dont l'élément itéré est complexe. Cette intuition est confirmée par des critères syntactico-sémantiques:
a) certains compléments de localisation temporelle affectent la série itérative tout entière, qui se comporte donc comme une entité spécifique:

(50) Jusqu'à l'année dernière / pendant ces trois derniers mois, chaque matin, il se levait, avalait un café très fort, s'habillait et sortait

b) la série itérative globale fait l'objet d'une même visée aspectuelle (ici une visée inaccomplie marquée par la combinaison de l'imparfait avec [*depuis* + durée]):

(51) Depuis deux ans, chaque matin, il se levait, avalait un café très fort, s'habillait et sortait

c) une phase de la série itérative globale peut être sélectionnée au moyen d'un coverbe (ici la phase médiane):

(52) Même après avoir perdu son travail, chaque matin, il continuait de se lever, d'avaler un café, de s'habiller et de sortir

d) la série itérative globale peut être reprise anaphoriquement par les pronoms *ça* et *cela*:

(53) Chaque matin, il se levait, avalait un café très fort, s'habillait et sortait; *ça* durait depuis trois mois.

Une telle reprise est possible même lorsque la série est très longue et complexe:

(54) Elle sortait chaque jour vers deux heures [...] Elle sortait de chez elle en voiture, dans un fiacre la plupart du temps, remontait la rue de la Pépinière, prenait la rue Saint-Lazare, qu'elle suivait dans toute sa longueur, entrait dans l'église Notre-Dame-de-Lorette par la grande porte, y séjournait environ dix minutes, et sortait par la rue Fléchier. [...]
Elle entrait dans une maison de la rue Fléchier, passait comme une ombre devant la loge du portier, montait lestement un escalier, son voile baissé ... Une porte s'ouvrait et se refermait [...]. Quelquefois, une heure et même deux s'écoulaient avant qu'elle ressortit.
La veuve traversait de nouveau l'église, regagnait son fiacre et rentrait furtivement rue de la Pépinière.
Il y avait huit jours que *cela* durait, lorsqu'un soir [...].
(Ponson du Terrail, *Le club des valets de cœur*, Garnier, 1978: 142-143)

Or, si l'on peut concevoir l'existence, dans ces exemples, d'une série itérative globale (et non d'une pluralité de séries), c'est que les divers éléments itérés dans cette série sont en quelque sorte agglomérés, reliés entre eux de façon à constituer un tout (un agglomérat) qui se répète. Cela revient à dire qu'il est nécessaire d'introduire un nouveau type d'entité dans le domaine de l'aspect conceptuel: *l'agglomérat de procès*, conçu comme un regroupement de procès, susceptible d'être itéré en bloc. Quatre critères viennent confirmer l'existence d'une telle entité conceptuelle:

a) l'agglomérat pris globalement peut être affecté par un complément de durée:

(55a) Chaque matin, *en un quart d'heure*, il se levait, avalait un café très fort, s'habillait et sortait

b) par un complément de localisation temporelle:

(55b) Chaque matin, *entre 7h45 et 8h30*, il se levait, avalait un café très fort, s'habillait et sortait

c) par un coverbe de phase:

(55c) Chaque matin, il se préparait à affronter son chef de service, à expliquer pourquoi il avait accumulé tant de retard et à promettre qu'il allait tout faire pour le rattraper [c'est l'agglomérat global qui est présenté sous une visée prospective indirecte],

d) enfin, l'agglomérat lui-même peut faire l'objet d'une reprise anaphorique au moyen des pronoms *ça* et *cela*:

(55d) Chaque matin, il se levait, avalait un café très fort, s'habillait et sortait; ça lui prenait moins d'un quart d'heure.

Remarquons, en outre, que cette notion d'agglomérat de procès paraît utile aussi pour rendre compte de certaines structures aspectuo-temporelles singulatives, par exemple:

a) lorsqu'il y a «encapsulation»[46] (cf. Saussure 1997, 1998) d'une série de procès par un procès englobant, que la série soit ordonnée (ex. 56) ou non (ex. 57):

(56) «L'année dernière, Jean escalada le Cervin. Le premier jour, il monta jusqu'à la cabane H. Il y passa la nuit. Ensuite il attaqua la face Nord. Douze heures plus tard, il arriva au sommet.» (Kamp et Rohrer 1983: 260)

(57) «Une terrible tempête fit rage. Quelques tuiles tombèrent. Un arbre du jardin fut arraché» (Saussure 1997: 330);

b) dans certaines subordonnées circonstancielles temporelles (le repérage circonstanciel est opéré par rapport à l'agglomérat pris en bloc):

(58a) Mais du moment où il la retrouva, où il la revit, où il s'empara d'elle, il comprit qu'il l'aimait encore. (Zévaco, *Les Pardaillan*, R. Laffont, 1988: 450)

(58b) A la fin, exaspéré, je le coinçai sous mon bras et le portai le reste du chemin, tandis que je descendais High Street, traversais les Backs puis le le pont de Bristol, et entrais dans Redcliffe. (K. Sedley, *Les trois rois de Cologne*, trad. C. Derblum, 10/18, 2009: 33)

c) dans certaines constructions infinitives:

(59a) Saisir cinq ou six de ces madriers, les arc-bouter contre la porte, établir un rempart solidement échafaudé, fut pour le chevalier l'affaire d'une minute. (Zévaco, *Les Pardaillan*, R. Laffont, 1988: 231)

46 Ces phénomènes sont traités dans la SDRT au moyen de la relation d'Elaboration, qui peut associer une proposition référant à un procès englobant à une série de propositions qui renvoient à des procès englobés (cf. Asher et Lascarides 2003: 139-140).

(59b) A vingt pas, en effet, une pirogue, garnie de six avirons, était échouée sur la grève. La mettre à flot, s'y précipiter et fuir ce dangereux rivage, ce fut l'affaire d'un instant. (J. Verne, *Les enfants du capitaine Grant*, Le livre de Poche, 2004: 837)

d) avec des coverbes de phase comme «*se préparer / disposer à*», «*s'apprêter à*», «*commencer par*» et «*finir par*», qui peuvent marquer respectivement les phases préparatoire, initiale et finale d'une série d'actions (François 2003, 2008, Hamma 2004[47]) ou d'une «enfilade de procès» (Wilmet 2010: 200):

(60a) [...] je me préparais, pour ma part à aller m'assoupir quelques instants au soleil devant la maison, puis, une fois la nuit tombée, à faire bien autre chose après être rentré me pelotonner contre Adela dans le lit ...
Mon programme vola toutefois en éclats lorsqu'un coup retentit à la porte.[48] (Sedley, *La fête des moissons*, trad. E. Kern, 10-18, 2006: 286)

(60b) Il a commencé par nettoyer la cuisine, puis il a réparé la voiture, et il a fini par ranger sa chambre. (Hamma 2004: 108)

e) avec certains auxiliaires de visée aspectuelle:

(61a) [...] la bête, blessée seulement de son premier coup de feu, revint sur lui, et d'un second coup envoyé dans la tête de l'animal, il ne parvint à l'arrêter qu'au moment où *il allait être renversé, piétiné, éventré.* (J. Verne, *César Cascabel*, 10/18, 1978: 83; l'agglomérat de procès, présentés à la voix passive, fait l'objet d'une visée prospective, marquée ici par «*aller* Vinf», comme dans l'exemple suivant.)

(61b) Napham s'était rendu aux conseils pressants d'Alcest. Il allait quitter la chancellerie, rassembler quelques affaires et se rendre à la Tour. (P. Harding, *Le jeu de l'assassin*, trad. Ch. Poussier et N. Markovic, 10/18, 2004: 181)

f) avec l'imparfait narratif:

(62) Il descendit de sa monture, puis peu à peu, dénouant les liens qui retenaient la jeune fille, il lui rendit sa liberté.
Dès quelle pouvait se servir de ses mains, Hélène arrachait le bandeau qui lui recouvrait les yeux, faisait sauter le bâillon assujetti sur ses lèvres ...
Dès lors elle regarda autour d'elle. (Souvestre et Allain, *Fantômas: La série rouge*, R. Laffont 1988: 157)

47 Ces deux auteurs montrent que ce ne sont pas les seuls emplois possibles de «*commencer par*» et de «*finir par*». A côté de cette valeur phasale, ces périphrases peuvent prendre aussi une valeur dite «modale».

48 La non réalisation de l'agglomérat est rendue possible par la visée prospective, cf. § 2.5.3 ci-dessus.

On a avancé l'hypothèse (cf. Gosselin 1999 et 2005) que l'aspect inaccompli, codé par l'imparfait portait sur la série (agglomérat) de procès, qui est vue dans son déroulement, alors que les procès qui la constituent sont vus de façon globale, comme le montre ici la compatibilité avec la locution conjonctive *dès que* (qui implique la prise en compte de la borne initiale du procès, ce qui est exclu avec la visée inaccomplie, et donc avec l'imparfait «standard»). Le fait que l'agglomérat soit saisi sous une visée inaccomplie explique, entre autres, le fait qu'il puisse apparaître dans une relative déictique (qui exclut l'aspect global, cf. Gosselin 1996: 91):

(63) Et il la vit qui bondissait affolée, franchissait la porte, s'enfuyait. (Zévaco, *La Fausta*, R. Laffont, 1988: 1162).

Ces différents procédés peuvent évidemment se combiner, comme, par exemple, dans ce passage où, par le biais d'une reprise anaphorique d'un groupe d'infinitifs au moyen du pronom *cela*, un agglomérat de procès est présenté sous une visée accomplie:

(64) Contempler le palais du vice-roi [...]; admirer le curieux palais de Chowringi Road et le Town-Hall [...]; étudier en détail l'intéressante mosquée d'Hougly; courir le port, encombré des plus beaux bâtiments de commerce de la marine anglaise; dire enfin adieu aux arghilas [...] qui sont chargés de nettoyer les rues et de tenir la ville dans un parfait état de salubrité, *cela était fait* aussi, et je n'avais plus qu'à partir. (J. Verne, *La maison à vapeur*, Le Livre de Poche, 1979: 86).

Dans les énoncés itératifs, on trouve de tels agglomérats de procès aussi bien avec l'itération fréquentative (comme dans les exemples ci-dessus), le présent de vérité générale (ex. 65), l'itération répétitive (même si les exemples sont plus rares et généralement moins développés, ex. 66a,b,c), ou encore l'itération présuppositionnelle (ex. 67; sur ces distinctions, cf. § 1 ci-dessus):

(65) Epanouies, les boulettes du mimosa dégagent un parfum prodigieux puis se contractent, se taisent: elles ont vécu. (Ponge, *La rage de l'expression*, Poésie Gallimard, 1976:80).

(66a) Trois matins de suite, il s'est levé, il a avalé un café très fort, il s'est habillé et il est sorti.

(66b) A deux reprises, on avait croisé des vaisseaux. La conversation s'était engagée avec eux par signaux, et les deux navires avaient déclaré qu'ils avaient rencontré, quelques heures plus tôt, un voilier marchant à grande allure [...]. (Souvestre et Allain, *Fantômas: La série rouge*, R. Laffont, 1988: 54)

(66c) Deux fois elle avança la main pour frapper à la porte, et deux fois elle se sentit incapable de cet effort. (W. Scott, *Le nain noir*, trad. Daucompret, Furne *et al.*, Paris, 1835: 122)

(67) Une fois de plus, il s'était levé, il avait avalé un café très fort, il s'était habillé, et il était sorti.

3.3 Composition des agglomérats de procès

Ces considérations nous conduisent à introduire la catégorie nouvelle des *agglomérats de procès* dans les règles de grammaire de l'aspect conceptuel. Nous considérons l'agglomérat de procès comme un Procès *lato sensu*, car il en possède les caractéristiques définies au § 3.1. Soit les règles enrichies:

P → p | SI | PH | AG [un Procès *lato sensu* correspond à un procès *stricto sensu*, à une série itérative, à une phase, ou à un agglomérat]
SI → iter P
PH → ph P
AG → $\{P_1 \dots P_n\}$ [un agglomérat est constitué d'un ensemble de Procès *lato sensu*].

Les éléments constitutifs de ces agglomérats ($\{P_1 \dots P_n\}$) sont identifiés comme des Procès *lato sensu*, car ils peuvent être de différentes natures (procès *stricto sensu*, phases de procès, série itératives ou agglomérats). Ils peuvent par ailleurs entretenir entre eux des relations très diverses (temporelles, causales, concessives, finales, etc.). Nous évoquons tout d'abord la nature des éléments constitutifs des agglomérats itérés.

Ces éléments peuvent être:
a) des procès *stricto sensu*:

(68) Chaque matin, il se levait, avalait un café très fort, s'habillait et sortait.

On notera ce type de structure de la façon suivante:

(68') iter (p1 R p2 R p3 R p4)

où p1, p2, p3 et p4 désignent des procès *stricto sensu*, et R une relation quelconque (voir ci-dessous, les valeurs possibles de cette relation).
b) des séries itératives:

(69) Chaque matin, il éternuait à plusieurs reprises, et il vérifiait sans cesse la fermeture des portes et des fenêtres.
(69') iter ((iter p1) R (iter p2))

c) des phases de procès (*stricto sensu*):

(70) chaque matin, à huit heures, il finissait de déjeuner en hâte et se préparait à sortir
(70') iter ((ph p1) R (ph p2))

d) des agglomérats:

(71) Chaque matin, à huit heures, alors qu'il venait de se lever, de s'habiller et de déjeuner en hâte, en moins de cinq minutes il se lavait les dents, enfilait son manteau et sortait.

On observe ici deux agglomérats construits respectivement par la visée aspectuelle accomplie (l'ensemble des procès dans la portée de *venir de*) et par le circonstanciel de durée (les procès dans la portée de ce circonstanciel). Ces deux agglomérats sont liés au sein d'un agglomérat global itéré. Notation:

(71') iter ((p1 R p2 R p3) R (p4 R p5 R p6)).

Soit encore un exemple attesté, qui met en scène un agglomérat complexe, composé de deux sous-agglomérats liés entre eux par une relation temporelle (*«après avoir … il fallait encore …»*):

(72) Les dimanches […]. Après avoir […] ôté le fumier de l'écurie, étendu les litières, donné à manger aux vaches, aux cochons, aux poules, aux lapins et puis aux gens, il fallait encore éplucher des haricots et des salades pour douze personnes, se laver les pieds, mettre des chemises propres, laver, repasser, raccommoder, balayer, tout en criant qu'on ne serait jamais prêt. (M. Aymé, *La jument verte*, Gallimard, 1933: 108-109)

e) des phases d'agglomérats (73a), des phases de séries itératives (73b), des phases de phases de procès (73c), etc.

(73a) Chaque jour, il commençait par promettre à sa femme de ne plus boire, et il finissait par rouler sous la table
(73b) Chaque saison, il arrête de pratiquer son activité sportive pour commencer à en pratiquer une nouvelle
(73c) Chaque matin il s'apprête à se mettre à travailler puis il cesse d'y penser.

Mais, le plus souvent les agglomérats complexes mettent en œuvre des éléments de différentes natures (nous en donnons des exemples attestés ci-dessous).

3.4 Relations internes aux agglomérats

Les éléments constitutifs des agglomérats entretiennent divers types de relations (temporelles, causales, concessives, finales, etc.). Nous nous contenterons ici de donner, à titre indicatif, quelques unes des configurations possibles, en ne retenant que les relations temporelles entre Procès (*lato sensu*) et les relations de constituance (i.e. le fait de savoir si un Procès *lato sensu* est un constituant nécessaire ou non de l'agglomérat). Le mode de notation adopté n'a pas d'autre but que de donner une certaine lisibilité à la complexité des structures observées.

Soit les principales valeurs de ces relations:

a) Conjonction:

Tous les Procès *lato sensu* sont co-réalisés dans l'agglomérat itéré. C'est le cas de tous les exemples présentés ci-dessus. Notation:

iter (P1 $\wedge$ P2 $\wedge$ P3 ...)

La conjonction s'accompagne cependant de valeurs temporelles. Cela nous conduit à affecter, en indice, des relations chronologiques aux opérateurs de conjonction, qui se lisent alors: $\wedge_{\text{ANT}}$ «*et ensuite*», $\wedge_{\text{PREC}}$ «*et alors*», $\wedge_{\text{RE}}$ «*et pendant ce temps*»[49].

Soit pour exemple:

(74) A huit heures du matin, il [Regimbart] descendait des hauteurs de Montmartre, pour prendre le vin blanc dans la rue Notre-Dame-des Victoires. Son déjeuner, que suivaient plusieurs parties de billard, le conduisait jusqu'à trois heures. Il se dirigeait alors vers le passage des Panoramas […]. (Flaubert, *L'Education sentimentale*, Gallimard, 1965: 57)

(74') iter (p1 $\wedge_{\text{ANT}}$ p2 $\wedge_{\text{ANT}}$ p4 $\wedge_{\text{RE}}$ (iter p3) $\wedge_{\text{ANT}}$ p5)
p1: *Regimbart descendre des hauteurs de Montmartre*
p2: R. *prendre le vin blanc*
p3: *une partie de billard suivre le déjeuner*
p4: *le déjeuner le conduire jusqu'à trois heures*
p5: R. *se diriger vers le passage des Panoramas.*

49 Les relations entre intervalles, ici appliquées aux Procès sont définies au § 2.2. Les relations entre connecteurs temporels et relations entre intervalles sont explicitées dans Gosselin (2007).

Toutefois, les éléments constitutifs d'un agglomérat itéré ne sont pas nécessairement ordonnés, en particulier lorsqu'il s'agit de séries itératives, comme il apparaît dans cet exemple:

(75) Tous les jours, l'évêque les copiait, les recopiait sans cesse, il supprimait des paragraphes, raturait des phrases, s'arrêtait sur chaque mot, qu'il discutait, qu'il adoucissait, où il croyait toujours découvrir un sens caché, susceptible d'interprétations malicieuses. (Mirbeau, *L'abbé Jules*, 10/18, 1977: 72)

Il s'agit ici d'un agglomérat de séries itératives, puisque chacune des occurrences types est itérée dans un agglomérat occupant l'espace d'une journée, qui se répète lui-même tous les jours. Or ces séries itératives agglomérées sont non ordonnées (on ne sait pas si l'évêque commence à raturer avant de recopier, etc.), ce que l'on notera de la façon suivante:

(75') iter ((iter p1) $\wedge_{\varnothing}$ (iter p2) $\wedge_{\varnothing}$ (iter p3) ...).

b) Disjonction:
Dans certains agglomérats, les procès (au sens large) sont en relation de disjonction. Ils ne sont solidaires que sur le mode du remplacement, on a tantôt l'un, tantôt l'autre. Exemples:

(76) Le matin, il prenait tantôt du chocolat, tantôt du café
(76') iter (p1 $\vee$ p2)

(77) Il avait deux routes. Tantôt il montait la rue de la Harpe et tournait le boulevard extérieur au rond-point de l'Observatoire, tantôt il prenait les quais et s'en allait, suivant la Seine, jusqu'aux Champs-Elysées, dont la grande avenue le menait au bois. (P. Féval, *Cœur d'acier*, R. Laffont, 1987: 562)

La disjonction opère, dans cette séquence entre deux agglomérats de procès successifs:

(77') iter ((p1 $\wedge_{\text{ANT}}$ p2) $\vee$ (p3 $\wedge_{\text{PREC}}$ p4 $\wedge_{\text{ANT}}$ p5))
p1: x *monter la rue de la Harpe*
p2: x *tourner le boulevard extérieur au rond-point de l'observatoire*
p3: x *prendre les quais*
p4: x *s'en aller jusqu'aux Champs-Elysées*
p5: *la grande avenue mener* x *au bois.*

Au présent de vérité générale cette alternative peut se trouver exprimée par une construction en «*si* ... *si* ...»:

(78) Ainsi, en Europe, l'on chérit, généralement, ses vieux parents; – en certaines tribus de l'Amérique on leur persuade de monter sur un arbre; puis on secoue cet arbre. S'ils tombent, le devoir sacré de tout bon fils est, comme autrefois chez les Messéniens, de les assommer sur-le-champ à grands coups de tomahawk, pour leur épargner les soucis de la décrépitude. S'ils trouvent la force de se cramponner à quelque branche, [...] on sursoit à leur immolation. (Villiers de l'Isle-Adam, *Contes cruels*, Gallimard, 1986: 545)

c) Encapsulation:
Dans une itération, certains procès (*stricto sensu*) peuvent en englober, en «encapsuler» (Saussure 1997, 1998) un ensemble d'autres, qu'ils constituent en agglomérat:

(79) Félicité tous les jours *s'y rendait.*
A quatre heures précises, elle passait au bord des maisons, montait la côte, ouvrait la barrière, et arrivait devant la tombe de Virginie. (Flaubert, *Un cœur simple*, Garnier-Flammarion, 1986: 64-65)

Le procès englobant (la «capsule») entretient avec l'ensemble des autres procès une relation d'encapsulation, que l'on notera par la relation d'inclusion large inversée ($\supseteq$):

(79') iter p1
p1 $\supseteq$ (p2 $\wedge_{\text{ANT}}$ p3 $\wedge_{\text{ANT}}$ p4 $\wedge_{\text{ANT}}$ p5)
p1: *Félicité se rendre sur la tombe*
p2: *F. passer au bord des maisons*
p.3: *F. monter la côte*
p4: *F. ouvrir la barrière*
p. 5: *F. arriver devant la tombe.*

Or, il arrive que le procès capsule entre lui-même dans un agglomérat itéré[50]:

(80) Cela lui arrivait quelquefois de *faire de longues marches*, après le dîner, seul. Il gagnait les hauteurs [...], s'enfonçait dans la campagne, rentrait tard, sa soutane crottée, les membres brisés de fatigues délicieuses ... Et encore tout embaumé de nuit, il s'allongeait sur son lit. (Mirbeau, *L'abbé Jules*, 10/18, 1977: 84)

Le procès p1: «*faire une longue marche*» encapsule les suivants jusqu'à p4: «*rentrer tard*»; il est antérieur à p5: «*s'allonger sur le lit*» au sein d'un agglomérat itéré:

50 On trouvera le traitement, dans le cadre de la SDRT, d'une structure comparable, en emploi singulatif, dans Asher et Lascarides (2003: 139-140).

(80') iter (p1 $\wedge_{ANT}$ p5)
p1 $\supseteq$ (p2 $\wedge_{PREC}$ p3 $\wedge_{ANT}$ p4)
p1: x *faire de longues marches*
p2: x *gagner les hauteurs*
p3: x *s'enfoncer dans la campagne*
p4: x *rentrer tard*
p5: x *s'allonger sur son lit.*

d) Restriction:
Enfin, il arrive que certaines parties de ces agglomérats ne soient pas soumises au même type d'itération que l'ensemble. Il y a alors restriction sur l'itération (ces phénomènes sont modélisés en termes de mécanismes de sélection au chapitre 2, § 6, et de relations entre séries au chapitre 3). Ainsi, dans l'exemple (81) ci-dessous, qui constitue la suite de l'exemple (74), l'adverbe *souvent*[51] introduit une restriction sur la sous-série de procès subséquents:

(81) Après la séance chez Arnoux, il entrait à l'estaminet Bordelais, pour prendre le vermouth. Puis, au lieu de rejoindre sa femme, *souvent* il préférait dîner seul, dans un petit café de la place Gaillon, où il voulait qu'on lui servît «des plats de ménage, des choses naturelles» ! Enfin il se transportait dans un autre billard, et y restait jusqu'à une heure du matin, jusqu'au moment où, le gaz éteint et les volets fermés, le maître de l'établissement le suppliait de sortir.

On se contentera pour l'instant de noter ces restrictions dans les agglomérats au moyen de crochets droits, qui indiquent le caractère facultatif de certaines portions de l'agglomérat. Soit un exemple très simple:

(82) Chaque lundi, il allait faire ses courses. Il rendait parfois visite à un ami, puis il rentrait chez lui.

(82') iter (p1 [$\wedge_{ANT}$ p2] $\wedge_{ANT}$ p3)
p1: x *aller faire ses courses*
p2: x *rendre visite à un ami*
p3: x *rentrer chez lui.*

Ces divers types de relations se rencontrent dans un exemple, très complexe, comme:

(83) L'enfant était à la campagne, à Andilly. On allait$_1$ le voir$_2$ toutes les semaines. [...]Rosanette commençait par baiser$_3$ frénétiquement son poupon; et, prise$_4$ d'une sorte de délire, allait et venait$_5$, essayait de traire$_6$ la chèvre, mangeait$_7$ du

51 Le même type de restriction est indiqué dans l'exemple (54) par l'adverbe *quelquefois.*

gros pain, aspirait$_{8}$ l'odeur du fumier, voulait en mettre$_{9}$ un peu dans son mouchoir.

Puis ils faisaient$_{10}$ de grandes promenades; elle entrait$_{11}$ chez les pépiniéristes, arrachait$_{12}$ les branches de lilas [...], criait$_{13}$: «Hue, bourriquet !» aux ânes traînant$_{14}$ une carriole, s'arrêtait$_{15}$ à contempler$_{16}$ par la grille l'intérieur des beaux jardins; ou bien la nourrice prenait$_{17}$ l'enfant, on le posait$_{18}$ à l'ombre sous un noyer; et les deux femmes débitaient$_{19}$, pendant des heures, d'assommantes niaiseries.

Frédéric, près d'elles, contemplait$_{20}$ les carrés de vignes sur les pentes du terrain, avec la touffe d'un arbre de place en place, les sentiers poudreux [...], les maisons [...]; et quelquefois, la fumée d'une locomotive allongeait$_{21}$ horizontalement, au pied des collines couvertes de feuillage, comme une gigantesque plume d'autruche dont le bout léger s'envolait$_{22}$.

Puis ses yeux retombaient$_{23}$ sur son fils. Il se le figurait$_{24}$ jeune homme. [...], et Frédéric murmurait$_{25}$: «Pauvre enfant !» [...].

Souvent ils manquaient$_{26}$ le dernier départ. Alors Mme Dambreuse le grondait$_{27}$ de son inexactitude. Il lui faisait$_{28}$ une histoire. (Flaubert, *L'Education sentimentale*, Gallimard, Folio, 1965: 418-419)

Procédons tout d'abord à un étiquetage, parfois un peu simplificateur, des différents procès:

(81') p1: *F. (Frédéric) et R. (Rosanette) aller* (*voir l'enfant*) [le verbe de déplacement peut être conçu comme exprimant la phase préparatoire du procès p2; cf. Gosselin 2010a,b]

p2: *F. et R. voir l'enfant*

p3: R. *baiser frénétiquement son poupon*

p4: R. *être prise d'une sorte de délire*

p5: R. *aller et venir* [expression intrinsèquement itérative]

p6: R. *essayer de traire la chèvre* [on réunit les deux procès par commodité]

p7: R. *manger du gros pain*

p8: R. *aspirer l'odeur du fumier*

p9: R. *vouloir mettre un peu de fumier dans son mouchoir* [deux procès réunis par commodité]

p10: *F. et R. faire de grandes promenades*

p11: R. *entrer chez les pépiniéristes*

p12: R. *arracher les branches de lilas*

p13: R. *crier: «Hue, bourriquet !» aux ânes*

p14: *les ânes traîner une carriole*

p.15: R. *s'arrêter* (*à contempler*) [même analyse que pour le procès p1]

p16: R. *contempler par la grille l'intérieur des beaux jardins*

p17: *la nourrice prendre l'enfant*

p18: *on* (*la nourrice et/ou* R.) *poser l'enfant à l'ombre sous un noyer*

p19: *la nourrice et* R. *débiter d'assommantes niaiseries*

p20: *F. contempler les carrés de vignes ...*
p21: *la fumée d'une locomotive allonger (...) comme une gigantesque plume d'autruche*
p22: *le bout léger (de la plume) s'envoler*
p23: *les yeux de F. retomber sur son fils*
p24: *F. se figurer son fils jeune homme*
p25: *F. murmurer: «Pauvre enfant !»*
p26: *F. et R. manquer le dernier départ*
p.27: *Mme Dambreuse gronder F. de son inexactitude*
p28: *F. faire (raconter) une histoire à Mme Dambreuse.*

Afin de ne pas multiplier les parenthèses (par souci de lisibilité), nous allons utiliser des symboles (X, X1, X2, Y ...) pour désigner certains sous-agglomérats à l'intérieur de l'agglomérat global.

(83") iter (p1 $\wedge_{ANT}$ p2 [$\wedge_{ANT}$ Z]) [la séquence entre crochets correspond à la restriction marquée par *souvent*, au dernier paragraphe]
p1: ph p2 [p1 correspond à la phase préparatoire de p2[52]]
Z: p26 $\wedge_{ANT}$ p27 $\wedge_{PREC}$ p28
p2 $\supseteq$ (X $\wedge_{ANT}$ Y) [p2 encapsule tous les procès jusqu'au départ de F. et R.]
X: (iter p3) $\wedge_{ANT}$ X1
iter p3: ph p2 [iter (p3) constitue la phase initiale de l'agglomérat encapsulé par p2]
X1: (iter p4) $\wedge_{RE}$ X2
X2: (iter p5) $\wedge_{\emptyset}$ (iter p6) $\wedge_{\emptyset}$ (iter p7) $\wedge_{\emptyset}$ (iter p8) $\wedge_{\emptyset}$ (iter p9) [série d'itérations non ordonnées]
Y: p10 $\vee$ Y3
p10 $\supseteq$ (iter p11) $\wedge_{\emptyset}$ (iter p12) $\wedge_{\emptyset}$ (iter Y1) $\wedge_{\emptyset}$ (iter Y2) [p10 encapsule tout ce qui se passe durant les promenades]
Y1: p14 $\wedge_{RE}$ p13
Y2: p15 $\wedge_{PREC}$ p16
Y3: p17$\wedge_{ANT}$ p18 $\wedge_{PREC}$ p19 $\wedge_{RE}$ Y4
Y4: p20 [$\wedge_{RE}$ Y5] $\wedge_{ANT}$ p23 $\wedge_{PREC}$ p24 $\wedge_{PREC}$ p25 [la séquence entre crochets correspond à la restriction marquée par *quelquefois*]
Y5: p21 $\wedge_{SIMUL}$ p22

Soit, sous forme de graphe (les séquences facultatives de l'agglomérat sont entourées de pointillés):

52 Sur les coverbes de mouvement comme marqueurs de phase, cf. Gosselin (2010c).

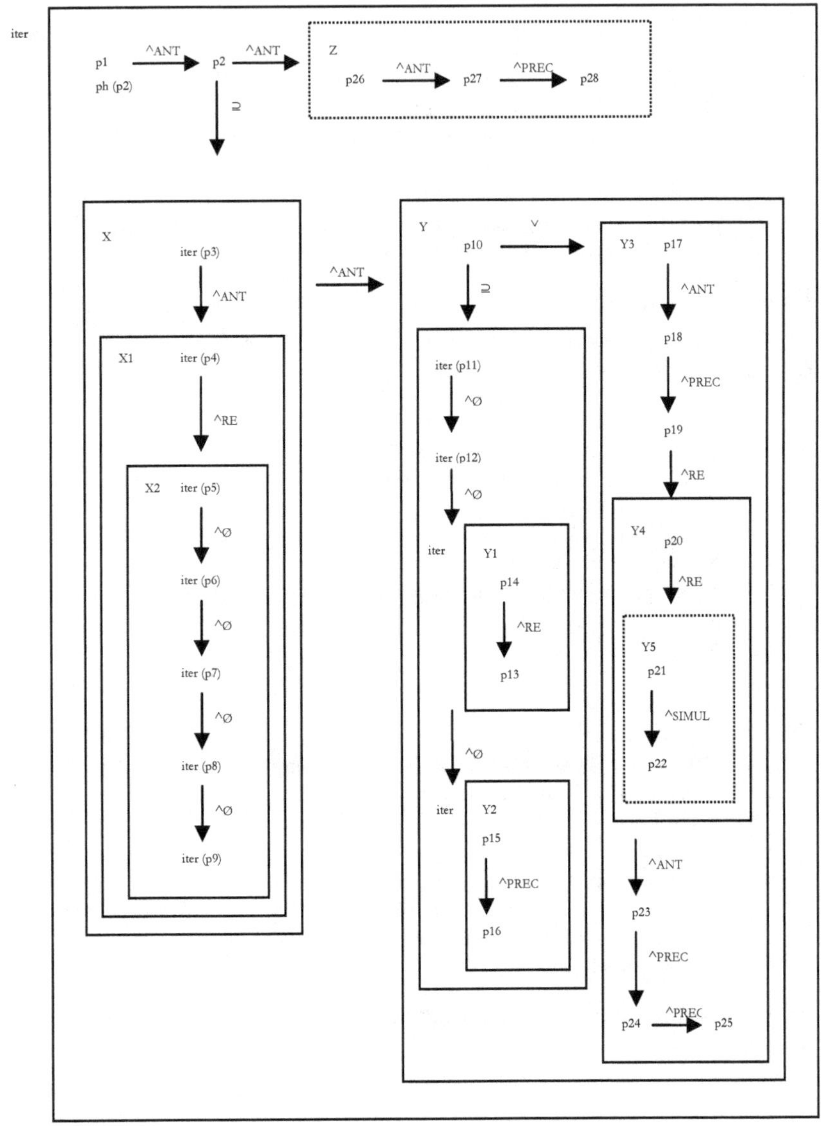

Figure 23: aspect conceptuel de l'exemple (83)

Typiques du récit flaubertien ou proustien, ces agglomérats soumis à une itération fréquentative à l'imparfait peuvent ainsi présenter des structures étonnamment complexes, mais, quelle que soit leur complexité structurelle, ils conservent leur caractère d'unité, attesté, entre autres, par la possibilité d'y faire référence au moyen des pronoms *ça* et *cela*, qui témoignent de leur valeur de référents de discours (voir l'ex. 54 ci-dessus).

4. Représentations de l'itération

4.1 Une représentation au moyen d'intervalles

Dans ce modèle, l'itération relève fondamentalement de l'aspect conceptuel: elle procède de la création d'une série itérative conçue comme un macro-procès englobant une série d'occurrences d'un élément itéré (une occurrence type). On distinguera donc (au moins) deux types d'entités: la série itérative (ou série d'occurrences de l'élément itéré), et l'élément itéré (occurrence type). Lorsque l'élément itéré est un procès *stricto sensu*, chacune de ces deux entités (série itérative et occurrence type) se voit associer un intervalle de procès (respectivement [Bs1,Bs2] et [B1,B2]), ainsi qu'un intervalle de référence (resp. [Is,IIs] et [I,II]). Ce dispositif permet de rendre compte du fait que l'itération peut faire l'objet simultanément de deux visées aspectuelles différentes, comme dans l'exemple:

(84) Depuis deux mois, il mangeait en dix minutes.

La visée est aoristique sur l'occurrence type ([I,II] CO [B1,B2]), et inaccomplie sur la série ([Bs1,Bs2] RE [Is,IIs]); d'où la compatibilité de circonstanciels apparemment contradictoires: *en dix minutes* évalue la distance entre B1 et B2 (la durée de l'occurrence type), tandis que *depuis deux mois*, porte sur l'intervalle qui sépare Bs1 (le début de la série) de Is (le moment considéré), dans la structure:

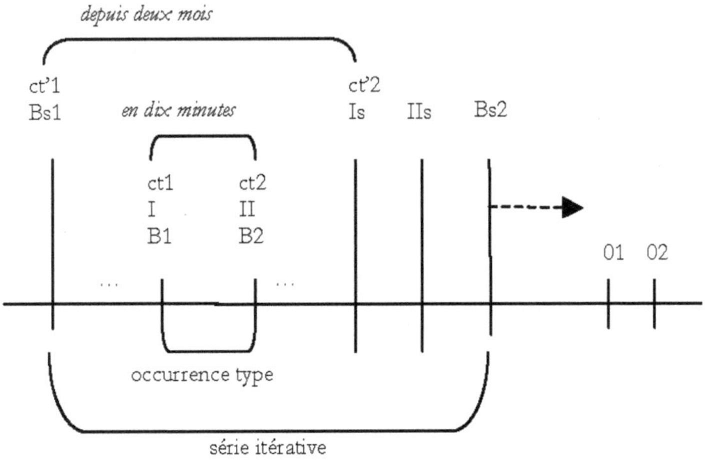

Figure 24: chronogramme de l'ex. (84)

Soit un autre exemple

(85) Cette année-là, en une semaine, il est allé sept fois au cinéma

dans lequel, la série est vue de façon globale (de sorte que sa durée peut être mesurée), ainsi que l'occurrence type[53]:

53 Les principes de calcul de ces visées aspectuelles seront exposés au § 6 ci-dessous.

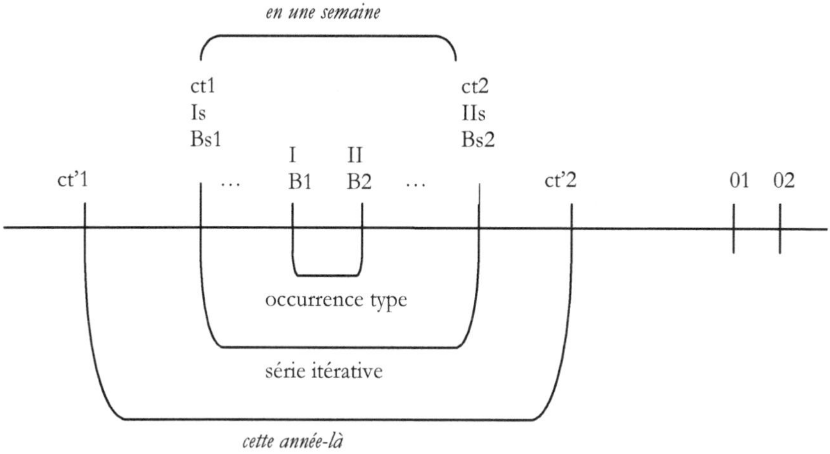

Figure 25: chronogramme de l'ex. (85)

Soit encore deux exemples qui combinent respectivement une visée globale sur la série et prospective sur l'occurrence type, puis une visée prospective sur la série et globale sur l'occurrence type:

(86a) Lors de mes trois dernières visites, il était sur le point de sortir
(86b) (Il est content parce que) il va faire deux heures de natation le mercredi.

En fait, cette analyse ne vaut que pour un type (le plus courant) d'itération, dans lequel la série et l'élément itéré sont également accessibles à la monstration, et reçoivent donc chacun un intervalle de référence. Mais il existe deux autres types d'itération, pour lesquels ne sont accessibles a) que la série (ex. *hachurer*, *sautiller*), ou b) qu'une (ou plusieurs) occurrence(s) (ex. *refaire le même exercice*, *manger encore un gâteau*). Nous reviendrons sur ces deux types d'itérations lorsque nous évoquerons les marqueurs correspondants. Mais nous devons dès maintenant évoquer une objection envisageable. Nous considérons que dans un exemple d'itération présuppositionnelle comme

(87a) Il a encore toussé

une série itérative est construite (et notée [Bs1,Bs2]) bien qu'elle ne soit pas montrée (elle ne se voit pas associer d'intervalle de référence). On pourrait objecter qu'il n'est pas nécessaire non plus de construire une série (il suffirait de dire que le procès se répète), mais comme on l'a déjà indiqué au § 1.3 ci-dessus, il deviendrait très difficile d'expliquer la possibilité d'enchaînements du type:

(87b) Il a encore mis son pantalon percé. Ça dure depuis trois semaines

où ce ne peut être que la série itérative (comme véritable macroprocès) qui «*dure depuis trois semaines*» et qui sert donc de référent au pronom *ça*. Simplement dans le second énoncé, la série itérative fait l'objet d'une monstration spécifique, et se trouve présentée sous l'aspect inaccompli (comme l'atteste le complément [*depuis* + durée]). D'où la structure associée à cette séquence (nous dupliquons l'axe temporel par souci de lisibilité):

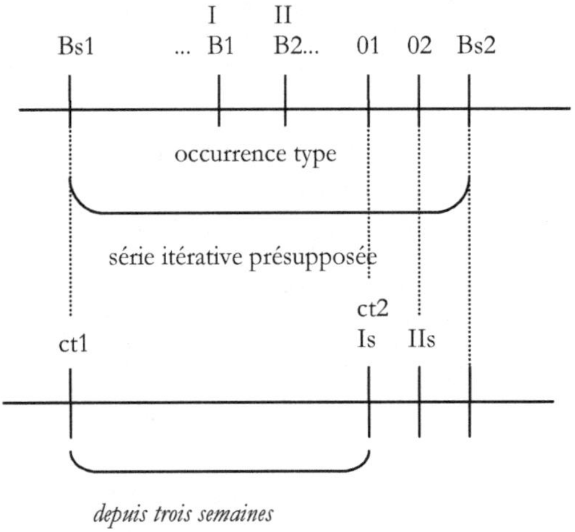

Figure 26: chronogramme de l'ex. (87b)

4.2 La série itérative comme macroprocès

La série itérative est conçue comme un macroprocès, composé d'une série d'occurrences d'un itéré. En tant que macroprocès, elle peut être soumise aux tests présentés au § 2.3.2 pour déterminer le type de procès (cf. la citation de Partee 2000, au § 4 de l'Introduction). Or l'application de ces tests conduit à distinguer différents types de séries itératives.

L'opposition la plus immédiate concerne le caractère intrinsèquement borné ou non de la série. Alors que certaines formes d'itération sont compatibles avec «*pendant* + durée» et paraissent exclure (sauf glissement de sens) «*en* + durée», d'autres présentent le fonctionnement exactement inverse . Reprenons les exemples donnés dans Gosselin (1996: 69-70):

(88a) Pendant dix minutes, Marie a sautillé sur place
(88b) ?* En dix minutes, Marie a sautillé sur place

(89a) Pendant deux jours, Marie a souvent éternué
(89b) ?* En deux jours, Marie a souvent éternué

(90a) Pendant deux ans, Marie a réparé des meubles anciens
(90b) ?* En deux ans, Marie a réparé des meubles anciens

(91a) Pendant dix minutes, Marie a toussé
(91b) ?* En dix minutes, Marie a toussé

(92a) Pendant dix ans Marie a chanté Carmen
(92b) ?* En dix ans, Marie a chanté Carmen

(93a) ?* Pendant une heure, Marie a éternué vingt-deux fois
(93b) En une heure, Marie a éternué vingt-deux fois

(94a) ?* Pendant deux ans, Marie a réparé vingt-cinq meubles anciens
(94b) En deux ans, Marie a réparé vingt-cinq meubles anciens.

Il apparaît que lorsque le nombre d'occurrences est déterminé, la série est intrinsèquement bornée, alors que, dans le cas contraire, elle ne l'est pas. De sorte que l'aspect répétitif correspond aux séries intrinsèquement bornées, tandis que l'aspect fréquentatif met en œuvre des séries itératives qui ne sont bornées que de façon extrinsèque.

Reste la question de la dynamicité (car celle de la ponctualité ne se pose évidemment pas). L'application du test de compatibilité avec «*être en train de* Vinf» permet de distinguer quatre cas:

a) Les séries itératives intrinsèquement bornées (qui sont normalement dynamiques) sont cependant difficilement compatibles avec l'expression «*être en train de* Vinf». Cette restriction tient non à la dynamicité de la série, mais au fait que ce n'est généralement qu'au terme de la série que l'on peut connaître le nombre d'occurrences de procès. Aussi, ces séries itératives dont le nombre d'occurrences est déterminé et explicité ne sont-elles guère compatibles avec la visée inaccomplie en général (et de ce fait avec la locution «*être en train de* Vinf», qui implique ce type de visée[54]). Ce n'est que lorsque la série correspond à un programme adopté d'avance (par exemple dans le cas d'un entraînement sportif) ou a une habitude autorisant la prédiction du nombre d'occurrences que la compatibilité avec la locution est avérée. Car, dans ce cas, le nombre d'occurrences du procès est connu d'avance et non découvert par la monstration qui en est faite. D'où le contraste:

(95a) L'athlète était en train de faire (ses) cinq tours de stade
(95b) ?? Pierre était en train de boire cinq bières
(95c) Pierre était en train de boire ses cinq bières quotidiennes.

On considèrera donc, nonobstant les difficultés de mise en œuvre du test, cet aspect répétitif (ou itératif *stricto sensu*) comme l'équivalent, au plan des séries itératives, de la valeur d'accomplissement des procès: dynamique, intrinsèquement borné, non ponctuel.

b) Les séries itératives non intrinsèquement bornées (aspect fréquentatif) exprimées par des syntagmes verbaux itératifs – que l'itération soit marquée par le lexème verbal (ex. *hachurer*), par un affixe (ex: *sautiller*) ou par le déterminant du complément d'objet (ex. *réparer des meubles*) – sont compatibles avec la locution «*être en train de* Vinf»:

(96) Marie était en train d'hachurer son dessin/ de mâchouiller son chewing-gum / de sautiller sur place / de réparer des meubles anciens/ de lancer des fléchettes ...

Elles seront donc considérées comme relevant d'un aspect fréquentatif dynamique, équivalant à la valeur d'activité des procès: dynamique, extrinsèquement borné, non ponctuel.

c) En revanche, les séries itératives non intrinsèquement bornées (fréquentatives) marquées par des adverbes d'aspect itératifs (97a), par des circonstanciels (98a) ou résultant de conflits (99a) ne peuvent entrer dans la portée de la locution «*être en train de* Vinf»[55]:

(97a) Pierre parle souvent/parfois/rarement/généralement à Marie
(97b) * Pierre est en train de parler souvent/parfois/rarement/généralement à Marie.

54 Cf. Franckel (1989: 80), Gosselin (1996: 99).

55 L'inverse est évidemment possible: «*Pierre est souvent en train de parler à Marie*», mais le test révèle alors la dynamicité des procès itérés (et non de la série). Seuls semblent faire exception des énoncés du type: «*il est toujours en train de m'appeler*».

(98a) Chaque mardi, il va à la pêche
(98b) ?? Chaque mardi, il est en train d'aller à la pêche

(99a) Il mange en dix minutes
(99b) ??Il est en train de manger en dix minutes.

Le contraste entre les exemples (96) et (97) ne peut être mis au compte de la taille des intervalles ou de l'homogénéité des séries, car la locution «*être en train de* Vinf» s'accommode parfaitement de procès nettement discontinus occupant un intervalle très large:

(100) Je suis en train de me construire une maison de campagne, mais je ne peux y travailler que pendant les vacances d'été.

C'est pourquoi nous conclurons au caractère statif des séries qui apparaissent dans les exemples (97-99), lesquelles s'apparentent à des *dispositions stables*[56] et non à des activités. Ce sont elles qui sont généralement données comme exemples d'aspect fréquentatif *stricto sensu.*

d) Relèvent également de cet aspect fréquentatif statif les «phrases habituelles» du type

(101a) Paul boit du rhum (≈ est un buveur de rhum)
(101b) Paul fume la pipe (≈ est un fumeur de pipe).

Leur spécificité relativement au test mis en œuvre vient du fait qu'elles sont virtuellement ambiguës (puisque l'interprétation itérative n'est pas explicitement marquée), et qu'elles sont parfaitement compatibles avec la locution *être en train de*, à condition qu'elles perdent leur valeur itérative:

(101c) Paul est en train de boire du rhum / fumer la pipe.

L'application des tests conduit donc au classement suivant, de l'aspect conceptuel des séries itératives:

56 Elles sont assimilables aux *habitus* de la rhétorique aristotélicienne. Voir aussi Carlier (2002).

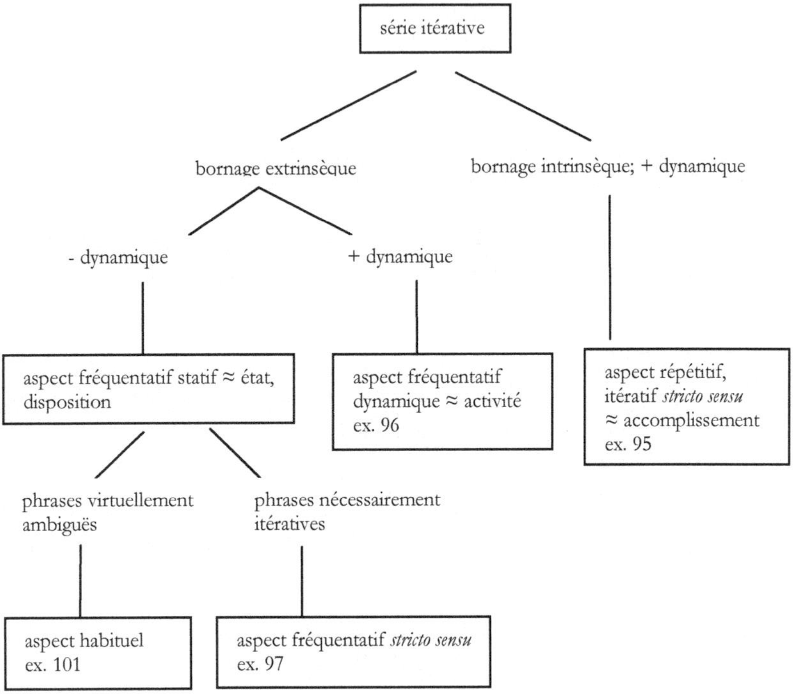

Figure 27: classement des types de séries itératives

4.3 Représentations de l'élément itéré

Etant donné le caractère récursif de l'aspect conceptuel (cf. § 3), nous avons vu que l'élément itéré pouvait être aussi bien un procès *stricto sensu*, qu'une phase de procès, une autre série itérative ou un agglomérat de procès différents, lesquels sont à leur tour susceptibles de se décomposer, etc.

Nous admettons que tout Procès *lato sensu* fait l'objet d'une visée aspectuelle, à deux exceptions près: les série itératives présupposées (qui ne sont pas montrées, cf. les exemples du type «*il est encore rentré tard*», ci-dessus, § 4.1) et les procès *stricto sensu* constitutifs de séries itératives qui sont exprimées par des lexèmes intrinsèquement itératifs (ex. *hachurer*, *machouiller*), car ces séries paraissent vues «en bloc», sans que des occurrences de procès itéré soient identifiables.

Le fait que tout Procès fasse l'objet d'une visée aspectuelle n'implique cependant pas que les structures contiennent autant d'intervalles de référence/monstration que d'intervalles de procès, car ces derniers peuvent être affectés d'une visée indirecte (i.e. une visée qui porte directement sur un sous-procès correspondant à une phase et indirectement sur le procès lui-même, cf. § 2.3.5). Dans ce cas, on associe un seul intervalle de référence au sous-procès et au procès.

Munis de ces principes, nous proposons les représentations suivantes:

a) itération de procès *stricto sensu*

(102) Depuis quelque temps, le capitaine Hatteras, suivi de son fidèle chien [...], se promenait chaque jour pendant de longues heures. (J. Verne, *Les aventures du capitaine Hatteras*, Le Livre de Poche, 1979: 624)

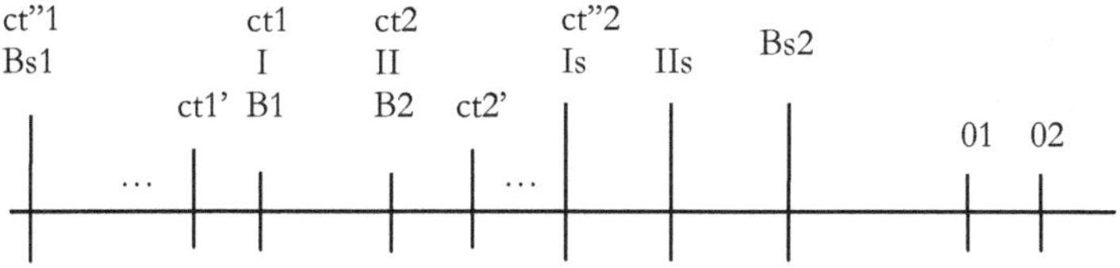

[B1,B2]: *Le cap. H. se promener*
[Bs1,Bs2]: série itérative
[B1,B2] / [I,II]: visée aoristique sur l'occurrence type
[Bs1,Bs2] / [Is,IIs]: visée inaccomplie sur la série itérative
[ct1,ct2]: *pendant de longues heures*
[ct'1,ct'2]: *chaque jour*
[ct"1,ct"2]: *depuis quelques temps*
structure de l'aspect conceptuel: iter p

Figure 28: chronogramme de l'ex. (102)

b) phase d'une itération de procès:

(103) Luc cessa de venir à la maison

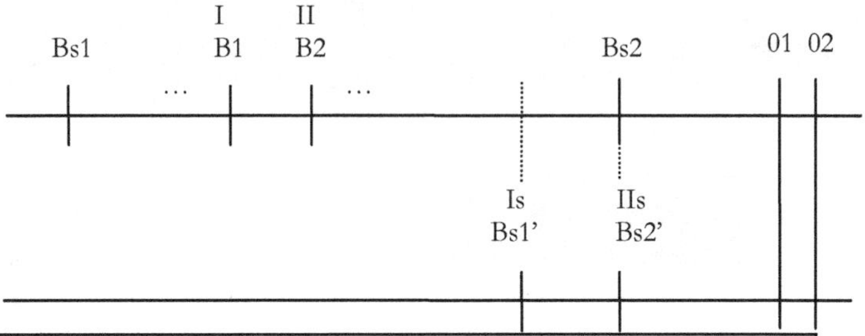

[B1,B2]: *Luc venir à la maison*
[Bs1,Bs2] : série itérative
[Bs1',Bs2'] : phase terminale de la série itérative
[B1,B2] / [I,II]: visée aoristique sur l'occurrence type
[Bs1,Bs2] / [Is,IIs]: visée terminative sur la série itérative (indirecte)
[Bs1',Bs2'] / [Is,IIs]: visée aoristique sur la phase finale de la série (directe)
structure de l'aspect conceptuel: ph (iter p)

Figure 29: chronogramme de l'ex. (103)

c) itération de phases de procès:

(104) (Les trois fois où je suis allé le voir), Luc s'apprêtait à partir[57]

57 Sur le calcul des visées aspectuelles dans ce type d'exemple, où la visée inaccomplie, marquée par l'imparfait, affecte l'occurrence type et non la série itérative, qui est vue de façon aoristique, cf. § 6.

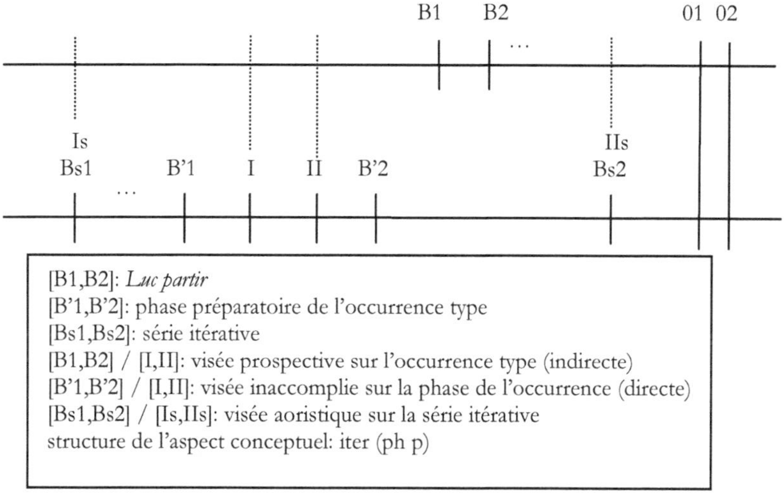

Figure 30: chronogramme de l'ex. (104)

e) itération d'un procès qui encapsule un agglomérat de procès successifs:

(105) Félicité tous les jours s'y rendait.
A quatre heures précises, elle passait au bord des maisons, montait la côte, ouvrait la barrière, et arrivait devant la tombe de Virginie. (Flaubert, *Un cœur simple*, Garnier-Flammarion, 1986: 64-65)

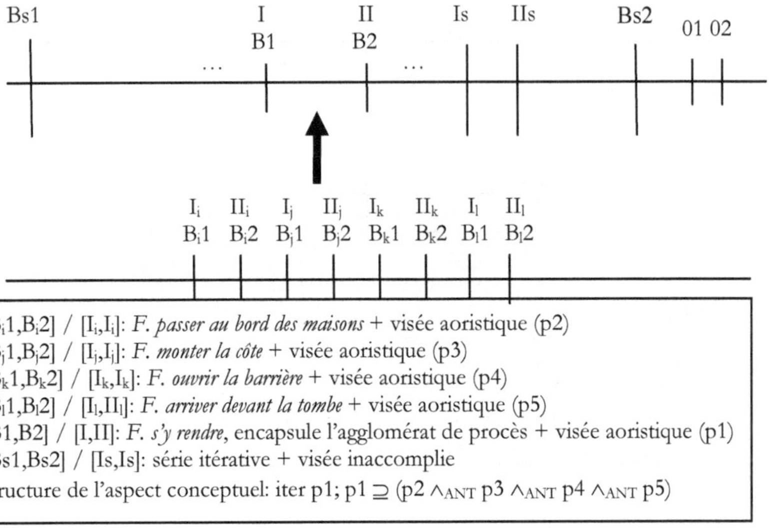

Figure 31: chronogramme de l'ex. (105)

5. Le calcul de l'itération

5.1 Les sources de l'itération

L'itération peut être explicite ou implicite. Elle est explicite lorsqu'elle provient de marqueurs itératifs; elle est implicite lorsqu'elle résulte d'une résolution de conflit.

Parmi les marqueurs explicites d'itération, on retiendra:

a) les lexèmes verbaux intrinsèquement itératifs (ex.: *hachurer, rabâcher*),
b) les affixes itératifs (ex.: *-iller* dans *sautiller, -ailler* dans *tournailler, re-* dans *recommencer*),
c) les déterminants du SN objet dans certains types de groupes verbaux (ex.: *manger des/deux fraises*),
d) les périphrases itératives (ex. *avoir coutume de*),
e) certains circonstanciels de localisation temporelle (ex. *chaque mardi*), y compris la subordination circonstancielle (ex. *chaque fois que …*),

f) les adverbiaux itératifs fréquentatifs (ex. *parfois, de temps en temps*),
g) les adverbiaux itératifs répétitifs (ex. *trois fois*),
h) les adverbes et expressions présuppositionnels (ex. *encore, comme d'habitude, une fois de plus*),
i) certains adjectifs à valeur présuppositionnelle (*habituel*),
j) la répétition du lexème verbal.

Soit un énoncé exprimant une itération présuppositionnelle marquée par un adjectif (*même*) accompagné de l'adverbe *toujours*:

(106) Et ce repas, toujours le même, peu varié, mais réconfortant, se prit en commun. (J. Verne, *Les aventures du capitaine Hatteras*, Le Livre de Poche, 1979: 271)

La répétition du verbe, régulière dans une langue isolante comme le vietnamien, est relativement rare en français. En voici un exemple (tiré d'une traduction):

(107) Jake acquiesça, acquiesça, acquiesça. (Truman Capote, *Cercueils sur mesure*, Gallimard, Folio, 2002: 56)

Ces marqueurs itératifs (dont nous excluons les temps verbaux) se laissent regrouper, selon des critères morpho-syntaxiques, comme suit:

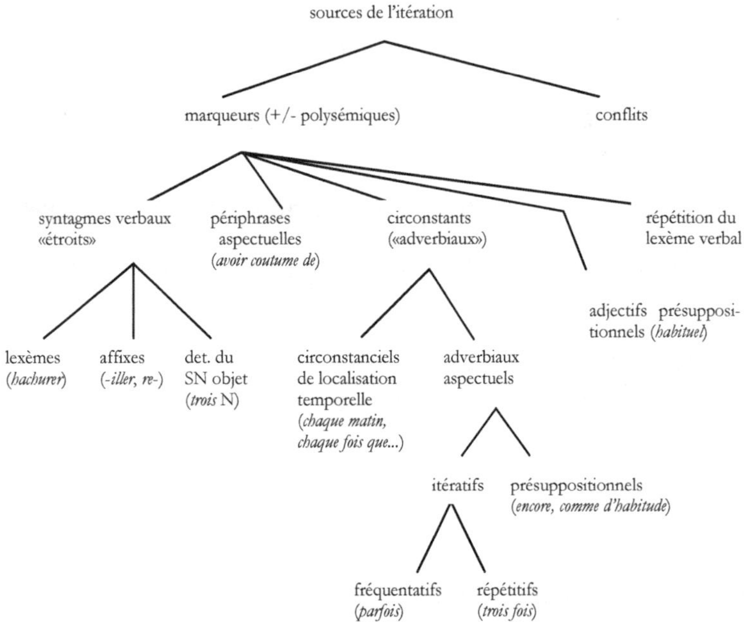

Figure 32: classement des sources de l'itération

Par syntagmes verbaux «étroits», on désigne l'ensemble formé du verbe et de ses compléments essentiels.

On distingue deux grandes classes de «circonstants» ou «adverbiaux» itératifs: les circonstanciels de localisation temporelle, qui ne peuvent déclencher l'itération que dans la mesure où ils demandent de construire une *série d'intervalles circonstanciels* (ex.: *tous les lundis;* cette notion de série sera définie et modélisée au chapitre 3), et les adverbiaux aspectuels qui marquent explicitement l'itération (ex. *souvent, périodiquement*). Les adverbiaux aspectuels itératifs se répartissent en trois classes:

a) Les adverbiaux *fréquentatifs* (*souvent, le plus souvent, parfois, habituellement* ...) déclenchent la construction de séries itératives bornées de façon extrinsèque (cf. § 4.2).

b) Les adverbiaux *numéraux* (ou *répétitifs*) (*deux fois, à trois reprises ...*) construisent des séries itératives intrinsèquement bornées (dans la mesure où le nombre d'occurrences est fixé).
c) Les adverbiaux *présuppositionnels* (*déjà, encore, de nouveau, à nouveau*) déterminent la constitution de séries itératives qui, à la différence des précédentes, ne font pas l'objet d'une monstration spécifique (cf. § 4.3), et ne se voient donc pas associer d'intervalle de référence particulier. Cela revient à dire que seule est saillante l'occurrence du procès, la série restant présupposée.

Encore faut-il signaler que comme les marqueurs explicites sont tous plus ou moins polysémiques, ils ne marquent l'itération que dans des contextes particuliers. L'étude de ces marqueurs et de leur interaction avec le contexte a été conduite de façon systématique et quasi-exhaustive par Lim (2002) et, pour la subordination circonstancielle itérative, par Condamines (1990), dans une perspective essentiellement descriptive. Leur intégration au modèle SdT est esquissée dans Gosselin (1996: 234 sq.). Nous nous attacherons ici à étudier deux questions particulières: 1) celle du sémantisme des syntagmes verbaux intrinsèquement itératifs, et 2) celle de la portée des adverbiaux fréquentatifs. Puis nous développerons notre analyse des conflits comme source de l'itération

5.2 Les syntagmes verbaux intrinsèquement itératifs

Parler de syntagmes verbaux intrinsèquement itératifs, c'est admettre que certains procès sont directement *conçus* comme itératifs. Cela signifie que ces procès expriment la répétition d'un même procès. La question est alors de comprendre comment un syntagme verbal peut exprimer un procès qui subsume explicitement la répétition d'un autre procès (qui ne peut évidemment se confondre avec lui). En d'autres termes, comment peut-il exprimer à la fois la série itérative et l'occurrence type ? Plusieurs cas de figure se présentent:

a) Le cas le plus clair est celui des affixes itératifs: muni de son affixe, le verbe exprime l'itération du procès que désigne son radical: *sautiller*, c'est *sauter* à plusieurs reprises, de même pour les couples *cligner / clignoter*, *boire* / *buvoter*, *voler* / *voleter*, *crier* / *criailler*, *tourner* / *tournailler*[58], *commencer* / *recommencer*, etc.

b) Lorsque l'itération est induite par le déterminant du SN objet, c'est le procès concernant un objet singulier qui se trouve itéré: *manger deux/des pommes* peut être conçu comme le fait de *manger une pomme* à deux/plusieurs reprises. Observons cependant que ce n'est pas toujours le cas, dans la mesure où la pluralité des objets n'implique pas nécessairement celle des procès (ex.: *manger des frites*, *manger des lentilles*).

c) Plus délicate encore apparaît la classification des lexèmes verbaux comme intrinsèquement itératifs. Car il ne suffit pas que le procès considéré subsume une série de changements du même type pour qu'il soit conçu comme itératif (sans quoi *marcher*, *courir* où *mâcher du chewing-gum* seraient considérés sans hésitation comme itératifs). Il faut encore que le procès répété soit linguistiquement repérable, c'est-à-dire qu'il soit explicitement évoqué par le signifiant du procès itératif (comme dans les constructions précédentes)[59]. Alors que le procès *faire des pas* n'est pas directement exprimé par le verbe *marcher*, le lexème verbal *hachurer*, construit sur une base substantivale, se laisse paraphraser par *faire des hachures*, que l'on peut, à son tour, gloser par *faire une hachure à plusieurs reprises*.

d) Mais qu'en est-il de verbes comme *radoter*, *rabâcher*, *piailler*, *fouailler*[60] ? Il s'agit en fait de constructions, étymologiquement ou apparemment[61], affixales dans lesquelles l'élément déclencheur de l'itération est aisément repérable (*ra-*, *ailler*), bien que le radical n'existe pas (plus) de façon indépendante. On conçoit donc qu'il s'agit d'une itération de procès, même si l'on ne peut toujours nommer (catégoriser) précisément les procès itérés.

58 Voir l'analyse de ces verbes dans le TLF. Signalons qu'aucun de ces suffixes n'est purement itératif (ils ont aussi une valeur diminutive et/ou péjorative).

59 C'est ainsi que l'on peut justifier la position de Lim (2002: 101), qui s'oppose à celle de Vet (1981: 161) pour qui *sautiller* n'est pas plus itératif que *marcher*.

60 *fouailler*: «frapper de coups de fouet répétés» (TLFi).

61 En fait, verbe *rabâcher* paraît provenir d'un radical **rab* auquel s'est adjoint le suffixe –*âcher*. Mais, en synchronie, c'est la syllabe *ra* qui évoque l'itération, par sa proximité sémantique attestée avec *re-*, et par la quasi-synonymie du verbe avec *radoter* (qui, lui, vient bien de l'adjonction du préfixe *re/ra-* à un verbe **doter*); informations prises dans le TLFi.

Du point de vue sémantique, trois cas sont à distinguer:

a) Les itérations construites au moyen du préfixe *re-*, sont dites «présuppositionnelles» (au sens où la série itérative est simplement présupposée tandis qu'une occurrence du procès itéré est posée[62]). Leur fonctionnement est comparable (même s'il y a des différences[63]) avec celui des adverbiaux présuppositionnels (ex. *encore;* cf. § 4.1).
b) Quand l'itération provient d'un SN complément désignant une pluralité déterminée d'objets (ex.: *éplucher trois pommes*, *réparer cinq meubles*), elle correspond à l'aspect répétitif: la série est vue comme dynamique, et intrinsèquement bornée (cf. § 3.2 ci-dessus).
c) Dans les autres cas (lexème verbal intrinsèquement itératif, suffixe itératif ou SN pluriel renvoyant à une multiplicité indéterminée d'objets), l'aspect est fréquentatif dynamique: la série est dynamique et bornée de façon extrinsèque.

Nous avons postulé (aux § 4.1 et 4.3) que, dans le cas de l'itération présuppositionnelle, seule l'occurrence du procès faisait l'objet d'une visée aspectuelle, tandis que dans le celui de l'itération fréquentative dynamique, seule la série était affectée d'une telle visée (alors que tous les autres cas mettent en jeu deux visées aspectuelles). Ces hypothèses reposent sur le fait que contrairement à ce qui se passe avec les autres cas d'itération, il est impossible d'associer des circonstanciels de durée ou de localisation temporelle aux séries avec l'itération présuppositionnelle, ou aux occurrences avec l'itération fréquentative dynamique.

5.3 La portée des adverbiaux fréquentatifs

L'un des problèmes les plus délicats à traiter concerne la portée des adverbiaux fréquentatifs. Une même phrase peut, en effet, donner lieu à des interprétations nettement distinctes en fonction de la portée qui est attribuée

62 Nous ne pouvons suivre sur ce point les analyses de Lim (2002: 75 sq.) qui considère que ces éléments ne peuvent exprimer qu'une seconde ou deuxième occurrence, alors que rien n'empêche d'énoncer: «*il a repris du poulet pour la troisième fois*», par exemple.

63 Cf. Fuchs (1995).

à l'adverbe dans un contexte particulier. Ainsi l'exemple, dont nous avons volontairement omis la ponctuation:

(108a) Pierre se promène souvent avec Marie le lundi

est-il virtuellement susceptible de recevoir, en contexte, des interprétations différentes, correspondant aux paraphrases suivantes:

(108b) C'est souvent le lundi que Pierre se promène avec Marie
(108c) C'est souvent avec Marie que Pierre se promène le lundi
(108d) Quand Pierre se promène, c'est souvent le lundi et avec Marie.

Ces questions ont été largement débattues en sémantique formelle, en termes de quantification et de portée des quantificateurs. Nous évoquons succinctement les principales distinctions opérées.

Selon Abeillé *et al.* (2004), qui s'appuient sur de Swart (1993), les adverbes itératifs (répétitifs ou fréquentatifs) peuvent être considérés comme des quantificateurs qui nous informent, de façon plus ou moins précise, sur le nombre d'occurrence d'un procès itéré. Alors que les adverbiaux répétitifs précisent ce nombre d'occurrences (ex. «*trois fois*»), les fréquentatifs (ex. *souvent, rarement*) évaluent la proportion de ce nombre d'occurrences relativement à des moments et/ou des événements (ce que l'on appellera, sans plus de précisions pour l'instant, une «indication de fréquence»). L'expression de cette proportion correspond à une quantification comparable à celle qu'opèrent, dans le domaine nominal, des expressions comme «*la plupart des* N», «*tous les* N», «*une minorité de* N», «*quelques* N», etc.

Les adverbiaux fréquentatifs peuvent être «*dépendants*» ou «*indépendants*» (Molendijk et de Swart 1998, Abeillé *et al.* 2004). Ils sont dépendants lorsque la quantification est opérée à l'intérieur d'un domaine dont les bornes sont précisées. Ce domaine (de quantification) est indiqué soit par un circonstanciel temporel soit par le contexte antérieur. Les fréquentatifs sont indépendants dans le cas contraire, lorsque la quantification vaut «en général», sans limitation de domaine. Ces deux valeurs peuvent donner lieu à des ambiguïtés virtuelles. Soit, pour exemple, la séquence:

(109) Paul passe actuellement ses vacances en Bretagne. Comme il est souvent enrhumé, il prend des médicaments.

Selon la lecture «dépendante», l'indication de fréquence des occurrences du procès «*Paul être enrhumé*», indiquée par le fréquentatif *souvent*, ne concerne que la période pendant laquelle Paul passe ses vacances en Bretagne. Selon la lecture «indépendante», cette indication de fréquence vaut «en général» – c'est une caractéristique de Paul que d'être souvent enrhumé – et n'est pas limitée à cette période.

Une seconde distinction concerne le caractère «*relationnel*» ou «*non relationnel*» de l'indication de fréquence exprimée. Soit l'exemple suivant, emprunté à Abeillé *et al.* (2004):

(110) Quand elle est à Paris, Pauline va souvent au Louvre.

La lecture relationnelle est glosable par:

(110') Parmi l'ensemble des situations où Pauline est à Paris, il en est un nombre important pour lesquelles il est vrai que Pauline va au Louvre.

La subordonnée temporelle opère une *restriction* sur la quantification, de sorte que la fréquence des occurrences du procès «*Pauline aller au Louvre*» n'est évaluée que relativement au nombre d'occurrences du procès «*Pauline être à Paris*». Ce sont donc deux séries itératives qui sont mises en relation, dont les nombres d'occurrences respectifs sont comparés et évalués. En revanche, selon la lecture non relationnelle, approximativement glosable par

(110") A chaque fois qu'elle est à Paris, Pauline va un nombre important de fois au Louvre

c'est une occurrence type du procès «*Pauline être à Paris*» qui va délimiter le domaine de quantification de l'adverbe itératif. Ce dernier indique la fréquence des occurrences de «*Pauline aller au Louvre*» relativement à l'intervalle associé à une occurrence de «*Pauline être à Paris*» et non à la série itérative dans son ensemble.

Ce qui est remarquable, c'est que la lecture relationnelle ne se manifeste pas seulement en présence de subordonnées circonstancielles temporelles, mais aussi dans des phrases simples, du type:

(111) Pierre se promène souvent dans le jardin

qui peut recevoir une lecture non relationnelle, paraphrasable par:

(111') Il arrive souvent que Pierre se promène dans le jardin

mais aussi une lecture relationnelle, dont la paraphrase fait apparaître une subordonnée temporelle:

(111") Quand Pierre se promène, il se promène souvent dans le jardin / c'est souvent dans le jardin.

Pour rendre compte de ce phénomène, on a proposé des mécanismes de «partition sémantique» de l'énoncé[64]. Les exemples de type (111), selon la lecture relationnelle (111"), seraient composés de trois éléments: un quantificateur (l'adverbe fréquentatif), un restricteur (explicité par la subordonnée temporelle) et un noyau (*nuclear scope*), sur lequel porte le quantificateur[65]. Soit, pour la lecture relationnelle de (111):

(112a) QUANTIFICATEUR [[Restriction] [Portée nucléaire]]
(112b) *SOUVENT* [[*quand Pierre se promène*]$_{\text{restr.}}$ [*il se promène dans le jardin*]$_{\text{portée nucl.}}$][66].

Le noyau (portée nucléaire) comporte le focus de l'énoncé[67], tandis que le topique (ou thème) est intégré au restricteur[68].

Cette analyse permet d'expliquer les ambiguïtés virtuelles d'un exemple comme (107) ci-dessus (*Pierre se promène souvent avec Marie le lundi*). Les interprétations (108a,b,c) correspondent respectivement à la focalisation sur «*le lundi*», sur «*avec Marie*» et sur «*le lundi avec Marie*». Comme la délimitation entre le topique et le focus est déterminée à la fois par des contraintes syntaxiques (par exemple, un élément détaché ne peut appartenir au focus) et contextuelles, l'interprétation des énoncés va dépendre, en partie de ce qui est présupposé (déjà admis) au moment où l'énoncé apparaît dans le discours.

Voyons maintenant, de façon informelle, comment ces distinctions peuvent être intégrées à une approche fondée sur la mise en œuvre de structures d'intervalles. Une modélisation algébrique en sera proposée au chapitre 3. Mais nous voudrions montrer dès maintenant quel est l'intérêt linguistique de cette démarche, et à quelles difficultés elle permet de répondre.

Le premier problème à résoudre est celui de la définition de la fréquence, que les adverbes fréquentatifs sont censés exprimer. On a vu que, selon que la lecture en est relationnelle ou non, la notion d'indication de

64 Cf. von Fintel (1996), Vogeleer (2007).
65 Cf. Kratzer (1989).
66 Nous adoptons le mode de présentation de Vogeleer (2007: 261).
67 Cf. Rooth (1992), Partee (1991), Krifka (1992).
68 Cf. Chierchia (1992), von Fintel (1996).

fréquence recouvre des réalités différentes. Selon Lenci et Bertinetto (1995), qui s'appuient sur de Swart (1993), une indication de fréquence relationnelle consiste en une relation établie entre deux ensembles de situations (deux séries d'occurrences de procès). Plus précisément elle correspond à la comparaison entre l'intersection des deux ensembles de situations avec le nombre de situations sur lesquelles porte l'adverbe fréquentatif. Ainsi l'énoncé:

(113) Jean va souvent à la plage avec Anne

pris selon une interprétation relationnelle (avec focalisation sur «*avec Anne*»), indiquerait que la majorité des situations dans lesquelles Jean va à la plage sont des situations dans lesquelles il y va avec Anne. En revanche, une indication de fréquence non relationnelle est définie comme l'expression du nombre d'événements (d'occurrences de procès) par unité de temps. On retrouve là la double définition de la fréquence temporelle utilisée dans les sciences de la nature (par exemple, dans l'évaluation des risques naturels). Or la transposition de cette double définition dans le champ de la sémantique linguistique nous paraît soulever divers problèmes:
a) Le nombre d'occurrences par unité de temps ne peut correspondre à la lecture non relationnelle de l'adverbe *souvent* dans un énoncé comme

(114) En Normandie, il pleut souvent.

Il existe, en fait, une classe d'expressions itératives spécifiquement dévolues à l'expression du nombre d'occurrences par unité de temps. Il s'agit d'expressions du type: «*trois fois par jour*», «*deux fois par mois*», *quotidiennement*, *annuellement* (≈ «*une fois par an*»), etc.

b) On ne peut définir la sémantique de *souvent*, dans sa lecture relationnelle, comme l'équivalent de celle de quantificateurs nominaux du type «*la plupart de*», «*une majorité de*». Car on peut parfaitement énoncer:

(115) Quand nous allons rendre visite à mon oncle, en Normandie, il y a souvent de l'orage

sans que cela implique qu'il y ait de l'orage dans une majorité de cas. On considère simplement que le nombre d'occurrences d'orage est important relativement à une norme implicite. Pour dire qu'il y a de l'orage dans une majorité de cas, il faudrait utiliser des expressions comme «*le plus souvent*», «*la plupart du temps*» ...

c) Enfin et surtout, il paraît difficile de cerner l'unité de cette notion de fréquence qui relève de deux définitions bien différentes, et, partant, de cerner celle des adverbes fréquentatifs. La difficulté est d'autant plus préoccupante qu'il n'est pas envisageable de dissocier deux classes d'adverbes fréquentatifs correspondant à l'expression des deux types de fréquence, un même adverbe, comme *souvent*, pouvant donner lieu, selon les contextes aux deux lectures, relationnelle et non relationnelle.

C'est pourquoi nous avons été amenés à proposer une nouvelle définition de l'indication de fréquence, dans le champ sémantique. On admettra que l'indication de fréquence (telle qu'elle est exprimée par les adverbes fréquentatifs) est une évaluation du rapport entre un nombre, non précisé, d'occurrences de procès d'une série itérative et une période de référence (désormais Pref.). Cette évaluation peut être relative à une norme (ex.: *souvent, rarement*) ou non (ex.: *parfois, toujours, le plus souvent*). C'est seulement lorsque l'évaluation est relative à une norme que l'énoncé est compatible avec l'expression «*je trouve que*», qui marque une appréciation subjective[69]:

(116) Je trouve qu'il est souvent / ??parfois absent.

L'indication de fréquence ainsi définie va varier en fonction du nombre d'occurrences, de la taille de la Pref. et – le cas échéant – de la norme adoptée.

La question cruciale est alors de définir ce que l'on entend par «période de référence» (Pref.). On conviendra qu'il s'agit d'un intervalle de temps ayant statut – quelle que soit la façon dont il est indiqué – d'intervalle circonstanciel ([ct1,ct2])[70]. Les bornes de cet intervalle peuvent être localisées ou non. On rend ainsi compte de la différence entre lecture «dépendante» et «indépendante» des adverbes fréquentatifs. La lecture est dite dépendante lorsque la Pref. correspond à un intervalle dont les bornes sont localisées (de manière autonome ou relative). Dans le cas contraire, la lecture est dite indépendante. Remarquons qu'en cas de lecture dépendante, l'une des bornes seulement peut se trouver localisée. Quelques exemples, qui illus-

69 Sur le rapport entre référence à une norme implicite et évaluation subjective, cf. Gosselin (2010c: 69, 209).

70 Outre le fait que la Pref. est souvent marquée par un(e) circonstanciel(le) temporel(le) détaché(e), même lorsque ce n'est pas le cas, les gloses et paraphrases la font systématiquement apparaître sous la forme d'un(e) tel(e) circonstanciel(le).

trent respectivement la localisation des deux bornes, de la borne gauche, et de la borne droite au moyen de circonstanciels temporels:

(117a) Cette saison, il pleut souvent
(117b) Depuis Noël, il pleut souvent
(117c) Jusqu'à Noël, il a souvent plu.

Les ambiguïtés virtuelles proviennent de ce que la localisation des bornes de la Pref peut être fournie par le contexte antérieur:

(118) Pierre s'est promené dans son jardin. Il éternuait souvent.

La paraphrase de la lecture dépendante fait apparaître la phrase qui précède en position de subordonnée temporelle détachée (construisant ainsi un intervalle circonstanciel qui délimite la Pref.):

(118') Tandis qu'il se promenait dans son jardin, Pierre éternuait souvent.

Selon la lecture indépendante, la Pref. sera paraphrasée par une expression du type «*à cette époque*», car ce n'est presque jamais la totalité du temps qui est concernée[71], mais une période dont l'étendue n'est pas précisée.

Comme, par ailleurs, nous adoptons la théorie des intervalles généralisés (cf. Introduction générale et chapitre 3), nous admettons que la Pref. peut être constituée d'un intervalle convexe, comme dans les exemples ci-dessus, ou d'un intervalle non convexe. Cette distinction est à la source de la différence entre lectures relationnelle et non relationnelle. La lecture est relationnelle si et seulement si la Pref. est constituée d'un intervalle non convexe, pouvant correspondre à une série d'intervalles circonstanciels (ex.: «*Dans ce restaurant, le lundi, il y a souvent du poulet*») ou à une série itérative d'occurrences de procès (cf. les ex. 108, 110 et 111 ci-dessus). Les ambiguïtés virtuelles surgissent lorsqu'il y a construction d'une série itérative ou d'une série d'intervalles circonstanciels, et que la Pref. peut correspondre soit à la série tout entière, prise comme intervalle non convexe (lecture relationnelle, ex. 110'), soit à une occurrence (un sous-intervalle convexe)

71 Même dans un énoncé à valeur de vérité générale du type «*En Normandie, il pleut souvent*», la période considérée n'inclut pas les temps préhistoriques, par exemple. Ce n'est que dans des énoncés à valeur proverbiale, comme «*Souvent femme varie, bien fol qui s'y fie*» que la Pref. paraît correspondre à la totalité du temps (valeur sempiternelle).

de cette série (lecture non relationnelle, ex. 110'')[72]. On remarque que cette définition n'exclut pas que, même dans la lecture relationnelle de

(119) Le lundi, il pleut souvent

il puisse y avoir plusieurs occurrences de pluie chaque lundi.

Quand à la relative régularité de la répartition des occurrences de la série itérative relativement à la Pref. (qu'elle soit convexe ou non), quand elle n'est pas explicitement marquée par un adverbe d'habitude exprimant la périodicité des occurrences (*périodiquement, quotidiennement*) ou par une expression indiquant explicitement le nombre d'occurrences par unité de temps («*trois fois par jour*»), elle paraît résulter du caractère homogène généralement reconnu[73] aux procès non intrinsèquement bornés. Nous avons, en effet, montré au § 4.2. ci-dessus, que les séries fréquentatives étaient non intrinsèquement bornées. De ce fait, elles possèdent la propriété d'homogénéité, fondée sur le principe de cumulativité (Asnes 2004: 90-92), ce qui se traduit, dans le cas qui nous occupe, par le fait que la fréquence sur une sous-partie quelconque de Pref. est approximativement équivalente à la fréquence sur la Pref. tout entière. Dans le cas où la Pref. est non convexe, cela revient à dire qu'un fréquentatif établit non seulement une fréquence globale (comme évaluation du rapport entre le nombre d'occurrences de procès et le nombre de sous-intervalles constitutifs de la Pref.), mais aussi que cette fréquence se distribue de façon relativement homogène sur l'ensemble de la Pref.

On adoptera donc le dispositif suivant: à chacun des adverbes, ou locutions adverbiales, fréquentatifs, se trouve associé, au moins, un ensemble de trois instructions:

1) itérer un Procès *lato sensu* pour produire une série itérative,
2) construire une Pref. (ayant statut d'intervalle circonstanciel),
3) évaluer la fréquence des occurrences de Procès itéré relativement à la Pref. (la série itérative et la Pref. étant conçues comme des intervalles généralisés),

avec pour corolaire:

4) distribuer la fréquence des occurrences sur la Pref. de façon homogène.

72 Au plan de l'aspect conceptuel, la lecture non relationnelle correspond à la construction d'une itération globale de séries itératives.

73 Cf. Krifka (1998), Asnes (2004, 2008).

La mise en œuvre de ces instructions est guidée par différentes sortes de contraintes:

- contraintes syntaxiques, concernant d'abord la présence ou non de circonstanciel(le)s temporel(le)s détachés,
- contraintes spécifiquement liées au fréquentatif utilisé,
- contraintes associées à la stratification énonciative de l'énoncé,
- contraintes liées au type de contexte, itératif ou non, de l'énoncé,
- recherche de la plausibilité et de la pertinence maximales.

Nous examinons rapidement la nature et les effets de ces divers types de contraintes.

A) La présence d'un circonstanciel détaché est déterminante pour établir la Pref. Si le circonstanciel est non itératif (intervalle convexe) et s'il détermine à lui seul la Pref. (voir ci-dessous les remarques sur la stratification énonciative), la lecture du fréquentatif sera dépendante (au sens où il y a localisation, totale ou partielle, des bornes de la Pref.) et non relationnelle (ex. 117 ci-dessus). A l'inverse, si le circonstanciel est itératif (cette lecture itérative pouvant elle-même être due, en partie, au contexte: ex. «*le lundi*», sans antécédent), il construit un intervalle circonstanciel non convexe (l'ensemble des lundis), et la Pref. peut alors correspondre soit à la série non convexe (lecture relationnelle), soit à un seul sous-intervalle (convexe) de la série (lecture non relationnelle). D'où l'ambiguïté virtuelle de:

(120) Le lundi, il s'absente souvent
Gloses:
lecture relationnelle: «Pour un nombre important de lundis, il est vrai qu'il s'absente»;
lecture non relationnelle: «le (chaque) lundi, il s'absente un nombre important de fois».

Le choix de l'expression circonstancielle peut alors contraindre l'interprétation de la fréquence. Ainsi, «*chaque lundi*», «*tous les lundis*», «*un lundi sur deux*» «*la plupart des lundis*» imposent une lecture non relationnelle:

(120') Chaque lundi, il s'absente souvent.

Remarquons que l'on peut parfaitement combiner une lecture dépendante avec une lecture relationnelle de la fréquence, dès lors que l'on dispose de deux circonstanciels:

(121) Cette année-là, le lundi, il pleuvait souvent.

Dans ce cas, ce sont les bornes initiale et finale de la série de sous-intervalles circonstanciels qui se trouvent localisées.

On observe exactement le même type de fonctionnement avec les subordonnées circonstancielles temporelles détachées. Si la subordonnée est singulative, on obtient une lecture dépendante non relationnelle:

(122) Quand je l'ai vu pour la première fois, il riait souvent[74].

Si la subordonnée est itérative, les deux lectures, relationnelle et non relationnelle, sont virtuellement envisageables:

(123) Quand je venais le voir, il riait souvent
Gloses:
lecture relationnelle: «Pour un nombre important de fois où je suis venu le voir, il est vrai qu'il a ri»
lecture non relationnelle: «Quand je venais le voir, il riait à de nombreuses reprises».

Et le choix du subordonnant peut, là encore, exclure la lecture relationnelle:

(124) A chaque fois que je venais le voir, il riait souvent.

B) L'adverbe ou expression adverbiale qui exprime la fréquence peut aussi contraindre le type de fréquence dont il s'agit. Alors que *souvent*, généralement pris pour exemple, s'accommode aussi bien des lectures dépendante ou indépendante, relationnelle ou non relationnelle, les adverbes d'habitude (*généralement, habituellement*, cf. § 1.1 ci-dessus) exigent une Pref. relativement étendue (pour qu'une habitude puisse y prendre place). De sorte que si le contexte ne fournit pas ce type de Pref., on aura recours à une Pref. par défaut (correspondant approximativement, pour une situation passée, à une expression du type «*à cette époque*»). Exemple:

(125) Le lundi, Pierre parlait généralement (≠ souvent) à Marie.

Avec *généralement*, la lecture est nécessairement indépendante et relationnelle, car une occurrence de lundi ne peut fournir une Pref. suffisamment étendue pour l'adverbe d'habitude. Avec *souvent*, les deux lectures sont possibles: indépendante et relationnelle, ou dépendante et non relationnelle. De même, dans la séquence:

74 La lecture dépendante indique que les bornes de la Pref. sont localisées, ce qui n'implique évidemment pas que celles de la série itérative le soient aussi.

(126) Pierre a passé l'après-midi avec Marie. Il lui parlait habituellement avec douceur

seule une lecture indépendante est possible, qui conduit à construire une Pref. par défaut (≈ «*à cette époque*»).

Par ailleurs, certains fréquentatifs imposent une lecture relationnelle, et déclenchent donc la recherche contextuelle d'une Pref. non convexe. C'est ce qui oppose, par exemple, «*à chaque fois*» à *toujours*. Ces deux expressions marquent également la fréquence la plus élevée. Mais *toujours* est compatible avec une Pref. convexe:

(127) Cette semaine, il a toujours une histoire à raconter;

il indique alors que le procès est réitéré un nombre maximal de fois. A l'inverse, «*à chaque fois*» ne peut se satisfaire de ce type de Pref.:

(128) ?? Cette semaine, il a à chaque fois une histoire à raconter

mais exige la construction d'une Pref. non convexe qui rende possible une lecture relationnelle:

(129) Il vient tous les jours cette semaine. Il a à chaque fois une histoire à raconter.

On peut, de même, opposer *souvent*, qui autorise les deux lectures, à «*le plus souvent*», qui demande une lecture relationnelle et exige donc la construction d'une Pref. non convexe.

C) La constitution d'une Pref. non convexe peut provenir de la partition sémantique de l'énoncé, décrite en sémantique formelle comme comportant un quantificateur, un restricteur et un noyau (voir l'ex. 112 ci-dessus). La paraphrase consiste à transformer le restricteur en subordonnée temporelle détachée à valeur itérative (introduite par *quand*). Il est généralement admis que c'est le fréquentatif qui est à l'origine de cette partition sémantique. De sorte que lorsque Vogeleer (2007: 263) remarque que la phrase:

(130) Marie repasse un chemisier avec un fer muni d'un vaporisateur spécial

se laisse paraphraser, dans sa lecture générique, par

(130') Quand Marie repasse un chemisier, elle le repasse avec un fer muni d'un vaporisateur spécial

elle conclut à la présence, dans la phrase, d'un opérateur fréquentatif silencieux (option que nous avons critiquée dans l'Introduction générale).

Notre approche est différente. Nous considérons que la partition sémantique provient directement de la stratification énonciative de l'énoncé, telle qu'elle a été analysée par Kronning et Nølke (cf. ci-dessus, § 2.6.2.3). Selon cette perspective, tout énoncé se décompose, en contexte, en un substrat présupposé et un foyer qui fait l'objet de l'assertion. Dans le cas d'un énoncé itératif, s'il y a stratification énonciative (i.e. si la totalité de l'énoncé n'est pas focalisé), le substrat présupposé se laisse, le plus souvent, paraphraser par une subordonnée temporelle détachée, introduite par *quand*, tandis que le foyer peut être mis en valeur au moyen du clivage. Exemple:

(131a) Pierre mange son riz avec des baguettes
(131b) *paraphrase itérative*: quand Pierre mange son riz, c'est avec des baguettes qu'il le mange.

En présence d'un adverbe fréquentatif, c'est ce substrat présupposé qui va fournir la Pref. non convexe qui sert de support à la lecture relationnelle:

(132a) Pierre mange souvent son riz avec des baguettes
(132b) *paraphrase fréquentative relationnelle*: quand Pierre mange son riz, c'est souvent avec des baguettes qu'il le mange.

Les ambiguïtés virtuelles de portée des fréquentatifs, illustrées au moyen de l'exemple (107) ci-dessus, proviennent alors des possibilités de choix, en contexte, du foyer de l'énoncé. Les paraphrases (108a,b,c) correspondent respectivement à la focalisation sur «*le lundi*», sur «*avec Marie*», et sur «*le lundi avec Marie*».

Prenons maintenant un exemple attesté. Dans la phrase de Proust, citée dans l'Introduction:

(133) Nous rentrions toujours de bonne heure de nos promenades pour pouvoir faire une visite à ma tante Léonie avant le dîner

la subordonnée finale indique que l'élément focalisé dans la principale est constitué de la locution *de bonne heure* (dans la mesure où elle exprime le motif non du fait de rentrer de promenade, mais bien de rentrer de bonne heure). Dès lors, «*nous rentrions de nos promenades*» appartient au substrat, et fournit donc au fréquentatif *toujours* une Pref. non convexe (qui induit une lecture relationnelle). D'où la paraphrase:

(133') Quand nous rentrions de promenade, c'était toujours de bonne heure.

D) Lorsque la Pref. est issue du contexte antérieur à la phrase, la nature du contexte, itératif ou non, va contribuer à déterminer le caractère convexe ou non de la Pref. Si le contexte est singulatif, la Pref. est convexe et la lecture non relationnelle (ex. 134). S'il est itératif (ex. 135), les deux lectures sont virtuellement possibles, selon que la Pref. correspond à la série itérative dans son ensemble (intervalle non convexe: lecture relationnelle, 135') ou à l'intervalle convexe d'une occurrence de procès (lecture non relationnelle, 135"):

(134) Pierre était en train de se promener dans la forêt. Il entendait très souvent le chant du coucou

(135) Tous les samedis, Pierre se promenait dans la forêt. Il entendait très souvent le chant du coucou[75]

(135') *paraphrase relationnelle*: De nombreux samedis, il entendait le chant du coucou

(135") *paraphrase non relationnelle*: Chaque samedi, il entendait le coucou à de nombreuses reprises.

E) Enfin, cette construction d'une Pref. est toujours guidée par la recherche de la plausibilité et de la pertinence. Considérons l'énoncé:

(136) Le lundi, Paul mange souvent du poulet.

La lecture en sera vraisemblablement relationnelle, car il n'est guère plausible d'envisager que Paul mange du poulet à de nombreuses reprises le même jour. On observe le même phénomène dans l'exemple de Flaubert (déjà évoqué au § 3.3 ci-dessus):

(137) A huit heures du matin, il descendait des hauteurs de Montmartre, pour prendre le vin blanc dans la rue Notre-Dame-des-Victoires. Son déjeuner [...] le conduisait jusqu'à trois heures [...]. Après la séance chez Arnoux, il entrait à l'estaminet Bordelais, pour prendre le vermouth; puis, au lieu de rejoindre sa femme, *souvent* il préférait dîner seul, dans un petit café de la place Gaillon [...]. (Flaubert, *L'éducation sentimentale*, Gallimard, 1965: 57)

En revanche, l'énoncé

(138) Quand il est enrhumé, Luc se mouche très souvent

sera interprété comme non relationnel. On comprend que Luc se mouche très souvent à chaque fois qu'il est enrhumé, car cette lecture est à la fois

75 Observons que «*très souvent*», comme *souvent*, mais à la différence de «*le plus souvent*», autorise les deux types de lectures.

plausible et beaucoup plus pertinente que l'interprétation relationnelle (dans la mesure où l'on s'attend à ce que quelqu'un se mouche quand il est enrhumé). Signalons enfin que la double possibilité de lecture, relationnelle ou non relationnelle, ne donne pas systématiquement lieu à ambiguïté. On peut fort bien, dans certains contextes, en rester à une interprétation relativement indéterminée:

(139) Quand il écrit, Luc fait souvent / rarement / parfois des fautes

car la recherche de la pertinence n'exige pas nécessairement que l'on choisisse entre les deux lectures.

5.4 Les conflits

5.4.1 Le mécanisme

Nous avons vu, au § 2.7, que les concepts de conflit et de mode de résolution de conflit jouent un rôle essentiel dans le modèle compositionnel holiste pour rendre compte des effets de sens produits par l'énoncé, qui ne sont pas directement attribuables à tel ou tel marqueur. Rappelons-en le principe. Le processus d'interprétation consiste d'abord à mettre en commun des contraintes linguistiques (instructions associées aux marqueurs et principes de bonne formation) auxquelles s'ajoutent des contraintes pragmatico-référentielles (de compatibilité avec l'arrière-plan encyclopédique et conversationnel).

Conformément aux principes de la psychologie cognitive, on admet que le processus d'interprétation vise à obtenir la cohérence (qui suppose la compatibilité entre contraintes linguistiques) et la plausibilité (qui implique la compatibilité entre la représentation linguistique et l'arrière-plan pragmatico-référentiel). On considère qu'il y a situation de conflit en cas d'incompatibilité entre ces contraintes. On admet alors que ces situations déclenchent des procédures régulières de résolution de conflit, qui opèrent des déformations minimales des représentations de façon à ce que toutes les contraintes soient satisfaites.

Le principe général qui guide ces résolutions de conflit se laisse formuler comme suit:

> Déformer la représentation – le moins possible – de façon à le rendre compatible avec les contraintes associées aux contextes linguistique et pragmatico-référentiel.

Cette déformation peut prendre deux aspects:
a) la dilatation du procès, avec ou sans itération;
b) le glissement ou la contraction du procès, sur l'axe temporel, vers la phase la plus facilement accessible (i.e. la plus proche et/ou la plus saillante) qui satisfait aux exigences du contexte (voir les exemples au § 2.7).

Dans ce cadre, l'itération fréquentative, lorsqu'elle n'est pas explicitement marquée, apparaît comme un mode régulier de résolution de conflit. Reprenons l'exemple (84) du § 4.1:

(84) Depuis deux mois, il mangeait en 10 minutes.

Cet énoncé présente un conflit entre l'imparfait qui marque fondamentalement l'aspect inaccompli, [*depuis* + durée] qui n'est compatible qu'avec les aspects inaccompli et accompli, et [*en* + durée] qui impose l'aspect aoristique (puisque pour mesurer la durée d'un procès il est nécessaire d'avoir accès à ses bornes, cf. § 2.6.1):

imparfait: B1 < I, II < B2 (aspect inaccompli)
[*en* + durée]: ct1 = B1 = I, ct2 = B2 = II
[*depuis* + durée]: ct1' = B1 ou B2, ct2' = I
Il y a donc conflit entre instructions: B1 = I et B1 < I.

Ce conflit est résolu par l'itération, qui consiste à créer une série d'occurrences de procès, notée [Bs1,Bs2], à laquelle est associé un intervalle de référence [Is,IIs]. De sorte que chacune des occurrences de procès peut être vue de façon aoristique (sa durée est mesurée au moyen du circonstanciel [*en* + durée]), tandis que la série itérative dans son ensemble est présentée sous l'aspect inaccompli (marqué par l'imparfait). [*depuis* + durée] porte donc sur la série globale, et marque le décalage entre Bs1 et I. Nous reproduisons la figure associée, dont on peut voir maintenant qu'elle résulte d'un ensemble de contraintes linguistiques, débouchant sur une résolution de conflit:

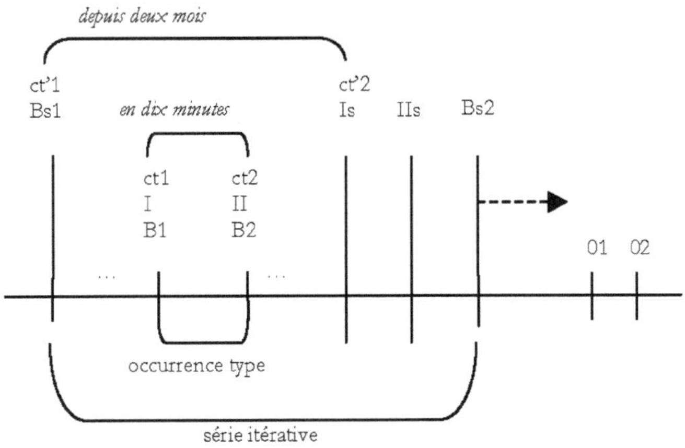

[B1,B2] / [I,II]: procès *manger*: occurrence type vue de façon aoristique
[Bs1,Bs2] / [Is,IIs]: série itérative présentée sous un aspect inaccompli
[ct1,ct2]: *en dix minutes*
[ct'1,ct'2]: *depuis deux mois*
Bs1 = ct'1 < ct1 = I = B1 < B2 = II = ct2 < Bs2;
Bs1 < Is = ct'2 < IIs < 01 < 02;
les autres relations (par exemple entre Bs2 et 01) ne sont pas contraintes.

Figure 24': chronogramme de l'ex. (84)

Remarquons que le même mécanisme de construction d'itération fréquentative peut servir à résoudre un conflit entre instructions linguistiques et contraintes pragmatico-référentielles, comme dans l'exemple:

(140) Pierre a nagé pendant dix ans

car il n'est évidemment pas référentiellement plausible que le procès se soit déroulé sans discontinuer pendant cette durée.

Pour que ce mode de résolution soit déclenché, il est cependant nécessaire que le procès soit réitérable (ce qui n'est pas le cas de *mourir*, par exemple), et que sa réitération soit compatible avec le contexte et les connaissances d'arrière-plan.

5.4.2 Le classement des conflits

On procède à un double classement des conflits résolus par l'itération fréquentative, qui se fonde à la fois sur l'identification de l'*origine* du conflit (i.e. la nature des contraintes incompatibles) et de la *nature* du conflit (i.e. du type de relation crucialement mise en cause).

Les contraintes auxquelles est soumise la construction de la cohérence se laissent répartir comme suit:

contraintes linguistiques:
– instructions associées aux marqueurs
– principes généraux de bonne formation

contraintes pragmatico-référentielles:
– arrière-plan encyclopédique
– arrière-plan conversationnel

D'où le classement des conflits en fonction de leur origine:

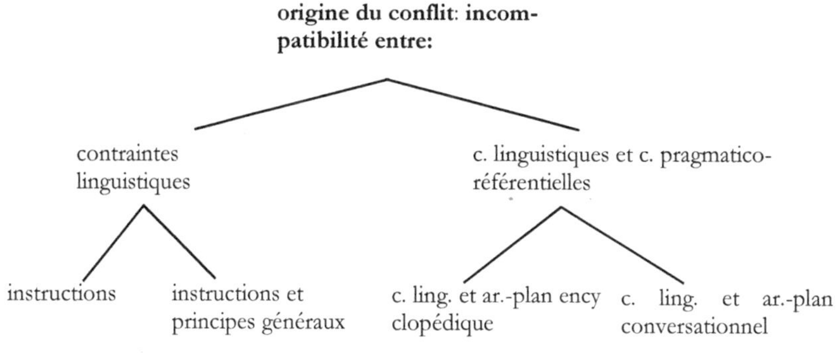

Figure 33: sources de conflits résolus par l'itération

Quant à la nature du conflit, elle se laisse répartir en quatre catégories, selon qu'elle concerne au premier chef l'aspect conceptuel, la visée aspectuelle, le temps absolu ou le temps relatif:

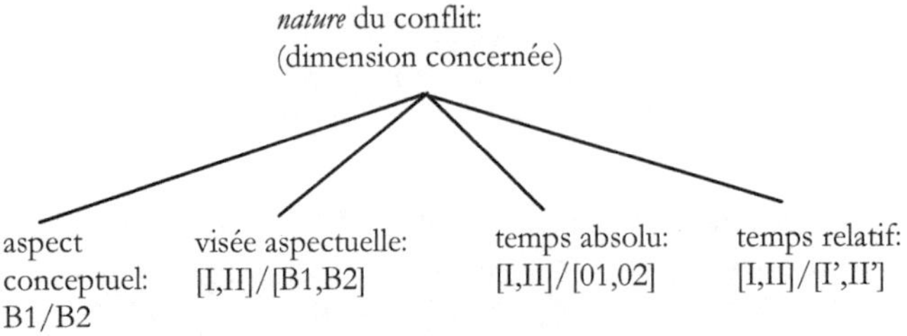

Figure 34: nature des conflits résolus par l'itération

Sur cette double base, nous obtenons le classement suivant des conflits responsables de l'itération fréquentative (les numéros renvoient aux exemples qui sont commentés par la suite):

	instructions	**instructions *vs* principes généraux**	**c. ling. *vs* arr-pl. encyclopédique**	**c. ling. vs arr-pl. conversationnel**
aspect conceptuel	procès ponctuel + circ. de durée (ex. 141a,b) procès non quantifiable + adv. quantifieur (ex. 142)		problèmes de cohérence (ex. 147, 148)	
visée aspectuelle	proc. ponctuel + visée inaccomplie (ex. 143) *dès que* + visée inaccomplie (ex. 144)	visée inaccomplie + circ de durée/date (ex. 145a,b)		
temps absolu				prst actuel+ situation d'énonciation (ex. 150)
temps relatif		visée inaccomplie + marque de succession: itération d'agglomérats de procès successifs (ex. 146)	visée inacc + incompatibilité des procès (ex. 149a,b)	

Figure 35: classement des conflits résolus par l'itération

Exemples commentés:

(141a) Paul a toussé pendant 5 minutes

(141b) Longtemps je me suis couché de bonne heure.

Le circonstanciel de durée ne pouvant coïncider avec le procès ponctuel (i.e. dépourvu de durée) va concerner la série itérative.

(142) Il va beaucoup au cinéma. (Abeillé *et al* 2004)

La quantification ne pouvant porter sur le procès lui-même (par opposition à «*craindre beaucoup quelqu'un*», par exemple) va constituer une indication de fréquence attribuée à la série itérative.

(143) Paul tousse / toussait.

L'aspect inaccompli, marqué par l'imparfait ou le présent, n'est pas directement compatible avec un procès ponctuel, qui en tant que tel ne peut être «vu de l'intérieur». Cette visée porte donc sur la série itérative.

(144) Dès qu'il pleuvait, il rentrait.

Dès que exclut la visée inaccomplie marquée par l'imparfait, puisque cette conjonction implique l'accès à la borne initiale du procès. L'itération permet, là encore, de dissocier une visée inaccomplie portant sur la série et une visée aoristique sur l'occurrence type.

(145a) Il joue/jouait le lundi
(145b) Il joue/jouait dix minutes.

Les circonstanciels de durée totale (cf. § 2.6.1), comme les circonstanciels de localisation temporelle qui portent sur le procès (cf. § 2.6.2.3) imposent l'aspect aoristique. L'aspect inaccompli marqué par le présent ou l'imparfait va donc concerner la série itérative, tandis que l'occurrence type est saisie par une visée aoristique.

(146) Il marchait, puis il mangeait.

C'est la corrélation entre visée aspectuelle et temps relatif (cf. § 2.5.2) qui est responsable de l'itération dans cet exemple. La relation de succession marquée par le connecteur *puis* induit en effet une visée aoristique contraire à l'instruction codée par l'imparfait. Ce conflit est, là encore, résolu par la construction d'une série itérative, mais il ne peut s'agir que de l'itération d'un agglomérat (*marcher puis manger*).

(147) Il a fait du vélo pendant 10 ans.

Parce que le procès exprimé par «*faire du vélo*» a, dans notre monde, une durée évaluée normalement en minutes ou en heures, l'évaluation de cette durée en années paraît inacceptable, sauf à construire une série itérative à laquelle cette durée va être attribuée.

(148) Dans toutes les auberges, il demanda/demandait à manger du poisson.

Le sujet n'ayant vraisemblablement pas le don d'ubiquité, la multiplicité des lieux («*dans toutes les auberges*») entraîne celle des procès, qui vont ainsi constituer une série itérative.

(149a) Elle déclara qu'elle dormait sans somnifère.

L'itération vient ici résoudre un conflit résultant d'une double contrainte: du point de vue linguistique, l'intervalle de référence de la principale doit servir d'antécédent à celui de la complétive (ils doivent coïncider, cf. § 2.5.1), mais simultanément, au plan référentiel, cette coïncidence (impliquant la simultanéité des procès) n'est pas envisageable. La construction d'une série itérative lève cette contradiction si l'on admet que c'est l'intervalle de référence de la série qui coïncide avec celui de la principale, et qu'il se place entre deux occurrences de la série: au moment où elle fait sa déclaration, Marie n'est pas en train de dormir.

(149b) Il mangeait, il dormait.

Cet exemple illustre le cas très fréquent où des procès ne peuvent, pour des raisons pragmatico-référentielles évidentes, être tenus pour simultanés, alors que si l'imparfait était pris dans sa valeur standard d'inaccompli, les contraintes sur le liage de l'intervalle de référence impliqueraient cette simultanéité. La solution consiste à construire une série itérative d'agglomérats de procès: chacun de ces procès est saisi sous une visée aoristique, de sorte qu'en vertu de la corrélation globale entre aspect et temps relatif, ils sont perçus comme successifs, tandis que la visée inaccomplie porte sur la série tout entière.

(150) Je joue du piano.

Proféré par un locuteur qui n'est pas en train de jouer, cet énoncé ne peut renvoyer qu'à une série itérative (à valeur d'habitude) selon un mécanisme comparable à celui qui déclenche l'itération dans l'exemple (149a): c'est l'intervalle de référence de la série itérative qui coïncide avec l'intervalle d'énonciation[76].

Signalons enfin que les situations conflictuelles ne sont pas exclusives les unes des autres, et qu'elles peuvent aussi se combiner avec des marqueurs fréquentatifs explicites (comme dans l'exemple 42 ci-dessus), de sorte qu'il n'est pas rare qu'une itération fréquentative vienne résoudre plusieurs conflits à la fois, ou qu'une itération explicitement marquée permette de résoudre une situation de conflit. Par ailleurs, la source de l'itération, qu'elle soit explicite ou non, n'est pas toujours présente dans l'énoncé lui-même. Elle peut provenir du contexte antérieur, par le biais du caractère anaphorique de l'intervalle de référence. Soit un exemple authentique, dans lequel ces différents phénomènes se manifestent.

(151) Le père de Bûchette la menait au bois dès le point du jour, et elle restait assise près de lui, tandis qu'il abattait les arbres. Bûchette voyait la hache s'enfoncer et faire voler d'abord de maigres copeaux d'écorce. (Schwob, *Le Livre de Monelle*, 10/18, 1979: 72)

Ces phrases commencent un chapitre autonome, et ne s'inscrivent pas dans un contexte itératif préalable. L'itération fréquentative dans le premier énoncé vient résoudre un double conflit: a) celui qui oppose l'imparfait comme marqueur de visée inaccomplie au circonstanciel de localisation de la borne initiale du procès «*dès le point du jour*», et b) celui qui résulte de l'incompatibilité temporelle entre la simultanéité induite par l'aspect inaccompli de l'imparfait et la construction référentielle de la scène: les deux procès à l'imparfait «*la menait au bois*» et «*restait assise près de lui*» ne sauraient être simultanés, mais sont nécessairement successifs, ce qui contrevient à la corrélation globale entre temps relatif et visée aspectuelle, et débouche donc sur un conflit résolu par l'itération fréquentative: la visée inaccomplie affecte la série itérative tandis que les occurrences sont saisies de façon aoristique, et peuvent donc se succéder et être temporellement localisées. Quant à la deuxième phrase, elle reçoit une lecture fréquentative du fait de son contexte antérieur: l'intervalle de référence de la série itérative prend pour antécédent celui de la série précédente, tandis que celui de l'occurrence type se rattache à celui de l'occurrence type de «*restait assise près*

76 Pour une analyse comparable, dans un cadre différent, cf. Provôt *et al.* (2010).

de lui»[77]. De sorte qu'une double relation de simultanéité s'établit: entre les séries itératives et entre les occurrences, que l'on pourrait paraphraser par: «Bûchette voyait la hache s'enfoncer ... *quand* elle restait assise près de son père».

Observons, pour conclure, que ces modes de résolution ne sont pas toujours les seuls disponibles, et que d'autres éléments du contexte doivent parfois être pris en compte pour favoriser ou, au contraire, empêcher la construction de séries itératives. Par exemple, la combinaison [*dès que* + imparfait] peut, dans certains contextes, déboucher non sur l'itération, mais sur l'imparfait dit narratif (qui combine aussi, selon notre analyse[78], une visée inaccomplie sur un agglomérat de procès, et une visée aoristique sur chacun des procès), comme dans cet extrait de *Fantômas* (présenté au § 3.2):

(152) Dès qu'elle pouvait se servir de ses mains, Hélène arrachait le bandeau qui lui recouvrait les yeux, faisait sauter le bâillon assujetti sur ses lèvres ... (Souvestre et Allain, *Fantômas*: *La série rouge*, R. Laffont, 1988: 157)

6. Le calcul des valeurs temporelles, des visées aspectuelles et des coupures modales

Nous avons vu, au § 2, que, dans le modèle SdT, les valeurs temporelles, les visées aspectuelles, ainsi que les valeurs modales aspectuelles résultaient directement de la position de l'intervalle de référence relativement aux autres intervalles de la structure. Or, dans le cas le plus simple, l'itération se traduit par la construction de deux intervalles de procès au sens large (celui de la série itérative et celui de l'occurrence type), ainsi que de deux intervalles de référence (l'un portant sur la série et l'autre sur l'occurrence type),

77 En tant que principale, elle constitue un antécédent plus saillant que la subordonnée «*tandis qu'il abattait les arbres*».

78 Pour autant, contrairement à la position que nous attribue Bres (2005: 146-147), nous ne stipulons en aucune façon que les effets de sens itératif et narratif de l'imparfait soient mutuellement exclusifs. Nous considérons simplement qu'un même conflit peut être résolu soit par l'itération, soit par l'effet de sens narratif, mais rien n'empêche qu'il y ait plusieurs conflits à résoudre, ou que l'itération soit explicitement marquée, en contexte narratif.

si l'on excepte le cas de l'itération présuppositionnelle et de l'itération fréquentative dynamique qui ne mettent en œuvre qu'un seul intervalle de référence (cf. § 4.3). Cette particularité des structures itératives a bien évidemment des effets particuliers que nous allons décrire maintenant.

6.1 Les valeurs temporelles absolues

De façon générale, le temps absolu, marqué par les temps verbaux en relation avec divers éléments du cotexte, affecte la série itérative englobante, et pas directement les occurrences de procès. Ainsi, dans les exemples suivants:

(153a) Cette année-là, j'allais / je suis allé / j'allai / j'étais allé au bureau à pied
(153b) Cette année, je vais au bureau à pied
(153c) L'an prochain, j'irai au bureau à pied

c'est l'intervalle de référence de la série itérative, et non celui de l'occurrence type, qui est situé par rapport au moment de l'énonciation ([01,02]), respectivement comme antérieur (passé, 153a), simultané (présent, 153b) et postérieur (futur, 153c). Observons qu'au présent, la série itérative contient essentiellement (voire, dans certains cas, uniquement) des occurrences de procès passées et futures. Techniquement, cela revient à dire que les instructions temporelles codées par le temps verbal et par les éventuels circonstanciels ne s'appliquent pas à l'intervalle de référence de l'occurrence type (dont la situation temporelle peut rester indéterminée, voir le chapitre 2), mais uniquement à celui de la série itérative. En d'autres, termes, elles contraignent la relation [Is,IIs] / [01,02], et non la relation [I,II] / [01,02].

6.2 Les visées aspectuelles

Le calcul des visées aspectuelles s'avère singulièrement plus complexe. Comme on l'a montré au § 4.1, les structures itératives se caractérisent par la coexistence d'au moins deux visées aspectuelles distinctes, correspondant respectivement à la relation [Bs1,Bs2] / [Is,IIs] (visée sur la série) et au rapport [B1,B2] / [I,II] (visée sur l'occurrence type). Dans les cas où il y a itération de séries itératives, chaque série itérative est pourvue d'une visée aspectuelle. Examinons quels mécanismes vont déterminer la valeur de chacune de ces visées aspectuelles.

La valeur d'une visée aspectuelle peut résulter de trois types de facteurs:

a) l'instruction associée à un temps verbal (par exemple, l'imparfait qui marque l'inaccompli et le passé simple l'aoristique);
b) l'instruction codée par un auxiliaire de visée aspectuelle (par ex. «*être en train de*» qui marque l'inaccompli, et «*être sur le point de*» le prospectif), ainsi que les coverbes qui déterminent une visée indirecte (cf. § 2.3.5);
c) le jeu de principes généraux:
   c1) le liage de l'intervalle de référence (§ 2.5.1),
   c2) la corrélation globale entre visée aspectuelle et temps relatif (§ 2.5.2)[79],
   c3) la présence de circonstanciels de durée totale impliquant l'accès aux bornes du procès et excluant donc l'inaccompli (§ 2.6.1),
   c4) la présence de [*depuis* + durée] qui exclut l'aspect aoristique (§ 2.6.1),
   c5) les séries itératives intrinsèquement bornées, i.e. dont le nombre d'occurrences est déterminé (itération répétitive), qui sont très difficilement compatibles avec la visée inaccomplie (§ 4.2).

A ces principes, on ajoutera une contrainte sur les agglomérats de procès:

d) Tout agglomérat de procès différents fait l'objet d'une visée aoristique dès lors qu'il est itéré.

La raison de ce dernier principe est comparable à celle du principe c5 ci-dessus: on ne peut énumérer les procès constitutifs de l'agglomérat que si l'on accède à ses bornes. Cette valeur aspectuelle est confirmée par la possibilité d'insérer dans de tels énoncés un complément de type [*en* + durée] qui mesure la durée globale de l'agglomérat (154a), alors que [*depuis* + durée], indicateur de la visée inaccomplie, ne peut porter que sur la série itérative(154b) et non sur l'agglomérat (154c):

(154a) Chaque matin, en un quart d'heure, il se levait, s'habillait et déjeunait
(154b) Chaque matin, depuis un mois, il se levait, s'habillait et déjeunait
(154c) * Chaque matin, depuis un quart d'heure, il se levait, s'habillait et déjeunait.

79 Le principe est le suivant: lorsque des éléments de l'énoncé et/ou de son contexte imposent un type de temps relatif, on en infère une visée aspectuelle (si cette dernière n'est pas marquée par ailleurs).

Le principe c5, qui provient du fait que l'on ne peut compter le nombre d'occurrences que si l'on accède, par la monstration, à la totalité de la série, ne s'applique plus lorsque le nombre d'occurrences est connu préalablement (cf. § 4.2). C'est ce qui se produit dans cet enchaînement où la série répétitive (marquée par «*deux fois*») est d'abord introduite sous une visée aoristique (passé simple), puis complétée, par l'intermédiaire d'un adverbial anaphorique[80] («*à chaque fois*») sous une visée inaccomplie (imparfait):

(155) Deux fois Mrs Gallaway vint jeter un coup d'œil sur les deux malades. A chaque fois, je refermais la porte du placard dès que j'entendais son pas léger dans le couloir. (D. Hammet, *Coups de feu dans la nuit*, trad. M.-Ch. Halpern, Omnibus, 2011: 209).

Appliqués aux séries itératives, ces facteurs interagissent de la façon suivante:

A) Si le principe c5 ne s'y oppose pas, les instructions aspectuelles codées par les temps simples déterminent la visée aspectuelle qui affecte la série itérative englobante[81]. Ainsi le passé simple affecte la série d'une visée aoristique, tandis que l'imparfait lui attribue une visée inaccomplie, sauf en présence d'une itération répétitive (qui contrevient au principe c5). Dans ce dernier cas, soit le conflit est résolu par une itération de la série itérative (voir l'analyse de l'exemple 166 ci-dessous), soit, en présence d'un(e) circonstanciel(le) détaché(e), la visée inaccomplie, codée par l'imparfait va affecter l'occurrence type (et non la série itérative), comme dans l'exemple:

(156) Les trois fois où je suis allé le voir, il dormait.

B) Les temps composés peuvent exprimer soit la visée accomplie, soit la visée aoristique[82]. Pris dans leur valeur aoristique, ils fonctionnent comme le passé simple, à l'égard de l'itération. Il en va différemment pour leur valeur d'accompli. La visée accomplie demande la présence d'un procès télique (intrinsèquement borné), de sorte qu'elle n'est compatible qu'avec les itérations répétitives et non avec les fréquentatives (cf. § 4.2). D'où le contraste:

(157a) Maintenant qu'il a fait trois fois le tour du parc, il est fatigué

(157b) ?*Maintenant qu'il a souvent / rarement fait le tour du parc, il est fatigué.

80 Sur la sémantique de ce type d'expression, cf. Theissen (2007).

81 Pour une analyse comparable, cf. Bres (2007) et de Swart (2010).

82 Cf. Gosselin (1996: 205 sq.).

En revanche, cette visée accomplie peut porter sur l'occurrence type, pourvu que le contexte fournisse un point d'ancrage (un antécédent) à son intervalle de référence (par exemple, sous la forme d'un circonstanciel temporel détaché):

(158a) A chaque fois que j'arrivais, ils avaient fini de manger (depuis longtemps)

(158b) Il récompensait toujours ceux qui avaient fini leur travail quand la cloche sonnait

(158c) Les trois fois où je suis allé chez lui, il avait terminé son repas.

Dans ce cas, c'est le contexte qui détermine la visée aspectuelle qui affecte la série itérative: la visée est inaccomplie en (158a,b) du fait de l'imparfait, mais aoristique en (158c) à cause de la subordonnée (au passé composé aoristique) qui exprime une itération répétitive, difficilement compatible avec la visée inaccomplie en vertu du principe c5. On observe, en outre, que cet intervalle antécédent doit avoir une saillance forte, déterminée par les relations de proximité relative (cf. § 2.5.1), pour fournir un point d'ancrage à l'intervalle de référence de l'occurrence type. Un intervalle circonstanciel ou un autre intervalle de référence peuvent faire l'affaire dès lors qu'ils sont internes à la phrase, comme dans les exemples (158a,b,c), mais s'il faut aller les chercher hors de la phrase, ils n'ont plus une saillance suffisante pour pouvoir servir d'antécédent à l'intervalle de référence de l'occurrence type si bien que la valeur itérative avec visée accomplie sur l'occurrence type n'est plus disponible. On explique ainsi les contrastes remarquables relevés par Bres (2007):

(159a) Grange et Olivon s'étaient assis un peu en retrait du bord de la route, sur des fûts d'essence vides; ils regardaient passer les blindés (Gracq, *Un balcon en forêt*)

(159b) *Tous les jours en début d'après-midi, Grange et Olivon s'étaient assis un peu en retrait du bord de la route, sur des fûts d'essence vides; ils regardaient passer les blindés

(159c) Grange et Olivon s'asseyaient un peu en retrait du bord de la route, sur des fûts d'essence vides; ils regardaient passer les blindés

(159d) Grange et Olivon s'étaient assis un peu en retrait du bord de la route, sur des fûts d'essence vides; ils avaient regardé passer les blindés

Bres observe que l'énoncé (159a) ne peut être interprété comme itératif. De plus, si l'on ajoute des circonstants explicitement itératifs, l'énoncé devient inacceptable (ex. 159b). A première vue, cette impossibilité paraît due au plus-que parfait, car si on lui substitue l'imparfait (ex. 159c), la lecture itérative redevient envisageable (et même la plus plausible). Et pourtant, lorsque les deux verbes sont au plus-que-parfait, l'itération est à nouveau possible (ex. 159d).

Comme le remarque Bres, ce n'est donc pas le plus-que-parfait en tant que tel qui bloque l'interprétation itérative, mais sa valeur d'accompli, qui sélectionne l'état résultant du procès (valeur qui s'impose uniquement en 159a; dans les autres exemples, le plus-que-parfait prend une valeur d'antérieur, aoristique). Pour autant, nous ne pensons pas que l'explication réside dans le fait qu'il y ait «une antinomie tendancielle entre état et itération» (Bres 2007). Car il suffit que l'état soit transitoire (et non permanent ou irréversible) pour que l'itération soit possible:

(160) Il était souvent malade / absent / de mauvaise humeur ...

Ce qui, selon nous, est en jeu, c'est le fait que l'intervalle antécédent de l'intervalle de référence de l'occurrence type, présentée sous une visée accomplie, n'est pas suffisamment saillant en (159a). En effet, il ne peut s'agir que de l'intervalle de référence du procès subséquent à l'imparfait, lequel intervalle doit coïncider avec celui du plus-que-parfait accompli. Or cet intervalle de référence apparaît dans une autre phrase syntaxique, postérieure, ce qui lui confère une saillance insuffisante pour servir d'antécédent à une occurrence type d'une série itérative, dès lors que cette occurrence type est présentée sous un aspect accompli. Il suffit d'intégrer les deux intervalles dans une même phrase syntaxique pour que la lecture itérative, avec visée accomplie sur l'occurrence type, redevienne possible:

(161a) Grange et Olivon, une fois que / dès que / quand ils s'étaient assis un peu en retrait du bord de la route, sur des fûts d'essence vides, regardaient passer les blindés

(161b) Grange et Olivon, qui s'étaient assis un peu en retrait du bord de la route, sur des fûts d'essence vides, regardaient passer les blindés

ou même, à la rigueur, d'inverser l'ordre des propositions, de sorte que l'intervalle antécédent précède l'intervalle de référence de la visée accomplie (ce qui lui confère une degré de saillance légèrement supérieur, cf. § 2.5.1, Figure 13):

(161c) (Tous les jours en début d'après-midi) Grange et Olivon regardaient passer les blindés. Ils s'étaient assis un peu en retrait du bord de la route, sur des fûts d'essence vides.

C) Les auxiliaires de visée aspectuelles et les coverbes portent soit sur la série itérative («*il est sur le point de venir le lundi*») soit sur l'occurrence type («*chaque lundi, il est sur le point de venir*») en fonction de la structuration syntaxique et stratificationnelle de l'énoncé: si l'élément déclencheur de l'itération est focalisé, l'auxiliaire de visée aspectuelle ou le coverbe porte sur la série globale; si cet élément appartient au substrat, l'auxiliaire ou le coverbe affecte l'occurrence type. On opposera ainsi:

(162a) Il est sur le point de / s'apprête à venir régulièrement / tous les mercredis
(162b) Régulièrement / tous les mercredis, il est sur le point de / s'apprête à venir.

D) Tout Procès *lato sensu* dont la visée aspectuelle n'est régie ni par les instructions marquées par le temps verbal ni par celle que code un éventuel auxiliaire ou coverbe à valeur aspectuelle, voit sa visée aspectuelle déterminée par les principes généraux (c1-c5).

Prenons deux exemples:

(163) Chaque jour, il marchait pendant deux heures.

La visée aspectuelle inaccomplie, marquée par l'imparfait, porte sur la série itérative (qui n'est pas intrinsèquement bornée), tandis que la visée aoristique impliquée par le circonstanciel de durée affecte l'occurrence type.

(164) Chaque matin, il ouvrait la fenêtre, regardait le ciel, et choisissait son vêtement.

La série itérative (intrinsèquement non bornée) est vue comme inaccomplie (valeur de l'imparfait). L'agglomérat est affecté d'une visée aoristique (à cause du principe d ci-dessus). Enfin, chaque procès est vu, lui aussi, de façon aoristique, en vertu de la corrélation globale entre temps relatif (ici la succession imposée par des considérations pragmatico-référentielles) et visée aspectuelle[83].

Il résulte de l'ensemble de ces principes que les occurrences itérées sont rarement présentées sous une visée inaccomplie, mais le plus souvent de façon aoristique (puisque les principes de liage de l'intervalle de référence, entre autres, favorisent ce type de visée). En effet, seule la présence simultanée d'un procès atélique, d'un circonstanciel ponctuel ou d'un intervalle de référence ponctuel proche peuvent conduire à ne pas retenir le procès

83 Cette analyse s'applique également à l'exemple (105) de Flaubert, illustré par la Figure 31.

lui-même comme antécédent de l'intervalle de référence (cf. § 2.5.1). Ces conditions sont réunies dans un exemple comme

(165a) A chaque fois que j'arrivais, il regardait la télé
regarder la télé: procès atélique (activité)
j'arrivais: procès aoristique ponctuel fournissant un intervalle de référence ponctuel proche mis en relation avec celui de la principale par la subordination circonstancielle.

Observons cependant que, conformément à ce qu'indique la Figure 12 du § 2.5.1 qui représente les relations de saillance relative, cette interprétation (qui assigne au procès une visée inaccomplie) ne constitue qu'une possibilité, puisque l'intervalle de procès présente exactement le même degré de saillance relative que cet intervalle de référence ponctuel. L'ambiguïté aspectuelle virtuelle se double alors d'une ambiguïté temporelle relative, en vertu de la corrélation globale entre visée aspectuelle et temps relatif (cf. § 2.5.2, Figure 14). D'où les deux lectures possibles, correspondant aux paraphrases respectives:

(165b) A chaque fois que j'arrivais, il était en train de regarder la télé
(165c) A chaque fois que j'arrivais, il se mettait à regarder la télé.

Enfin, lorsqu'une série itérative intrinsèquement bornée (ex. «*sortir à cinq reprises*», cf. § 4.2) est présentée au moyen de l'imparfait, la visée inaccomplie (marquée par ce temps verbal) ne pouvant porter sur cette série elle-même (principe c5 ci-dessus), on est conduit à construire une itération de séries itératives (à moins, bien sûr, qu'on ait recours à l'imparfait narratif):

(166) (Chaque mois), il sortait à cinq reprises.

La série globale est vue comme inaccomplie, tandis que la série itérée ainsi que l'occurrence type sont présentées sous un aspect aoristique.

Le passé simple, quant à lui, impose l'aspect aoristique sur la série:

(167a) Pendant trois semaines, il prit le bus
(167b) *Depuis trois semaines, il prit le bus.

Remarquons que ce type de visée est largement favorisé par l'expression d'une durée ou d'un bornage plus ou moins explicite du procès (cf. de Swart 2010). Par ailleurs, ce temps verbal paraît également empêcher la visée inaccomplie sur l'occurrence type. Plus précisément, lorsque les conditions d'apparition d'une visée inaccomplie sur l'occurrence type sont réunies (circonstanciel ponctuel détaché et procès atélique), le passé simple semble exclu (de même que l'emploi aoristique des temps composés):

(168) ?*Jusqu'à cette date, à 8h, il dormit / a dormi.

6.3 Les coupures modales

Les principes qui viennent d'être exposés régissent la relation entre les intervalles de référence et les intervalles de Procès *lato sensu.* Ce faisant, ils déterminent la valeur des visées aspectuelles, mais aussi la position des coupures modales (cf. § 2.5.3) et permettent ainsi de savoir si les Procès appartiennent (totalement ou partiellement) au domaine de l'irrévocable ou au champ ouvert des possibles.

On observe que le fonctionnement décrit à propos de l'aspect singulatif au § 2.5.3 (selon lequel la borne finale de l'intervalle de référence opère la coupure modale) se retrouve à l'identique avec l'aspect itératif, qui présente cependant la particularité de combiner plusieurs coupures modales (autant qu'il y a d'intervalles de référence) au sein d'un même énoncé.

Soit les exemples:

(169a) Les trois fois où je suis allé le voir, il était en train de réparer sa voiture
(169b) Les trois fois où je suis allé le voir, il s'apprêtait à réparer sa voiture
(169c) Les trois fois où je suis allé le voir, il avait fini de réparer sa voiture.

Dans ces trois énoncés, la série globale, étant intrinsèquement bornée (le nombre d'occurrence est déterminé), ne peut être vue que de façon aoristique (principe c5 ci-dessus), tandis que les occurrences types sont respectivement présentées sous une visée inaccomplie, prospective (indirecte) et accomplie (indirecte, cf. § 2.3.5)[84]. Il suit que la série globale appartient au domaine de l'irrévocable, tandis que les occurrences types sont partiellement (169a) ou intégralement (169b) dans le champ du possible. Quant à celle de l'exemple (169c), elle appartient entièrement au domaine de l'irrévocable. De sorte que l'on ne sait pas si le procès «*réparer sa voiture*» a

84 Les procès, mais non les éléments déclencheurs de l'itération (qui appartiennent au substrat énonciatif), sont dans la portée des auxiliaires et coverbes d'aspect (voir le principe B ci-dessus).

quelquefois été achevé en (169a), ou même commencé en (169b), alors qu'on sait qu'il était terminé à chacune des occasions évoquées en (169c).

On retrouve donc, avec l'énoncé (169a), le paradoxe imperfectif dans les itérations, ce que l'on peut représenter en dupliquant l'axe temporel:

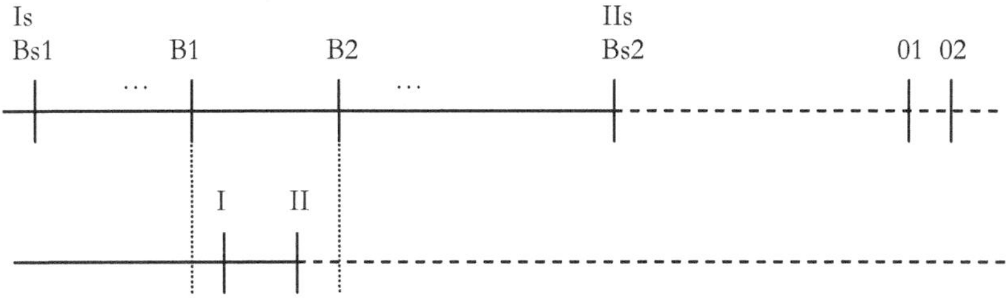

Figure36: chronogramme de l'ex. (169a)

Lorsqu'une série fréquentative (extrinsèquement bornée) est présentée sous un aspect inaccompli, on observe le même phénomène qu'avec les procès atéliques (cf. § 2.5.3). On n'envisage qu'à titre de possibilité le fait qu'une série itérative d'arrière-plan se poursuive après la fin du procès de premier plan qu'elle est censée recouvrir:

(170) Luc avait très souvent des maux de tête, lorsqu'il se décida à prendre ce nouveau médicament.

Dans les cas, très rares, où l'on a une visée inaccomplie sur une série répétitive (voir l'ex. 95a du § 4.2), on retrouve le paradoxe imperfectif:

(171) Il était en train de faire ses quatre tours de stade, lorsqu'il s'effondra.

7. Les relations circonstancielles

7.1 L'itération circonstancielle

Une expression circonstancielle comme «*tous les mardis*» paraît incontestablement de nature itérative, au sens où il y a répétition d'occurrences disjointes d'un même type d'intervalle circonstanciel. Cette itération est-elle cependant construite de la même façon que l'itération des Procès ? Nous ne le pensons pas.

Nous avons décrit l'itération des Procès *lato sensu* comme l'effet d'un opérateur itératif (iter) sur un Procès. L'itération des Procès paraît donc construite à partir d'une occurrence type ou «procès modèle» (cf. chapitre 2). En revanche, nous ne considèrerons pas que la série des mardis exprimée par l'expression *tous les mardis* résulte de l'itération d'un «mardi modèle» (notre analyse diffère ici de celle qui est présentée au chapitre 2). Il nous paraît en effet que le système horo-calendaire est, dans son principe même, fondé sur l'itération régulière (des heures, des jours, des mois, etc.) et que les mardis, par exemple, en tant que périodes repérées par le système sémiotique horo-calendaire, présentent une *structure itérative intrinsèque*, préalable à leur mise en œuvre dans un énoncé. Enoncer *tous les mardis*, c'est donc tout simplement prendre la totalité des intervalles correspondant à cette dénomination dans la série intrinsèquement itérative des jours de la semaine. De sorte que l'on peut très bien parler du «*premier mardi de chaque mois*» sans avoir préalablement introduit les séries itératives des mardis et des mois dans le discours, contrairement à ce qui se passe avec les procès, où toute extraction d'une ou plusieurs occurrence d'une série itérative (ex. «*la troisième fois qu'il l'a rencontré*») suppose la constitution préalable de la série dans le discours. C'est pourquoi nous considérons que «l'itération circonstancielle», lorsqu'elle s'appuie sur le calendrier et non sur la relation à d'autres procès itérés comme dans le cas de la subordination circonstancielle, est fondamentalement différente de «l'aspect itératif des procès», même si le résultat est comparable (il y a construction d'une série d'intervalles disjoints). Avec la subordination circonstancielle, à l'inverse, le processus à l'origine de l'itération est identique dans la subordonnée et la principale, il s'agit de l'application d'un opérateur sur un Procès. Quel que soit le mécanisme dont elles procèdent, la série itérative des Procès et la série circonstancielle entrent en interaction via la *relation circonstancielle* (cf. § 2.6.2.3 et ci-dessous).

7.2 Les types de circonstanciels itératifs

On observe, dans les énoncés itératifs, la présence de circonstanciels de localisation temporelle («*tous les mardis*»), de durée («*en deux heures*»), mais aussi de circonstanciels exprimant le laps de temps qui s'écoule entre les occurrences de procès («*tous les deux jours*»).

En prenant appui sur l'analyse des divers fonctionnements de la localisation circonstancielle exposée au § 2.6.2, on propose le classement suivant des circonstanciel de localisation temporelle itératifs:

Repérage autonome:

a) date complète: le pluriel induit l'itération intrinsèquement bornée dès lors que les intervalles circonstanciels sont disjoints[85], ex. «*les trois premiers / tous les lundis de juin 2007*»;
b) date indéterminée: le même phénomène est observé, ex. «*trois lundis de suite*»;
c) subordination temporelle directe[86]: deux séries itératives de procès sont mises en relation, par des marqueurs intrinsèquement itératifs (ex. «*à chaque fois que*»[87]) ou qui ne le sont que dans certains contextes (ex. *dès que* + visée inaccomplie);
d) subordination temporelle indirecte: deux séries itératives entrent en relation par l'intermédiaire d'une série de localisations circonstancielles (ex. «*les trois lundis où Pierre est venu*»).

Repérage non autonome:

e) repérage déictique: le fonctionnement est encore comparable à celui des dates complètes, ex. «*ces trois derniers lundis*»;
f) repérage anaphorique: «*ces trois lundis-là*»; «*à chaque fois*»
g) date incomplète: «*le lundi*», «*en mai*». Ces dates incomplètes sont interprétées comme itératives lorsqu'elles restent incomplètes, c'est-à-dire lorsque aucun élément du contexte linguistique (anaphore) ou extralinguistique (deixis) ne vient fixer leur référence de façon unique. Car elles renvoient alors à la valeur calendaire qu'elles désignent, laquelle est

85 Ainsi «*les trois premiers jours de mai 2007*» n'implique pas nécessairement l'itération.

86 Cf. § 2.6.2.5.

87 Cette analyse suppose que le substantif *fois* ne désigne pas une unité temporelle au même titre que *jour*, *année*, etc. Cf. Theissen (2009).

pourvue d'une structure intrinsèquement itérative. Il arrive aussi que ces dates renvoient anaphoriquement à d'autres dates incomplètes qui sont elles-mêmes interprétées comme itératives («*En mai ... le lundi* ...»), ou à d'autres expressions circonstancielles itératives («*Ces trois dernières années ... en mai* ...»).

Lorsque plusieurs localisateurs circonstanciels itératifs se combinent (ex. «*Ces trois dernières années, en mai, le lundi,* ...», on prend l'intersection des séries itératives pour construire la localisation temporelle (en l'occurrence, les lundis du mois de mai de ces trois dernières années). Ces mécanismes seront analysés précisément, en termes de «restrictions sur les séries» aux chapitres 2 et 3.

7.3 Le calcul de la relation circonstancielle (RC)

Ce qui distingue le fonctionnement des circonstanciels en contexte itératif par rapports aux emplois singulatifs, c'est que les circonstanciels peuvent porter sur les séries itératives, sur les occurrences de procès ou sur les agglomérats, le cas échéant. Mais les principes généraux, exposés au § 2.6, restent opératoires.

7.3.1 Portée sur la série itérative

En contexte itératif, un circonstanciel singulatif va porter sur la série itérative, prise globalement:

(172) Cette année-là, Luc allait/alla à l'école en bus.

S'il s'agit, comme dans cet exemple, d'un circonstanciel localisateur détaché, il affecte l'intervalle de référence associé à la série itérative (conformément aux principes exposés aux § 2.6.2.3). Dès lors que l'on a une visée aspectuelle inaccomplie sur la série, rien n'empêche la série itérative de s'étendre au-delà des bornes de l'intervalle circonstanciel, ce qui est exclu avec la visée aoristique (impliquant la coïncidence des bornes de la série et de celles de l'intervalle de référence). D'où le contraste:

(173) Cette année-là, Luc allait / *alla à l'école en bus depuis plus de cinq ans, et il en avait assez.

Lorsqu'il est intégré au SV et focalisé, le circonstanciel porte sur l'intervalle de la série, sur laquelle il impose une visée aoristique (cf. § 2.6.2.3). D'où, dans ce contexte, la relative anomalie de l'imparfait, qui demande de construire une visée inaccomplie sur la série:

(174) Luc n'alla/ ?n'allait à l'école en bus que cette année-là / qu'à partir de ce moment-là.

Les circonstanciels de durée peuvent aussi affecter la série itérative. Soit ils mesurent la durée de la série, et imposent alors une visée aoristique (cf. § 2.6.1), si bien que l'imparfait crée un conflit qui peut se résoudre par l'itération de la série itérative (la visée inaccomplie affecte alors la série englobante, tandis que la série itérée est vue sous un aspect aoristique):

(175a) (Au printemps dernier,) pendant près de deux mois, Luc prit le bus pour aller à l'école

(175b) (Chaque année / ??Au printemps dernier,) pendant près de deux mois, Luc prenait le bus pour aller à l'école.

En (175b) le circonstanciel détaché «*au printemps dernier*» bloque la possibilité d'une itération de la série itérative, rendant l'énoncé très difficilement interprétable (ce qui n'est évidemment pas le cas avec «*chaque année*»).

A l'inverse, lorsqu'il porte sur une série itérative, [*depuis* + durée] exclut que celle-ci soit présentée sous un aspect aoristique:

(176) Depuis deux mois, Luc prenait / *prit le bus pour aller à l'école.

7.3.2 Portée sur les occurrences

Pour pouvoir porter sur les occurrences de procès d'une série itérative, un circonstanciel localisateur doit lui-même être itératif («*chaque matin*») ou, au moins, ne pas imposer de lecture singulative («*à huit heures*»). Comme les occurrences sont généralement présentées sous un aspect aoristique (cf. § 6.2), le fait que le circonstanciel soit focalisé ou non n'entraîne que rarement des différences significatives concernant sa portée (puisque les intervalles de référence et de procès coïncident). C'est, on l'a vu, seulement en présence d'un circonstanciel ponctuel détaché et d'un procès atélique, que de telles différences peuvent se manifester. Ainsi (177a) et (177b) ne sont pas référentiellement équivalents, car ce dernier exemple est virtuellement ambigu, et autorise les deux paraphrases (177b') et (177b''):

(177a) Cette année-là, il dormait à 10h
(177b) Cette année-là, à 10h, il dormait
(177b') Cette année-là, à 10h, il était endormi (visée inaccomplie sur l'occurrence, le circonstanciel porte sur l'intervalle de référence)
(177b'') Cette année-là, il s'endormait à 10h (visée aoristique sur l'occurrence, la phrase est référentiellement équivalente à 177a).

On retrouve un fonctionnement comparable avec les compléments de durée. Les compléments de type [*en/pendant* + durée] sont naturellement compatibles avec les occurrences, présentées sous un aspect aoristique, alors que [*depuis* + durée], qui marque l'inaccompli, exige la présence d'un procès atélique et d'un circonstanciel ponctuel détaché:

(178a) ? Chaque soir, Luc était déjà prêt à partir depuis une heure
(178b) Chaque soir, lors de la fermeture de la boutique, Luc était déjà prêt à partir depuis une heure.

7.3.3 Portée sur les agglomérats

Lorsqu'il y a itération d'un agglomérat de procès (cf. § 3.2), les circonstanciels temporels peuvent encore porter sur l'agglomérat itéré (ainsi, bien sûr, que sur la série itérative ou sur les occurrences de procès). Ils servent alors à localiser les bornes de l'agglomérat. Deux cas figures se rencontrent principalement:

– un circonstanciel localisateur détaché en tête de la séquence a un effet cadratif (au sens de Charolles 1997) et affecte la séquence tout entière:

(179) «*Tous les jours*, l'évêque les copiait, les recopiait sans cesse, il supprimait des paragraphes, raturait des phrases, s'arrêtait sur chaque mot, qu'il discutait, qu'il adoucissait, où il croyait toujours découvrir un sens caché, susceptible d'interprétations malicieuses.» (Mirbeau, *L'abbé Jules*, 10/18, 1977: 72, déjà cité au § 3.3);

– l'agglomérat est introduit par un procès encapsulant sur lequel porte un circonstanciel localisateur, intégré ou détaché:

(180) «Félicité *tous les jours* s'y rendait.
A quatre heures précises, elle passait au bord des maisons, montait la côte, ouvrait la barrière, et arrivait devant la tombe de Virginie». (Flaubert, *Un cœur simple*, Garnier-Flammarion: 64-65, déjà cité et analysé aux § 3.3 et 4.3).

Quant aux circonstanciels de durée, il semble que seul [*en* + durée] soit susceptible d'affecter un agglomérat itéré, [*pendant* + durée] et [*depuis* +

durée] ne pouvant porter que sur la série ou sur les occurrences de procès. Tout comme les localisateurs, [*en* + durée] a, dans ce cas, un fonctionnement cadratif (181a), ou bien il affecte un procès encapsulant (181b):

(181a) Chaque matin, *en un quart d'heure*, il se levait, avalait un café très fort, s'habillait et sortait

(181b) Chaque matin, il *se préparait en un quart d'heure.* Il se levait, avalait un café très fort, s'habillait et sortait.

7.3.4 La relation circonstancielle subordonnée

Les subordonnées temporelles sont soumises aux même principes que les circonstanciels de localisation temporelle. S'y ajoutent cependant la relation circonstancielle subordonnée (RCs), c'est-à-dire le lien entre l'intervalle circonstanciel et les intervalles de procès et/ou de référence de la subordonnée elle-même (cf. § 2.6.2.5). Cette relation varie selon que la subordination est directe («*quand* ...») ou indirecte («*le jour où* ...»).

Tout comme les principales auxquelles elles se rapportent, les subordonnées temporelles itératives mettent en œuvre à la fois une série itérative, et des occurrences de procès itéré. De là deux grands types de relations possibles entre subordonnée circonstancielle et principale, en contexte itératif:

a) la série itérative de la subordonnée (prise globalement) entre en relation avec celle de la principale (182a);
b) les occurrences de la série itérative de la subordonnée entrent en relation avec celles de la principale (182b):

(182a) A l'époque où / quand Marie venait souvent à la maison, Pierre était rarement malade

(182b) Les jours où / quand Marie arrivait en retard, Pierre se mettait en colère.

Remarquons que la subordonnée itérative ne sert de déclencheur de l'itération de la principale que dans le second cas. Lorsque c'est la série elle-même qui sert de localisateur (comme en 182a), la principale peut être singulative:

(183) A l'époque où / quand Marie venait souvent à la maison, Pierre était encore jeune.

On résume cette double relation de la manière suivante:

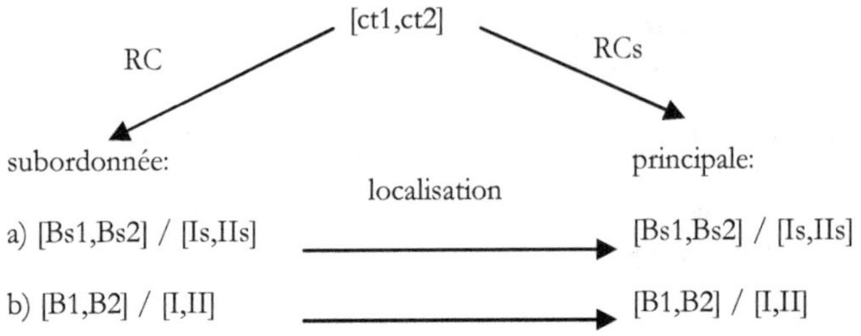

Figure 37: relations circonstancielles dans les énoncés itératifs

Quand au choix de l'intervalle de référence ou de celui du Procès, il dépend pour la subordonnée, du type de subordination (cf. § 2.6.2.5), et pour la principale, du statut de la subordonnée dans la stratification énonciative de l'énoncé (cf. § 2.6.2.3).

Remarquons que ces relations se trouvent compliquées par le fait que lorsque la subordonnée est détachée, elle peut constituer une période de référence (Pref.) pour l'interprétation fréquentative, relationnelle ou non, de la principale (cf. § 5.3). De sorte que même si la relation s'établit au niveau des occurrences, il est néanmoins possible que chaque occurrence constitutive de la série itérative de la subordonnée constitue une Pref. pour l'itération exprimée par la principale, que cette itération soit fréquentative ou répétitive. Mais on entre là dans le domaine plus complexe des itérations de séries itératives, car l'occurrence constitutive de la série itérative de la subordonnée sert alors à localiser une sous-série de la série itérative de la principale:

(184) Quand il pleuvait, Pierre éternuait à maintes reprises.

Les relations entre les séries ainsi constituées seront étudiées au chapitre 3, qui en propose une modélisation algébrique. Leur complexité demande en effet, pour être représentée adéquatement, un appareillage formel beaucoup plus développé que celui qui a été présenté dans ce chapitre.

8. Conclusion

Nous voudrions, pour conclure, situer nos analyses relativement à certaines propositions avancées dans la littérature récente sur les rapports entre itération et pluralité, aspect et quantification, ainsi que sur la compositionnalité de l'aspect, puis rappeler succinctement ce que nous avons proposé.

8.1 Aspect itératif et pluralité

8.1.1 Une convergence entre approches quantificationnelle et aspectuelle

Nous avons vu que l'analyse linguistique de l'itération fait l'objet de deux traditions bien distinctes (cf. Kleiber 1987: 27):
- l'approche dite «nominale», qui traite ce phénomène en termes de quantification sur les événements;
- l'approche dite «verbale», qui y voit une catégorie aspectuelle: «l'aspect itératif».

L'approche «nominale» ou «quantificationnelle» s'est développée en sémantique formelle sur la base de l'introduction par Davidson (1967/1993: 166sq.) des événements comme entités, c'est-à-dire comme valeurs pour des variables. L'itération y est vue comme une quantification plurielle sur des événements réifiés. L'intérêt de ce type d'approche, outre sa rigueur formelle, c'est qu'il pousse le plus loin possible le parallélisme verbo-nominal, et prétend ainsi à une grande généralité. De plus, il cherche à rendre possible un calcul compositionnel du sens des énoncés itératifs, par le biais d'une articulation syntaxe-sémantique explicite, régie par des mécanismes réguliers et généraux. Il reste cependant à cette approche à affronter la question difficile des visées aspectuelles et des effets de sens des temps verbaux en contexte itératif, bref ce qui, précisément, est propre au système verbal (cf. Molendijk et de Swart 1998, de Swart 2010). Il faut dire que, dans cette perspective, la notion de visée aspectuelle (qui correspond à ce que la tradition appelait «l'aspect grammatical»), si elle a été intégrée à un cadre formel par Smith (1991), reste généralement considérée comme relativement marginale dans la mesure où il est admis – à tort – que, n'ayant pas de statut référentiel, elle n'affecte pas les conditions de vérité des énoncés (cf. § 2.5.3).

A l'inverse, l'approche «verbale» ou «aspectuelle», adoptée davantage par la linguistique descriptive, considère la catégorie de l'aspect comme le cadre naturel de l'analyse de l'itération. Il s'agit alors de définir «l'aspect itératif» par opposition aux autres types d'aspect. Et là, il faut bien reconnaître que la réflexion reste étonnamment hésitante. La principale piste retenue consiste à essayer de définir, au plan strictement sémantique l'itération comme un «aspect quantitatif», qui s'opposerait à un aspect singulatif (Dik 1997, Tournadre 2004, Mascherin 2007). Mais comment appréhender de façon rigoureuse et explicite cette dimension quantitative de l'aspect itératif sinon en ayant recours à la quantification sur des variables d'événement ?

Au total, il semble bien que l'on assiste aujourd'hui à une forme de rapprochement entre ces deux types d'approches de l'itération. L'approche nominale ne peut plus éviter de prendre en compte la dimension aspectuelle, l'approche verbale ne peut plus en ignorer la dimension quantificationnelle. Et l'on est en droit de tenir les propositions d'Asnes (2004, 2008) pour une tentative particulièrement audacieuse et stimulante d'opérer cette synthèse, puisqu'elle considère l'aspect même[88] comme une quantification sur les événements, et les différentes formes d'aspect itératif comme des types distincts de quantification plurielle.

Nous évoquons de façon critique les analyses d'Asnes (2004, 2008), pour rappeler certaines caractéristiques des énoncés itératifs qui ont été mises au jour dans l'Introduction et dans ce chapitre, et qui ne paraissent pas avoir d'équivalent immédiat dans le domaine nominal. Ces caractéristiques concernent la façon dont est constituée la pluralité des événements dans les énoncés itératifs.

8.1.2 L'aspect comme quantification sur les événements

Soit le résumé des propositions présentées par Asnes (2004, 2008):

a) Les flexions verbales opèrent une «quantification d'événements» (2008: 82). A ce titre, elles peuvent être considérées comme des «quantifica-

88 Il s'agit de «l'aspect fonctionnel», qui correspond à ce que la tradition appelait «aspect grammatical».

teurs aspectuels» (2008: 91). Elles sont les analogues des déterminants à valeur de quantificateurs opérant sur des objets, dans le domaine nominal.

b) L'aspect marqué par la flexion verbale est «l'aspect fonctionnel» (≈ grammatical) qui s'oppose à l'aspect lexical marqué par le prédicat verbal. La flexion verbale apparaît alors comme l'analogue du déterminant (autre catégorie fonctionnelle) dans le domaine nominal.

c) La flexion verbale est donc un quantificateur qui porte sur les référents du prédicat verbal (les événements), tout comme le déterminant du nom est un quantificateur qui porte sur les référents du prédicat nominal (les objets).

d) Au plan syntaxique, décrit dans un cadre chomskyen, la flexion, comme tête fonctionnelle (dont la projection maximale est IP), apparaît à une position dans laquelle elle gouverne le VP (projection maximale de la tête lexicale V), de même que le déterminant (tête fonctionnelle ayant pour projection maximale QP) gouverne le NP (projection maximale de la tête lexicale N), dans des structures comparables (Asnes 2004: 227):

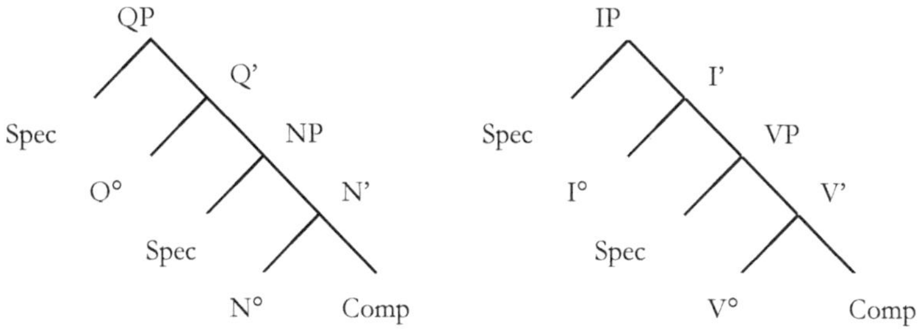

Figure 38: structures nominale et verbale selon Asnes (2004)

e) La flexion (exprimant la quantification aspectuelle) est susceptible de prendre, au plan sémantique, deux valeurs fondamentales: [±homogène]. Ce couple de traits reprend, sur la base de critères rigoureux, l'opposition classique «massif / comptable». Or cette «supercatégorie conceptuelle» (Asnes 2008: 82) se retrouve également dans le domaine de la quantification nominale. Pour la flexion, elle correspond à l'opposition imperfectif, [+hom] / perfectif, [-hom]; dans le domaine de la quantification nominale, à l'opposition partitif, [+hom] / non partitif, [-hom].

f) Comme les V et les N sont eux-mêmes porteurs d'un trait [±homogène], des mécanismes compositionnels simples, fondés sur la structure syntaxique, permettent de calculer le trait de l'ensemble, à partir des valeurs de ses parties. Schématiquement, c'est toujours la tête fonctionnelle qui l'emporte et qui impose son trait au syntagme dont elle est la tête.
g) Ces deux valeurs ([±homogène]) se retrouvent au singulier et au pluriel. Dans le domaine verbal, une quantification aspectuelle plurielle correspond à l'itération fréquentative (selon la terminologie adoptée ici) si elle est porteuse du trait [+hom], et à l'itération répétitive si elle a la valeur [-hom]. Dans le domaine nominal, l'indéfini pluriel *des*, analysé comme une forme de partitif, marque une quantification plurielle [+hom], tandis que les numéraux cardinaux expriment une quantification plurielle [-hom]. D'où l'analogie explicite entre les exemples a et b ci-dessous (Asnes 2008: 87, 90):

(185a) des livres
(185b) Paul chantait pendant deux heures (chaque jour)

(186a) trois livres
(186b) Paul est allé au théâtre trois fois.

Si l'on résume ce qui concerne l'aspect itératif, on peut donc dire que l'aspect, marqué par la flexion verbale, exprime une quantification sur les événements (les référents du prédicat verbal), et que cette quantification peut être singulière ou plurielle, [+homogène] ou [-homogène]. Le croisement de ces deux oppositions binaires produit un tableau à quatre valeurs:

Quantification aspectuelle	singulier	pluriel
[+homogène]	*imperfectif (singulatif)*	*itératif fréquentatif*
[-homogène]	*perfectif (singulatif)*	*itératif répétitif*

Figure 39: les quatre types d'aspect d'après Asnes (2004)

8.1.3 Remarques critiques

Tout d'abord, il ne paraît pas possible de réduire l'aspect fonctionnel (grammatical) à la quantification sur les événements, car on ne peut rendre compte, dans ce cadre, que de l'opposition entre visées perfective / imperfective. Pour traiter des visées accomplie et prospective, portant respectivement sur les phases résultante et préparatoire du procès, il est nécessaire d'introduire une représentation topologique de l'aspect, sous forme de structures d'intervalles.

Par ailleurs, l'itération ne saurait être définie simplement comme une quantification plurielle sur les événements, pour deux raisons au moins. Premièrement, il faut préciser que, contrairement à ce qui est souvent affirmé[89], l'itération, même fréquentative, peut très bien affecter des états (et pas uniquement des événements), comme dans ces exemples:

(187a) Il est souvent malade

(187b) «Il était, chaque matin, le conseiller habile de tous ceux qui l'interrogeaient sur l'état de la piste de patinage ou sur celui de la piste à bobsleigh, mais il était, chaque soir, en revanche, à la disposition de ceux qui mettaient tout leur plaisir [...] à tournoyer au son de l'orchestre.» (Souvestre et Allain, *Fantômas: L'hôtel du crime*, R. Laffont, 1988: 302-303)

L'itération devrait donc être définie comme une quantification plurielle sur les procès (états et événements). Mais il faut alors prendre en compte le fait que toute pluralité de procès (autrement nommée «pluriactionnalité») n'est pas de nature itérative, car elle peut être aussi collective (188a) ou distributive (188b) (cf. Lasersohn 1998):

(188a) Ils prirent le bus tous ensemble

(188b) Ils prirent chacun une route différente.

L'on ne parle d'itération qu'en présence d'un même procès (une sorte de procès modèle impliquant un même sujet) qui se répète à des moments différents. De là encore, la nécessité d'associer à l'itération une structure topologique, constituée d'une série d'intervalles (un intervalle généralisé) correspondant à une série d'occurrences d'un même procès modèle, telles que les débuts (au moins) de chacune des occurrences soient successifs.

Ces remarques critiques ne remettent pas en cause les propositions de Asnes, elles soulignent simplement la nécessité de les associer à des représentations topologiques permettant de formuler des contraintes supplémentaires (comme contraintes sur des variables d'intervalles).

Certaines propositions, en revanche, nous paraissent devoir être abandonnées. Ainsi, le fait d'associer l'aspect fonctionnel à la flexion verbale et uniquement à elle ne nous semble pas tenable. Les flexions verbales, comme on sait, sont susceptibles de prendre différents effets de sens en

89 Cf., par exemple, Boneh et Doron (2008), Bres (2007).

contexte, et les valeurs aspectuelles ne se construisent que dans l'interaction de divers marqueurs grammaticaux et lexicaux, ainsi qu'en relation avec divers types de contraintes sémantiques et pragmatiques. Le cas de l'itération fréquentative est particulièrement net. D'une part, il n'existe pas de conjugaison à valeur intrinsèquement itérative. D'autre part, l'itération peut apparaître comme un mode de résolution de conflit entre des marqueurs qui, sans cela, resteraient incompatibles.

Enfin, la Figure 39 fait apparaître l'itération comme un aspect fonctionnel du même type que les visées perfective et imperfective. Selon Asnes, la valeur fréquentative est à l'aspect itératif ce que la visée imperfective est à l'aspect singulatif, tandis que la valeur répétitive est à l'aspect itératif ce que la visée perfective est à l'aspect singulatif. Et pourtant, nous avons vu qu'une même série itérative fréquentative pouvait être présentée soit sous un aspect (visée aspectuelle) perfectif (aoristique), soit sous un aspect imperfectif (inaccompli):

(190a) Il se promenait avec Marie, chaque lundi
(190b) Il s'est promené avec Marie, chaque lundi.

Quoiqu'exprimant tous deux l'itération fréquentative, ces deux énoncés ne sont pas sémantiquement équivalents, car le passé composé ne présente pas l'itération sous une même visée aspectuelle que l'imparfait. Plus précisément, le passé composé présente la série itérative sous une visée globale (aoristique), tandis que l'imparfait la présente sous une visée inaccomplie (voir le § 2 de l'Introduction). Il n'est dès lors plus envisageable de concevoir l'itération simplement comme la construction d'une pluralité de procès, mais aussi d'abord comme celle d'une série itérative, dotée d'un statut d'entité sémantique à part entière. Car nous avons vu que cette série itérative – tout comme l'occurrence type du procès itéré – pouvait faire l'objet de déterminations circonstancielles (de localisation ou de durée) spécifiques, qu'elle était affectée d'une visée aspectuelle particulière, qu'elle pouvait entretenir des relations chronologique relatives avec d'autres éléments du texte, et qu'elle constituait un «référent de discours» à part entière. Pour nous, l'aspect itératif consiste précisément en cette double construction d'un procès itéré et d'une série itérative, chacune de ces deux entités pouvant entretenir des relations particulières avec d'autres éléments de l'énoncé.

8.2 Compositionnalité et complexité de l'aspect

Nous avons évoqué, au § 4 de l'Introduction, la problématique de la compositionnalité de l'aspect, et certains des problèmes qu'elle soulève lorsqu'on l'applique à l'analyse des énoncés itératifs dépourvus de marqueurs spécifique (au moins en surface). Au vu d'applications récentes de la sémantique d'inspiration formelle aux énoncés itératifs, nous voudrions généraliser nos réflexions critiques pour mieux situer l'alternative que nous proposons.

8.2.1 Problèmes posés par la compositionnalité de l'aspect

On doit tout d'abord reconnaître, avec Everaert (2010: 82), que, pour la sémantique formelle classique, la compositionnalité du sens n'est pas une hypothèse empirique, mais un axiome constitutif de la discipline. La seule question empirique concernant la compositionnalité du sens consiste à savoir *comment* elle est opérée (Dowty 2007: 28). Rejeter le principe de compositionnalité de la signification reviendrait à dénier toute validité à la sémantique formelle. Cet axiome s'appuie cependant sur une évidence censée garantir la portée empirique globale de la discipline: les mêmes ensembles d'items lexicaux pris dans des structures syntaxiques différentes donnent lieu à des interprétations sémantiques distinctes (cf. Dowty 2007: 28). Dans ce cadre, le principe de compositionnalité assure à la structuration syntaxique le rôle d'interface indispensable entre le lexique, pourvu de ses significations intrinsèques, et la sémantique des énoncés.

Les difficultés, autres que strictement techniques, liées à cette perspective, sont restées peu apparentes tant que l'on s'en est tenu à des énoncés fabriqués, très simples pris hors contexte, et analysés de façon relativement grossière (ce qui constituait une étape évidemment indispensable). Mais à mesure que l'on a voulu raffiner l'analyse, prendre en compte des relations aspectuelles fines, et l'appliquer à des énoncés plus complexes, il est apparu que les structures chomskyennes, telles qu'elles étaient constituées dans les versions des années 1970 et 1980 de la théorie générative, ne suffisaient plus, et qu'il devenait nécessaire d'introduire dans les arbres des têtes fonctionnelles puis, directement, des opérateurs sémantiques. Certaines théories, comme celle de Demirdache et Uribe-Etxebarria (2002), qui se situe à l'intersection de la théorie sémantique de Klein et de la syntaxe chomskyenne minimaliste, vont jusqu'à introduire sous des nœuds syntaxiques des relations entre intervalles, qui sont de nature purement sémantique. Plus généralement, on voit aujourd'hui apparaître dans les structures syntaxiques, à des positions qui leur sont spécifiquement dévolues, des opérateurs sémantiques[90], qui correspondent ou non à des réalisation lexicales (on parle, selon les cas, de «*overt or covert operators*», de «*silent operator*», etc.).

Ce type de démarche soulève trois types de difficultés:

a) Se pose tout d'abord un problème épistémologique général, évoqué dans l'Introduction, qui est celui de la circularité de la démarche: on place dans les structures (syntaxiques) d'entrée des valeurs que l'on doit trouver en sortie, dans les structures sémantiques. La théorie n'est évidemment ni falsifiable ni même véritablement prédictive, car il ne s'agit plus d'un calcul du sens, mais simplement d'une représentation de ce sens. L'analyse ne peut plus servir à simuler le processus interprétatif, elle se contente d'en représenter le résultat.

b) Cette représentation syntactico-sémantique du sens impose un traitement radicalement discret des valeurs sémantiques. Même lorsqu'il est presque impossible de tracer une limite nette entre deux valeurs, comme entre l'aspect fréquentatif *stricto sensu* et l'aspect habituel (cf. § 1.1), la théorie impose un choix, générant ainsi des ambiguïtés artificielles (sur ce type de problème, cf. Fuchs et Victorri 1996). S'il fallait rendre compte de la multiplicité des effets de sens de l'imparfait, tels qu'ils ont été décrits principalement dans les travaux de Bres et de Berthonneau et Kleiber, il faudrait soit multiplier les opérateurs correspondant à l'imparfait et retomber dans les travers du traitement homonymique de la polysémie, abandonné depuis longtemps, soit refuser à l'imparfait toute valeur aspectuelle (position défendue par Laca 2005), ce qui ne permet plus d'expliquer pourquoi l'imparfait standard s'accompagne d'une visée inaccomplie sur le procès.

c) En inscrivant les valeurs sémantiques dans la représentation syntaxique, l'analyse ne peut plus prendre en compte l'effet des connaissances extralinguistiques et/ou situationnelles dans le processus de construction de ces

90 Voir, par exemple, le traitement de l'habitualité par Boneh et Doron (2008 et 2010). Ce type de représentation concerne aussi les représentations spatiales (cf. Erteschik-Shir et Rapoport 2010). Laca (2002: 12) considère «qu'on assiste à une certaine 'sémantisation' de la syntaxe».

valeurs en contexte. Or on a vu que ces connaissances jouaient un rôle décisif dans le calcul de l'itération (il suffit, pour s'en convaincre, de comparer: «*Pierre joue du piano depuis dix minutes* (singulatif) / *depuis dix ans* (itératif)»).

Pour toutes ces raisons, la conception compositionnelle *atomiste* de la signification (cf. Gosselin 2005, II.1) nous paraît inadéquate au traitement de l'aspect itératif.

8.2.2 Complexité et compositionnalité holiste

Le fait que l'aspect itératif résiste à un traitement compositionnel atomiste et qu'il puisse même résulter de considérations pragmatico-référentielles nous conduit à reconnaître la *complexité* de l'aspect itératif, au sens précis de la théorie de la complexité, telle qu'elle est formulée, à titre de théorie épistémologique générale, par Morin (2007).

Selon cet auteur, dans l'ensemble des sciences (qu'elles soient dites «exactes» ou «humaines»), se manifestent des phénomènes qui résistent au «paradigme de *simplification*», lequel caractérise la science «classique» et repose sur deux principes fondamentaux:

a) le principe de *réduction*, qui «consiste à connaître un tout composite à partir de la connaissance des éléments premiers qui le constituent»;
b) le principe de *disjonction*, qui «consiste à isoler et séparer les difficultés cognitives les unes des autres, ce qui a conduit à la séparation entre disciplines devenues hermétiques les unes aux autres».

Comment ne pas voir dans la sémantique formelle classique une illustration typique de ce «paradigme de simplification» ? La compositionnalité atomiste (qui consiste à calculer la valeur sémantique d'un tout à partir de la composition des celles de ses parties) y représente le principe de réduction, tandis que l'*étapisme* (qui dissocie les traitements linguistique et pragmatique en les ordonnançant de façon unidirectionnelle, cf. Victorri 1997) y figure le principe de disjonction.

Selon Morin (2007: 33), reconnaître la *complexité* des phénomènes, c'est essayer de substituer au principe de réduction «un principe qui conçoit la relation d'implication mutuelle tout-parties», et au principe de disjonction, «un principe qui maintienne la distinction, mais qui essaie d'établir la relation».

Trois attitudes vis-à-vis de l'aspect sont dès lors envisageables:

a) le déni de la complexité, au risque évident que l'approche devienne plus dogmatique qu'empirique;
b) l'abandon de l'exigence de modélisation et de calcul, le retour à une sémantique essentiellement intuitive, ce qui constituerait une forme de régression épistémologique;
c) la recherche de nouveaux modèles spécifiquement adaptés au traitement calculatoire de la complexité.

C'est pour cette troisième voie que nous avons opté, en proposant un modèle *compositionnel holiste* des valeurs aspectuo-temporelles, qui intègre aussi bien des éléments purement sémantiques que des connaissances encyclopédiques et pragmatiques. La caractéristique fondamentale de ce type de modèle, que l'on retrouve aussi bien dans le modèle SdT que dans ceux de Bres ou ceux de Moeschler et de de Saussure[91], c'est que les valeurs aspectuo-temporelles attribuées aux marqueurs ne sont plus conçues directement comme des relations constitutives des représentations aspectuo-temporelles (comme des relations entre E, R, et S, par exemple), mais comme des instructions pour construire de telles relations. Dès lors le processus interprétatif, qui consiste à mettre en œuvre les différentes instructions codées par l'ensemble des marqueurs constitutifs de l'énoncé, en respectant certains principes généraux, y compris des principes pragmatiques de plausibilité et de pertinence, peut déboucher sur des valeurs sémantiques (des effets de sens) émergentes, qui ne sont pas directement et univoquement codées par les marqueurs. La spécificité du modèle SdT, c'est que toutes les contraintes correspondant aux instructions codées par les marqueurs doivent se trouver satisfaites par les représentations aspectuo-temporelles, mais, en cas de conflit, pas nécessairement au niveau attendu. L'itération apparaît, dans ce cadre, comme un mécanisme simple de résolution de conflit, dans la mesure où elle permet de faire porter certaines contraintes sur la représentation de la série itérative, tandis que d'autres vont affecter l'occurrence type du procès itéré.

91 Cf. Bres (2005), Moeschler et al. (1998), de Saussure (2003), (2010).

8.3 Résumé des propositions

L'itération, conçue dans le champ linguistique comme une succession d'intervalles au moins partiellement disjoints et subsumés par une même catégorie, apparaît sous deux formes bien distinctes quoique souvent articulées:

- l'itération circonstancielle qui, lorsqu'elle s'appuie sur le calendrier (ex. *chaque lundi*), est préconstruite par le système horo-calendaire (lequel, en tant que système sémiotique spécifique, est intrinsèquement itératif);
- l'aspect itératif, qui concerne l'itération des procès telle qu'elle est construite par l'énoncé. Cette catégorie de l'aspect itératif se divise à son tour, au plan sémantique, en aspects répétitif, fréquentatif et habituel, et, au plan énonciatif, en itérations présuppositionnelle et non présuppositionnelle.

Les grammaires et les recherches linguistiques hésitent sur la place à accorder à l'aspect itératif dans le classement des aspects, car il est marqué tantôt par des lexèmes, par des grammèmes, par des interactions de lexèmes et de grammèmes, et parfois même par des interactions de marqueurs qui ne sont pas spécifiquement itératifs. Nous avons montré que si l'on abandonne la dichotomie classique entre aspect lexical et aspect grammatical au profit d'une opposition purement sémantique entre aspect conceptuel (fondé sur le processus sémantico-cognitif de construction des procès par catégorisation) et visée aspectuelle (opérant la monstration des procès préalablement construits), il devenait possible de définir l''aspect itératif comme un type d'aspect conceptuel particulier.

Ce qui caractérise l'aspect itératif, dans ce cadre, c'est qu'il ne se réduit pas à l'expression d'une pluralité de procès comparables. Il met en jeu deux types d'entités distinctes, susceptibles de servir de «référents du discours» (au sens de Karttunen 1976): les séries itératives et les occurrences de procès. Nous avons montré, dans l'Introduction générale, que les séries itératives pouvaient elles-mêmes être considérées comme des macroprocès, car elles sont susceptibles d'être découpées en phases, d'être localisées au moyen de circonstanciels de temps; leur durée peut être évaluée ou mesurée; elles font l'objet de visées aspectuelles spécifiques; elles peuvent être elles-mêmes itérées, etc. Quant aux occurrences de procès itérés, elles peuvent être constituées de procès au sens classique, mais aussi de phases de procès, de séries itératives de procès, ou même d'agglomérats de procès, etc. Tout ceci nous a conduit à introduire la notion de Procès *lato sensu* (pour subsumer les procès *stricto sensu*, les phases, les séries itératives et les agglomérats) dans le cadre d'une grammaire de l'aspect conceptuel, présentée sous forme de règles récursives. L'application de ces règles produit des structures plus ou moins complexes, qui permettent de rendre compte de l'ensemble des constructions relevant de l'aspect itératif. Ce dispositif théorique rend possible l'analyse de structures itératives particulièrement complexes telles que celles que l'on rencontre dans la littérature, en particulier chez des auteurs comme Flaubert et Proust.

Après avoir exposé les principes d'analyse du modèle SdT (les représentations sous forme de structures d'intervalles et les modes de calcul, c'est-à-dire de construction de ces structures sur la base des instructions codées par les marqueurs, des principes généraux, et des contraintes pragmatico-référentielles), nous avons montré que ces principes pouvaient être appliqués aux structures itératives. Ce qui rend cependant les analyses plus complexes que dans le cas des énoncés singulatifs, c'est la présence simultanée d'au moins deux types d'entités dont il faut calculer les propriétés: la série itérative et l'occurrence type de l'élément itéré. Il s'agit dès lors de calculer à la fois la visée aspectuelle qui affecte la série itérative et celle qui porte sur l'occurrence type. Or cette double visée aspectuelle induit une double coupure modale partageant à deux niveaux distincts les domaines du possible et de l'irrévocable Quant aux circonstanciels (de localisation temporelle ou de durée), ils peuvent concerner soit la série, soit l'occurrence type et/ou les intervalles de référence qui leurs sont associés. On obtient ainsi des représentations singulièrement complexes, en particulier dans les cas d'itération de séries itératives.

Le cadre du modèle SdT permet aussi d'aborder la question du calcul des structures itératives de manière originale, sans être obligé de faire l'hypothèse, *ad hoc*, de marqueurs itératifs invisibles ou silencieux. D'une part, nous avons repris les distinctions opérées dans le champ de la sémantique formelle pour traiter de la portée des marqueurs d'itération fréquentative (comme *souvent*). Il est apparu que l'adoption de structures d'intervalles, et en particulier du concept d'intervalle généralisé (convexe ou non convexe) nous permettait de résoudre certaines difficultés rencontrées par les approches formelles classiques (ce point sera largement développé au chapitre 3). D'autre part, le cadre compositionnel holiste, fondé sur les mécanismes de conflits et de résolution de conflits nous a paru particulièrement adapté pour traiter des différents types d'itération fréquentative produits par des énoncés dépourvus de marqueurs spécifiquement itératifs (comme «*Longtemps, je me suis couché de bonne heure*»). Le fait que l'on dispose, dans ces énoncés, de deux types d'entités (la série et l'occurrence type) permet d'expliquer la présence dans un même énoncé de contraintes (linguistiques et/ou pragmatico-référentielles) apparemment contradictoires: certaines de ces contraintes vont affecter la série, quand d'autres porteront sur l'occurrence type, de sorte que le conflit se trouve résolu.

Au terme de ce chapitre, nous pouvons dire que le modèle SdT s'est montré efficace pour traiter des énoncés itératifs dans la mesure où 1) ses principes généraux s'appliquent aussi bien aux structures itératives qu'aux constructions singulatives, 2) il permet de calculer les visées aspectuelles, les coupures modales, et les relations circonstancielles sur les séries itératives, mais aussi sur les occurrences type de l'élément itéré, 3) il rend compte, au moyen de principes généraux, de l'émergence de la valeur itérative fréquentative dans des énoncés qui ne contiennent aucun marqueur spécifiquement itératif. Nous avons cependant été amené à modifier et complexifier singulièrement notre conception des procès, en introduisant le concept de Procès *lato sensu*, au sein d'une grammaire de l'aspect conceptuel. Enfin, le modèle SdT, qui reste centré sur l'aspect proprement linguistique de la sémantique de la temporalité, trouve ses limites à la fois du côté de la modélisation des représentations mentales construites lors de l'interprétation d'énoncés itératifs, et du côté de la formalisation des relations linguistiques mises en œuvre, cette formalisation étant utile dans une perspective d'implémentation du modèle, mais aussi, plus généralement, dans le cadre d'une modélisation extensionnelle des énoncés itératifs, pris dans toute leur complexité (et non réduits à des exemples construits très simples, comme c'est le plus souvent le cas en sémantique formelle). Ces sont ces deux tâches, de modélisation cognitive et de formalisation dans une perspective extensionnelle, conçues comme complémentaires au modèle SdT, qui feront respectivement l'objet des deux chapitres suivants.

Une approche cognitive de l'itération et sa modélisation objet[1]

Yann MATHET, Université de Caen-Basse Normandie

Nous étudions dans cette partie une façon de représenter et de manipuler les itérations issues d'énoncés en français, en reprenant à notre compte la définition qui a été faite de ces dernières en début d'ouvrage.

Après un rapide retour sur les spécificités des itérations par rapport aux procès non itérés, nous en proposerons un modèle «objet», et mettrons en œuvre ce dernier au travers de quelques exemples.

La visée de ce travail est en premier lieu descriptive: comment représenter au mieux, de façon formelle, manipulable, et autant que possible cognitivement plausible, les itérations? Le modèle ainsi proposé peut par ailleurs servir de support à des traitements automatiques d'analyse des itérations dans des textes, comme c'est le cas dans le travail de thèse de Julien Lebranchu (2011).

1. Introduction

1.1. Perspectives en matière de modélisation

On peut distinguer deux grands paradigmes de représentation de la temporalité, l'un basé sur des entités temporelles telles que points et intervalles situés sur un axe ordonné, l'autre sur des entités représentant directement des événements (cf. Schwer & Tovena 2009). Le premier paradigme, dans lequel s'inscrivent les travaux présentés dans le chapitre précédent, permet

1 Nous utilisons dans ce chapitre les diagrammes de classes UML pour la compréhension desquels il est simplement nécessaire d'être capable de distinguer la notion d'héritage et d'association. Un rapide tour d'horizon de ce langage de modélisation sera proposé en début de section 3.

notamment, par l'utilisation de différents types d'intervalles (énonciation, procès, référence, circonstanciel) et de relations (recouvrement, antériorité, etc.) de rendre compte avec finesse de notions telles que le temps absolu, le temps relatif, ou encore l'aspect. Le second paradigme, qui propose de réifier les événements, comme dans la DRT (cf. Kamp 1993) et la SDRT (cf. Asher & Lascarides 1993), permet quant à lui de mettre directement en relation ces derniers par des relations de discours (tel événement peut par exemple être une «élaboration» d'un autre, c'est-à-dire venir en préciser le contenu).

Le travail sur l'itération fait cependant apparaître, quel que soit le paradigme envisagé, la nécessité de disposer d'un modèle plus riche, pouvant notamment se prêter à la manipulation d'entités itérées (qu'il s'agisse d'intervalles, d'événements, ou des deux). En effet, même dans une itération simple comme:

(1) Elle est allée sept fois à la montagne.

il y a bien sûr, en filigrane, 7 événements[2], les **itérés**, à créer et à ordonner (ainsi que leurs intervalles associés), ce qui peut en rendre difficile la représentation lorsque le nombre d'itérés est important. Mais il y a aussi, parallèlement, à représenter le fait que ces différents procès résultent du même prédicat «elle 'aller' à la montagne», l'**itérant**. Le lien qui se tisse entre les différents itérés, ainsi que l'existence même de ces itérés, n'ont de sens qu'en présence de l'itérant dont ils résultent. Par ailleurs, la façon dont les itérés sont produits est en soi un processus varié, et dont il faut rendre compte. Dans l'exemple précédent, ce processus repose sur la cardinalité, fixée à 7, de l'ensemble des itérés à produire, tandis qu'il pourra s'agir d'un processus basé sur une contrainte d'ordre fréquentiel si l'on remplace *sept fois* par *souvent*, ou d'autres processus encore, comme nous l'avons vu dans le premier chapitre de cet ouvrage, et comme nous le reverrons ici même.

Pour ces raisons, nous proposons dans cette partie un modèle «objet» de la temporalité qui permet de considérer l'itération à part entière, et qui tente de rendre compte de certains processus cognitifs mis en jeu dans l'appréhension des itérations en langue. Le concept d'objet apporte en effet

2 S'il s'agit bien ici d'événements (en raison du verbe «aller»), nous reprendrons à notre compte, par la suite, le terme de « procès », qui subsume les notions d'événement, d'activité et d'état, et qui correspond donc à n'importe quelle itération.

une réponse particulièrement adaptée à la nécessité que nous avons d'une part de pouvoir réifier, par la création de ce que l'on appelle des «objets», un certain nombre d'entités, telles que les itérés et les itérants que nous venons d'évoquer, et d'autre part de pouvoir organiser les uns par rapport aux autres les concepts dont ils sont issus, ce que l'on appelle des «classes», et dont les «objets» sont des «instances». Certes, on peut difficilement avancer qu'un tel paradigme de modélisation puisse correspondre directement aux processus cognitifs dont ils veulent, en partie, rendre compte. Mais, pour autant, les différents «objets» que nous allons être amenés à créer dans cette entreprise correspondront à chaque fois à des entités qu'il est possible de faire apparaître linguistiquement (itérés et itérants en seront des exemples manifestes) par des marques référentielles précises (par exemple «c'» dans «c'est chaque fois la même chose» réfère à un itérant de notre modèle, et «cette» dans «cette fois-là» réfère à un itéré). Ce paradigme issu du monde du logiciel évoque celui des Ontologies (cf. Thomas R. Gruber 1993: «une ontologie est la spécification d'une conceptualisation d'un domaine de connaissance») utilisées en Intelligence Artificielle et pour le web sémantique, en ce que les concepts mis au jour peuvent entretenir les uns par rapport aux autres des relations d'association (un concept en utilise un autre) ou d'héritage (un concept est une spécification d'un autre concept plus général). Cependant, l'approche objet offre une modélisation plus riche des entités manipulées que ne le proposent les ontologies, en permettant notamment à ces entités de disposer de comportements (appelés méthodes). Une introduction aux concepts objets et au langage de modélisation associé UML sera faite en section 3 de ce chapitre.

Par ailleurs, le modèle que nous développons prend appui sur la théorie SdT et à ses extensions présentées au chapitre précédent, afin de pouvoir notamment rendre compte, au sein même des itérations, de phénomènes tels que l'aspect. Il doit donc intégrer les différents intervalles et relations de cette dernière.

Pour résumer, nous avons ici pour objectif de produire un modèle de l'itération qui ait une certaine plausibilité cognitive, c'est-à-dire qui puisse, lors de la lecture d'un texte, permettre de construire par un processus incrémental un certain nombre de représentations relatives à l'information itérative présente dans le texte, et souhaitons que ces représentations embrassent les différentes façons dont l'itération est appréhendée en langue (et souvent au sein d'un même texte). En particulier, nous aurons à coeur que toute expression anaphorique portant sur des informations itératives, comme «cette fois-là», «ces fois-là», «la troisième fois», etc. possède dans notre modèle, un objet capable d'en rendre compte directement.

1.2. Circonscription de notre objet d'étude

Nous nous appuyons pour cette modélisation sur la définition de l'itération proposée dans l'introduction de cet ouvrage (partie 1: l'itération comme objet linguistique), que nous résumons ci-dessous:

L'itération est la répétition dans le temps d'un même procès.

a) Par *répétition dans le temps*, nous entendons que les intervalles de procès correspondants (c'est-à-dire les intervalles des occurrences de procès) ne puissent coïncider: il y a au moins succession des bornes initiales de ces intervalles.
b) Par *même procès*, nous entendons le fait qu'une forme infinitive unique puisse rendre compte de chaque occurrence de procès.
c) Cette forme infinitive doit en outre comporter un sujet explicite et identifiable, et ce sujet doit rester stable d'une occurrence à l'autre (dans le cas d'un pluriel, il ne doit pas y avoir changement de l'intégralité des protagonistes d'une occurrence à l'autre).

En conséquence, les itérations telles que nous les considérons ici sont une restriction à une certaine sous-classe d'un ensemble résultant d'un processus linguistique très générique, comme dans l'exemple (2a), qui met en branle à la fois une multiplicité temporelle et une multiplicité de sujets, et permettant même une combinaison des deux (parmi les femmes désignées dans l'exemple (2a), certaines ont accouché plusieurs fois, ceci donnant lieu à autant d'itérations au sens restreint où nous les entendons comme dans l'exemple (2b)).

(2a) Au 19ème siècle, les femmes accouchaient dans la douleur

(2b) Marie a accouché trois fois.

2. Analyse et représentation des itérations: itérant et itérés

2.1. Exemple introductif

Le processus d'itération a ceci de particulier qu'il génère plusieurs procès (les itérés) à partir d'un seul (l'itérant). Dans l'exemple 1, il résulte de l'interprétation du syntagme «sept fois» la création de sept procès distincts (et même ici disjoints) qui se répartissent dans le temps. Mais ces différents procès, les **itérés**, ont un statut particulier, un air de famille, puisqu'ils résultent du clonage[3] d'un même procès, *elle 'aller' à la montagne*. Ils se distinguent en cela de 7 procès qui seraient exprimés par la conjugaison successive du verbe *aller* à sept reprises.

Nous pouvons schématiser ce processus, dans le cas de notre exemple, de façon simple: dans une itération, nous sommes en présence d'un itérant (*elle 'aller' à la montagne*), qui donne lieu à la création d'itérés (sept procès répartis dans le temps) par le biais d'un itérateur (*sept fois*), comme présenté en figure 1.

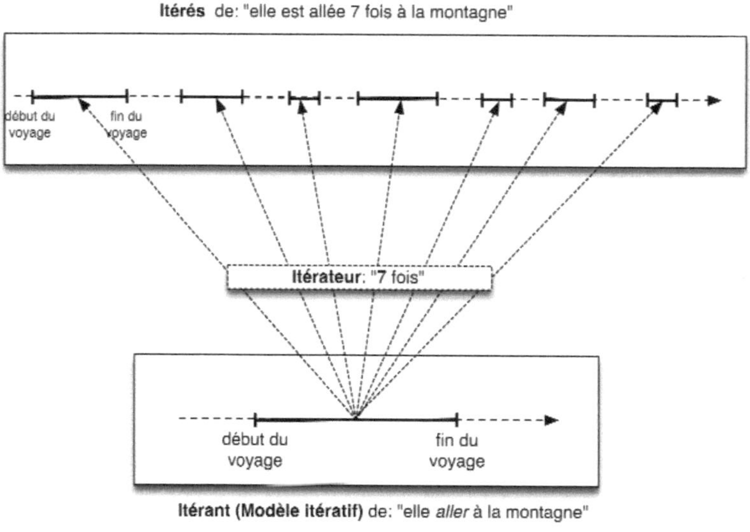

Figure 1: Itérant et itérés

3 Voir la partie 2.4 pour une définition de l'opération de clonage.

2.2. Une hypothèse cognitive: les deux facettes de l'itération

La figure 1 a fait apparaître deux aspects fondamentaux de l'itération. Comment intégrer cette dualité au contexte linguistique d'une part, et au modèle d'autre part?

Dans cette étude, nous faisons l'hypothèse cognitive suivante: les itérations temporelles sont appréhendées selon le double point de vue extensionnel et intensionnel (voir ci-après), parfois indépendamment, parfois simultanément, en fonction des besoins, selon le contexte et les individus. En d'autres termes, nous supposons que face à une situation itérée (i.e. un procès ou un agglomérat de procès), nous pouvons être amenés à considérer ce tout:

- soit comme un ensemble de procès répartis dans le temps (point de vue extensionnel, correspondant au haut de la figure 1), venant le cas échéant se placer parmi d'autres procès (issus ou non d'autres itérations),
- soit comme une situation unique (point de vue intensionnel, correspondant au bas de la figure 1), dont on sait certes qu'elle est dupliquée (i.e. dont on connaît la réalité extensionnelle) mais desquelles duplications on prend le parti de s'abstraire afin de n'en considérer que le «modèle» commun.

Certaines configurations linguistiques semblent orienter le point de vue plutôt vers l'une ou l'autre de ces deux facettes, mais il y a toujours moyen de basculer d'un point de vue à l'autre. Observons ce continuum linguistique:

A. Configuration privilégiant la facette extensionnelle: «Le trois septembre, elle est allée pour la première fois à la piscine, faisant une heure de brasse. Elle y est retournée trois semaines plus tard, pour une séance de deux heures environ, et une troisième fois hier matin, de 8h à 10h.»

B. Configuration privilégiant la facette intensionnelle: «A cette époque, ma journée commençait vers 8 heures. Après une rapide douche, je descendais déjeuner, puis…». Comme indiqué dans la partie précédente, l'œuvre de Proust regorge d'itérations de ce type.

C. Configuration mettant en avant les deux facettes extensionnelle et intensionnelle: «Tous les jeudis, nous faisions une partie de cartes.»

Dans la configuration A, il y a certes l'itération d'une situation «'aller' à la piscine», mais celle-ci apparaît itéré après itéré, du premier au troisième, et les particularités de chacun des itérés sont mises en avant (date précise, durée, contenu). Cette description est très proche de ce qui serait fait avec des procès de différentes natures, c'est-à-dire une série non itérée. Dans cette configuration, le focus est mis sur l'ensemble des itérés, appréhendés de façon extensionnelle, ainsi que sur l'ancrage temporel individuel de chacun d'entre eux. La facette intensionnelle n'est pour autant pas absente, puisqu'elle transparaît au travers de la lexie «fois» qui indique que l'on a affaire à chaque fois à une situation identique: d'une «fois» à l'autre, on identifie bien une *même* situation (voir les travaux de A. Theissen 2008) pour une étude linguistique de «fois»).

Dans la configuration B, au contraire, il est décrit une situation type, que nous appellerons par la suite «modèle itératif»; en l'occurrence le contenu d'une journée commençant vers 8 heures. Cette présentation est très proche de celle d'une situation non itérée comme: «hier, ma journée a commencé à 8 heures. Après une rapide douche, etc.». Dans ce cas, le focus est ainsi mis sur une situation type (dans notre exemple, une journée type), en faisant abstraction de la répétition de ces situations dans le temps.

Enfin, la configuration C semble *a priori* moins orientée que les deux précédentes. Nous pouvons en effet la pousser facilement vers sa facette extensionnelle comme en A en la faisant suivre par «En tout, il y a eu 12 jeudis. Le premier jeudi, on a joué de 20h à 22h, les trois jeudis suivants, à partir de 20h30, etc.», mais aussi vers sa facette intensionnelle comme en B en la continuant par «La partie commençait par le mélange puis la distribution des cartes. Puis, etc.», dans laquelle on parle typiquement de «la partie» (il s'agit donc d'un modèle générique de partie) plutôt que «des parties» (ce qui correspondrait plus volontiers à leur présentation extensionnelle).

Les deux facettes peuvent tour à tour être exploitées au fil du texte, tantôt pour décrire des singularités au niveau d'itérés particuliers, tantôt pour décrire le «modèle itératif» général.

2.3. Espaces mentaux et modèles itératifs

2.3.1. Les «espaces mentaux» de Fauconnier

Les «espaces mentaux» introduits par Gilles Fauconnier (1984) permettent de rendre compte de certains processus de construction mentale qui accompagnent le langage. Ils «sont les clefs de voûte de ces constructions de l'esprit; ce sont des domaines que nous inventons au fil du discours, et que nous structurons au moyen de rôles, de stratégies et de relations». A ce titre, comme nous allons le développer ci-dessous, ils nous semblent apporter un éclairage pertinent aux processus cognitifs propres à l'itération que nous défendons dans ce travail. Sans entrer dans le détail de ses principes, qui débordent largement du cadre de ce chapitre, donnons-en juste une esquisse au moyen de quelques exemples.

(3) Dans le tableau de Luc, la fille aux yeux bleus a les yeux verts.

Comment, dans l'exemple (3), le référent de *la fille* peut-il avoir *les yeux bleus* et *les yeux verts*? En fait, il ne s'agit bien sûr pas du même référent: l'un correspond à la «réalité», où un modèle fille, aux yeux bleus, pose pour un peintre; l'autre correspond à une représentation picturale de cette fille par un peintre, représentation qui prend ici quelque liberté quant à la couleur des yeux par rapport à son modèle. Le principe des espaces mentaux, dans un tel cas, est le suivant: «dans le tableau de Luc» déclenche l'ouverture d'un espace mental relatif aux représentations figurant dans le tableau, noté M. Il est lié à un espace premier correspondant à la «réalité», noté R, qui en est le parent. Il existe en parallèle une fonction F, appelée connecteur, associant aux entités de R une image dans M. Ainsi, une entité x_R dans R correspond à une fille aux yeux bleus dans l'espace relatif au «monde réel», une entité x_M dans M correspond à une fille aux yeux verts dans l'espace relatif au tableau, et ces deux entités sont mises en correspondance par F: $x_M = F(x_R)$. Dès lors, une expression telle que *la fille aux yeux bleus* peut faire directement référence à x_R , ou, grâce au «principe d'identification» défini par Fauconnier, à $F(x_R)$, c'est-à-dire x_M, ou en d'autres termes, *la fille aux yeux verts*. Ce qui pouvait apparaître dans l'exemple (3), lors d'une lecture littérale, comme une contradiction, trouve sa logique dans les espaces mentaux qui permettent de rendre compte de différents points de vue sur une situation, et de connecter ces points de vue.

Fauconnier s'affranchit ainsi des difficultés posées par de nombreux exemples (avérés), parfois cocasses, tels que (4):

(4) Avant de mourir, la femme sans tête était allée chez le coiffeur (France Soir).

On remarque que ce dernier exemple fait intervenir la dimension temporelle, avec des espaces associés au temps, et un connecteur temporel. Si certains exemples de l'auteur nous rapprochent encore de nos préoccupations sur l'itération, comme (5):

(5) Le président change tous les sept ans

on notera d'une part qu'il ne s'agit pas ici d'une itération telle que nous les avons définies (tout du moins dans l'acception pragmatique naturelle de cet énoncé, Fauconnier étudiant pour sa part les deux acceptions possibles), et d'autre part que le traitement qui en est fait porte sur la notion de «rôle» (ici le rôle présidentiel), lequel rôle pouvant se substituer à une référence directe.

2.3.2. Présentation des Espace Mentaux Itératifs (ou Espaces Modèles)

Même si notre objectif et notre objet d'étude diffèrent notablement de ceux des «Espaces Mentaux» de Fauconnier, nous reprenons à notre compte un certain nombre de principes et d'éléments de ces derniers. En effet, les deux visions possibles des itérations semblent pouvoir correspondre à deux espaces mentaux différents: à partir d'un espace mental de référence M, dans lequel sont placés, de façon extensionnelle, des procès correspondant à une situation itérée, il est possible de construire un espace plus abstrait M', dans lequel cette situation itérée est appréhendée de façon unique. Chaque itéré de la vision extensionnelle proposée par M est connecté par un connecteur Fiter (que l'on pourrait qualifier de connecteur par subsumption itérative) à un élément itérant de M'. Relevons une différence notable entre les espaces mentaux tels que proposés par Fauconnier, dont nous nous inspirons librement, et les espaces mentaux itératifs: alors que chez Fauconnier, un élément de M' ne peut avoir qu'un antécédent dans M pour un connecteur donné (mais en avoir un par connecteur lorsque plusieurs connecteurs existent), le connecteur FITER associe à différents itérés de M une même image (un même itérant) dans M' (mathématiquement, FITER est surjective):

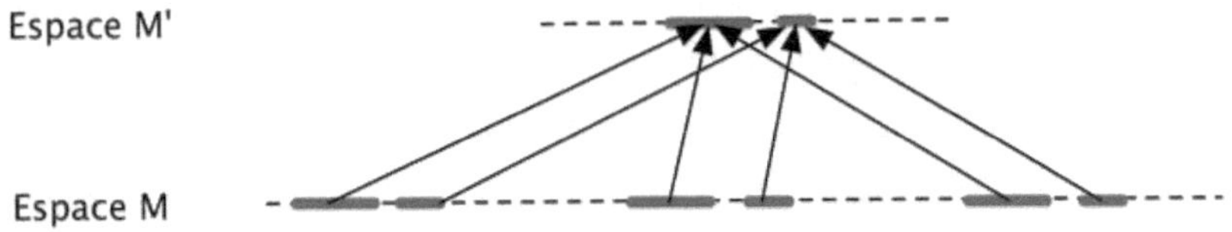

Figure 2: illustration de la fonction F_{ITER} de M vers M'

L'espace M' sert à construire et à manipuler la situation itérante, c'est-à-dire la situation servant de modèle aux différents itérés qui sont présents dans M.

Conformément aux présupposés de Fauconnier, ces espaces mentaux ne sont pas marqués par des structures linguistiques spécifiques, mais répondent à des constructions résultant de l'interprétation de ces dernières:

> […] nous introduisons la notion d'espaces mentaux, distincts des structures linguistiques, mais construits dans chaque discours en accord avec les indications fournies par les expressions linguistiques. (cf. Fauconnier, 1984: 32)

Et, de même qu'il appelle «introducteurs les expressions qui établissent un nouvel espace ou qui renvoient à un espace déjà introduit dans le discours» (*ibid.*), nous pourrons considérer les syntagmes propres à l'itération tels que «tous les jeudis, à chaque fois que, etc.» comme introducteurs d'espaces mentaux itératifs (que nous appellerons par la suite *espaces modèles*). Bien sûr, comme nous avons déjà pu le voir, d'autres introducteurs ne sont pas directement marqués linguistiquement (cf. notamment la notion de «conflit» introduite par L. Gosselin).

2.3.3. Espaces mentaux itératifs d'un discours

Nous posons qu'à tout discours est associé un espace mental de référence que nous appelons «espace Mental Enonciatif» (ME) et qui correspond au premier niveau d'appréhension en termes d'itération. Ce niveau d'appréhension propose une vision totalement extensionnelle des éventuels phénomènes itératifs. Par ailleurs, il permet l'accès aux intervalles d'énonciation, offrant ainsi une vision absolue de la temporalité (un procès peut ainsi être vu dans le passé, le présent ou le futur pour autant qu'il soit en relation avec l'intervalle d'énonciation).

Lors de l'analyse de ce discours, sont créés autant d'espaces mentaux itératifs – que nous désignerons désormais espaces Mentaux Modèles (MM) –

que sont trouvées de nouvelles itérations, et ce, éventuellement, de façon récursive, comme nous le détaillerons en 2.3.5.

Par conséquent, nous avons pour tout discours un unique ME, et de multiples MM. Chaque MM est inclus dans ME ou dans un autre MM, et, de façon (éventuellement) récursive, tout MM est forcément inclus dans ME.

2.3.4. Propriétés des espaces mentaux itératifs

Soient deux espaces mentaux M et M' tels que M est le parent de M' (rappel: par construction, M' est donc nécessairement un MM, et M peut soit être un MM dans le cas d'itérations récursives, soit l'espace d'énonciation ME). Les propriétés de M' se déduisent à la fois de celles de M, et de l'introducteur itératif qui en est à l'origine. Ces propriétés sont d'ordre temporel d'une part, et référentiel de l'autre.

Temporellement:

M' ne permet qu'une appréhension réduite de l'axe temporel. Par réduite, nous entendons deux choses:

- d'une part, les intervalles de M' ne peuvent entrer en relation avec aucun des intervalles de M, et donc, récursivement, avec aucun des intervalles parents de M. Il en résulte en particulier que M' n'a pas accès aux intervalles d'énonciation (présents dans l'espace ME, comme illustré dans la figure 3), et que par conséquent, il est en dehors de la temporalité absolue (pas de notion de passé, présent ou futur).
- d'autre part, la longueur de la partie de l'axe temporel accessible à un espace donné est limitée à celle du plus grand itéré que l'itération dont il est le moteur est susceptible de créer. Par exemple, dans le cas d'une itération calendaire introduite par «chaque semaine», comme dans l'exemple (6), cette longueur sera le plus souvent limitée à environ 7 jours, bien qu'il puisse y avoir des exceptions, comme dans «tous les ans, il écrit un nouveau roman» où il est possible que la rédaction d'une nouvelle œuvre débute avant que ne s'achève la précédente.

(6) Chaque semaine, Jean allait deux fois au cinéma.

Illustrons ces principes au travers de cet exemple. Il s'agit de deux itérations imbriquées, la première introduite par l'itérateur associé à «chaque semaine», la seconde, incluse dans la première, introduite par l'itérateur «deux fois». Ainsi, on a affaire à trois niveaux d'espaces mentaux, comme illustré dans la figure 3:

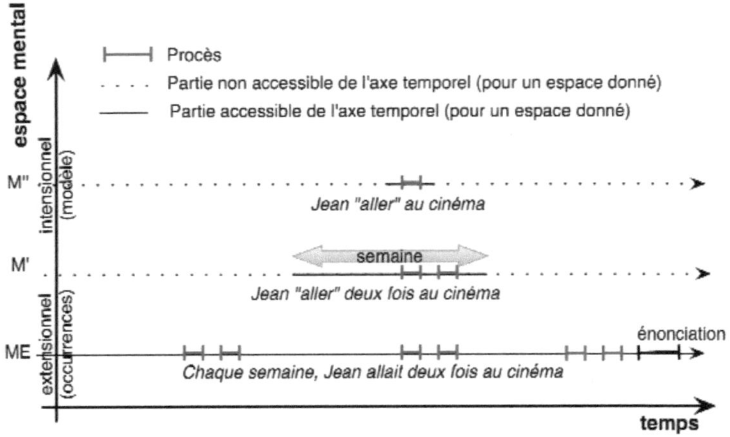

Figure 3: les espaces mentaux d'une itération à plusieurs niveaux

Au niveau le plus bas, celui de l'espace énonciatif ME, on a accès à l'intégralité de l'axe temporel, et on trouve tous les itérés. Au niveau supérieur M', dont ME est l'espace parent, on a accès à une partie de l'axe temporel d'un longueur d'une semaine. Enfin, au troisième étage, l'espace M'', dont M' est l'espace parent, on a accès à une partie de l'axe temporel d'une longueur égale à la durée maximale d'une séance de cinéma.

Pour simplifier, nous utiliserons comme chez Fauconnier la relation d'inclusion pour indiquer qu'un espace mental est issu d'un autre: $M' \subset M$. Cette relation est distincte de l'inclusion mathématique (en particulier, si $x \in M'$, on ne peut en déduire que $x \in M$). Elle a l'avantage, dans l'utilisation qui est faite ici des espaces mentaux, de faire apparaître clairement l'inclusion de longueur d'axe temporel sous-jacente à cette inclusion. En effet, si $M' \subset M$, M' est un espace servant de modèle itératif à M, et doit de ce fait avoir une échelle temporelle inférieure à celle de M. En reprenant l'exemple de la figure 3, on a $M'' \subset M' \subset ME$, et l'on vérifie bien que:

quelques heures (M'') < une semaine (M') < axe temporel complet (ME)

Du point de vue de la référence:

Les éventuelles entités itérées dans un espace M (comme par exemple ME dans la figure 3) sont vues comme une entité unique dans M', laquelle ne garde que les propriétés communes à l'ensemble des entités itérées (ce qui revient à produire un nivellement par la non-spécificité). Par exemple, dans «l'année dernière, elle s'est acheté une (nouvelle) robe tous les jeudis, toujours dans les tons pastels», nous trouvons 52 référents de robes dans l'espace M (peut-être certaines rouge pastel, d'autres vert pastel, si la suite du texte le précise), et une seule robe «modèle» dans l'espace M', dont la propriété couleur est simplement d'être pastel. Attention cependant, cette multiplicité algébrique est sujette à variations selon le contenu sémantique et pragmatico-référentiel. Ainsi, dans «Propre comme elle est, elle change de chemise tous les jours», il se peut très bien qu'une même chemise soit utilisée à de multiples reprises, la condition de propreté ayant pour seule exigence que celle-ci soit lavée entre deux usages. A l'extrême, il pourrait n'y avoir que deux chemises, l'une pour les jours pairs et l'autre pour les jours impairs, dans l'espace M.

En revanche, les entités non itérées de M sont potentiellement accessibles dans M'. En termes simples, le référent de *elle* dans «elle est allée 7 fois à la montagne» est bien le même dans les 7 itérés de M et dans le procès «modèle» de M'.

2.3.5. Récursivité des espaces mentaux itératifs

De même que chez Fauconnier, les espaces mentaux itératifs peuvent être bâtis de façon récursive, c'est-à-dire qu'un espace M" peut être construit à partir de l'espace parent M', comme nous l'avons déjà vu en figure 3. C'est ainsi que l'on peut rendre compte de l'exemple (6) «chaque semaine, Jean allait deux fois au cinéma» avec l'espace d'énonciation ME à partir duquel on construit M' espace mental itératif dans lequel on voit une «semaine modèle», et au sein de laquelle on construit M" espace mental itératif dans lequel on voit une partie itérable de la «semaine modèle» de M' d'une longueur d'environ quelques heures (une séance de cinéma).

Notons que dans de telles configurations récursives, les propriétés référentielles dont nous avons fait état précédemment fonctionnent bien sûr à chacun des niveaux, si bien que si l'on a bien une seule séance de cinéma dans l'espace M" issu de cette itération récursive à deux étages. On en trouve cependant 2 dans M' (espace relatif à «Jean 'aller' deux fois au cinéma»), et 104 (52 semaines x 2) pour chaque année de l'espace ME concernée par cette itération imbriquée.

2.3.6. Espaces mentaux itératifs et calendrier

Le calendrier est un support pratique et donc très usité de l'information temporelle en langue, et cela se confirme dans le cas particulier des itérations. Des syntagmes tels que *tous les jours, chaque année, chaque premier mai, ou 50 fois par seconde* nous montrent combien les informations calendaires peuvent être vecteur d'itération, et une partie du modèle que nous proposons est consacrée à ce paradigme. Cela n'a rien d'étonnant lorsque l'on considère que le calendrier est basé sur un système cyclique et (partiellement) récursif. Il est donc nécessaire de voir comment les notions d'espaces mentaux itératifs et de calendrier s'agencent.

Nous considérerons que le calendrier est composé de niveaux imbriqués, chaque niveau définissant un type de période temporelle se répétant n fois au cours d'une occurrence de niveau supérieur. Nous noterons Niveau(i) < n < Niveau(i+1) le fait qu'un intervalle de niveau i est répété n fois dans une occurrence de niveau i+1. Par exemple, Seconde <60< Minute indique que la Minute est située au niveau supérieur de la Seconde, et qu'une instance de Minute contient 60 instances de Seconde. Ce système n'est pas toujours parfaitement homogène, dans la mesure où le Mois qui est de niveau supérieur au niveau Semaine ne définit pas un nombre de semaines exact (environ 4), de même que pour les jours (ceux-ci pouvant aller de 28 à 31 pour un mois donné). Nous pouvons néanmoins établir les relations suivantes:

> Seconde <60< Minute <60< Heure <24< Jour <365.25< An <100< Siècle <10< Millénaire
> Jour <7< Semaine < ~4 < Mois
> Jour <28-31< Mois <12< An

Remarquons enfin que ce système se prête à la datation par rang (rang de l'année dans «en 1984», jour du mois dans «le 5 mai», rang de l'heure dans «à 14 heures»), ou par nom («mardi», «juin»). Cette datation peut être relative, c'est-à-dire circonscrite à l'intérieur d'un niveau, se prêtant alors à l'itération, ou absolue, c'est-à-dire proposant un rang par rapport à une date absolue, la naissance de Jésus-Christ («en 1984», «au 21ème siècle»), étant alors incompatible avec l'itération.

Nous posons que:

- un espace mental peut être assujetti au système calendaire. Il dépend alors de l'un, et d'un seul, de ses niveaux:
  - * Seconde;
  - * Minute;
  - * Heure;
  - * etc.

  Il a alors accès aux niveaux calendaires inférieurs, mais n'a accès à aucun des niveaux supérieurs.
- si deux espaces mentaux M1 et M2 sont tous deux assujettis au système calendaire, et que M1⊂M2, alors le niveau calendaire de M1 est inférieur à celui de M2.

Nous considérerons par ailleurs qu'un espace mental assujetti au système calendaire a accès à une (ou parfois plusieurs) des occurrences du niveau concerné. Cette occurrence sera nommée par la suite «occurrence modèle», et nous parlerons ainsi par exemple de «dimanche modèle» dans «tous les dimanches». Par soucis de simplification, nous ne prenons pas en compte des cas assez rares tels que «tous les dimanches et les mercredis».

2.3.7. Espaces mentaux itératifs et construction des itérations

Nous souhaitons conclure cette partie relative aux espaces mentaux itératifs sur quelques considérations cognitives importantes concernant la construction des itérations.

Si nous pensons avoir trouvé chez Fauconnier un dispositif conceptuel pouvant rendre compte de façon pertinente de l'itération, via les propositions que nous venons de faire, il faut néanmoins mentionner que d'un point de vue linguistique, et aussi, probablement, d'un point de vue cognitif, la genèse des itérations peut tout à fait prendre le chemin contraire à celui qui semble se dessiner dans les espaces mentaux. Ces derniers nous font en effet partir d'une situation initiale où tous les itérés sont posés (l'espace parent MP dans notre étude) vers un espace fils (MM dans notre étude) où un itérant est obtenu par subsumption des itérés, conformément à la configuration **A** décrite en partie 2.2.

Or, dans nombre de cas, ceux de la configuration **B** (ibid.), l'itération linguistique est créée à partir d'un itérant (servant de modèle), selon un processus (empruntant un chemin contraire) amenant à la création d'itérés. C'est ce dernier chemin qui correspond à la modélisation que nous proposons dans la présente partie, mais ceci n'enlève bien sûr rien à la compatibilité de notre approche avec sa formulation via les espaces mentaux.

Il s'agit tout simplement de deux processus cognitifs réciproques, l'itération et la subsumption, comme montré en figure 4.

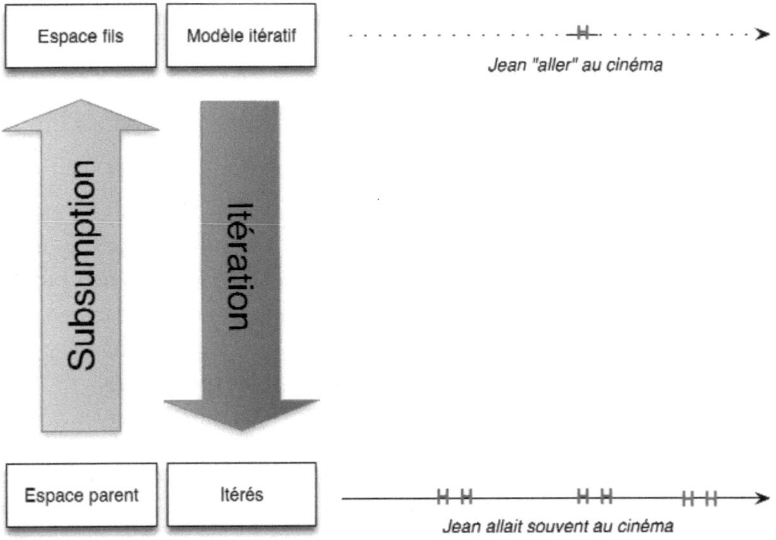

Figure 4: subsumption et itération

Le processus d'itération revient, cognitivement, à partir d'une situation modèle («Jean *aller* au cinéma») pour créer les itérés («Jean allait souvent au cinéma»). Réciproquement, le processus de subsumption consiste à considérer plusieurs procès comme faisant partie d'un tout, à savoir un procès type permettant de rendre compte de l'ensemble d'entre eux.

2.4. Lien entre itérant et itérés: notions de clonage et de projection

Nous avons indiqué que les itérés sont construits par une opération de clonage de l'itérant. Il est toutefois nécessaire de préciser la nature de cette opération, qui du fait de son essence linguistique déroge quelque peu à la rigueur mathématique.

La notion de clonage est très présente en programmation orientée objet. C'est un mécanisme qui permet de créer une nouvelle entité à partir d'une entité préexistante, par copie de chacun des attributs de cette dernière. Certains langages, dits «prototype-basés», comme *self* ou *ecma-script*[4], mettent même ce procédé au premier plan, mais il est remarquable que même les langages de programmation orientée objet plus classiques comme Java, dont le mécanisme natif de création d'objet consiste à instancier une classe, proposent aussi, en parallèle, un tel mécanisme.

Remarquons par ailleurs que cette notion qui consiste à s'inspirer d'une entité existante pour en créer une nouvelle, revenant à considérer la première comme un «prototype» (comme le confirme le terme de langage «prototype-basé»), nous renvoie à la «théorie du prototype» d'Eleanor Rosh (1973), en sciences cognitives, comme alternative à la sémantique intensionnelle.

Considérons à présent l'itération issue de l'exemple (7).

(7) Chaque jeudi, de 20 heures à 22 heures, ils faisaient une partie de boston.

On peut envisager en première approche que l'itérateur, vu comme une fonction mathématique simple, clone l'itérant de l'espace mental modèle (désormais MM) un certain nombre de fois, et projette chacun de ces clones dans son espace mental parent (désormais MP). Cet itérateur est régulier, de période une semaine.

4 Langage de programmation de type script, standardisé par Ecma International dans le cadre de la spécification ECMA-262

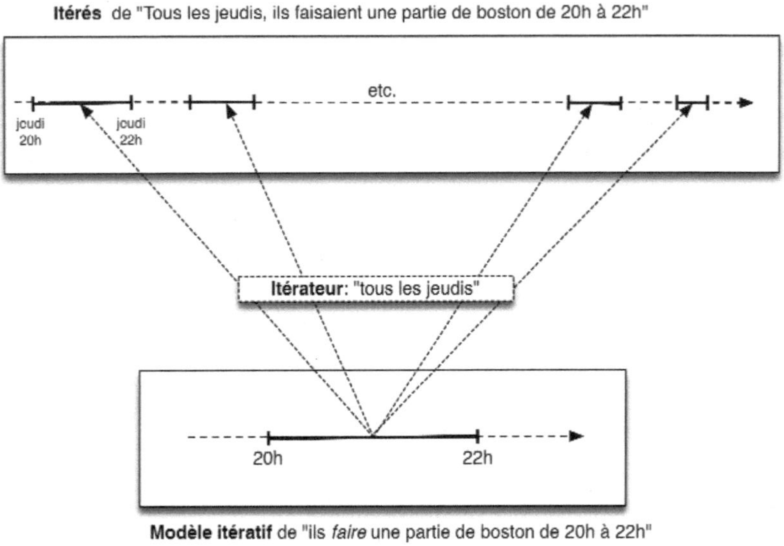

Figure 5: clonage et projection

Cette opération de projection consiste en deux choses: d'une part, un changement d'espace mental, à savoir passer d'un espace mental à son espace mental parent. D'autre part, en une translation, permettant à chaque itéré de se voir attribuer une place particulière dans cet espace plus vaste. Par exemple, si un procès modèle se trouve dans le «jeudi modèle» de l'espace MM, chacun de ses clones sera projeté sur un jeudi particulier de l'espace MP.

Si elle a le mérite d'être simple, cette construction s'éloigne assez franchement de la réalité linguistique dont elle veut rendre compte. En particulier, sa régularité mathématique rigoureuse, faisant démarrer toutes les parties à 20 heures et les faisant s'achever toutes à 22 heures, tend à surspécifier les itérés: en l'occurrence, le locuteur ne s'engage pas à ce que les parties soient toutes calibrées de façon aussi précise. Plus encore, l'entité itérante se décline en différents itérés qui peuvent différer non seulement quant à l'ancrage temporel, mais aussi quant à leur contenu:

(8) Parfois, ils invitaient le voisin; la partie était alors plus longue

Dans l'exemple (8), le contenu de ce qui est porté par l'itérant de (7) varie *parfois*, intégrant un joueur de plus. Les itérés qui en résultent font pourtant partie intégrante de l'itération première, *parfois* faisant référence à un sous-ensemble des itérés. De plus, dans le même temps, ces itérés dérogent quelque peu à leur modèle aussi en ce qui concerne la durée, comme l'indique la seconde proposition de l'exemple: «la partie était alors plus longue». Ici, on pourrait parler d'un itérant à (au moins) deux facettes linguistiquement distinctes (l'une modélisant les parties sans le voisin et plus courtes, l'autre avec ce dernier et plus longues), distribuées avec une prédominance de la première (la deuxième, introduite par *parfois*, devant être plus rare).

Plus encore, il est linguistiquement possible générer autant de dérogations à l'itérant qu'on le souhaite:

(9) Le premier jeudi de mars fut particulier: la partie débuta à 19h30.

Et l'on peut même envisager des dérogations plus profondes au modèle initial, comme dans l'exemple (10), où les parties de boston se voient parfois remplacées par un jeu d'une autre nature, mais le tout se fondant finalement dans un itérant hyperonymique «parties de cartes».

(10) Une partie de poker venait parfois se substituer à l'habituel boston.

Ces différents exemples nous amènent à considérer les opérations de clonage et de projection comme plus lâches qu'une projection mathématique classique, en ce sens qu'elles utilisent l'itérant comme **modèle** d'entité à projeter, lequel modèle peut se voir décliné en différents projetés, les itérés, s'inspirant du modèle, certes, mais chacun ayant potentiellement ses particularités.

De ce fait, un itéré possède deux facettes:

- sa facette «**entité résultant d'un itérant**», et est en ce sens le clone d'un modèle, semblable aux autres itérés (cette facette est en quelque sorte la part provenant de MM de l'itéré);
- mais à l'opposé, sa facette «**entité singulière**», qui s'inscrit dans MP, rend compte des spécificités propres de cet itéré (comme le fait que telle partie de boston a débuté à 19h30 et non 20h).

En l'absence de toute précision linguistiquement formulée, un itéré fraîchement construit se voit attribuer des valeurs par défaut issues de l'itérant.

Dans notre exemple, il s'agit du fait que le procès corresponde à une partie de boston, que celle-ci débute à 20 heures, et qu'elle s'achève à 22 heures. Un itéré naît donc sous sa seule facette «entité résultant d'un itérant», et n'a jusqu'alors de singulier que son ancrage temporel. Dès lors, des ajouts et modifications singuliers peuvent être faits, comme dans l'exemple (9), et comme illustré dans la figure ci-dessous dans l'itéré correspondant au premier jeudi de mars.

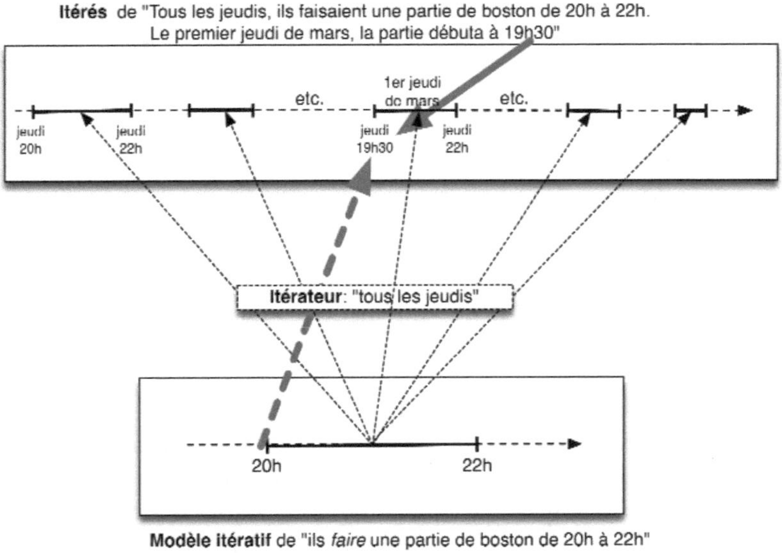

Figure 6: amendement porté à un itéré

D'un point de vue formel, nous utiliserons le terme **modèle itératif** pour désigner la classe d'objets rendant compte des **itérants**, la notion de «modèle» rendant bien compte du lien qui existe entre itérant et itérés, et notamment du fait que l'itérant se comporte comme un modèle pouvant être décliné en des images itérées toutes un peu différentes.

2.5. Les intervalles de la SdT dans le présent modèle

Nous pouvons à présent faire un premier lien entre le modèle de l'itération de la SdT et le présent modèle.

Les intervalles liés à une «série de procès itérés», respectivement nommés [Bs1, Bs2] pour ce qui est de l'ensemble des itérés, et [Is, IIs] pour ce qui est de l'intervalle de référence de la série, se placent systématiquement dans un espace temporel parent d'un autre espace, l'espace fils où se trouve le modèle itératif.

Les intervalles liés au modèle d'occurrence, respectivement nommés [B1, B2] pour ce qui est du procès, et [I, II] pour ce qui est de l'intervalle de référence, se placent quant à eux dans un espace mental modèle fils. Il en va de même, le cas échéant, pour les intervalles circonstanciels [CT1 CT2] appartenant au modèle d'occurrence, comme dans «souvent, il vient le **dimanche**».

Notons qu'il peut y avoir des intervalles circonstanciels liés à la «série de procès itérés» [CTs1 CTs2], comme «pendant des années» dans l'exemple (11), et comme illustré par la figure 7. Ces intervalles viennent s'inscrire dans MP. Dans le présent modèle, nous considérons que ces intervalles viennent contraindre ce que nous appelons le «cadre» de l'itération, et qui sera précisé ultérieurement.

(11) Pendant des années, il est venu le dimanche.

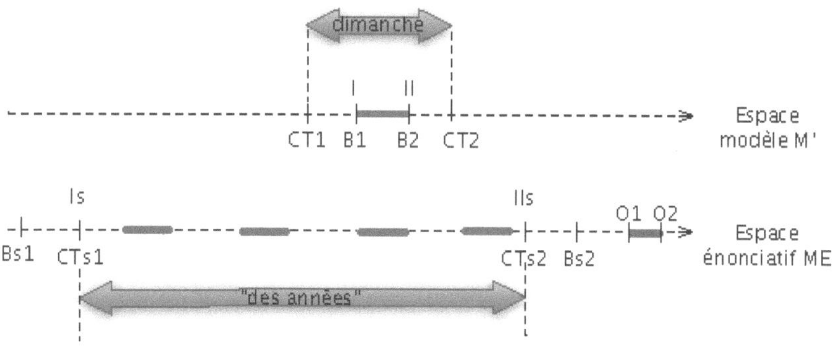

Figure 7: les différents intervalles dans les différents espaces

Du point de vue de la représentation de ces différents types d'intervalles, qui, pour une itération donnée, étaient placés sur un même axe dans le chapitre précédent, sont donc placés dans le présent modèle sur des axes de représentation différents: les intervalles relatifs à la série globale ([Bs1, Bs2], [Is, IIs], [CTs1 CTs2]) se trouvent sur un certain espace MP parent d'un espace fils MF, tandis que les intervalles relatifs au modèle itératif (les [B1, B2], [I, II] et [CT1 CT2] de ses procès modèles) se placent quant à eux dans MF. Cette construction est récursive, un modèle itératif pouvant lui-même être constitué d'une ou de plusieurs itérations, auquel cas il aura lui même, associés à ses propres itérations, des intervalles relatifs à des séries ([Bs1, Bs2], [Is, IIs], [CTs1 CTs2]). Seul un espace n'ayant pas de fils, ne comportant donc par définition pas d'itération à son niveau, ne dispose bien sûr pas d'intervalles relatifs à des séries.

Il reste à considérer le cas des intervalles d'énonciation. Selon la SdT, tout procès est mis en relation avec un intervalle d'énonciation [01 02] correspondant au moment où l'énoncé est produit. Nous reprenons ceci à notre compte, mais plaçons ces intervalles dans l'espace de plus haut niveau, l'espace énonciatif ME, et non pas dans les espaces modèles. Ces derniers sont en effet exempts de tels intervalles, et n'ont par conséquent pas accès à la temporalité absolue. Cela crée une singularité importante de ces espaces qui reprennent tous les intervalles de la SdT sauf les intervalles d'énonciation. Ceux-ci sont bien sûr toujours présents, pour tout énoncé, mais toujours placés dans ME. En conséquence, il n'y a pas de passé, de présent ni de futur dans les MM, mais seulement de l'antériorité, de la simultanéité et de la postériorité; ou en d'autres termes, pas de temporalité absolue, mais seulement une temporalité relative.

3. Présentation du modèle de l'itération

Les espaces mentaux itératifs ayant été présentés, et nos objectifs de modélisation ayant été posés, nous proposons à présent le modèle objet de l'itération.

3.1. Langage de modélisation «UML»: quelques éléments

Afin de mieux comprendre le modèle présenté dans cette partie, voici tout d'abord quelques éléments essentiels de la modélisation objet et de sa présentation sous forme de «diagrammes de classes» UML (Unified Modeling Language, cf. G. Booch, J. Rumbaugh, et I. Jacobson, 2000).

Le modèle que nous proposons se place dans le paradigme «objet» dans lequel nous créons des types d'objets appelés classes. Une classe décrit ce qu'il y a de commun à toute une famille d'objets, lesquels objets sont appelés des instances de cette classe. Par exemple, la classe Voiture permet de créer (instancier) autant d'objets particuliers de ce type qu'on le souhaite. Chacun de ces objets dispose de son propre état, indépendamment de celui de ses frères (une voiture peut être en train de rouler tandis qu'une autre est à l'arrêt), mais toutes disposent d'une structure commune décrite au niveau de la classe dont elles sont issues.

Différentes classes peuvent entretenir des relations, qui peuvent être, en première approche, de deux ordres: relation d'association ou relation d'héritage.

La relation d'association rend compte du fait qu'une classe en utilise une autre (ou plusieurs autres) pour se définir. Ainsi, il est possible que la classe Voiture utilise la classe Moteur pour indiquer que chaque instance de voiture dispose d'une instance de moteur, et qu'elle utilise la classe Roue pour indiquer que chacune de ses instances dispose de 4 instances de roues. Il y a dans ce cas deux relations d'association, l'une allant de Voiture vers Moteur, avec une multiplicité de 1 (une voiture a 1 moteur), l'autre allant de Voiture vers Roue, avec une multiplicité de 4 (une voiture a 4 roues). Enfin, l'association peut être symétrique ou, plus souvent, asymétrique. Le diagramme de classes correspondant est le suivant:

Figure 8: association de classes

La relation d'héritage définit quant à elle une relation de parenté entre une classe dite classe mère et une classe qui en hérite, dite classe fille. C'est une relation asymétrique car hiérarchique, qui indique que la classe fille «est un sous-type» de la classe mère, comme par exemple la classe Voiture peut être une sous classe d'une classe Véhicule, à la façon des relations d'hyponymie et d'hyperonymie. La relation d'héritage est très puissante dans la conception «objet», et elle est en particulier à l'origine de la notion de «polymorphisme»: cette dernière permet de voir un objet sous différentes facettes, ou, plus précisément, sous n'importe lequel de ses différents types parents. En effet, l'héritage correspondant à une relation «est un», il en découle par exemple qu'une instance de Voiture peut être vue non seulement comme une voiture, mais aussi comme un véhicule, car une Voiture «est un» Véhicule. De façon concrète, à chaque fois qu'un traitement portera sur un objet de type Véhicule, il pourra certes, bien sûr, opérer sur les instances de cette dernière classe, mais aussi sur des instances de n'importe lesquelles de ses sous-classes (Voiture, Camion, etc.), ou sous-sous-classes (Cabriolet, etc.). Le diagramme de classes correspondant est le suivant:

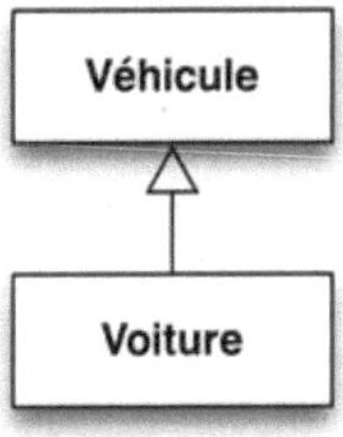

Figure 9: héritage de classes

3.2. Itération

Classe principale de ce modèle, c'est elle qui permet de représenter intégralement une itération, comme celle résultant de l'exemple (1).

Une itération est composée d'un **Itérateur** et d'un **modèle itératif**.

L'**itérateur** est un objet permettant d'itérer des événements dans le temps. Cela peut être en proposant un ensemble d'intervalles comme ceux résultant de «tous les jeudis» (au sein de chacun desquels on place un et un seul itéré), mais aussi par d'autres moyens que par des intervalles, comme dans «3 fois» (quantificatif), «souvent» (fréquentiel), «à chaque fois qu'il vient» (événementiel).

Le **modèle itératif** correspond à (un modèle de) ce qui est itéré, et que nous avons appelé **itérant** précédemment. Il est constitué d'un ou de plusieurs procès modèles, qui peuvent être liés les uns aux autres par des relations de différents ordres (relations temporelles, de causalité, etc.).

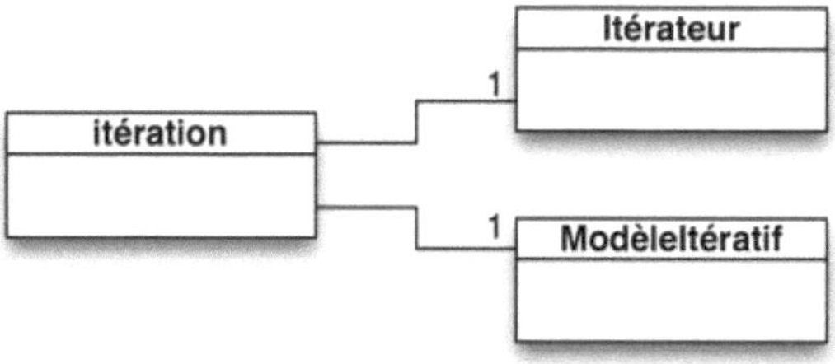

Figure 10: Itération, Itérateur et ModèleItératif

L'un et l'autre de ces objets peuvent correspondre à des éléments linguistiques distincts, mais cela n'a rien de systématique.

(12) Tous les jeudis, ils faisaient une partie de boston.

(13) Il va souvent à la montagne / dans le jardin.

(14) Chaque fois qu'ils viennent, nous faisons un billard.

En effet, dans l'exemple classique (12), l'itérateur semble directement provenir du complément circonstanciel «tous les jeudis», et le modèle semble lui aussi directement provenir de «faisaient une partie de boston», mais:

- dans (13), l'itérateur est construit à partir de l'adverbe *souvent* et de l'interprétation complète du procès, en tenant compte d'éléments pragmatico-référentiels, puisque *montagne* donnera une fréquence de par exemple 3 ou 4 fois par an, alors que *jardin* une fréquence de plusieurs fois par jour.
- dans (14), le syntagme «ils viennent» sert à créer l'itérateur, mais fait aussi partie du modèle itératif. C'est plus flagrant sans doute dans *Chaque fois qu'ils viennent, ils prennent la 4 voies*, où le procès «ils 'prendre' la 4 voies» est une élaboration (au sens de la SDRT) de «ils 'venir'».

On constate donc que ce modèle sémantique, s'il a pour vocation de rendre compte au mieux de la sémantique des itérations telles qu'elles se manifestent en langue, n'est pour autant pas directement ancré sur les réalisations textuelles de ces dernières.

3.3. Itérateur

3.3.1. Présentation

Le rôle d'un itérateur est de proposer une suite (souvent ordonnée) de "positions" (connues ou non) de l'axe temporel à chacune desquelles on pourra faire correspondre temporellement un itéré. D'un point de vue formel, il donne entre 1 et n (voire une infinité) "positions".

Ces "positions" ne sont pas obligatoirement renseignées temporellement. Par exemple, dans (15), tout au plus peut-on dire qu'elles sont circonscrites au cadre proposé par *sa vie.*

(15) De toute sa vie, il est allé trois fois à mer

(16) Par trois fois, tu me renieras.

Par ailleurs, un itérateur possède un cadre, intervalle recouvrant l'intégralité de l'itération, que l'on peut rapprocher de la notion de «Période de réference» (Pref) du chapitre précédent. Ce cadre est souvent contextuel, comme en (16), mais peut être présent dans la phrase, comme dans (15).

Linguistiquement, ce cadre peut être contraint par l'intervalle circonstanciel, et recouvre l'intervalle [Bs1, Bs2] du modèle SdT.

Enfin, conformément au modèle SdT, un itérateur possède un booléen (attribut ne pouvant prendre que deux valeurs, vrai ou faux) indiquant si l'itération résultante est intrinsèquement bornée ou non. Ce booléen sera notamment vrai dans le cas d'une itération induite par «trois fois», et faux dans le cas d'une itération induite par «quelques fois».

Cette classe propose par ailleurs un certain nombre de moyens d'accéder à son contenu, et en particulier à ses itérés. D'un point de vue cognitif, cela peut suggérer un accès à des structures mémorielles. La terminologie «objet» employée pour de tels moyens est celle d'accesseurs, chaque accesseur pouvant être vu comme une sorte de fonction propre à un objet et délivrant une information concernant ce dernier:

- isNombreItéréConnu(): booléen, indique si le nombre d'itérés est connu,
- getNombreItérés(): entier , à n'utiliser que si isNombreItéréConnu() est vrai,
- getNombreItérésMinimal(): entier nul si aucune indication n'est disponible quant au nombre d'itérés, ou une valeur positive indiquant le nombre minimal d'itérés actuellement connu (ex.: «elle est allée plusieurs fois à la montagne» donnera lieu à la valeur 2),
- isItérésChronologiques(): booléen, indique si les itérés sont rangés dans l'ordre chronologique. C'est la cas par défaut lorsque l'itération le per– getItéré(i: int): de type Itéré, renvoie l'itéré de rang i. Utiliser une valeur i inférieure à getNombreItérés() si le nombre d'itérés est connu, et à getNombreItérésMinimal() dans le cas contraire.

3.3.2. Modélisation

Les différentes classes d'itérateurs sont les suivantes:

Ensemble d'intervalles calendaires: *tous les jeudis* (calendaire régulier), *un lundi sur trois* (calendaire fréquentiel), *lundi et mercredi derniers* (itérateur calendaire)

Quantificatif: *3 fois*, *quelques fois*, *manger 3 pommes*

Evénementiel: *quand ils viennent*, *dès qu'ils arrivent*, *lorsqu'il fait beau* (état sujet à changements vrai/faux)

Fréquentiel: *souvent*, *fréquemment*, *de temps en temps*

Composé (résultant de la juxtaposition de plusieurs itérateurs): *3 jeudis et une autre fois*

Une distinction principale est à faire entre la classe ItérateurCalendaire (et donc aussi ses sous-classes) et les autres. En effet, avec cette classe, la temporalité est déjà inscrite dans l'itérateur, de façon extérieure au modèle itératif (puisque différents intervalles extérieurs à l'itération sont fournis d'emblée), tandis qu'il n'y a pas d'intervalle préexistant avec les autres classes. Nous avons malgré tout pris le parti de mettre à plat toutes ces classes (i.e. les faire toutes hériter directement de la classe Itérateur) par souci de simplification.

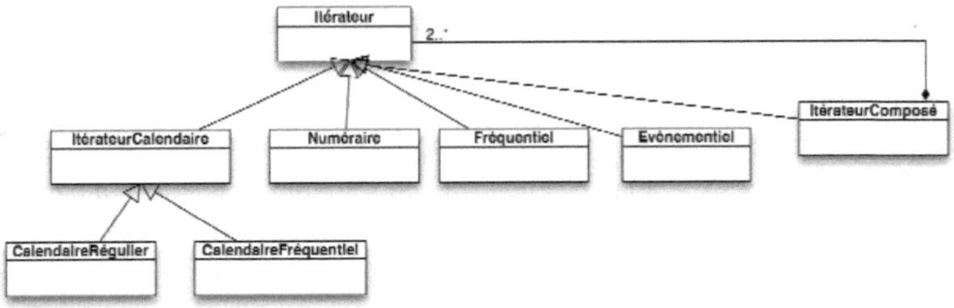

Figure 11: la classe Itérateur et ses sous-classes

Revenons à présent sur le contenu effectif d'un Itérateur. Comme nous l'avons indiqué, son rôle premier est de créer les itérés, et d'en permettre l'accès.

Chacun de ces derniers peut être en relation avec d'autres itérés, et/ou avec d'autres éléments temporels (éventuellement calendaires). Prenons deux exemples illustratifs assez proches sémantiquement, bien que mettant en œuvre deux classes distinctes: (a) *trois fois* et (b) *trois jeudis consécutifs*. Chacun de ces itérateurs fournit successivement trois itérés. Mais, tandis que (a) fournit ces itérés sans qu'ils soient *a priori* précisés, mis à part leur succession temporelle, (b) assortit chacun de ces itérés d'une contrainte d'appartenance à un élément calendaire relatif à «jeudi», ces derniers étant d'ailleurs consécutifs. Le cas (a) donne lieu à la création d'un itérateur quantificatif, tandis que (b) donne lieu à un calendaire régulier.

3.3.3. Lien avec les «sources de l'itération» de la SdT

Même si ce chapitre s'intéresse essentiellement à la façon de formaliser les itérations, il est néanmoins intéressant d'essayer de coupler certaines classes à certaines données linguistiques. En reprenant les «sources de l'itération» proposées dans le chapitre précédent, nous pouvons proposer les associations suivantes:

a) Verbes intrinsèquement itératifs: nous n'en rendons pas compte dans le présent modèle
b) Déterminants du SN objet tels que «manger deux pommes»: Quantificatif

c) Certains circonstants de localisation temporelle tels que «chaque mardi»: CalendaireRégulier
d) Adverbes itératifs fréquentatifs comme «parfois»: Fréquentiel
e) Adverbes itératifs répétitifs comme «trois fois»: Quantificatif
f) Adverbes présuppositionnels comme «encore»: item à rattacher à une itération déjà existante, et donc d'un type quelconque, ou, en l'absence d'itération préalable, création d'une itération de type Evénementiel
g) Conflits: les conflits peuvent être de nature très variée et donner lieu à différents types d'itérations. «Longtemps je me suis couché de bonne heure» peut donner lieu, pour des raisons pragmatico-référentielles, à la classe CalendaireRégulier, «à l'époque, il jouait du piano» à du Fréquentiel, mais il semble cependant, du moins au vu des exemples étudiés jusqu'à présent, que l'on ne puisse pas aboutir à la classe Quantificatif.

3.4. Modèle Itératif

Le rôle d'un modèle itératif est de servir de modèle à ce qui est itéré. Par exemple, dans (7), il s'agit du procès modèle *ils [faire] une partie de boston*. C'est le cas le plus simple, mais nous verrons des modèles itératifs plus riches, constitués de plusieurs procès modèles.

Formellement, le modèle itératif est constitué de 1 à n procès modèles, et de relations entre ces différents procès modèles.

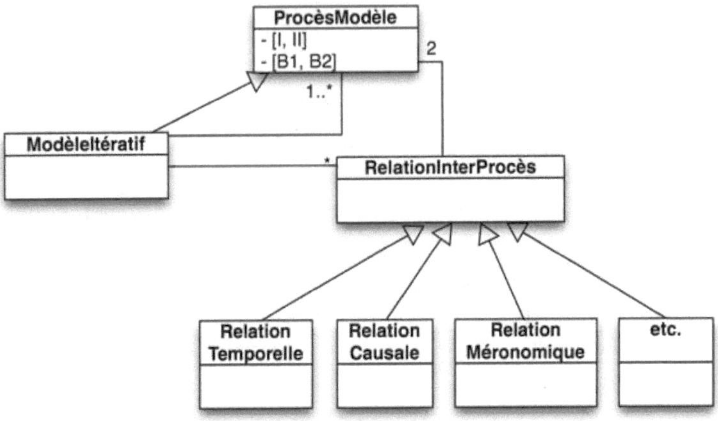

Figure 12: la classe ModèleItératif et ses classes associées

Ce schéma représente l'agrégation entre le modèle itératif et ses procès modèles d'une part, et entre le modèle itératif et les relations inter procès d'autre part. Par ailleurs, une relation inter-procès met en jeu exactement deux procès modèles, ce que nous voyons dans la relation de composition de multiplicité 2. Enfin, une relation inter-procès peut se décliner en relation temporelle, causale, méronomique (ou autre, cf. la théorie de la SDRT de Asher & Lascarides 1993), ce que nous voyons dans le diagramme comme autant de relations d'héritage.

Du fait qu'un modèle itératif permet de contenir en son sein plusieurs procès, il est à rapprocher de la notion d'agglomérat de Laurent Gosselin. Il est en effet la représentation formelle du fait que plusieurs procès peuvent constituer un ensemble, et plus encore que cet ensemble peut lui aussi, par relation d'héritage, constituer un procès.

3.4.1. Procès modèle

Un procès modèle est un procès qui vient se placer dans un espace mental modèle. Rappelons que dans un tel espace, l'accès à la temporalité est entièrement focalisé sur une représentation générique d'un ou de plusieurs procès. En particulier, les intervalles présents aux niveaux supérieurs (via les espaces parents) ne sont pas accessibles, et donc *a fortiori* il n'y a pas de temporalité absolue (c'est-à-dire de passé, de présent ni de futur, puisque les intervalles d'énonciation sont placés dans ME).

Le fait de placer différents procès dans différents espaces peut évoquer la notion de «référentiel temporel» (cf. J.-P. Desclès 1995, D. Battistelli et al. 2006). Néanmoins, la visée est différente. Il s'agit dans le cas qui nous concerne de proposer des espaces où deux procès appartenant à deux espaces mentaux différents ne seront jamais mis en relation temporellement, mais où il est possible, à partir d'un espace fils, de cloner et projeter des procès modèles vers un espace parent.

Un procès modèle reprend à son compte les caractéristiques principales des procès classiques, et en particulier trois de ses types d'intervalles: intervalle de procès, intervalle de référence, et, sous certaines conditions que nous verrons plus loin, intervalles circonstanciels. Enfin, nous n'attribuons pas d'intervalle d'énonciation à un procès modèle. Comme indiqué préalablement, la SdT fournit bien un tel intervalle pour tout procès, que celui-ci soit itératif ou non. Cependant, cet intervalle sera rattaché à la «série itérée» tout entière, et accessible uniquement dans ME. De la sorte, les procès modèles, placés dans des espaces mentaux modèles, font totalement abstraction de l'énonciation, et se comportent de façon générique et détachée. Ils gardent néanmoins, via les intervalles de procès et de référence, toute la richesse nécessaire aux notions de temps relatif et d'aspect.

3.4.2. Relations entre procès modèles

La SdT fonde les relations temporelles et aspectuelles sur la base de différents types d'intervalles temporels, comme nous l'avons vu, et de différentes relations temporelles entre ces intervalles.

Ce mécanisme permet de rendre compte de façon unifiée de concepts aussi différents que temps et aspects, et rend ainsi possible un traitement calculatoire homogène (c'est un modèle au moins partiellement implémentable, cf. Person 2004).

Dans le présent modèle, nous souhaitons cependant catégoriser les différents types de relations pouvant exister entre procès, afin que la modélisation d'un texte soit le plus fidèle possible en termes cognitifs. Cela rend par ailleurs plus lisibles et plus intuitives les constructions produites. N'ayant pas travaillé sur ces relations, nous nous contentons d'en proposer un simple aperçu, au travers de 3 cas:

– relation temporelle, exemple (17)
– relation causale, exemples (18)
– relation méronomique (élaboration: un procès est une partie constitutive d'un autre), exemple (19).

(17) Elle arrivait après Pierre

(18) Pierre tombait car Marie le poussait / Quand il se mettait à pleuvoir, nous sortions nos parapluies

(19) Les parties de boston commençaient par la distribution des cartes.

Une relation temporelle entre deux procès modèles fait intervenir l'une des relations définies par Laurent Gosselin dans le modèle SdT. Il peut s'agir par exemple d'une relation de coïncidence entre intervalles de référence, par une opération dite de saturation.

Une relation d'un type non temporel peut avoir des conséquences temporelles. Par exemple, en général, une relation de causalité implique une succession temporelle entre la cause et l'effet, donc entre «Pierre 'tomber'» et «Marie 'pousser' Pierre» dans l'exemple (18). De même, une relation méronomique donne lieu à un recouvrement temporel du procès englobant sur les procès englobés, comme la «partie de boston» vis-à-vis de la «distribution des cartes» dans l'exemple (19). Notons que la projection temporelle de telles relations est surjective, si bien que pour une relation temporelle donnée, plusieurs relations inter-procès peuvent être candidates.

3.4.3. Intervalles circonstanciels modèles

Comme indiqué précédemment, il est nécessaire d'étoffer le modèle itératif en y intégrant des intervalles circonstanciels modèles, pour traiter par exemple (20) ou (21):

(20) Chaque fois, les cartes avaient été préparées **la veille**

(21) Chaque fois, les cartes étaient préparées en **10 minutes**.

Notons que ces circonstanciels doivent s'inscrire dans l'espace mental modèle, et donc logiquement ne comporter aucun ancrage dans un espace parent. Dans (22), on peut supposer que l'espace modèle donne accès à une «année modèle», puisque l'itération est introduite par *chaque année*, et cet espace comporte donc un (et un seul) 10 juillet. Par contre, ce 10 juillet ne peut être daté de façon absolue, comme en (23).

(22) Chaque année, ils préparaient le feu d'artifice dès le 10 juillet

(23) * Chaque année, ils préparaient le feu d'artifice dès le 10 juillet 1984.

D'après notre étude, les intervalles circonstanciels compatibles avec les espaces modèles peuvent être de deux natures:

- ils peuvent proposer un ancrage relativement à un autre intervalle appartenant lui-même à l'espace mental modèle. C'est le cas de *la veille*, comme dans l'exemple (20);
- ils peuvent proposer un ancrage calendaire partiellement renseigné, avec un grain (ici du niveau «jour») strictement inférieur à celui de l'espace modèle dans lequel il s'inscrit. Par exemple, en (22) et (23), le grain de l'espace modèle est du niveau «année», mais tandis que dans l'exemple (22), *10 juillet* est de grain «jour», et que *juillet* est de grain «mois», donc tous deux compatibles, dans l'exemple (23), *1984* est de grain «année», donc incompatible.

3.4.4. Constructions récursives: l'itération comme procès modèle

Enfin, une itération peut elle-même constituer un procès modèle, et donc être inscrite dans une autre itération, récursivement. C'est ce dont rend compte le diagramme suivant (qui est partiel, ne reprenant pas le détail du modèle itératif):

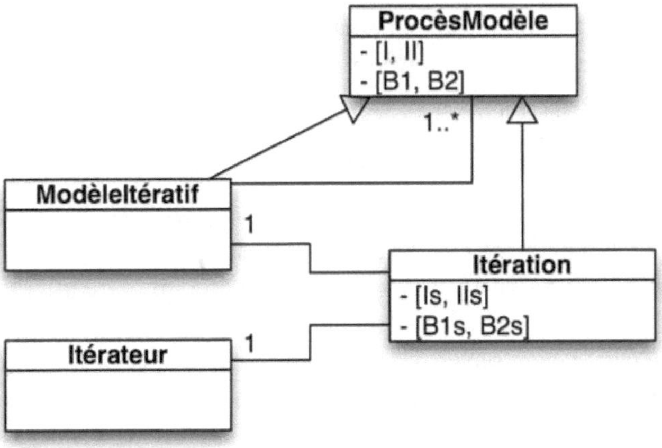

Figure 13: l'itération comme instance possible de procès modèle

Ainsi, nous pouvons rendre compte de l'exemple suivant:

(24) Tous les dimanches, ils se baignaient deux fois.

Toutefois, lorsqu'une Itération sert de ProcèsModèle à une autre itération, ses itérés s'inscrivent dans un espace mental modèle, au même titre que tous les autres ProcèsModèle du modèle itératif auquel il appartient. De ce fait, cette itération doit se conformer aux contraintes relatives à l'appartenance à un tel espace modèle, comme données dans la partie 2.3.4. Ce n'est que l'itération de plus haut niveau qui s'inscrit dans l'espace énonciatif.

3.5. Retour sur la dualité vision extensionnelle / intensionnelle

Les itérations ayant été définies et les espaces mentaux proposés, il est opportun à présent de revisiter la dualité entre les deux visions possibles de l'itération que nous présentions en début d'étude, et d'en voir les enjeux linguistiques et cognitifs.

Le présent modèle s'appuie fortement sur une «construction» de l'itération fondée sur la déclinaison d'un «modèle de situation» (modèle itératif), l'itérant, en un certain nombre d'éléments singuliers, les itérés, via un mécanisme de clonage et de projection. Il est en ce sens très fortement ancré dans une logique intensionnelle du phénomène dont il rend compte. Aussi, une extrapolation tendancieuse de ce modèle pourrait nous amener à considérer que cette étude fait le postulat que l'itération en langue est toujours conçue à partir d'un modèle (intensionnel). Il n'en est rien.

Tout d'abord, nous avons déduit de nos exemples introductifs que la dualité de point de vue extensionnel/intensionnel était bien présente en langue. Par ailleurs, le présent modèle rend compte simultanément et exhaustivement, par construction, de cette dualité, puisqu'il intègre systématiquement le modèle itératif d'une itération, mais aussi le moyen d'en produire tous les itérés, ainsi que de particulariser chacun de ces derniers comme nous le verrons ultérieurement par l'opération de sélection. Il faut donc le considérer, lui aussi, dual. Enfin, il faut bien sûr distinguer les phénomènes dont un modèle veut rendre compte et la façon particulière dont il en rend compte. Nous n'affirmons donc pas que cognitivement, toute itération passe préalablement par la construction d'un modèle puis la multiplication/déclinaison de ce dernier en des itérés, même s'il est pratique, dans le cadre de notre modèle, de les bâtir toujours ainsi. Il semble au contraire que la construction d'itérations en langue soit un processus riche et varié, que nous nous proposons à présent de revisiter.

Prenons tout d'abord un extrait du début de la Recherche de M. Proust:

> Longtemps, je me suis couché de bonne heure. Parfois, à peine ma bougie éteinte, mes yeux se fermaient si vite que je n'avais pas le temps de me dire: «Je m'endors.» Et, une demi-heure après, la pensée qu'il était temps de chercher le sommeil m'éveillait; je voulais poser le volume que je croyais avoir encore dans les mains et souffler ma lumière; je n'avais pas cessé en dormant de faire des réflexions sur ce que je venais de lire, mais ces réflexions avaient pris un tour un peu particulier; il me semblait que j'étais moi-même ce dont parlait l'ouvrage: **une église, un quatuor, la rivalité de François Ier et de Charles Quint**. Cette croyance survivait pendant quelques secondes à mon réveil; elle ne choquait pas ma raison mais pesait comme des écailles sur mes yeux et les empêchait de se rendre compte que le bougeoir n'était plus allumé. Puis elle commençait à me devenir inintelligible.

Ce premier exemple place le lecteur presque directement dans un espace mental modèle. Une longue suite de phrases bâties à l'imparfait vient construire une situation, certes itérée, mais de façon semblable à une situation singulière. Il suffirait de supprimer «parfois» et de substituer des passéscomposés aux imparfaits pour glisser vers cette dernière. De plus, l'itération provient d'un conflit et non d'un introducteur itératif, ce qui tend à en minimiser encore la facette extensionnelle. Notons malgré tout un indice trahissant son aspect itératif dans l'énumération «une église, un quatuor, la rivalité de François Ier et de Charles Quint», alors que son pendant non itératif ne comporterait qu'un seul de ces items: le modèle itératif se prépare ici à (au moins) 3 déclinaisons possibles. C'est un phénomène semblable à celui introduit par «parfois». Cette particularité exceptée, cet exemple est donc presque canonique de la présentation intensionnelle de l'itération: à partir de l'espace mental d'énonciation ME, on se place dans le passé (passé composé introducteur puis imparfaits) dans lequel on envisage une situation répétitive se répartissant sur une longue période (puisqu'elle dure «longtemps»). Alors, on introduit un espace mental MM inclus dans ME, qui permet d'appréhender au maximum une plage temporelle d'une journée de 24 heures, espace à partir duquel on bâtit procès modèle après procès modèle le modèle itératif.

De façon un peu réciproque à ce que nous venons de voir, qui consistait à construire l'itération de façon générale dans MM pour qu'elle soit projetée dans ME, il est possible de construire l'itération à partir de ME, en décrivant l'un des itérés, qui se comporte alors de façon duale comme itéré et itérant comme dans l'exemple[5] suivant: «Aujourd'hui, *comme tous les jours*, vous venez au studio de tournage pour un nouvel épisode (le n° 783) de la série "Salama Bay" dans lequel vous avez joué des coudes pour obtenir un rôle clé» (cf. les itérations présuppositionnelles du chapitre précédent).

Que l'on supprime «comme tous les jours», et l'on a bien affaire à une situation non itérée (sans modification de son sens). Plus encore, le n° 783 de l'épisode ne concerne qu'une occurrence unique. Mais la tournure «comme tous les jours» indique que cette situation sert simultanément de modèle itératif à d'autres itérés (situés dans le passé, et potentiellement dans le futur). Cet exemple montre combien les procès classiques et les procès modèles sont extrêmement proches sémantiquement (et du point de vue du modèle), et que leurs différences proviennent surtout du point de vue (i.e. de l'espace mental) à partir duquel on les envisage. En l'occurrence, force est de constater qu'un procès classique peut être vu comme un procès mo-

5 cf. http://www.scenariotheque.org/Document/info_doc.php?id_doc=4411.

dèle par l'effacement d'un certain nombre de contraintes qu'impose la vision depuis MM (en particulier, l'effacement de la relation temporelle par rapport à l'intervalle d'énonciation qui opère un ancrage absolu).

De façon très similaire, on peut assister à la création *a posteriori* de l'itération à partir d'une situation du passé comme dans le présuppositionnel *recommencer* de l'exemple suivant: «Hier, il a plu toute la journée, et aujourd'hui, ça *recommence*».

Ces observations linguistiques montrent que, finalement, procès modèles et procès occurrences sont des objets de même nature, et qu'il est possible de passer des uns aux autres dans un sens comme dans l'autre. Construire des procès occurrences à partir de procès modèles est un processus que nous avons entrepris de formaliser de façon relativement détaillée dans les pages précédentes. Le processus réciproque, celui qui consiste à envisager une situation modèle d'occurrences à partir d'une occurrence particulière, doit lui aussi être proposé. C'est ce que nous faisons dans la partie 3.6.

Relevons pour finir des phénomènes plus subtils de constructions itérées, bien que celles-ci sortent du cadre simple des itérations telles que nous les avons définies ici. Il s'agit du cas où un modèle itératif est réutilisé au compte d'un autre sujet que le sujet initial: «Hier, Paul est allé à la fête foraine. Pierre va faire de même aujourd'hui, et moi-même après demain», ou dans «l'an dernier, il est allé quotidiennement à la piscine. Je vais faire de même cette année». Certes, ces exemples sortent de notre objet d'étude, mais ils laissent entrevoir une extension intéressante du présent modèle.

3.6. Modélisation des procès

Un procès (classe Procès) est une entité prenant place dans un espace mental temporel (classe EspaceTemporel).

Il dispose d'une localisation temporelle (classe LocalisationTemporelle) qui est relative à l'espace temporel dans lequel le procès se place.

Il peut avoir un ou plusieurs protagonistes (classe Protagoniste).

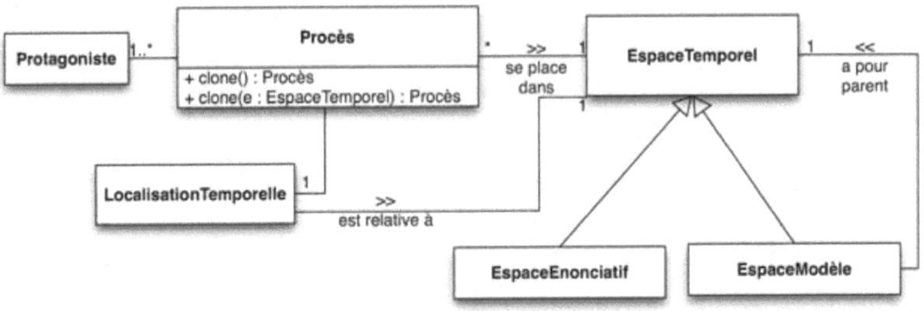

Figure 14: la classe Procès et ses classes associées

Un apport essentiel de cette modélisation est de ne plus faire de différence de type entre ce que nous avons désigné jusqu'à présent procès occurrence et procès modèle. Du point de vue de la présente modélisation, ces deux types relèvent en fait de la même classe, et ne se distinguent qu'en ce que les procès occurrences se placent dans l'espace temporel ME, tandis que les procès modèles se placent dans des espaces descendants. Cela nous paraît en accord avec la réalité cognitive si l'on en juge par la facilité avec laquelle il est possible, linguistiquement, de passer d'une occurrence à un modèle, comme nous le détaillons dans les deux exemples suivants, et bien sûr, comme nous l'avons déjà largement abordé, de passer d'un modèle à des occurrences.

(25) Hier, Paul est allé à la piscine à 14 heures.

L'interprétation de cet énoncé devrait donner lieu à la création d'un procès p1, relatif au protagoniste Paul, et relevant de l'espace temporel d'énonciation ME. La localisation temporelle qui en résulte est absolue, inférée à partir du déictique «hier», et précisée par «14 heures».

Procès p1: protagoniste = Paul, Espace Mental Temporel = ME, Localisation Temporelle = absolue, déduite du déictique «hier», et précisée par 14 heures.

(26) Il y retourne ce soir à 20 heures.

Suite à l'interprétation de ce second énoncé qui fait suite au premier, nous devrions procéder en deux temps. D'une part, il y a lieu de créer une itération, car on passe d'un procès singulier p1 à une situation itérée clairement induite linguistiquement par le préfixe «re» du verbe «retourner». Pour ce faire, il est notamment nécessaire de créer un procès modèle. D'autre part, il y a lieu de créer un second procès occurrence, relatif à cette seconde proposition conjuguée au présent:

- le procès modèle que l'on crée, nommé pm, est créé par clonage de p1, mais dans un espace temporel fils de l'espace temporel de p1 (qui est ME), nommé ici MM. Sa localisation temporelle prenant place dans MM ne prend pas en compte la localisation absolue de p1, mais en retient la précision horaire «14 heures»;
- le second procès singulier p2 peut être créé indifféremment par clonage de p1, en restant dans le même espace mental, ou par clonage de pm, en prenant l'espace parent ME comme espace de destination. Dans un cas comme dans l'autre, sa localisation temporelle, qui s'exprime donc dans ME, se voit précisée par le déictique «ce soir» ainsi que par «20 heures».

(27) En fait, il a pris l'habitude d'y aller régulièrement depuis le début de l'année, et y reste généralement une heure.

Enfin, ce dernier énoncé fait référence à l'itération dans son entier, et donne notamment une information sur sa durée (une heure), et sur le commencement de l'itération (le début de l'année).

4. Mise en œuvre des espaces modèles: liens entre procès modèles

Les espaces modèles permettent de s'affranchir des difficultés de manipulation et de représentation posées par les itérations. Tout revient finalement à considérer, dans de tels espaces, les procès comme s'ils n'étaient pas itérés. Nous retrouvons, en quelque sorte, un équivalent du traitement de la temporalité hors phénomènes itératifs.

4.1. Procès modèles concomitants

Analysons l'exemple suivant:

(28) Depuis qu'il était marié, chaque dimanche, il nettoyait sa voiture quand sa belle-mère arrivait.

Il s'agit d'une itération dont l'itérateur est calendaire régulier, basé sur la répétition des dimanches, induisant donc une période de longueur une semaine.

Par ailleurs, le cadre de cet itérateur a un début donné par le mariage du sujet, et une fin non spécifiée.

Enfin, le modèle itératif, induit par «il nettoyait sa voiture quand sa belle-mère arrivait» est composé de deux procès modèles. Nous devons nous placer dans leur espace mental modèle pour étudier comment ces deux procès s'agencent mutuellement. Ici, la temporalité accessible (dont les propriétés dépendent de l'itérateur) a une longueur d'une semaine, et englobe donc, nécessairement, un dimanche (il s'agit dans cet espace d'un dimanche «modèle» au sens où il n'est pas temporellement ancré de façon absolue). Dans cet espace, nous pouvons appliquer les relations classiques de la théorie SdT:

«au moment où sa belle-mère arrivait» introduit un aoristique, induisant une coïncidence de l'intervalle de procès avec l'intervalle de référence.

«Il lavait sa voiture» introduit un inaccompli (d'autres interprétations comme l'inchoatif seraient sans doute possibles, nous en choisissons une), induisant un recouvrement de l'intervalle de référence par l'intervalle de procès: on focalise sur une partie interne du procès.

Afin de saturer l'intervalle de référence relatif à «laver», celui-ci vient coïncider avec celui de «arriver», conformément à la théorie SdT. Nous obtenons donc, dans l'espace modèle, le schéma suivant:

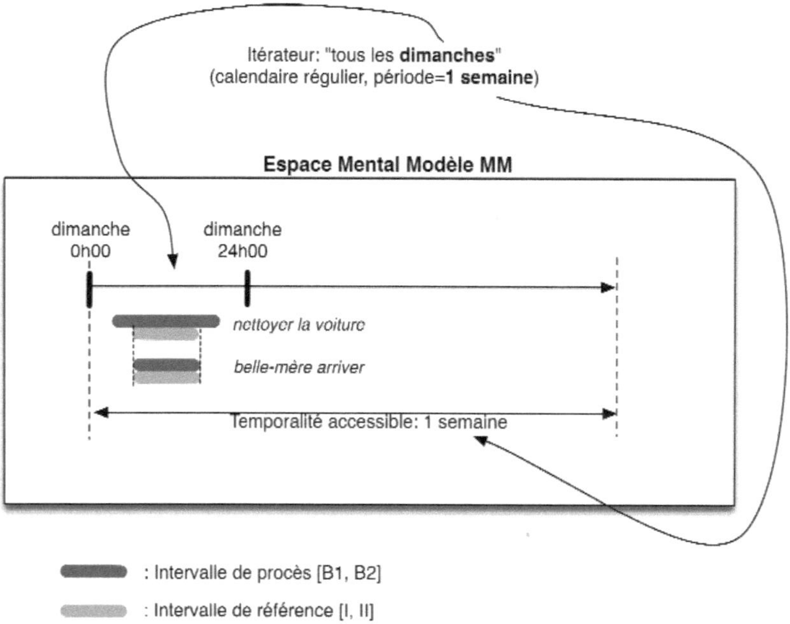

Figure 15: procès modèles concomitants dans un espace mental

4.2. Procès successifs, ou «série de procès»

Nous pouvons, de façon similaire, rendre compte des «séries itératives de procès différents» évoquées au chapitre 1. Il s'agit en fait d'un cas particulier de modèle itératif qui comporte plusieurs procès modèles se succédant temporellement.

> (74 – Chapitre 1) A huit heures du matin, il [Regimbart] descendait des hauteurs de Montmartre, pour prendre le vin blanc dans la rue Notre-Dame-des Victoires. Son déjeuner, que suivaient plusieurs parties de billard, le conduisait jusqu'à trois heures. Il se dirigeait alors vers le passage des Panoramas [...].
> (Flaubert, *L'Education sentimentale*, Gallimard, 1965: 57)

En reprenant l'exemple (74) du chapitre 1, nous construisons un modèle itératif constitué de 4 procès modèles, correspondant respectivement à *descendre*, *prendre*, se *diriger*, etc. Pour chacun d'entre eux, l'intervalle de procès et l'intervalle de référence coïncident (aoristiques). Par ailleurs, il y a successions des différents intervalles de procès (et donc de référence).

4.3. Cas général

Dans les deux parties précédentes (4.1 et 4.2), nous avons vu deux cas particuliers, respectivement la concomitance et la succession. En fait, dans le cas général, on construit simplement les différentes relations comme on le fait dans le cas de procès non itérés, ce qui peut mener à des structures plus ou moins complexes:

(29) Chaque jeudi, à 20 heures, le jeu débutait. A cette heure là, la maison était généralement assez calme depuis un long moment. Les parties s'enchaînaient alors. La soirée se terminait vers 22 heures, par un apéritif.

Nous avons en (29) un exemple mêlant les deux cas précédents, avec un succession de *débuter*, *enchaîner* et *terminer*, tandis qu'il y a concomitance, et plus précisément recouvrement, de *être calme* sur *débuter*.

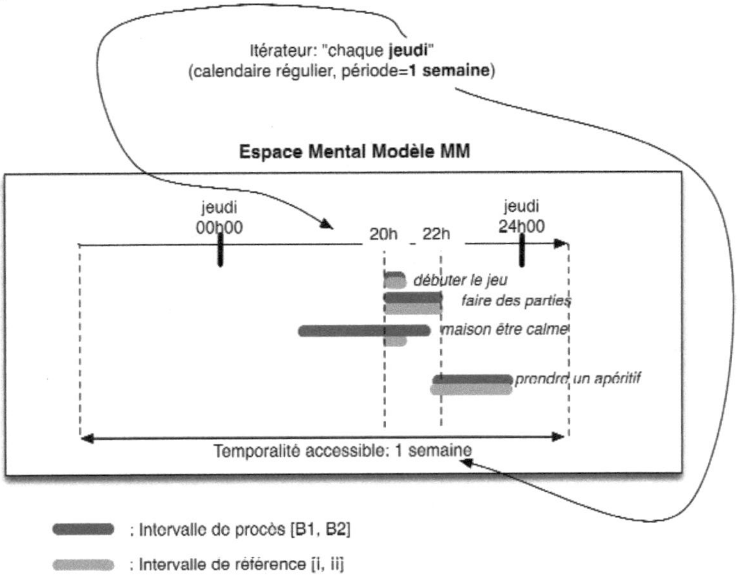

Figure 16: concomitance et succession d'intervalles

5. Mise en œuvre du modèle de l'itération: analyses et constructions

Nous allons mettre en œuvre dans cette section les principaux aspects du modèle sur des exemples itératifs simples.

5.1. Itération issue d'un itérateur quantificatif

Pour commencer, reprenons le cas de notre tout premier exemple:

(1) Elle est allée sept fois à la montagne

dans lequel nous trouvons le quantificatif "7 fois". Hors co-texte, le cadre n'est pas linguistiquement totalement spécifié. Certes, ce cadre prend fin dans le passé, compte tenu du temps verbal employé, donc antérieur à l'intervalle d'énonciation. Mais c'est par des considérations pragmatico-référentielles, en tenant compte du sujet, que l'on va pouvoir circonscrire la borne initiale du cadre, qui ne peut être antérieure à la naissance de l'intéressée.

Il est fait état d'un seul procès dans ce texte, ce qui donne lieu à un modèle itératif élémentaire, composé du seul procès modèle «elle 'aller' à la montagne». Ce modèle itératif est placé dans un espace modèle dédié. Avec ce type d'itérateur, l'espace modèle reste assez largement sous-spécifié quant à son expansion, ou plus exactement très sujet à des considérations pragmatiques. En effet, cet espace est taillé (puis, au besoin, retaillé) de sorte qu'il permette de considérer un itéré (modèle) sans voir les autres. Sa longueur minimale est donc donnée par le maximum des longueurs des itérés.

Parallèlement, l'itérateur quantificatif se voit attribuer 7 comme valeur d'attribut «nombre». Nous obtenons la représentation schématique suivante pour cette itération:

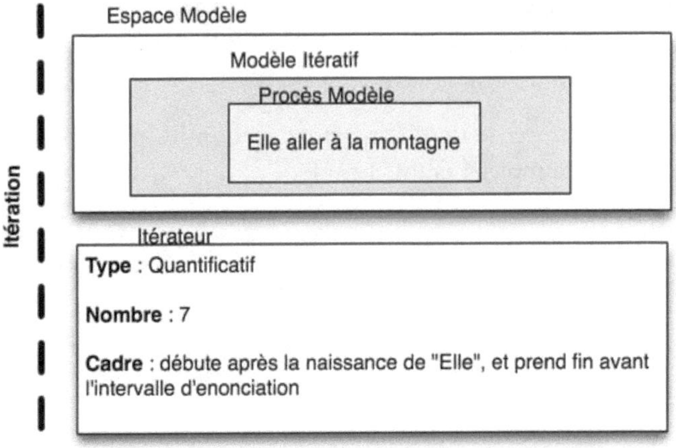

Figure 17: Itération par itérateur quantificatif

Les deux cadres blancs correspondent d'une part au contenu de l'espace modèle itératif, dans lequel se placent le modèle itératif et ses procès modèles, éventuellement liés, et d'autre part à la description de l'itérateur associé, dont le contenu dépend du type (ici «quantificatif»). Un trait vertical en pointillés (nommé «itération») regroupe ces deux cadres, le tout formant la représentation complète de l'itération.

NB: Pour des raisons de concision, les informations de nature aspectuelle évoquées précédemment ne sont pas reportées ici (mais ont bien sûr leur place dans le modèle itératif).

5.2. Itération issue d'un itérateur calendaire régulier

Reprenons à présent l'exemple (7):

(7) Chaque jeudi, de 20 heures à 22 heures, ils faisaient une partie de boston.

Il n'y a pas de cadre spécifié linguistiquement dans cet exemple. Il faut donc aller chercher ce dernier dans le contexte. A ce niveau d'analyse, nous le laissons donc non spécifié (valeur «contextuelle»).

L'itérateur est de type calendaire régulier, basé sur le nom calendaire «jeudi», donnant lieu à une période (au sens mathématique, lié à la fréquence de répétition) d'une semaine, et plaçant le focus initial sur un intervalle correspondant à un jeudi (*a priori*, de jeudi 0h00 à jeudi 24h00).

L'espace mental modèle MM qui en découle offre une visibilité initiale d'une semaine (cf. propriétés des espaces mentaux itératifs), centrée sur un jeudi.

Comme nous disposons ici de données temporelles plus précises que dans le cas précédent, nous pouvons incorporer ces dernières à l'espace modèle, via l'axe des instants tel qu'il est perçu dans ce dernier, comme illustré dans la figure suivante.

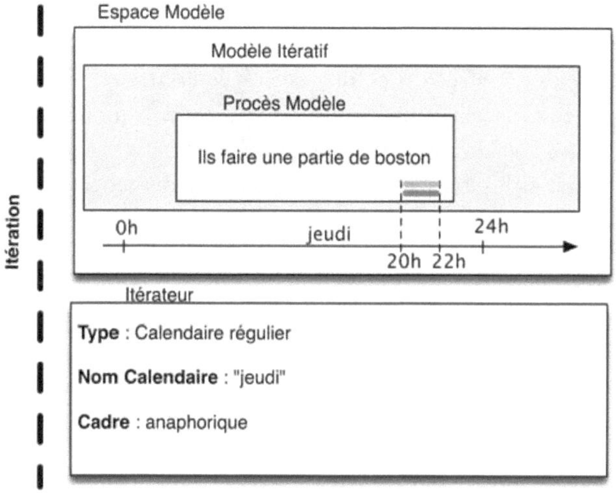

Figure 18: itération par itérateur calendaire

A ce stade de notre exposé, il est intéressant de constater le caractère générique et réutilisable des constructions. En effet, si le modèle proposé prend bien soin de dissocier, au sein de chacune des itérations, d'une part ce qui a trait à l'espace modèle (cadre supérieur), et d'autre part ce qui a trait à l'itérateur (cadre inférieur), c'est que ces deux pôles ont effectivement une réelle indépendance.

Il est en effet possible de réassembler différents éléments relatifs à différentes itérations, et obtenir des représentations conformes aux réassemblages linguistiques correspondants, comme «tous les jeudis, elle va à la montagne», ce qui en révèle le caractère compositionnel.

5.3. Itération issue d'un itérateur fréquentiel

Les itérations fréquentielles, contrairement aux apparences, sont nettement plus délicates à traiter que les itérations précédemment étudiées.

En effet, elles comportent tout d'abord une «valeur» fréquentielle très relative et qui offre très peu de prise au niveau linguistique (et nécessitent de prendre en compte des informations référentielles). On peut en juger par la différence manifeste entre «il change assez souvent de chemise» et «il change très souvent de maison», où, dans leurs cotextes respectifs, «assez souvent» induit finalement une fréquence temporelle supérieure à «très souvent», alors que l'on s'attendrait, à en juger par les adverbes d'intensité respectifs «assez» et «très», à ce que ce soit le contraire. Ce phénomène est expliqué par L. Gosselin dans le chapitre précédent qui avance la notion de «norme».

Par ailleurs, si les fréquentiels prennent parfois leur sens par rapport à de la temporalité «linéaire», «absolue» (cas A), comme dans les deux exemples que nous venons de voir, ils peuvent tout aussi bien prendre sens par rapport à une temporalité événementielle (cas B), c'est-à-dire par rapport à un certain type d'événements se répétant dans le temps, comme dans «(parmi toutes les fois où il part en week-end) il va souvent à Cabourg, plus rarement à Deauville». Nous renvoyons le lecteur à une analyse linguistique détaillée de ces phénomènes par L. Gosselin s'appuyant notamment sur de Swart, dans le chapitre précédent.

Pour cette raison, notre approche traite ces deux cas de deux façons différentes. Le premier cas (A) est traité ici, tandis que le second (B) figure en partie 6.4.2. qui nécessite un attirail dont nous ne disposons pas encore à ce point de notre étude (les sélecteurs). Pour fixer cette différence, nous appellerons itérateur fréquentiel celui correspondant au cas (A), et sélecteur fréquentiel celui correspondant au cas (B). Les emplois d'adverbes fréquentiels comme «souvent» dans (30) peuvent d'ailleurs donner lieu à la double interprétation de type (A) dans (31) et de type (B) dans (32):

(30) Souvent, après avoir fait nos devoirs, nous regardions un film

(31) Il arrivait souvent que nous fassions nos devoirs, lesquels étaient suivis du séance de cinéma

(32) Nos devoirs étaient souvent suivis d'une séance de cinéma.

Il est d'ailleurs possible de désambiguïser une forme comme (30) en la faisant suivre par «ça arrivait plusieurs fois par semaine» (acception (31)), versus «ça arrivait 3 fois sur 4» (acception (32)).

Nous nous intéressons dans la suite de cette section aux seuls itérateurs fréquentiels (versus sélecteurs fréquentiels), en étudiant l'exemple (31). Cet exemple est l'occasion d'aborder un modèle itératif plus complexe, puisque faisant intervenir deux procès modèles «nous 'faire' nos devoirs» et «nous 'regarder' un film». Ces deux procès sont liés par une relation de succession, ce qui se traduit directement en termes temporels par la relation idoine entre intervalles de procès.

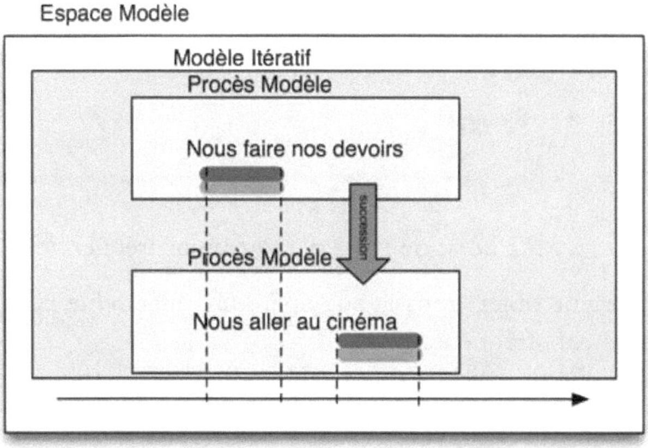

Figure 19: modèle itératif complexe

Par la suite, nous ne reprendrons pas systématiquement le détail des relations temporelles, et ne ferons généralement figurer que les relations entre procès modèles, comme ici la «succession».

L'itérateur est quant à lui très simple, et assez proche des calendaires: quel que soit le modèle itératif auquel il s'applique, son rôle est de produire un certain nombre d'ancrages temporels correspondant aux différents itérés. Cet itérateur est largement sous-spécifié à ce niveau de représentation, car il nécessite de mettre en jeu des considérations co-textuelles, contextuelles ou même pragmatiques pour parvenir à préciser temporellement les itérés (cf. «changer de chemise» versus «changer de maison»). Dans cet exemple précis, des considérations pragmatiques et contextuelles pourraient vraisemblablement amener à une fréquence temporelle de l'ordre de quelques itérés par semaine, à raison d'un itéré maximum par jour. Notre modèle pourrait comporter à l'avenir les éléments permettant de renseigner ces différents types de contraintes fréquentielles.

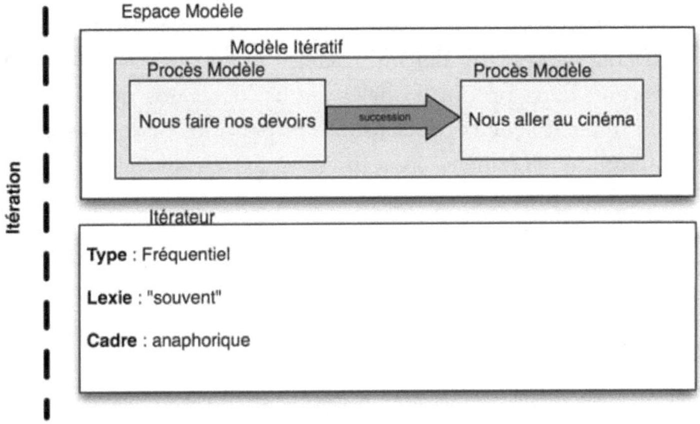

Figure 20: itération issue d'un itérateur fréquentiel

D'un point de vue objet, nous avons opéré une hiérarchie de classes entre différents itérateurs fréquentiels.

Un ItérateurFréquentiel peut être «numérique» (IFNumérique) ou «flou» (IFFlou), selon qu'il quantifie ou non la fréquence.

Parmi les fréquentiels numériques, nous distinguons les réguliers (IFRégulier) des non réguliers (IFNonRégulier), selon qu'ils mettent ou non en place une période (écart entre deux itérés) stricte.

IFFlou: «nous allons souvent au cinéma»

IFRégulier: «nous faisons le ménage tous les trois jours»

IFNonRégulier: «nous partons à la campagne un week-end sur quatre» (dans le cas où il n'y a pas nécessairement dans l'ordre 3 week-ends creux et un week-end plein).

L'arbre d'héritage ainsi obtenu est le suivant:

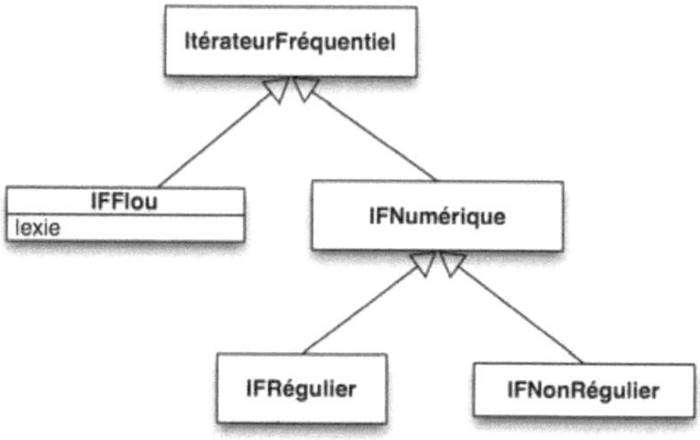

Figure 21: hiérarchie de classes des itérateurs fréquentiels

Nous remarquons une proximité importante entre les IFNumériques et les itérateurs calendaires, notamment en ce qui concerne la sous-classe IFRégulier. Ceci résulte du fait que le contenu «numérique» de ces derniers semble pouvoir se projeter sur un calendrier. D'ailleurs, il est possible de créer des exemples employant différents types d'itérateurs et donnant pourtant lieu à des itérations assez semblables:

(29) Nous recyclons nos bouteilles de verre tous les lundis (calendaire régulier)

(30) Nous recyclons nos bouteilles de verre tous les sept jours (IFRégulier)

(31) Nous recyclons nos bouteilles de verre une fois par semaine (IFNonRégulier).

Toutefois, le troisième exemple est bien distinct des deux premiers dans la mesure où le jour de la semaine choisi peut différer d'une semaine à l'autre, d'où le caractère (éventuellement) non régulier. Il reste à débattre de la différence ténue entre IFRégulier et CalendaireRégulier, notre position étant que l'IFRégulier étant bâti sur la fréquence (ou la période, ce qui revient au même) et non sur le positionnement sur un calendrier, il peut facilement donner lieu à des dérives temporelles. Par exemple, si l'on complète (30) par, «parfois, notre container étant plein, nous les recyclons au bout de six jours seulement», il va s'ensuivre des décalages calendaires sur le long terme. Au contraire, si l'on complète (29) par «parfois, notre container étant plein, nous sommes contraint de le faire dès le dimanche», la sémantique de la première phrase impose de revenir à court terme sur le cycle des lundis.

5.4. Itération issue d'un itérateur événementiel: *quand, chaque fois que…*

Nous abordons à présent un type d'itérateur très différent des deux précédents, dans la mesure où il est imbriqué avec le modèle itératif de l'itération dont il rend compte.

(36) Quand ils venaient, nous jouions aux cartes

En effet, dans l'exemple (36), qui donne lieu à la création d'un itérateur événementiel, le procès modèle «ils 'venir'» sert à la fois à construire le modèle itératif, c'est-à-dire ce qui va être itéré, mais aussi l'itérateur, c'est-à-dire ce qui va servir à itérer. Dit autrement, cela signifie ici que le procès modèle «ils 'venir'» détermine tous les itérés, i.e. à chaque fois que l'événement correspondant se produit dans le temps, un itéré doit lui correspondre (c'est-à-dire l'agglomérat "ils venir" puis "nous jouer aux cartes"), et aussi que ce procès modèle fait partie intégrante de l'itéré.

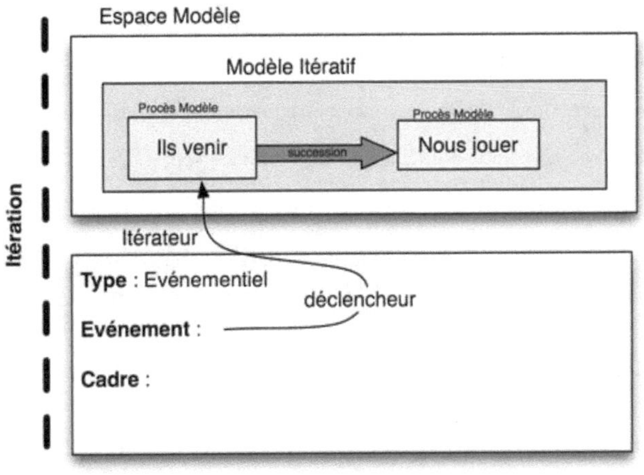

Figure 22: itération par déclencheur événementiel

Cette modélisation correspond à un point de vue assez différent de celui présenté dans les autres parties de cet ouvrage dans la mesure où il ne met pas en avant un intervalle non convexe comme support préalable de l'itération, mais directement un procès modèle. Ces deux points de vue ne sont bien sûr pas incompatibles, puisqu'il est possible d'associer à chaque occurrence de procès itéré de «ils 'venir'» un intervalle circonstanciel, l'ensemble de ces intervalles donnant lieu à la «série» d'intervalles présentée dans le chapitre suivant. Ils correspondent néanmoins à deux façons différentes d'apprécier ce type d'itération. Dans l'approche que nous présentons ici, les objectifs essentiels sont l'expressivité et la factorisation de l'information. Or, l'intervalle non convexe (série) que l'on peut tirer de cette itération est, d'après nous, plus la conséquence de cette dernière que son générateur: tandis qu'un calendaire régulier comme «tous les jeudis» découpe le temps en un ensemble d'intervalles calendaires pour ensuite construire l'itération en y plaçant un itéré par intervalle, le processus nous semble ici inverse: toute l'information pertinente relative à ce qui est dit linguistiquement (du point de vue de l'itération) est, de notre point de vue, présente dans la représentation proposée ici. Par ailleurs, du point de vue de l'expressivité, la représentation proposée rend directement compte du fait que chaque itéré correspond à une occurrence de «ils venir», ce que tendrait à masquer une représentation faite en termes premiers d'intervalles non convexes.

Ce type d'itération se prête également à la description d'états récurrents, comme dans l'exemple suivant:

(37) Elle vient toujours les mains vides.

5.5. Opération de *fusion*: rattachement d'itérations événementielles

Quand, *lorsque*, *dès que*, peuvent être des déclencheurs d'itérations événementielles avec l'aspect inaccompli (cf. chapitre 1). Cependant, il est fréquent qu'ils soient employés à de multiples reprises au sein d'une même itération. Une analyse linguistique locale aboutira dans de tels cas à la création de plusieurs itérations, comme dans les phrases suivantes:

(38) Dès qu'ils arrivaient, nous faisions une partie

(39) Dès qu'ils repartaient, nous rangions les cartes.

Ce que nous reportons dans les schémas suivants:

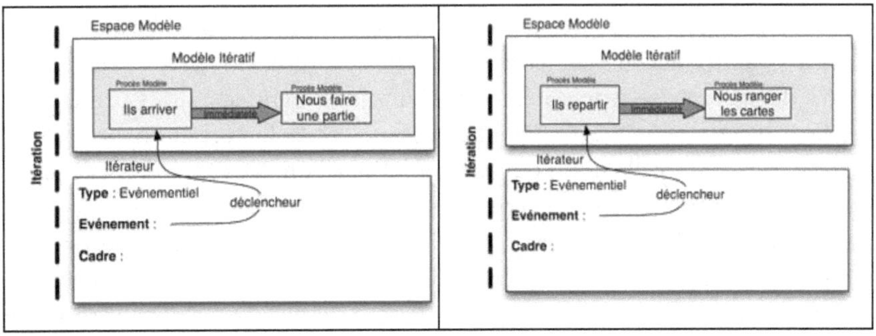

Figure 23: deux modèles itératifs avant fusion

Pourtant, l'analyse discursive devrait permettre de déterminer que (39) ne fait que compléter ce qui est asserté par (34), et que les deux itérations que l'on a pu construire à partir de ces deux phrases ne sont en définitive qu'une. L'emploi de "repartir" plutôt que "partir" est un indice précieux de ce rattachement discursif. Nous proposons donc, formellement, l'opération de fusion suivante:

- soient deux itérations événementielles i1 et i2,
- soit pmd le procès modèle déclencheur de i2,
- si i2 s'avère finalement un complément de ce qui est asserté par i1, alors il existe un procès pc1 de i1 qui est lié à pmd par une relation r,
- i1 et i2 peuvent alors être fusionnés en i=fusion(i1,i2), laquelle a pour itérateur l'itérateur de i1, et pour modèle itératif l'union des modèles itératifs de i1 et i2 , ainsi que de la relation additionnelle r: modèleItératif(i) = modèleItératif(i1) $\cup$ modèleItératif(i2) $\cup$ {r}.

Dans le cas présent, les analyses linguistique et pragmatique devraient permettre d'établir que le contenu de qui est asserté par (35) est ultérieur à ce qui est asserté par (34). Nous avons alors: pmd=«ils 'repartir'», pc1= «nous 'faire' une partie», et r= *SUCC*. D'où le rattachement suivant:

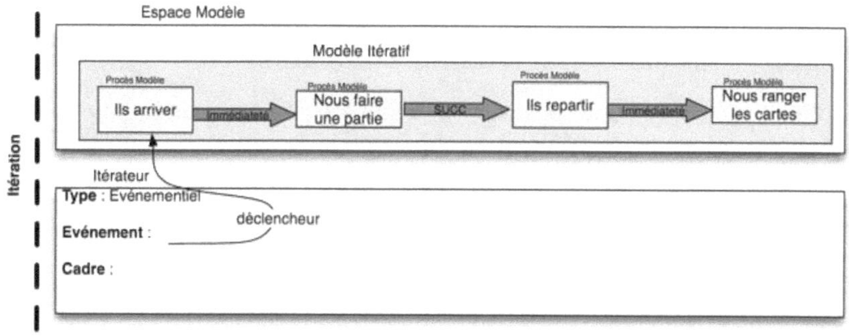

Figure 24: fusion de deux modèles itératifs

Des constructions plus complexes sont possibles, incluant par exemple des élaborations (au sens de la SDRT de N. Asher), ayant pour conséquence la construction d'un modèle itératif de plus en plus riche.

6. Sélections: accès à une partie des itérés; modèle et mise en œuvre

6.1. Introduction

Les itérations permettent, comme nous venons de le modéliser, de créer un certain nombre d'itérés à partir d'un itérant. Un mécanisme supplémentaire, que nous appelons *sélection*, permet, une fois une itération créée, de sélectionner un sous-ensemble de ses itérés.

D'un point de vue linguistique, elle répond à des syntagmes tels que:
Une fois sur trois
Les trois premières fois
La troisième fois (sélecteur singleton)
Souvent, Parfois, quand elle vient

A titre d'illustration, reprenons notre premier exemple d'itération:

(1) Elle est allée sept fois à la montagne

et faisons-le suivre par:

(40) Les trois premières fois, c'était dans les Alpes.

La phrase (40) opère une sélection sur les itérés de l'itération induite par (1), au sens où «les trois premières fois» fait référence aux trois premiers itérés.

6.2. Définition et modélisation

Une sélection a pour rôle de définir un sous-ensemble d'itérés parmi l'ensemble des itérés d'une itération. D'un point de vue formel, une sélection opérant une restriction sur une itération, elle constitue elle-même une itération (on pourrait aborder la question des cas limites tels que le sélecteur singleton comme dans «une seule fois», ou vide «aucune fois»). Intuitivement, le fait qu'elle définisse (par restriction) un certain nombre d'itérés permet de s'en convaincre. Formellement, il est possible de la construire directement comme une itération en lui attribuant le même modèle itératif que l'itération dont elle est issue, et en créant l'itérateur composé (*f o g*) tel quel g est l'itérateur initial, et *f* la fonction de restriction du sélecteur.

Toutefois, même si ces deux façons de considérer une sélection sont strictement équivalentes, la première (sélection) nous semble la plus intéressante: elle permet mieux de voir qu'une sélection s'appuie toujours sur une itération préexistante, et ne crée aucun nouvel itéré (ce que la seconde façon pourrait laisser penser).

Nous ferons donc de la classe Sélection une classe fille de la classe Itération.

La classe Sélection a deux attributs principaux:

- l'Itération sur laquelle elle opère
- son sélecteur, qui est la fonction de restriction de l'ensemble des itérés

Nous en tirons le diagramme de classes suivant, qui, dans le paradigme des Design Patterns, évoque le Pattern «decorator». Une Sélection vient en quelque sorte enrichir une Itération au sens où elle apporte à cette dernière un certain nombre d'amendements, comme nous allons le voir en 6.3.

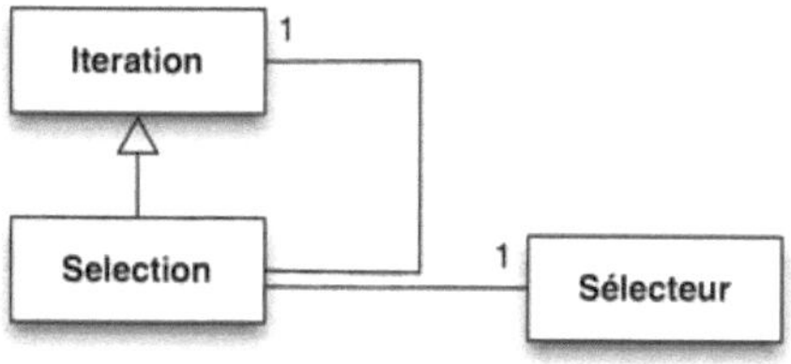

Figure 25: la classe Sélection et ses classes associées

Les différentes façons qui existent en langue de faire des sélections nous amènent à construire la hiérarchie de sélecteurs suivante:

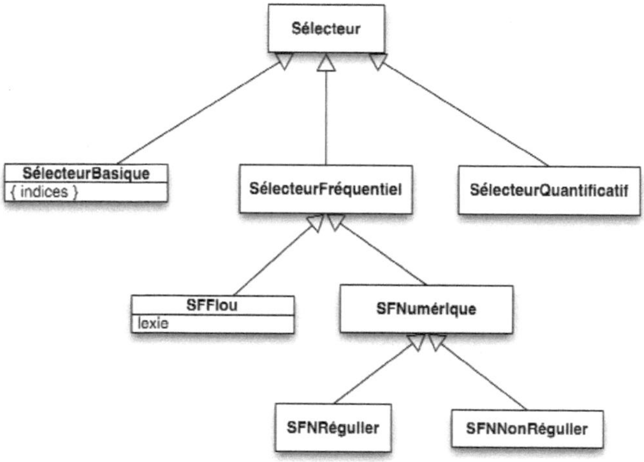

Figure 26: arbre d'héritage des sélecteurs

Un sélecteur est soit «basique», lorsqu'il détermine directement un certain nombre d'itérés par leur rang (par ex. «les deux premières fois»), soit fréquentiel, ou encore quantificatif.

Parmi les fréquentiels, se trouvent les «flous» (SFFlou, «souvent, après avoir fait nos devoirs») qui n'indiquent aucune information numérique, et les «numériques». Ces derniers peuvent être réguliers (SFNRégulier, «toutes les deux fois»), ou non (SFNNonRégulier, «trois fois sur quatre»). Notons que le choix entre SFNRégulier et SFNNonRégulier se fait parfois sur des critères pragmatiques, et que dans le doute nous avons affaire à la classe SFNNonRégulier.

Il est opportun de revenir un instant sur la notion de fréquence, et de bien comprendre en quoi un sélecteur fréquentiel se distingue d'un itérateur fréquentiel. Alors qu'un itérateur fréquentiel a pour rôle d'indiquer, à partir de l'axe temporel, quelle densité d'itérés on peut inférer, un sélecteur fréquentiel se base quant à lui non pas directement sur l'axe temporel, mais sur un ensemble discret d'itérés (eux-mêmes placés sur l'axe temporel). Il s'agit donc d'une fréquence s'exprimant sur un espace discret, et non plus sur le continuum temporel.

Enfin, un sélecteur quantificatif sélectionne un certain nombre d'itérés, mais sans préciser lesquels, comme dans: «elle est allée 7 fois à la montagne. Pierre l'a accompagnée 3 fois». Ainsi, nous pourrions choisir de faire de SélecteurBasique une sous-classe de SélecteurQuantificatif.

6.3. Rôle d'une sélection

Bien sûr, le rôle d'une sélection ne se limite jamais à la seule sélection d'itérés, auquel cas elle n'apporterait rien au discours, mais sert toujours à modifier ou à enrichir les itérés sélectionnés. Prenons un exemple sous forme de court texte commençant par une itération classique, puis opérant quelques sélections-modifications:

(41) Quand ils viennent, ils apportent toujours des cadeaux.

(42) Une fois sur trois, ils passent par Montélimar.

(43) Ces fois-là, ils nous rapportent toujours du nougat.

La phrase (41) du texte précédent crée une itération initiale. La phrase (42) opère une sélection sur les fois où «ils 'venir'», à raison d'une occurrence sur trois (avec une ambiguïté sur le caractère statistique ou ordonné de la sélection, que l'on ne peut pas lever ici), assortie de l'amendement «ils 'passer' par Montélimar». Tout ce qui est porté par l'itération est hérité au niveau de la sélection, puis amendé (donc enrichi et/ou modifié). Ainsi, le fait «ils 'apporter' des cadeaux» issu de (41) est-il toujours avéré dans la sélection (42), et se voit complété, pour ces occurrences particulières, par «ils 'passer' par Montélimar» (élaboration), puis, en (43), par «ils 'rapporter' du nougat».

Pourquoi réifier l'opération de sélection? Nous pourrions être tentés, plutôt que de créer des objets relatifs aux sélections, d'intégrer ces dernières aux itérations mêmes. En effet, il est peut-être légitime de considérer que ces opérations ne créent pas de nouvelles itérations, mais viennent simplement modifier ces dernières. Il est donc concevable, et c'est une hypothèse qui a été étudiée, d'enrichir le modèle itératif de façon à rendre compte des différentes alternatives (par exemple un procès modèle «ils 'venir'» valable pour tous les itérés, un autre procès modèle facultatif «ils 'passer' par Montélimar», etc.) et d'enrichir parallèlement l'itérateur de sorte à ce qu'il puisse pointer, selon les occurrences, sur tel ou tel procès modèle facultatif.

Nous avons finalement choisi de réifier (i.e. en faire un objet à part entière) l'opération de sélection car il semble qu'il soit possible d'y référer linguistiquement, comme le montre la phrase (43). Il est plus confortable de disposer d'un objet directement référencé lorsque l'on est confronté à «ces fois-là», plutôt que d'avoir l'obligation de réinterpréter un itérateur complexe pour trouver les occurrences en question. De plus, cela répond naturellement à l'exigence que nous nous sommes fixée dans ce travail de disposer d'entités objets dès lors qu'un phénomène linguistique relatif à l'itération est mis en évidence.

Aborder le rôle d'une sélection nous amène naturellement à constater la dépendance réciproque de l'itération et de ses sélections. Par construction, une sélection repose essentiellement sur une itération déjà existante. De façon peut être moins immédiate, mais tout aussi certaine, l'itération dépend de toutes ses sélections (i.e. de toutes les sélections bâties à partir d'elle), dans la mesure où chaque sélection agit sur l'itération à partir de laquelle elle est construite.

Si l'on reprend notre texte exemple, il est évident que la phrase (42) modifie profondément l'itération issue de la phrase (41), puisqu'un tiers de ce qui est asserté dans (41) est enrichi par ce qui est asserté par (42). De ce fait, nous allons enrichir le modèle objet de l'itération en lui faisant mémoriser l'ensemble des sélections qui lui sont relatives: une itération est donc donnée par ce qui la construit en tant que telle, i.e. comme nous l'avons vu jusqu'à présent, mais aussi par l'ensemble de ses sélections. Ceci est logique dans la mesure où une sélection est aussi, et avant tout, un outil de modification d'une partie des itérés.

6.4. Exemples et analyses

6.4.1. Sélections simples (sélecteur=ensemble d'indices)

(44) Quand ils venaient, nous jouions aux cartes. La première fois, c'était un poker. Pierre n'est pas venu la cinquième ni la sixième fois.

Ce premier exemple débute par une itération de type événementiel. Puis deux sélections sont successivement faites, la première spécifiant le type de la première partie, la seconde spécifiant deux itérés particuliers où l'un des protagonistes était absent. Comme nous l'avons dit, ces deux sélections modifient l'itération même dont elles sont issues. C'est la raison pour laquelle nous ajoutons dans l'itération un lien vers chacune d'elles (placé dans l'itérateur).

Les sélecteurs utilisés ici sont des ensembles d'indices spécifiant les itérés retenus. Ils sont donc respectivement {1} et {5, 6}.

Enfin, une sélection ayant pour but d'opérer des modifications/ spécifications sur les itérés retenus, nous utilisons le champ «action» pour spécifier ces dernières. La notation est ici de type objet, "a.b" signifiant «le membre b de l'objet a».

Dans la première sélection, il s'agit de spécifier le procès «nous 'jouer' aux cartes» du modèle de l'itération. Nous pouvons accéder à l'itération par la référence *it*, puis à son champ modèle via *modèle*. Ce dernier modèle contient une méthode *getProcès()* qui permet d'obtenir une référence sur l'un des procès modèles qu'il comprend, en lui passant en argument la chaîne de caractères correspondante. Il faut donc écrire *it.modèle.getProcès(«Nous 'jouer'»)* pour obtenir une référence sur le procès modèle recherché. Nous appliquons alors la méthode de spécification de ce procès, pour indiquer qu'il s'agit d'une partie de poker. Cette action porte sur les itérés de cette sélection, soit ici le premier itéré.

Il en va de même pour la deuxième sélection, à ceci près que cette dernière concerne le procès modèle «ils 'venir'», et que la spécification correspondante est «Pierre 'être' absent». Voir le diagramme pour le détail.

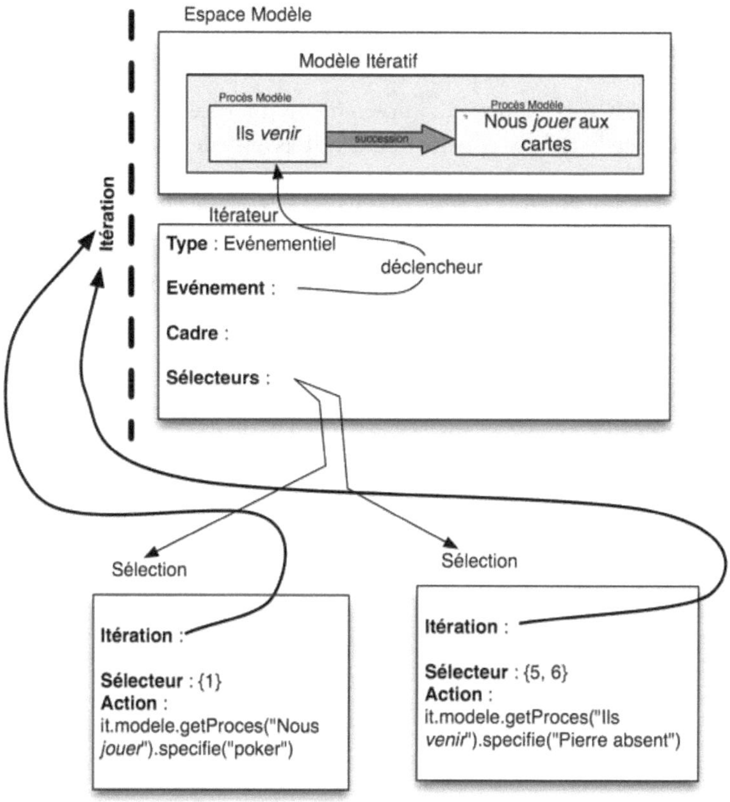

Figure 27: exemple de sélections simples

6.4.2. Sélecteurs fréquentiels

Nous abordons deux nouvelles notions avec l'exemple suivant. En premier lieu, l'utilisation de sélecteurs fréquentiels. En second lieu, la construction plus riche et plus complexe de l'itération elle-même, puisque celle-ci est introduite de façon implicite par la première sélection, puis se voit complétée par la dernière phrase, après que plusieurs sélections ont déjà opéré. Cet aspect sera repris plus en détail en section 6.5.

(45) Souvent, quand je me promenais, je rencontrais Jean. Plus rarement, je rencontrais Anne. Ces fois-là, nous avions de longues conversations. Quoi qu'il arrivât, ma promenade était toujours suivie d'achats en centre ville.

En effet, une fois le texte complètement interprété, l'itération première, c'est-à-dire celle qui comporte ce qui se passe systématiquement pour chacun des itérés, est l'agglomérat de deux procès modèles: «Je 'se promener'», issu de la première sélection, auquel succède le procès modèle «Je 'faire' des achats en centre ville», qui est introduit en fin de texte par *quoi qu'il arrivât*.

Enfin, un autre phénomène important est ici la reprise anaphorique de la deuxième sélection par le syntagme «ces fois-là», qui confirme l'intérêt qu'il y a à réifier les sélections.

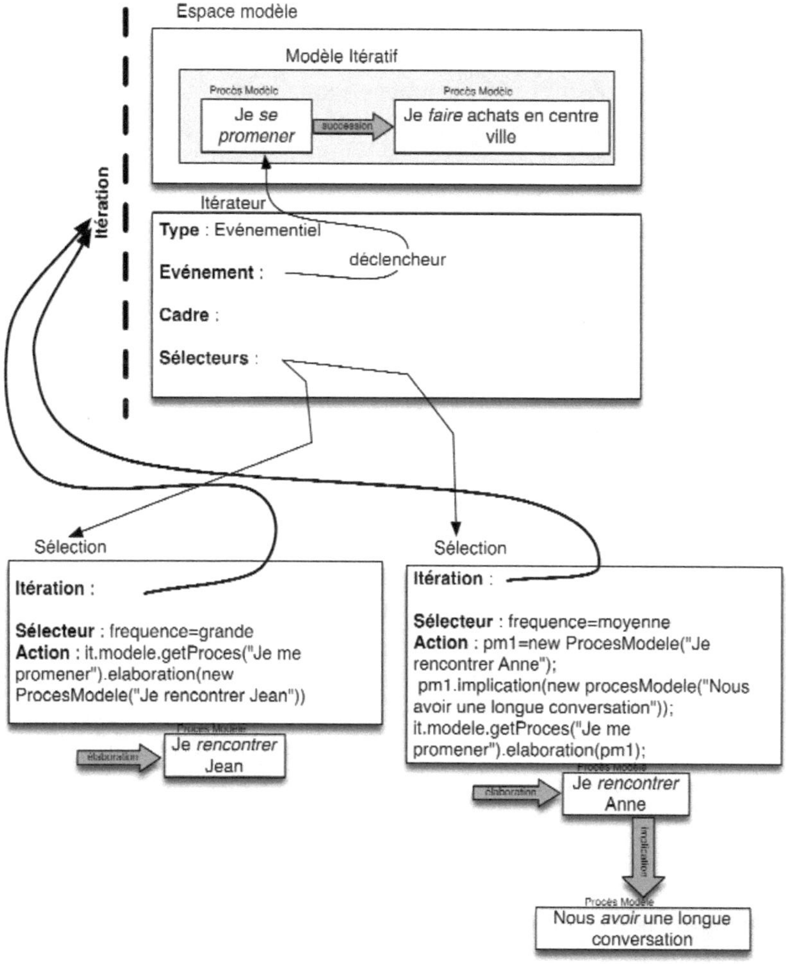

Figure 28: sélections riches

Le schéma final n'est pas toujours facile à lire lorsque les informations deviennent riches. Aussi est-il possible de produire des modèles itératifs propres non plus à l'itération dans son entier, mais à l'une de ses sélections. C'est ce que nous illustrons dans la figure suivante pour la sélection opérée par «Ces fois-là» dans «Ces fois-là, nous avions de longues conversations».

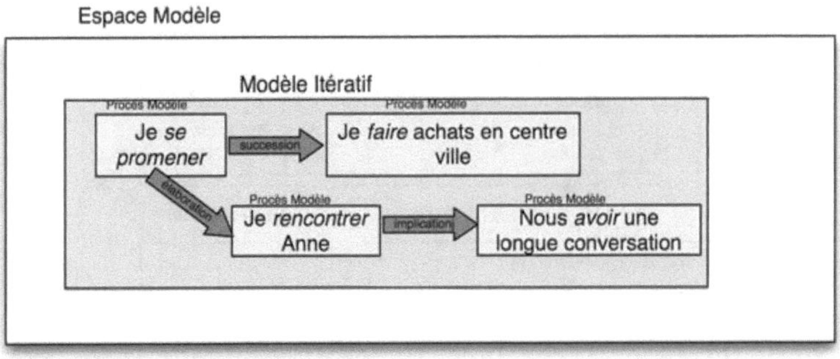

Figure 29: modèle itératif propre à une sélection

6.4.3. Particularisation de procès modèles via une sélection

Considérons à présent l'itération suivante:

(46) Le lundi, ils avaient généralement 3 séances de sport: 2 de musculation, et une de stretching. Puis ils prenaient un apéritif.

Elle est de type calendaire régulier, concernant les lundis, comme nous avons déjà pu le voir. Intéressons nous donc uniquement à son modèle itératif. Ce dernier est particulièrement riche, intégrant 4 procès qui se suivent, mais avec la particularité que les trois premiers constituent eux-mêmes une itération, via «trois séances de sport». Nous plaçons donc l'itération correspondante au sein même du modèle itératif, puis déclinons deux de ses trois itérés en «musculation», et le troisième en «stretching». Il faut pour cela enrichir l'itération de deux sélections quantificatives, avec la particularité que celles-ci opèrent des sélections mutuellement exclusives.

Par soucis de simplicité, le schéma suivant rend compte uniquement du modèle itératif de cette itération.

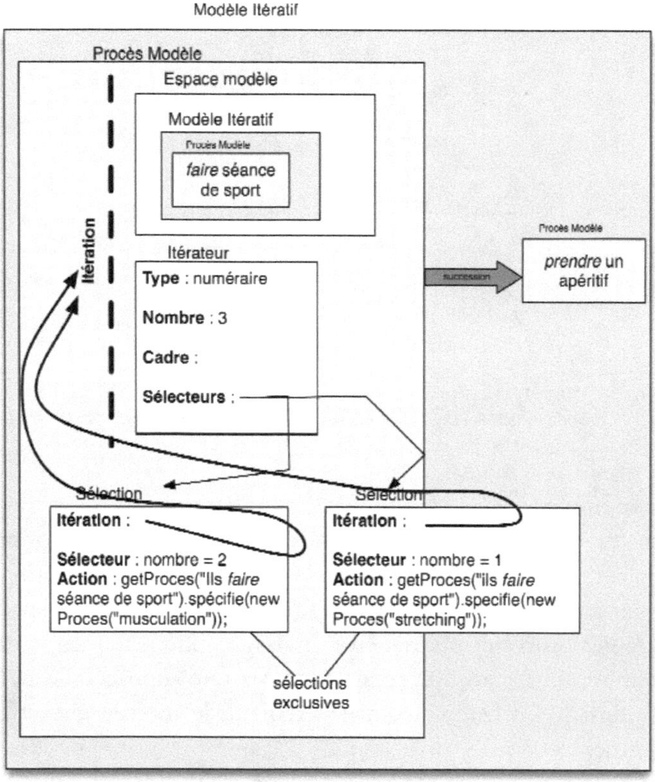

Figure 30: sélections mutuellement exclusives

Ces particularisations étant linguistiquement possibles, nous en concluons que musculation et stretching sont des sous-procès modèles compatibles avec «séances de sport», ce que nous représentons par:

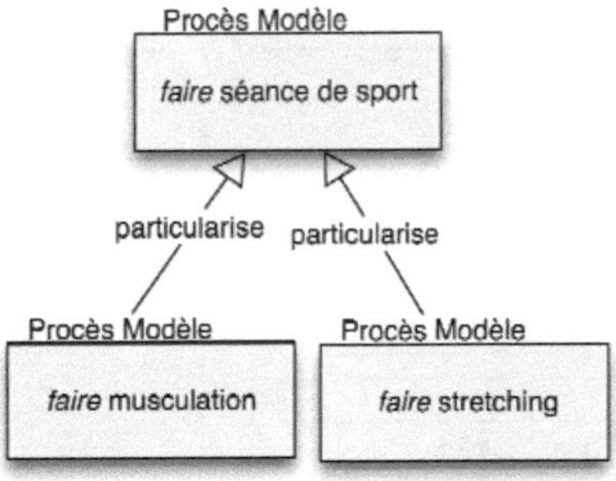

Figure 31: compatibilité entre procès et sous-procès

6.4.4. *Procès modèles hypothétiques et procès modèles conditionnels comme moteurs de sélection*

Nous nous intéressons dans cette partie aux itérations intégrant des formes telles que «si» ou «quand». Nous aurions pu, pour ce faire, orienter nos réflexions vers les espaces mentaux (cf. Fauconnier, 1984), dont nous nous sommes par ailleurs déjà librement inspiré pour constituer les espaces itératifs. C'est une piste qui pourra être envisagée ultérieurement, mais nous nous sommes limité dans un premier temps à une approche beaucoup plus modeste utilisant, en l'enrichissant légèrement, le modèle que nous avons déjà constitué.

Commençons notre analyse par un cas ne relevant pas de l'itération:

(47) Ce soir, s'ils viennent, nous irons au restaurant.

Nous avons ici une alternative, avec un procès «ils 'venir'» qui n'est qu'hypothétique, et «nous 'aller' au restaurant», tout aussi hypothétique, dont la réalisation dépend du premier. Nous avons donc soit la série de procès «ils venir» puis «nous aller au restaurant», soit aucun des deux, et donc, de façon sous entendue, le procès seul «nous manger chez nous». Nous pourrions donc proposer un schéma sous la forme:

Alternative:

Hypothèse1: «venir» puis «aller au restaurant»

Hypothèse2: «manger à la maison» (ou rien, si l'on ne traite pas le sous-entendu)

Le problème posé par cette proposition est que si les deux hypothèses sont bien modélisées, ce qui en conditionne la réalisation ne l'est pas. Certes, nous aurons bien, à l'issue de toute considération, soit l'une, soit l'autre des deux hypothèses. Néanmoins, il est marqué linguistiquement que c'est le fait «ils venir» qui conditionne cette réalisation. Nous voulons donc l'intégrer au modèle. Pour cette raison, nous introduisons la notion de **procès modèle conditionnel** comme porteur à la fois du procès de l'hypothèse, et à la fois de l'alternative (c'est-à-dire de deux autres procès, voire d'un seul s'il n'y a pas de proposition correspondant à la négative).

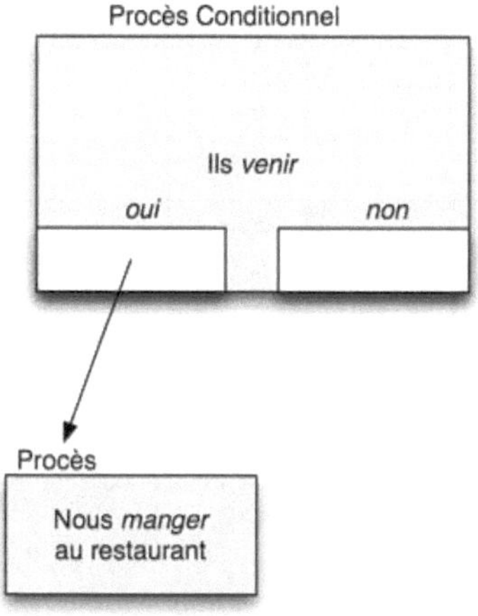

Figure 32: procès conditionnel

Nous passons à présent au cas de l'itération, et nous allons voir que le procès modèle conditionnel s'applique de façon semblable au cas précédent.

(48) Le dimanche soir, **s'ils viennent**, nous dînons tous au restaurant. **Sinon**, nous mangeons à la maison. Préalablement, nous nous promenons au Père Lachaise dans le courant de l'après-midi.

«Le dimanche» induit la création d'une itération de type calendaire régulier, et le dimanche modèle associé comporte par défaut 3 repas, incluant le dîner dont il est question ici. Ce qui est itéré linguistiquement ici, ce n'est pas le fait que «ils 'venir'», ni forcément «'aller' au restaurant» ou «'manger' chez soi», mais c'est une certaine alternative bâtie autour du procès hyperonymique «'dîner'». Ce dîner est décliné en deux cas, avec, dans le premier, le procès préalable «ils 'venir'».

Nous construisons donc un procès modèle conditionnel, comme précédemment, de la façon suivante: «ils venir», oui → «aller au restaurant», non → «manger à la maison». Ces deux derniers procès modèles peuvent être placés dans un procès hyperonymique «'dîner'» qui, lui, sera toujours avéré. Par ailleurs, il y a une relation de succession (SUCC) entre «'venir'» et «'aller' au restaurant», et bien sûr aucune entre «'venir'» et «'dîner' à la maison», puisque lorsque «'dîner' à la maison» est avéré, c'est justement que «'venir'» ne l'est pas.

Le point clé d'un procès modèle conditionnel est qu'il est à la fois la condition d'une alternative et un procès modèle à part entière. Nous présentons ci-dessous le modèle itératif complet.

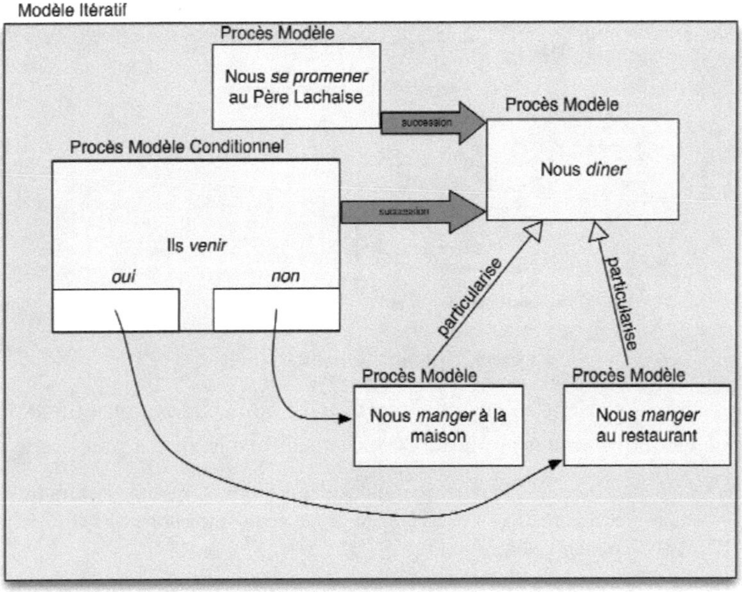

Figure 33: modèle itératif intégrant un procès conditionnel

Il arrive cependant assez fréquemment que les itérations dérogent un peu à ce schéma, en utilisant des sélections en lieu et place de procès modèles alternatifs. En effet, dans (49), «quand» n'introduit pas explicitement une alternative comme le fait «si».

(49) Le dimanche soir, **quand ils viennent**, nous dînons tous au restaurant. Autrement/dans les autres cas/, nous mangeons à la maison. Préalablement, nous nous promenons au Père Lachaise dans le courant de l'après-midi.

Remarquons tout d'abord que «quand ils viennent» est ambigu, pouvant signifier «parmi tous les dimanches, ceux au cours desquels ils viennent» ou «chaque dimanche, au moment où ils viennent» (sous-entendu: ils viennent tous les dimanches), mais que cette ambiguïté est levée ici par «autrement» qui fait ne retenir que la première acception (l'acception conditionnelle). Remarquons par ailleurs que le verbe «arriver» plutôt que «venir», par le présupposé qu'il porte, aurait désambiguïsé l'expression en ne retenant que la seconde acception (la deuxième phrase ne serait d'ailleurs pas valide).

Il s'agit bien ici, dans cette acception de «quand ils viennent», équivalente à «des fois où ils viennent», d'une opération de sélection. En termes plus précis, il s'agit de sélectionner parmi tous les dimanches itérés ceux au cours desquels «ils 'venir'» est avéré. Puis un second sélecteur est l'exact complément[6] de ce premier sélecteur qui est textuellement «des autres fois». (remarque: «autrement», qui paraît un peu impropre mais acceptable, correspond mieux à un usage avec «si» qu'avec «quand»; le fait qu'il soit utilisable ici montre bien le pont qu'il y a entre les deux).

Le procès «ils 'venir'» est donc celui qui permet à chacune de ces deux sélections d'opérer, soit par sa présence, soit par son absence. Nous l'appelons donc «procès modèle hypothétique». Un tel procès ne porte pas en soi d'alternative. Il est, tout comme le «procès modèle conditionnel», facultatif, et ne sera donc avéré que pour certains itérés.

La différence entre procès modèle conditionnel et procès modèle hypothétique est ténue, et essentiellement linguistique. Le premier est induit par une marque explicite de condition, tandis que la seconde rend compte d'une sélection. Il reste que d'un point de vue sémantique, les deux formes sont très proches, et un mécanisme permettant de transformer l'une des représentations en l'autre est envisageable.

Notons pour finir que le fonctionnement du procès modèle hypothétique n'est pas sans rappeler celui des itérateurs événementiels, ce qui n'est guère étonnant lorsque l'on constate que certaines des formes linguistiques

6 Soient S1 et S2 deux sélecteurs sur une itération I. Si l'on désigne par $\{X\}$ l'ensemble des éléments contenus dans X, alors S1 est S2 sont dits sélecteurs complémentaires si et seulement si $\{I\} = \{S1\} \oplus \{S2\}$.

qui les induisent sont semblables (*quand, à chaque fois que*). Lorsque ces formes linguistiques se présentent dans le contexte d'une itération (comme ici celle des dimanches), il en résulte une sélection via un procès modèle hypothétique, tandis que dans le cas contraire, c'est directement une itération qui est créée.

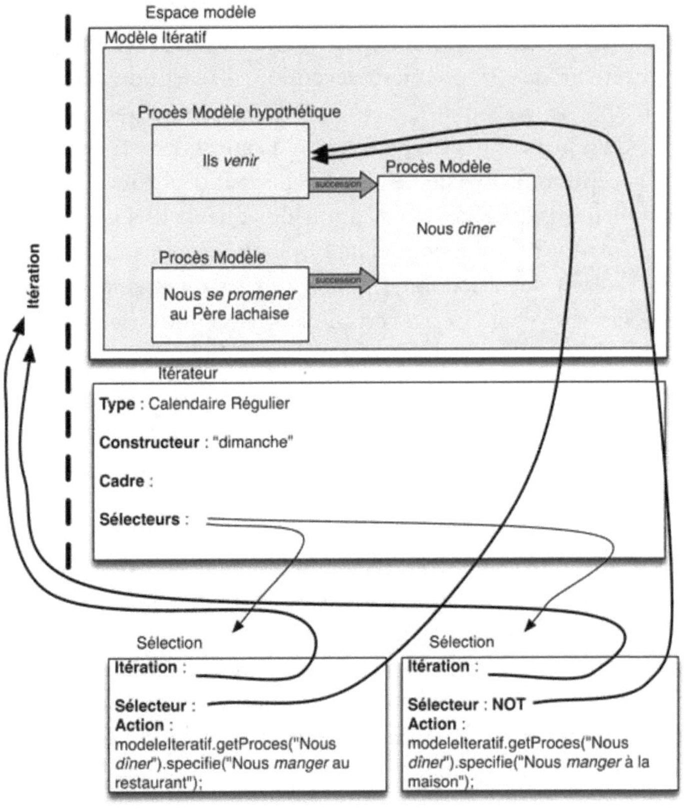

Figure 34: sélections et procès modèles hypothétiques

6.4.5. Sélections récursives

Il y a peu à dire sur les sélections récursives, puisque ces dernières ne sont que des cas particuliers des sélections classiques. En effet, une sélection (hors cas particulier d'une sélection singleton) étant elle-même une itération, on peut naturellement lui appliquer une autre sélection, et ainsi de suite de façon récursive. Nous pouvons donc directement étudier l'exemple ci-dessous.

(50) Tous les lundis, nous allons à la piscine. Quelques fois, Paul nous accompagne. La troisième fois qu'il est venu, il a appris à plonger. Il est déjà venu une dizaine de fois.

Une première itération est introduite par «tous les lundis». Puis «quelques fois» opère une sélection sur cette itération, ce qui résulte en une sous-itération. Enfin, «la troisième fois qu'il est venu» est une sélection (singleton) sur la troisième occurrence de la sous-itération précédente.

Notons que nous pouvons faire «remonter» l'information «il est déjà venu une dizaine de fois» au niveau de l'itération première, ce qui produit la contrainte de cardinalité «card >10».

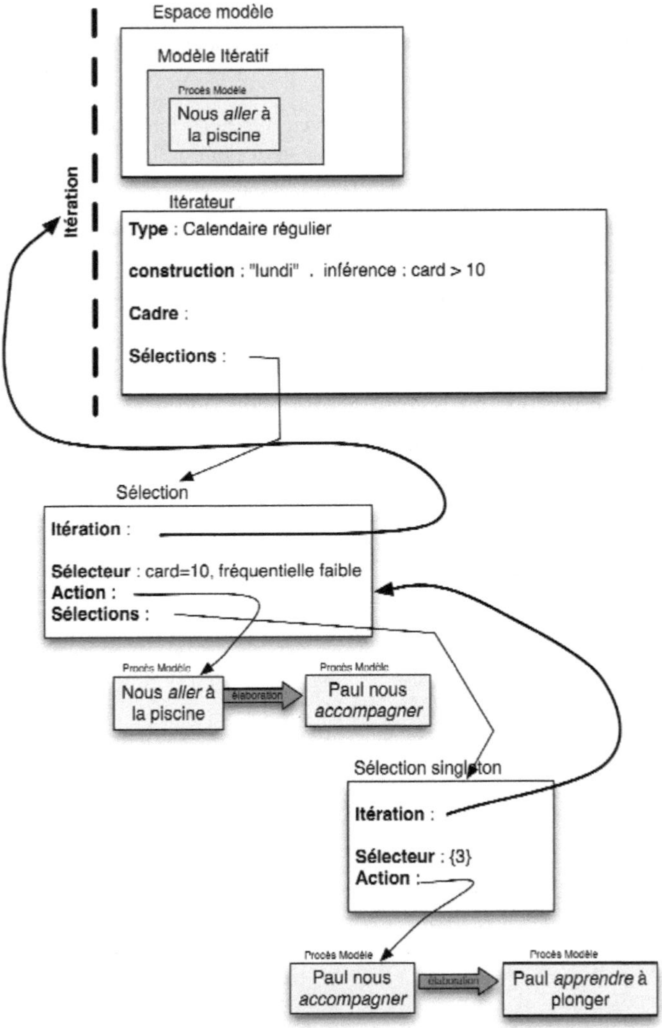

Figure 35: sélections récursives

6.5. Itérations implicites (présupposées)

Dans notre présentation, nous avons fait apparaître le phénomène de la sélection de façon canonique, en supposant qu'elle succède toujours, linguistiquement, à l'itération dont elle dépend.

En réalité, ce schéma n'est pas systématique. Il est courant de trouver des sélections sans qu'aucune itération n'ait préalablement été introduite qui y soit rattachée. Nous poserons dans ces cas-là que la sélection présuppose, donc introduit, une itération qui la circonscrit.

(51) Les trois premières fois qu'elle est allée à la montagne, c'était dans les Alpes.

Ainsi l'exemple (51) contient-il la même sélection que (40), et présuppose-t-il une itération semblable à celle induite par (1). Bien sûr, s'agissant d'une itération présupposée, cette dernière est forcément sous-spécifiée: si (1) indique une cardinalité précise de 7 quant au nombre d'itérés, on ne sait de la cardinalité de l'itération présupposée par (51) que le fait qu'elle est supérieure ou égale à 4 (un valeur inférieure à 3 rendrait l'exemple incorrect, et une valeur égale à 3 imposerait de dire «des trois fois» plutôt que «des trois premières fois»).

Notons que si l'itération avait préalablement été introduite, par exemple par (1), la formulation serait plutôt «des trois premières fois, c'était dans les Alpes», c'est-à-dire une tournure elliptique. Il semble donc que la relative «qu'elle est allée à la montagne» ait ici valeur de «parmi toutes les fois où elle est allée à la montagne», qui contient bien une itération.

Ajoutons que (51) peut être suivi par:

(52) En tout, elle y est allée sept fois.

qui vient en quelque sorte préciser *a posteriori* le contenu de l'itération introduite implicitement. On obtient donc avec (51)-(52) une chronologie inverse à celle de (1)-(40). Nous voyons donc combien sont liées voire parfois imbriquées les notions d'itération et de sélection, au point que nous n'y prêtons guère attention lorsque nous y sommes confrontés linguistiquement.

Ce lien va plus loin encore dans la mesure où finalement, un certain nombre de tournures que nous avons considérées jusqu'à présent comme introducteurs d'itérations peuvent en fait tout aussi bien être considérées comme des sélecteurs exhaustifs:

Toutes les fois où…
A chaque fois que…

Etant exhaustifs quant à la sélection qu'ils opèrent, ces cas ne se distinguent donc pas d'une itération classique, et peuvent donc être directement considérés comme tels.

Enfin, pour montrer la variété de ce phénomène d'itération implicite, observons un exemple bâti sur le mode fréquentiel. L'exemple:

(53) Une fois sur deux, il vient avec sa femme

présuppose en effet l'existence d'une itération dont «une fois sur deux» puisse être un sélecteur, et «il vient avec sa femme» un modifieur. Le modèle itératif de l'itération présupposée doit donc être un généralisateur (par ex. un hyperonyme) de «venir avec sa femme». Le plus proche est «venir». Nous pourrions donc reformuler cette phrase en levant le présupposé de la façon suivante: «Quand il vient, une fois sur deux, il est accompagné de sa femme».

7. Itérations satellites

Nous abordons à présent un phénomène itératif particulier, plus rare que ceux que nous venons de voir, qui consiste à créer une itération ayant pour cadre l'intervalle non convexe créé par une première itération.
Observons l'exemple suivant, extrait de «Un cœur simple» de Flaubert, en nous intéressant en particulier à la portée de *quelquefois:*

(54) Elle fit un arrangement avec un loueur de voitures, qui la menait au couvent chaque mardi. Il y a dans le jardin une terrasse d'où l'on découvre la Seine. Virginie s'y promenait à son bras, sur les feuilles de pampre tombées. **Quelquefois** le soleil traversant les nuages la forçait à cligner ses paupières, pendant qu'elle regardait les voiles au loin et tout l'horizon, depuis le château de Tancarville jusqu'aux phares du Havre. Ensuite on se reposait sous la tonnelle. Sa mère s'était procuré un petit fût d'excellent vin de Malaga; et, riant à l'idée d'être grise, elle en buvait deux doigts, pas davantage.

Nous avons affaire à une itération première, issue de l'itérateur *chaque mardi*. Nous trouvons ensuite une itération secondaire, résultant de l'emploi de *quelquefois*, que l'on pourrait considérer, par mégarde, soit (1) comme une itération fréquentielle imbriquée, soit (2) comme une sélection fréquentielle sur l'ensemble des mardis itérés. Il n'en est rien.

Dans le premier cas, l'imbrication impliquerait, par construction, que *quelquefois* opère au sein de chacun des mardis, ce qui n'est pas avéré: il y a bien sûr des mardis où le soleil ne perce pas les nuages.

Dans le second cas, la sélection viendrait choisir parmi tous les mardis ceux, et seulement ceux, au cours desquels le soleil perce à travers les nuages. C'est déjà plus proche de la réalité sémantique de ce texte, mais néanmoins inexact: en effet, il se peut très bien qu'au cours d'un mardi donné, le soleil se mette à traverser les nuages puis à disparaître à plusieurs reprises, donnant lieu à autant d'itérés tous relatifs à quelquefois, là où la sélection n'autoriserait qu'un seul itéré global correspondant à l'intégralité du mardi (au cours duquel, donc, le soleil percerait du matin au soir).

En fait, l'itération introduite par *quelquefois*, bien que liée d'une certaine manière à la première itération, entretient avec cette dernière une relation bien plus lâche qu'une itération imbriquée ou qu'une sélection. Nous venons de voir que tous les mardis ne sont pas concernés, contrairement à ce qu'indiquerait une imbrication, et qu'un mardi donné peut être concerné plusieurs occurrences. Ceci plaiderait pour une vision autonome de cette seconde itération. Cependant, il faut ajouter le troisième point suivant: ce qui est porté par *quelquefois* ne concerne que les mardis itérés par la première itération (on ne parle pas ici des fois où le soleil perce un autre jour de la semaine). Nous avons donc bien affaire à un agencement d'itérations inédit dans cette étude, mais néanmoins directement intégrable à notre modèle:

- une première itération, que nous appellerons principale, itère ici tous les mardis;
- une seconde itération, que nous appellerons satellite, est créée par son propre itérateur, ici le fréquentiel *quelquefois*, **mais a pour cadre l'ensemble des itérés de l'itération principale**.

Il n'y a donc aucune extension à apporter au présent modèle pour prendre en compte cette configuration particulière. Alors que jusqu'à présent, nous avions vu des cadres sous forme d'intervalles connexes, nous trouvons ici un cas où le cadre est constitué par les intervalles générés par une première itération, donc par un ensemble généralement non convexe.

Comme pour la sélection, l'itération satellite est aussi, et avant tout, un moyen d'enrichir l'itération à laquelle elle est rattachée (principale): ce qui est asserté par le modèle itératif associé à *quelquefois* vient bien enrichir ou amender ce qui est dit d'une partie des itérés de la principale (à certains moment des mardis, il arrivait que le soleil perce, etc.).

8. Bilan et perspectives

8.1. Bilan sur la constitution du contenu itératif

A la lueur des différents phénomènes observés et des modélisations proposées, nous pouvons à présent faire un bilan sur la façon dont une itération peut être constituée. Nous avons finalement distingué quatre niveaux:

1) Itération première. Il s'agit ici du cas le plus simple, comme dans le premier exemple, vu en partie 2, où l'on a affaire à une itération classique dont le modèle itératif ne comporte qu'un procès modèle.
2) Enrichissement du modèle itératif. Comme nous l'avons vu en partie 4, il est possible d'enrichir à l'envi le modèle itératif initialement élémentaire, en ajoutant autant de procès modèles que souhaité, liés les uns aux autres par autant de relations inter-procès que nécessaire.
3) Amendements opérés par sélection. La partie 6 a montré par quel mécanisme la langue est capable d'opérer autant d'amendements que souhaité à autant d'itérés que souhaité.
4) Enfin, même s'il s'agit d'un phénomène plus rare, les itérations satellites permettent elles aussi d'opérer un certain nombre d'amendements au sein même de certains itérés.

Finalement, une itération peut résulter de la combinaison de ces 4 procédés, qui, de façon économique du point de vue langagier, permettent une richesse sémantique importante. A titre d'exemple, nous donnons pour finir ce bilan l'expression dans notre modèle de l'extrait de Proust donné dans la partie introductive de cet ouvrage, qui met en œuvre, de façon classique, les 3 premiers des 4 niveaux résumés ci-dessus.

(55) Nous rentrions toujours de bonne heure de nos promenades pour pouvoir faire une visite à ma tante Léonie avant le dîner. Au commencement de la saison, où le jour finit tôt, quand nous arrivions rue du Saint-Esprit, il y avait encore un reflet du couchant sur les vitres de la maison et un bandeau de pourpre au fond des bois du Calvaire, qui se reflétait plus loin dans l'étang [...]. Dans l'été au contraire, quand nous rentrions, le soleil ne se couchait pas encore; et pendant la visite que nous faisions chez ma tante Léonie, sa lumière qui s'abaissait et touchait la fenêtre était arrêtée entre les grands rideaux et les embrasses, divisée, ramifiée, filtrée, et incrustant de petits morceaux d'or le bois de citronnier de la commode, illuminait obliquement la chambre [...]. Mais certains jours fort rares, quand nous rentrions, il y avait bien longtemps que la commode avait perdu ses incrustations momentanées, il n'y avait plus quand nous arrivions rue du Saint-Esprit nul reflet de couchant étendu sur les vitres et l'étang au pied du calvaire avait perdu sa rougeur, quelquefois il était déjà couleur d'opale [...]. Alors, en arrivant près de la maison, nous apercevions une forme sur le pas de la porte et maman me disait: «Mon Dieu! voilà Françoise qui nous guette, ta tante est inquiète; aussi nous rentrons trop tard.» [...]
(Proust, *A la recherche du temps perdu*, Gallimard, La Pléiade, t. I: 131).

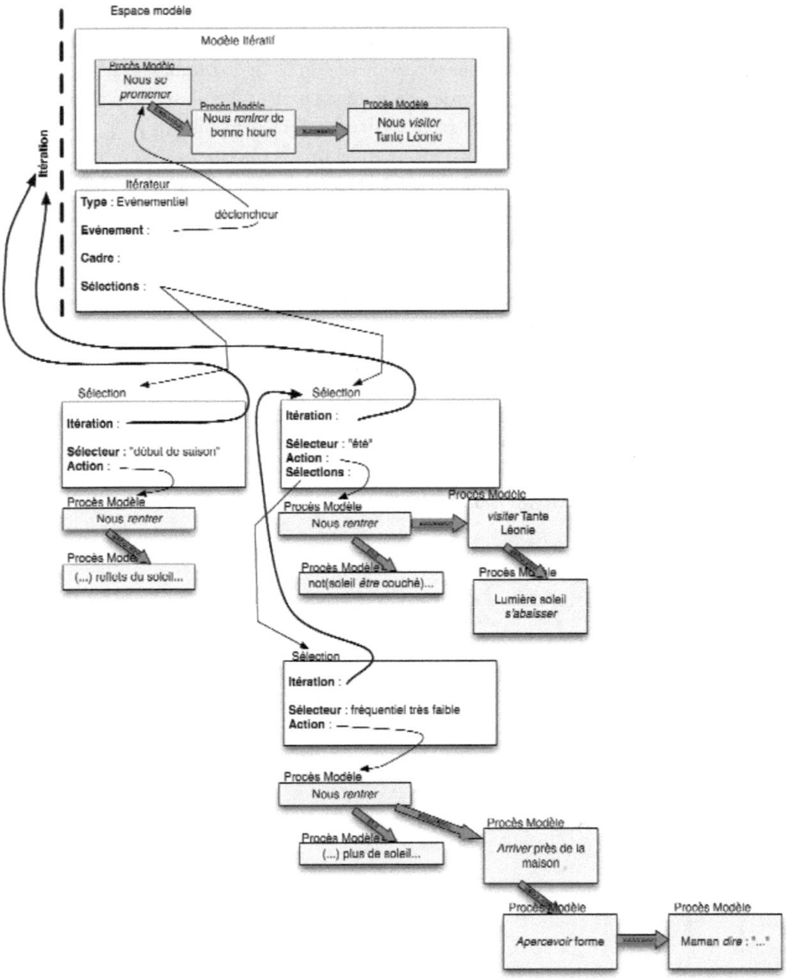

Figure 36: représentation d'un extrait de Proust

On trouve dans le traitement de cet extrait une itération centrale, construite sur le modèle comprenant la succession de procès «nous se promener», «rentrer de bonne heure» et «visiter tante Léonie». Elle constitue le noyau commun à tout le reste du texte, mais va être déclinée de différentes façons grâce à un premier niveau de sélections, selon qu'il s'agit du «commencement de la saison» (sélection figurant à gauche dans le schéma), ou de l'«été» (sélection de droite). Enfin, au sein de cette deuxième sélection relative aux étés, une sous-sélection permet de rendre compte de «certains jours forts rares», durant l'été, au cours desquels les protagonistes rentraient tard, bien après les dernières lueurs du soleil.

Les phénomènes itératifs foisonnent donc dans cet extrait qui met en branle une itération principale, sur laquelle se construisent deux sélections, et enfin sur l'une desquelles se construit une sous-sélection. Le tout constitue donc une hiérarchie à trois niveaux (itération, sélections, sous-sélection), comme représenté en figure 37.

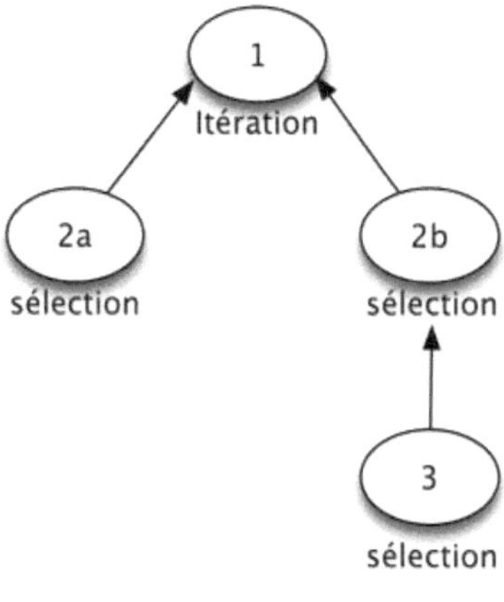

Figure 37: représentation arborescente d'un extrait de Proust

Il y a finalement 4 types d'occurrences de procès possibles dans ce passage:
1: le cas général proposé par l'itération première
2a: la déclinaison de 1 dans les occurrences de début de saison
2b: la déclinaison de 1 dans les occurrences d'été
3: la déclinaison de 2b, donc la sous-déclinaison de 1, dans de rares cas d'été.

8.2. Perspectives

8.2.1. Enrichissement du modèle: exemple de la prise en compte d'un contenu itératif à évolution progressive

Nous avons vu que la langue permet d'assimiler un certain nombre de situations à une situation canonique (ce que nous avons tenté de modéliser par la classe Itération), tout en autorisant, réciproquement, à redonner de la spécificité à telles ou telles de ces situations par rapport à ce schéma canonique (ce que nous avons tenté de modéliser par la classe Sélection). C'est ce que nous venons d'illustrer avec l'exemple riche de Proust.

Ainsi, l'exemple (56) rentre, en première approche, dans le cadre du présent modèle, avec une itération première correspondant au fait «je 'me coucher' tous les soirs», et deux sélections afférentes, l'une correspondant aux itérés relatifs à «étant jeune», l'autre correspondant à une époque présente.

(56) Etant jeune, je me couchais à 22 heures. A présent, ce n'est jamais avant minuit.

On peut objecter à cette représentation le fait qu'elle reste un peu trop littérale, et que l'interprétation que l'on en fait est susceptible de s'écarter de la dichotomie ainsi opérée par les deux sélections, dans la mesure où l'on peut supposer qu'il y a eu une dérive progressive de l'heure de coucher. Elle reste toutefois valide si l'on joue de prudence, en faisant en sorte que la première sélection ne concerne que la période relative à la jeunesse du locuteur, que la seconde sélection ne concerne qu'une période bien circonscrite autour du moment d'énonciation («à présent»), et en laissant générique tout le milieu de la période itérée (c'est-à-dire en ne faisant appartenir les itérés concernés ni à l'une ni à l'autre des deux sélections). On a alors une représentation sous-spécifiée quant à la partie médiane de l'ensemble des itérés, mais qui reste en accord avec l'information portée par le texte.

Que faire cependant lorsque le texte lui-même spécifie un changement graduel du contenu itératif, comme dans l'exemple (57)?

(57) Je me couche de plus en plus tard. De 22 heures étant jeune, j'en suis à présent à ne plus me coucher avant minuit.

Le contenu informationnel repose toujours sur la même itération première, mais il ne se laisse plus réduire à présent à l'ajout de deux sélections. En effet, il n'est plus question, à présent, de sélections d'itérés auxquels on attribue des dérogations communes (par ex. heure de coucher = 22 heures pour certains, et minuit pour d'autres), mais de la spécification d'une propriété progressive sur une plage d'itérés.

Il s'agit donc d'une configuration à laquelle nos propositions, dans leur état actuel, ne peuvent encore répondre de façon satisfaisante. Pour autant, il ne nous semble pas qu'il s'agisse d'une remise en question de la notion même de modèle itératif. Certes, l'une des propriétés de ce dernier ne semble pas avoir de prise au niveau même du modèle (quelle heure de coucher faire figurer dans le modèle, vu qu'elle ne pourra concerner au plus qu'un itéré?), mais, pour autant, la notion même de modèle itératif demeure: on a bien sûr toujours prise dessus, linguistiquement, et il est possible de faire suivre ce texte par «quoi qu'il en soit, je n'ai jamais dérogé à mon habitude de lire quelques pages pour m'endormir», qui réfère bien, de nouveau, au modèle itératif de l'itération dans son entier.

Un enrichissement possible du modèle pourra donc consister à proposer une façon de rendre compte de l'évolution de l'une des propriétés du modèle itératif au cours du temps, c'est-à-dire au fil de l'ordre chronologique des itérés. Ce phénomène nous semble proche du principe de la sélection, et pourrait en constituer une version enrichie (dont la sélection actuellement proposée dans notre modèle serait un cas particulier). En effet, tandis qu'une sélection vient choisir un (sous-)ensemble d'itérés afin de leur apporter une information dérogatoire commune, il s'agit ici d'assigner à chacun des itérés sélectionnés une information dérogatoire éventuellement singulière, et pouvant dépendre de sa position dans le temps (ou plus précisément de son rang temporel). De façon formelle et canonique, on pourrait par exemple proposer de restituer la progression induite par l'exemple (56) ou, plus encore, l'exemple (57), par une fonction associant à chaque itéré une valeur horaire pour la propriété «heure de coucher», qui serait croissante, et telle que la valeur associée au premier itéré soit 22 heures, et celle associée au dernier soit 24 heures. Dans des cas plus complexes tels que dans l'exemple (58), il pourrait s'agir d'une contrainte holiste sur l'ensemble des itérés sélectionnés, qui pourrait être traduite par une fonction probabiliste.

(58) Entre 1995 et 2002, mon heure de coucher a cependant été très erratique.

La sélection telle qu'actuellement proposée ne serait donc qu'un cas particulier de cette possible extension, dans la mesure où elle reposerait tout simplement sur une fonction constante: chaque itéré sélectionné se voit attribuer une même valeur dérogatoire pour une certaine propriété du modèle itératif.

On voit donc que l'itération en langue est un processus cognitif riche et complexe, qui semble naviguer entre deux pôles *a priori* contradictoires, mais dans les faits très complémentaires: l'assimilation à un **même modèle**, d'une part, de procès par ailleurs tous **singuliers**, d'autre part. La version actuelle de la sélection en est déjà un témoin manifeste, plaçant un niveau intermédiaire entre ces deux pôles extrêmes: elle donne de la singularité à un sous-ensemble d'itérés par rapport à l'ensemble de ces derniers. La version future que nous suggérons ici en est un raffinement venant entériner l'immense souplesse proposée par la langue pour marier universalité et singularité: dans la première phrase de l'exemple (58), il est explicitement dit, en quelques mots seulement, que chaque itéré relève certes d'un même modèle itératif, mais est aussi différent de la plupart de tous les autres.

N'oublions pas par ailleurs que nous avons volontairement réduit fortement l'acception de ce qu'est une itération, avec notamment la nécessité que le sujet soit suffisamment stable. Force est de constater que malgré ces précautions définitoires, la richesse des phénomènes à couvrir est déjà vaste. L'élargissement de cette définition devra donc se faire, le cas échéant, de façon très progressive.

8.2.2. Vers un traitement automatique de l'itération en discours

Si la visée première du travail de modélisation présenté dans ce chapitre était avant tout d'apporter un moyen de représenter les itérations avec une richesse expressive maximale, et en ayant la couverture la plus large, un objectif à plus long terme était d'apporter une contribution à des traitements automatiques des textes comportant des itérations.

C'est un second objectif qui a été largement entamé ces dernières années par le travail de thèse de Julien Lebranchu (2011). Ce travail a eu pour ambitieux objectif l'étude des phénomènes itératifs en langue, sur des corpus réels et en tenant compte de leur dimension discursive (itérations s'étalant sur plusieurs phrases voire plusieurs paragraphes) dans une perspective de calcul automatique des représentations itératives et de leurs visées aspectuelles. Deux corpus ont ainsi été constitués et annotés manuellement via la plateforme Glozz (cf. Widlöcher & Mathet 2009): l'un comporte des romans (in extenso ou des extraits), l'autre d'articles du journal Le Monde (2053 articles). Il a ainsi été possible, pour chacun de ces deux genres, de faire apparaître les phénomènes itératifs de façon quantitative: à titre d'exemple, on y découvre que 5% des propositions de ces textes sont concernées par les phénomènes itératifs, et plus précisément 7% dans les romans, et 3% dans les articles de journaux; mais des observations plus fines sont aussi proposées, comme la répartition des itérations selon leur nombre de propositions (une itération est-elle portée par une, deux, ou plus propositions?).

Ce travail s'appuie notamment sur les études présentées dans le présent ouvrage, et en particulier, en ce qui concerne la représentation du contenu itératif, sur le modèle du présent chapitre. L'étude a tout d'abord mis au jour la grande diversité des configurations textuelles des structures itératives en corpus: discontinuité textuelle, imbrication des structures, présentation des phénomènes itératifs sous forme de structures itératives, etc. Une chaîne de traitement a ensuite été mise en place, basée sur la plateforme LinguaStream (cf. Bilhaut & Widlöcher 2006), permettant notamment d'annoter les différents constituants des structures itératives (procès, circonstanciels de temps, déclencheurs d'itération). Il s'ensuit un processus semi-automatique permettant de générer les données correspondantes dans le présent modèle, et leurs visées aspectuelles comme présentées dans le chapitre précédent.

Cette étude ouvre la voie, à plus long terme, à des apports pratiques en recherche d'information (quels sont les phénomènes répétés, combien de fois l'ont-ils été, avec quelles variantes, et à quels moments), mais aussi, d'ores et déjà, dans une perspective linguistique, à une observation des corpus itératifs outillée (mise en exergue des passages itératifs, des configurations trouvées, etc.) permettant notamment d'élargir considérablement la taille du corpus humainement observable.

L'itération: structures temporelles et quantification

Patrice ENJALBERT et Gérard BECHER,
Université de Caen-Basse Normandie

1. Introduction

Dans ce chapitre, nous nous proposons de porter un regard formel et, plus précisément, algébrique et logique, sur le modèle linguistique de l'itération décrit au chapitre 1. Nous poursuivons ici une entreprise de longue haleine menée à propos de la théorie SdT[1], visant d'une part à une implémentation du modèle, et de l'autre à l'explicitation, grâce à leur formalisation, de certains concepts «sensibles».

La première direction a donné lieu à l'implémentation par Cédric Person d'un fragment, assez complet sans être exhaustif, du modèle (Person, 2004) (Gosselin, Person, 2005)[2]. Une telle implémentation pourra être utile dans des applications pratiques relevant du Traitement Automatique des Langues[3]: elle est aussi clairement revendiquée comme composante d'une démarche hypothético-déductive, comme outil permettant d'évaluer expérimentalement, sur des textes, les hypothèses linguistiques constitutives de la théorie (Gosselin, Person, 2005). Dans la seconde perspective mentionnons (Becher *et al.*, 2000), concernant le délicat problème d'une définition mathématique de l'opposition ponctuel *vs.* duratif.

De manière générale, le modèle de la temporalité SdT proposé par Laurent Gosselin se prête bien à une formalisation poussée. Les notions relatives à l'aspectuo-temporalité sont en effet caractérisées par un jeu

1 Tel est, rappelons-le, le nom donné par Laurent Gosselin à son modèle de la temporalité Cf. (Gosselin, 1996) et le premier chapitre du présent ouvrage.

2 Cette implémentation fait suite à d'autres tentatives dont on trouvera les références dans les ouvrages cités.

3 En l'occurrence, des applications avancées de recherche et extraction d'information dans des textes où la dimension temporelle est importante. Voir par exemple (Harper *et al.*, 2001) ou (Setzer, 2001) pour un aperçu de ces problématiques.

d'intervalles temporels et de relations entre ces intervalles tandis que des règles explicites décrivent les opérations sémantiques qui président à la compréhension temporelle d'un texte: ces règles exploitent et produisent d'une part des valeurs sémantiques aspectuo-temporelles, appartenant à un inventaire fini bien spécifié, et d'autre part une spécification de relations entre intervalles. Or intervalles et relations entre intervalles sont des objets mathématiques bien connus et bien étudiés en Intelligence Artificielle, tant du point de vue de leurs propriétés formelles que de la définition de procédures de calcul.

A l'intérieur de ce cadre général, la modélisation de l'itération pose des problèmes spécifiques, que l'on pourra en un mot caractériser comme relevant de l'étude de la *pluralité verbale*, les énoncés

(1.1.a) Hier, Jean est allé à la piscine

(1.1.b) Tous les lundis, Jean allait à la piscine

(1.1.c) L'an dernier, Jean allait souvent à la piscine

(1.1.d) Quand il fait beau, Jean va à la piscine

se distinguant en ce que le premier pose une occurrence unique du procès *Jean aller à la piscine* et les trois autres un ensemble de telles occurrences.

Cette question, la pluralité des occurrences d'un procès itéré, est traditionnellement présentée et traitée – dans les approches à vocation formelle – comme un problème de quantification, en analogie avec la pluralité nominale[4] [5]. On pourra par exemple paraphraser (1.1.b): «pour toute période temporelle étiquetée *lundi* il existe un événement ayant pour type *aller à la piscine*, comme acteur *Jean* et comme inscription temporelle une sous-

4 Le titre des articles reflète souvent ce cadre d'analyse: *Adverbs of Temporal quantification* (Kamp & Reyle, 1993: 635 sq.), *Adverbial quantification over events* (Rothstein 1995), *Non-factual Before and Adverbs of Quantification* (Ogihara 1995), *Temporal Prepositions and Temporal Generalized Quantifiers* (Pratt & Francez 2001), *Quantification Over Time* (de Swart 1995), *Habitual sentences and generic quantification* (Rimell 2005). Van Eynde (1987) utilise également le terme de *«temporal quantifier»* pour caractériser les adverbes de fréquence. Sur l'interprétation des déterminants nominaux comme quantificateurs, on pourra consulter Keenan (1996).

5 Dans un rapprochement similaire entre nominal et verbal certains auteurs invoquent, plutôt que la pluralité, une notion de généricité (Rimell 2005; Herburger & Mauck 1989; Vogeleer 2007). Mais le cadre formel retenu est similaire.

période de ce lundi». La formalisation se fera alors dans un cadre de logique du premier ordre, selon telle ou telle variante notationnelle. Une représentation simple de (1.1.b) pourrait être:

(1.2) $\forall t\ [(\text{lundi}(t)\ \&\ t<t_0) \Rightarrow \exists e\ (e \subseteq t\ \&\ \text{aller\_à\_la\_piscine}(e)\ \&\ \text{agent}(e,\text{Jean}))\ ]$

où t, t_0 sont des variables de type «période», t_0 désigne l'instant d'énonciation, e est une variable de type «événement», < désigne la relation d'antériorité et $\subseteq$ l'inclusion temporelle.

Diverses variantes, techniquement et linguistiquement plus élaborées, peuvent être et ont été proposées. Par exemple, on pourra recourir à l'appareillage des quantificateurs généralisés (Barwise & Cooper 1981; Keenan 1996), pour rendre compte des adverbes ou locutions adverbiales de fréquence (*souvent*, *rarement*, *parfois*, *trois fois*...), par analogie avec les déterminants quantificateurs *la plupart de*, *peu de*, *quelques*, *trois*... cf. de Swart (1995), Rimell (2005), Abeillé et al. (2004).

Si la théorie de la quantification constitue indiscutablement un outil formel pertinent pour la description du phénomène itératif, un certain nombre de questions doivent être soulevées, auxquelles des réponses claires ne sont pas toujours apportées[6]. C'est à ces questions que le présent chapitre va s'attacher à répondre.

Question 1: quel est le domaine de quantification? Selon les auteurs, ce peut être des événements (Rothstein 1995), des situations[7] (de Swart 1995) (Fintel 1996/2004), des «moments temporels» ou plutôt – comme en (1.2) ci-dessus – un mixte de moments et d'événements (Kamp & Reyle 1993: 635 sq.).

Question 2: quel modèle temporel? Quelle que soit la réponse à cette première question l'étude de l'itération ne peut se passer d'un modèle strictement temporel:

6 On retrouve ici le questionnement sur le «parallèle [...] entre le domaine nominal et le domaine verbal» et le fait que, selon Laca (2006), «la notion d'événement pluriel – et son pendant, celle d'événement singulier – est infiniment plus complexe que celle d'individu ou objet pluriel».

7 Ou *states of affairs* dont une définition précise demeure délicate.

- Pour formuler un système de datation, les adverbiaux exprimant certaines périodicités de date, comme en (1.1.b), constituant un cas important de marqueur d'itération;
- Pour exprimer la relation entre adverbial ou subordonnée temporelle et proposition principale, comme de nouveau en (1.1.b-c-d) ou en (1.3).

(1.3) Avant de passer un coup de téléphone, Jean allume toujours une cigarette.

Ce point et la question 3 sont au cœur du problème de la relation circonstancielle itérative, sur laquelle nous reviendrons longuement.

Question 3: correspondance entre les occurrences indiquées par un circonstanciel (adverbial ou subordonnée) et les occurrences du procès principal. Le fait est que, même en dehors de la présence d'un adverbe de fréquence, la correspondance n'est en général pas biunivoque. Ainsi, nous devons distinguer les deux énoncés suivants:

(1.4.a) Le lundi, Jean va à la piscine.

(1.4.b) Jean va à la piscine le lundi.

la première exprimant qu'à tout lundi correspond une occurrence de «Jean va à la piscine» (mais Jean peut pratiquer ce sport d'autres jours, ou plusieurs fois par lundi); et la seconde inversement que toute occurrence s'en situe un lundi (mais pas nécessairement tous les lundis). En (1.3) l'interprétation naturelle indique que chaque appel téléphonique est précédé d'une cigarette *différente*, bien que ce ne soit pas strictement impliqué par la relation «avant».
La discussion (1.4.a-b) est clairement liée à une question de focalisation, tandis que (1.3) fait intervenir des contraintes à la fois pragmatiques et temporelles (le «avant» est en fait un «juste avant»). Quoi qu'il en soit, on voit que la «correspondance» entre circonstancielle et procès est en fait très variable. Rothstein (1995) évoque particulièrement ces problèmes.

Question 4: sémantique des adverbes de fréquence. La présence d'un tel adverbe a clairement pour fonction – dans le type de configuration que nous venons d'évoquer – de modifier la correspondance circonstanciel-procès, comme en témoignent les variantes:

(1.5.a) Avant de passer un coup de téléphone, Jean allume toujours/souvent/parfois/ une cigarette.

(1.5.b) Le lundi, Jean va toujours/souvent/rarement/parfois/ à la piscine.

(1.5.c) Quand il fait beau, Jean va toujours/souvent/rarement/parfois/ à la piscine.

Mais ils peuvent aussi apparaître dans d'autres configurations, jouant sur des relations intraprédicatives:

(1.6) Jean va souvent/rarement/parfois à la piscine avec Marie.

qui peut tout aussi bien exprimer une fréquence de séances de piscine, toutes en compagnie de Marie; ou la fréquence de la présence de Marie dans la pratique aquatique de Jean; ou encore la fréquence de l'activité natatoire parmi toutes les occasions ou Jean sort avec Marie. Ces questions font de nouveau intervenir des principes de focalisation, et sont en tant que telles, abondamment traités dans la littérature, cf. de Swart (1995), Rimell (2005), Fintel (1996/2004), Vogeleer (2006).

D'un point de vue formel, on aura en général recours à la notion de quantificateur généralisé. Sans entrer dans des détails techniques prématurés, rappelons que l'idée est d'établir un parallèle avec la pluralité (ou généricité) nominale. Ainsi, considérant par exemple (1.5.a-c) tout se passe comme si ces énoncés étaient respectivement paraphrasés:

(1.5.a)' Toutes les / la plupart des/ quelques / fois où Jean passe un coup de téléphone, il allume avant une cigarette.

(1.5.b)' Tous les/ la plupart des/ peu de / quelques lundis, Jean va à la piscine.

(1.5.c)' Toutes les / la plupart des/ quelques / fois où il fait beau, Jean va à la piscine.

Cette dernière formulation pourra par exemple être représentée d'une manière semi-formelle, en termes de «situations»:

(1.7) SOUVENT$_s$ [Il_fait_beau]$_s$ [Jean_va_à_la_piscine]$_s$

où s est une variable de situation, la notation [P]$_s$ signifie que le prédicat P est satisfait «en s», et SOUVENT$_s$ [P]$_s$ [Q]$_s$ peut se paraphraser: dans la plupart des situations s où P est vrai, Q l'est également.

Toutefois, ce point de vue purement ensembliste, qui fait abstraction de toute relation proprement temporelle, pose problème. Que dire en effet d'adverbiaux exprimant la régularité comme «(ir-)régulièrement» ou «à intervalles (ir-)réguliers», «à des époques indéterminées»[8]. En fait, c'est

8 Expression attestée: «A des époques indéterminées, Mme Aubain recevait la visite du marquis de Gremanville» (Flaubert, *Un cœur simple*).

l'ensemble des adverbes de fréquence qui portent une valeur de régularité, en plus d'une indication sur le nombre d'occurrences: positive pour *souvent* ou *rarement*, négative pour *parfois*. Nous voici donc avec une contrainte spécifique de la quantification «temporelle». Ajoutons à cela la nécessaire prise en compte d'un phénomène de «normes» pragmatiques comme évoqué au chapitre 1, §5.3[9].

Question 5: adverbes fréquentiels en usage «autonome». Dans les exemples précédents, l'adverbe de fréquence opère en quelque sorte une sélection sur la suite des occurrences d'une certaine entité itérative: appels téléphoniques en (1.5.a), séquence des lundis en (1.5.b), beau temps en (1.5.c), séances de piscine de Jean en (1.6). Cette séquence de procès (ou périodes, situations...) intervient comme restriction sur la variable de quantification, c'est-à-dire le premier argument du quantificateur ([Il_fait_beau] en (1.7)). Cette notion de restriction demeurant valide dans le cas d'une quantification «ordinaire»: [(lundi(t) & $t<t_0$)] est la restriction pour la variable t en (1.2).

Quid alors d'énoncés ne présentant pas une telle série d'occurrences, autre que le procès lui-même, comme:

(1.1.c) L'an dernier, Jean allait souvent à la piscine.

L'approche quantificationnelle telle que nous venons de l'évoquer semble pour le moins difficile à appliquer[10]. En fait, en termes de quantification, nous sommes en présence d'un quantificateur «purement existentiel», avec une paraphrase possible:

(1.1.c)' L'an dernier, *il y a eu* une suite fréquente de séances de piscine de Jean.

Le même problème se pose en l'absence d'adverbe de fréquence comme dans le traditionnel «Paul fume», «Médor poursuit les voitures» (Kleiber, 1987: p. 36), ou encore «Il pleut souvent en Normandie»[11].

Question 6: aspect «fréquentatif». Un certain nombre de problèmes et d'analyses notés dans l'introduction de l'ouvrage (§2) ont mis en avant une

9 Avec un développement différent de notre propre proposition.

10 Cette question est notamment discutée par Kleiber (1987: chapitre II) ou Rimell (2005).

11 Avec dans ce dernier cas une interprétation quantificationnelle différente (non existentielle) mais mettant également en défaut l'approche en termes de quantificateurs généralisés (usage «intersectif» selon Vogeleer 2007).

conception *unitaire* du procès itératif, qu'il s'agirait de considérer comme une entité «globale», un procès à part entière (doté d'un «aspect fréquentatif») et non comme la simple assertion d'une multiplicité d'occurrences. Reste toutefois le fait que cette multiplicité existe bel et bien dans le sémantisme d'une itération. Comment dès lors faire coexister dans une même formalisation ces deux facettes, unitaire et multiple[12]? Un usage «approprié» de la quantification peut-il être défini?

Esquissons maintenant le cheminement qui nous permettra de répondre à ces questions, et notons d'abord notre positionnement relativement à la première question, concernant la nature des entités formelles manipulées. Nous situant dans le contexte de la théorie SdT, un rôle central est dévolu à la dimension proprement temporelle, et par conséquent à l'aménagement du système d'intervalles de la théorie SdT classique.

Nous pourrons donner une première idée de notre proposition en considérant la question de la relation circonstancielle, c'est-à-dire de la relation entre procès et circonstants temporels – question qui sera au centre de notre chapitre. Si dans un procès à occurrence unique tel que (1.1.a) la théorie prévoit d'associer un intervalle au procès *Jean est allé à la piscine*[13], un autre au circonstant *Hier*, et d'exprimer une relation (d'inclusion) entre ces deux intervalles, dans (1.1.b) nous devrions de la même manière pouvoir associer certaines «entités temporelles» au procès itératif *Jean allait à la piscine* – résultant de l'itération de *Jean aller à la piscine* – et au circonstant *tous les jours*, et relier ces deux entités. Autrement dit, les attributs prévus par la théorie SdT doivent être conférés au procès «global», et en particulier, pour faire simple, l'équivalent d'un «intervalle de procès» traduisant son inscription temporelle effective. De la même manière, un «intervalle circonstanciel» devrait être associé au circonstant *tous les jours*, les deux étant temporellement connectés dans la relation circonstancielle.

Bref, la pluralité inhérente à l'itération devrait se traduire par *une extension de la notion d'intervalle* de manière à rendre compte de la pluralité des réalisations temporelles. Or de tels «objets» existent, sous le nom *d'intervalles non convexes* (ou *intervalles généralisés*). Rappelons que les intervalles au sens usuel

12 Conceptualisé, rappelons-le, grâce au couple procès modèle / procès global.

13 Pour faire bref, en faisant provisoirement l'impasse sur l'aspect et sa représentation par le couple intervalle de procès / intervalle de référence et leur interrelation.

sont dits *convexes* – c'est-à-dire formant «un bloc contigu de temps». Un *non convexe* consiste en une succession, ou plus généralement un ensemble, d'intervalles convexes. Il paraît bien établi dans la littérature que cette notion est indissolublement liée à celle d'événement (ou état) répétitif (cyclique, par exemple). Elle a fait l'objet de multiples travaux, tant du point de vue de ses fondements mathématiques que d'applications à des problèmes de représentation des connaissances ou de bases de données (Ladkin 1986; Ligozat 1991; Terenziani 1995; Cukierman & Delgrande 1996). Un cas particulier est celui dans lequel les «composantes» de l'intervalle non convexe ne se chevauchent pas. Cette restriction paraît pertinente dans le cas qui nous occupe et nous l'adopterons sous le nom de *série temporelle* (ou simplement *série*, pour faire bref). Une série est donc pour nous une succession d'intervalles au sens usuel, un intervalle précédant strictement son suivant.

Sur le plan formel, la notion de série est le concept clé de ce chapitre. Il va nous permettre, pensons-nous, de préciser et de formaliser certaines représentations proposées au chapitre 1, tout en développant quelques analyses complémentaires, de manière à fournir nos réponses aux six questions ci-dessus.

Notre plan sera le suivant. En amont de notre étude, on admettra que quelques développements mathématiques concernant la théorie des intervalles généralisés sont nécessaires. Nous commencerons donc par présenter les bases algébriques du modèle proposé, autour de la notion de série (section 2).

Nous nous intéresserons ensuite aux expressions de localisation temporelle itératives (section 3). On observe en effet que ces expressions deviennent complexes, avec des principes réguliers de formation et certaines formes particulières de quantification: *tous les lundis, tous les jours, un jour sur deux, la plupart des lundis, tous les lundis de mars*..., ce qui pose la question d'un calcul effectif, compositionnel, des séries temporelles associées. Cette étude constitue une bonne validation du modèle algébrique et nous assure d'une base solide pour l'étude de la relation circonstancielle.

Les chapitres précédents ont mis en évidence la nécessité de prendre en compte simultanément deux «niveaux» dans l'analyse d'un procès itératif:

celui du procès «modèle»[14] – répété au cours du temps – et celui de l'itération elle-même – procès «global» résultant de cette répétition. La section 4 définit formellement la structure temporelle correspondante, reprenant et précisant les représentations proposées au chapitre 1. En particulier l'intervalle de procès «global» devient une série, conformément à l'analyse esquissée ci-dessus. Le même type de représentation en deux niveaux, «modèle» et «global», est défini pour les circonstanciels.

Tous les éléments sont alors en place pour étudier le calcul de la relation circonstancielle, mettant en rapport ces deux «structures» (section 5) et pour formaliser la sémantique des adverbes de fréquence (section 6). Nous prolongerons cette étude par un bref aperçu des problèmes posés par la succession «en discours» d'un ensemble d'itérations – comme dans la citation de *La Recherche* qui ouvre l'introduction de notre ouvrage – (section 7). Un bilan de nos propositions, assorti de pistes pour des travaux futurs, sera dressé pour conclure en section 8.

Tout au long du chapitre, nous avons eu le souci de ne pas plonger le lecteur trop abruptement dans l'aridité de la formalisation. Chaque section commence par une introduction qui en présente à la fois les idées sur le plan linguistique et les principes de formalisation. En outre l'introduction de la section 2, sorte de résumé présentant les principales constructions du modèle algébrique, devrait permettre d'aborder sans difficulté les sections 4, 5, 6 et 7: seule la description des expressions de localisation en section 3 requiert une compréhension fine du modèle algébrique et le lecteur peu enclin à ce genre d'exercice pourra s'en dispenser sans préjudice pour la suite de sa lecture.

2. Modèle algébrique

2.1 Présentation

Notre expérience nous confronte immanquablement à la notion de phénomène répétitif, qu'il s'agisse de nos activités quotidiennes: succession des

14 Rebaptisé ici procès «type» pour des raisons qui seront explicitées le moment venu.

jours de travail, de cours, de réunions…; scientifiques: de l'activité cardiaque et autres rythmes naturels au mouvement cyclique des planètes; artistique: rythmes, succession et répétition «d'événements musicaux»…; technologique: *tops* d'horloges réglant le séquencement des opérations d'un ordinateur…); etc. Pour représenter ces phénomènes et effectuer raisonnement ou calcul à leur propos, divers modèles formalisés ont été élaborés par les informaticiens et mathématiciens, particulièrement dans le domaine de l'Intelligence Artificielle.

Le modèle proposé ici s'inscrit dans une tradition particulière, fondée sur la notion d'intervalle, qu'il s'agit en quelque sorte de généraliser. Avant de dérouler le modèle dans toute sa rigueur et son formalisme, nous en donnerons ici les principes intuitifs et introduirons de manière semi-formelle les principales opérations et relations[15].

Une idée toute primitive est de considérer que le temps est constitué d'un ensemble d'instants organisés linéairement, communément dénommé «droite du temps». Formellement, cela signifie que deux instants quelconques t_1 et t_2 sont toujours comparables par la relation d'antériorité: t_1 est avant t_2 ou l'inverse[16]. Un intervalle est alors l'ensemble des instants (la «portion de droite») compris entre deux instants. Cette notion permet de décrire très commodément l'inscription temporelle d'un événement unique: l'intervalle associé sera la plage de temps couverte par son occurrence.

Que faire maintenant en présence d'un événement répétitif? L'idée, de nouveau très simple, est de lui attribuer *une succession d'intervalles*, correspondant chacun à une de ses occurrences: ce que nous appellerons ici une *série temporelle*. Les intervalles constituant une série en sont les *composantes*. Ils sont supposés sans chevauchement[17]. La figure 2.1 représente graphiquement une série constituée de quatre composantes. On utilisera le symbole d'appartenance $\in$ pour noter qu'un intervalle I est une composante de S (par exemple: $I_3 \in S$). Noter que l'amplitude de chaque composante, comme celle de l'écart entre deux composantes successives, est en général variable. Par contraste, on voit qu'un intervalle «élémentaire» ne comporte pas de «trous»: on dira qu'il est *convexe*. Le plus petit intervalle contenant

15 Rappelons que quelques références bibliographiques on été indiquées en section 1.

16 Une hypothèse contraire conduit par exemple à la notion de *temps ramifié* ou *arborescent* (*branching time*). Voir par exemple (Rescher & Urquhart 1971).

17 Une série est donc un cas particulier d'*intervalle généralisé,* comme décrit ci-dessous.

toutes les composantes d'une série S est son *enveloppe convexe*, notée [S][18]. Notons encore qu'un intervalle au sens usuel (convexe) peut être vu comme une série (dite *dégénérée*) constituée d'une seule composante: cette remarque permettra d'unifier l'examen de procès semelfactif et itératifs.

Listons maintenant quelques relations et opérations relatives à ce type de structure. La plus importante est la notion de *série extraite:* une série S' est *extraite* de S, noté S' < S, si S' est constituée d'un sous-ensemble de composantes de S. Dans la figure 2.1, S'={I_2,I_4} serait extraite de S. Dans le domaine calendaire, la série des lundis est extraite de la série des jours; les «étés ensoleillés» de la totalité des étés, etc. *L'inclusion* entre séries est une inclusion des composantes terme à terme: S' $\subseteq$ S si pour toute composante I $\in$ S', il existe une composante J $\in$ S telle que I est inclus dans J. Par exemple, si LUNDI est la série des lundis, MOIS celle des mois, SEMAINE celle des semaines: LUNDI $\subseteq$ MOIS mais il est faux que SEMAINE $\subseteq$ MOIS car certaines semaines chevauchent deux mois consécutifs.

Le deuxième type de relations considéré ici est lié à la structure séquentielle des séries: toute composante possède un numéro d'ordre et un successeur, on peut énumérer les intervalles situés entre deux composantes, etc. Nous pourrons ainsi donner un sens précis à des expressions telles que «un lundi sur trois» ou «lundi prochain» et plus généralement définir la sémantique des déterminants et autres quantificateurs apparaissant dans les expressions calendaires itératives (section 3).

Enfin, une autre opération fondamentale de notre algèbre est la *restriction* d'une série S1 par rapport à une série S2, notée S1/S2, consistant intuitivement à ne retenir de la série S1 que les éléments inclus dans une des occurrences de S2. Par exemple, «des lundis de mars» dénotera la restriction de la série des lundis par celle des mois de mars: LUNDI / MARS.

Nous en venons en maintenant à la description formelle du modèle, en rappelant que cette description n'est pas indispensable à la compréhension des sections 4 à 6.

18 Encore appelée parfois *cadre* de S, mais l'expression est ambiguë et prête à confusion avec le cadre temporel introduit par le contexte gauche d'un énoncé en discours, et qui en restreint, ou relativise, l'interprétation.

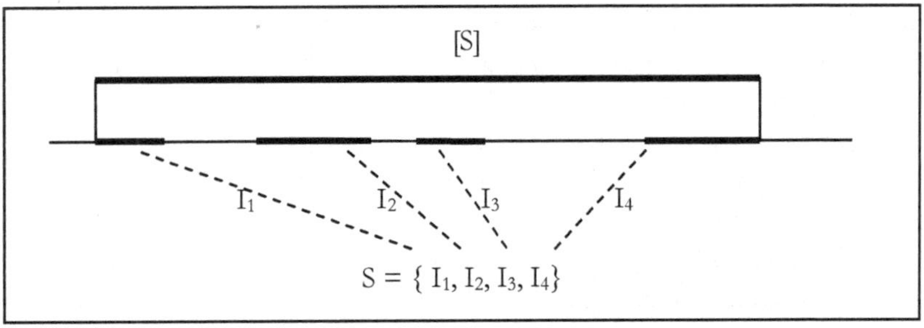

Figure 2.1. Une série à 4 composantes et son cadre

2.2 La notion de série temporelle

2.2.1 Présupposés. Intervalles généralisés

Le modèle algébrique est basé sur un modèle linéaire du temps: nous considérons un axe temporel structuré par une relation d'ordre total notée $\leq$. Les objets primitifs de notre modèle sont les *points temporels* (ou *instants*) et les *intervalles convexes*. Un intervalle convexe I est la donnée d'un couple ordonné de points distincts, notés *beg(I)* et *end(I)*. Un point temporel x appartient à un intervalle convexe *I* (noté x ∈ I) si et seulement si $beg(I) < x < end(I)$[19].

A partir de ces objets primitifs, nous construisons de manière classique la notion d'intervalle généralisé (Ligozat, 1991; Becher, 1996; Cukierman & Delgrande, 1996).

Définition: intervalle (généralisé)

Un intervalle généralisé consiste en la réunion d'un nombre fini d'intervalles convexes. Pour tout intervalle généralisé I, on définit le terme beg(I) (resp. end(I)) comme étant la

19 Un intervalle est donc *ouvert* (au sens de ce terme en topologie mathématique), excluant ses bornes du segment délimité. Ce choix, dicté par un ensemble de considérations techniques, est largement accepté dans la littérature. Il en résulte notamment que tout intervalle a une durée non nulle (il ne peut être réduit à un unique point temporel). Noter également que la notion linguistique d'intervalle ponctuel ne saurait être assimilée à celle de point temporel (Allen & Hayes 1989; Becher *et al.* 2000), cf. §3.6.1.

plus petite (resp. la plus grande) valeur de beg(J) (resp. end(J)) pour tous les intervalles J composant I.

L'ensemble des intervalles constitue une structure partiellement ordonnée par la relation d'ordre $\leq$ induite par l'ordre sur les points temporels et définie par: $I \leq J$ *ssi* $end(I) \leq beg(J)$. Un point temporel x appartient à un intervalle généralisé I si et seulement si x appartient à l'un des intervalles composant I. L'ensemble des intervalles généralisés est muni de la relation d'ordre partiel correspondant à l'inclusion (au sens large) des intervalles, définie par: $I \subseteq J$ ssi $\forall x\ x \in I \Rightarrow x \in J$.

Définition: enveloppe convexe d'un intervalle généralisé

Si I est un intervalle généralisé, on définit convexify(I) comme étant le plus petit intervalle convexe contenant I. On généralise la définition de manière évidente au cas de l'enveloppe convexe d'un nombre fini quelconque d'intervalles (généralisés).

2.2.2 Définitions

Une *série* correspond à un cas particulier d'intervalle généralisé, dont les intervalles constitutifs ne se chevauchent pas, et sont donc structurés par une relation de successeur. On observera que c'est effectivement le cas de toutes les séries correspondant à des noms calendaires (séries de lundis, des mois, des années…) et semble bien être le cas des occurrences de procès itérés exprimés en langue. De plus, si l'on admet que l'interprétation se fait toujours dans un cadre clos (le cadre du discours), cet ensemble est toujours fini et possède donc un premier élément[20].

20 Notre notion de série est donc plus restrictive que celle de (Cukierman & Delgrande, 1996). Elle constitue aussi une restriction de la notion d'intervalle généralisé. Ce choix – totalement justifié pour ce qui concerne la sémantique des expressions calendaires (cf. section 3) – présuppose que dans un procès itératif, les occurrences ne peuvent se chevaucher. En vérité, nous peinons à concevoir des contre-exemples et l'énoncé proposé en introduction («Chaque année, Pierre aimait une nouvelle femme», il peut en aimer plusieurs à la fois) nous semble discutable: l'interprétation naturelle nous semble plutôt correspondre à un glissement sur la borne initiale paraphrasable par «Chaque année, Pierre tombait amoureux d'une nouvelle femme», avec une suite plausible qui serait par exemple «Il s'en lassait au bout de six mois», clôturant l'intervalle de cet «amour». Quoi qu'il en soit, prendre en compte de telles situations

Définition: Série

Une série S *est un ensemble fini d'intervalles convexes tel qu'il existe une bijection croissante* b *de* S *vers un intervalle d'entiers [1,2,…,n], c'est-à-dire une bijection b vérifiant* $\forall I \in S$, $\forall J \in S$, $I \leq J$ *ssi* $b(I) \leq b(J)$. *Chaque intervalle I est une composante de S. n est la longueur de S (c'est-à-dire le nombre de composantes), notée* $|S|$.

Intuitivement b(I) est le «numéro d'ordre» de la composante I d'une série S: b(I) = 1 si I est le premier intervalle convexe de S, b(I) = 2 si c'est le deuxième, etc. Corrélativement, la fonction inverse $b^{-1}(p)$ retourne le p^{ème} intervalle de la série.

Définition: Successeur

Pour tout intervalle I *dans* S, *on note succ(I,S), ou plus simplement succ(I) s'il n'y a aucune ambiguïté, l'unique intervalle (s'il existe) qui est l'image réciproque par b du nombre b(I)+1.*

Définition: Ordre d'un élément

On appelle première composante de la série S *(et on note* fst(S)*) l'intervalle* $b^{-1}(1)$. *On notera* S_i *la* $i^{ème}$ *composante de* S *(donc* $b^{-1}(i)$*) et* ordre(I,S) = i *si* I = S_i.

Une série *dégénérée* est limitée à un seul intervalle.

Remarque

Les intervalles distincts d'une série sont nécessairement disjoints. En effet, supposant que I et J sont deux intervalles distincts d'une série S, *b(I)* est nécessairement différent de *b(J)* puisque *b* est une bijection; nous aurons donc soit $b(I) < b(J)$, soit $b(J) < b(I)$, et donc encore $I < J$ ou $J < I$. Supposant par exemple $I < J$, il vient par définition: $end(I) < beg(J)$, donc pour tout *x* de *I* différent de *end(I)*, *x* est strictement inférieur à tout *y* de *J*.

La notion de série est assez proche de la notion d'intervalle généralisé, à ceci près que nous regardons l'un et l'autre à des niveaux différents: un intervalle généralisé est un ensemble de points temporels tandis qu'une série est un ensemble d'intervalles convexes muni d'une structure adéquate.

---

conduirait à des complications techniques de peu d'intérêt et nous faisons le choix de la simplification en les excluant.

Définition: Extension d'une série

L'extension d'une série S est l'intervalle (probablement non convexe) associé à S, c'est-à-dire composé des éléments de la série S: $Ext(S) = \bigcup_{I \in S} I$

Définition: Enveloppe convexe d'une série

L'enveloppe convexe d'une série S, notée convexify(S), *ou [S], est l'enveloppe convexe de l'extension de S (le plus petit intervalle convexe contenant Ext(S)).*

Il ne faut pas confondre l'extension d'une série avec son enveloppe convexe: la première est en général contenue strictement dans la seconde. Par exemple *l'extension* de la série des cours donnés par un universitaire français sur une année aura une durée approximative de 192 heures, alors que son *enveloppe convexe* a une durée d'environ 9 mois.

2.3 Relations et opérations sur les séries

2.3.1 Relations entre séries

Nous distinguons deux relations de type «hiérarchique» entre séries. La première, que nous désignerons par le terme *d'inclusion* est l'extension naturelle de la notion d'inclusion des intervalles: une série est incluse dans une autre si et seulement si tout intervalle de la première est inclus dans un intervalle de la seconde. L'autre relation est plus forte que l'inclusion; elle exprime le fait qu'une série S1 peut être constituée par tout ou partie des intervalles appartenant à une autre série S2: dans ce cas, nous dirons que S1 est *extraite* de S2.

Inclusion de séries

Si S1 et S2 sont deux séries, alors S1 est incluse dans S2 ($S1 \subseteq S2$) *si et seulement si* $\forall I \in S1\ \exists J \in S2\ I \subseteq J$.

Exemple

Si S1 est une série de jours, S2 pourrait être une série de mois, de semaines ou d'années englobant ces jours.

Définition: Série extraite d'une série

Si S1 et S2 sont deux séries, alors S1 est extraite de S2 (S1 < S2) si et seulement si $\forall I \in S1\ I \in S2$. *Nous dirons encore que S1 est une sous-série de S2.*

Exemple

Si S2 est la série des mois de cette année, la sous-série S1 pourrait être la série des mois de janvier, février et mars.

Remarquons que la relation d'inclusion contient strictement la relation d'extraction dans ce sens que, si S1 est extraite de S2, alors S1 est nécessairement incluse dans S2, la réciproque étant fausse.

2.3.2 Ratio d'une série par rapport à une sur-série

Soit *S1* et *S2* deux séries telles que $S1 \subseteq S2$. Le *ratio* de *S1* par rapport à *S2* est une fonction qui, à chaque intervalle de *S2* associera le nombre d'intervalles de *S1* inclus dans cet intervalle. Notons $||E||$ le cardinal d'un ensemble E.

Définition

Soient S1 et S2 deux séries telles que $S1 \subseteq S2$. *On appelle ratio(S1,S2) la fonction définie sur S2 par:* $\forall J \in S2$, $ratio(S1,S2)(J) = ||\{ I \in S1, I \subseteq J \}||$

Ainsi le ratio de la série des jours par rapport à la série des semaines est une fonction constante: à chaque semaine, elle associe l'entier 7. Par contre le ratio de la série des jours par rapport à une série de mois ou d'années n'est pas une fonction constante.

2.3.3 Composante d'un intervalle dans une sur-série

Considérons le cas de deux séries *S1* et *S2* vérifiant $S1 \subseteq S2$ (ou *a fortiori* $S1 < S2$): pour tout intervalle *I* de *S1*, il existe donc un intervalle *J* de *S2* contenant *I*. Puisque les éléments de *S2* sont ordonnés, cet intervalle *J* est nécessairement unique. Il en découle la définition suivante.

Définition

Soient S1 et S2 deux séries telles que S1 $\subseteq$ S2. Soit I un intervalle de S1. On appelle composante de I dans S2, et on note comp(I, S2), l'unique intervalle J de S2 vérifiant I $\subseteq$ J.

A partir d'une série quelconque, on peut créer une nouvelle série grâce à trois opérateurs: la restriction, l'extraction et l'agglomération. Auparavant, nous introduisons la notion technique de complémentaire d'une série.

2.3.4 Complémentaire d'une série

Le *complémentaire* d'une série est défini par rapport à une référence qui la contient. Cette référence peut être soit une série, soit un simple intervalle, assimilé alors à une série dégénérée. L'idée consiste à considérer la série formée de *tous les éléments sauf ceux de la série initiale.* On vérifie aisément que le résultat obtenu a toutes les propriétés d'une série.

Définition

Soient S1 et S2 deux séries telles que S1 $\subseteq$ S2. On appelle complémentaire de S1 par rapport à S2, et on note complément(S1, S2) la série constituée par les «morceaux» de S2 sans intersection avec les éléments de S1.

Soit S1 une série et I un intervalle tel que S1 $\subseteq$ I (dans le sens où tout élément de S1 est inclus dans I). Le complémentaire de S1 par rapport à I se définit comme le complémentaire de S1 par rapport à la série dégénérée constituée de l'unique intervalle I.

Formellement: complément(S1, S2) est une série S vérifiant: (i) S $\subseteq$ S2, (ii) $\forall I \in S$ $\forall J \in S2$ $I \cap J = \emptyset$, (iii) S est maximale relativement à l'inclusion ($\subseteq$) pour ces deux propriétés.

Ainsi, le complémentaire de la série des lundis dans la série des mois de mars est une série dont les éléments sont des conglomérats de jours: la plupart contiendront 6 jours (du mardi au dimanche), sauf ceux situés en début ou en fin de mois qui pourront en avoir moins. Bien entendu, aucun de ces conglomérats ne contient de lundi. Un cas particulier est celui où l'on considère le complémentaire d'une série dans l'intervalle constituée par son enveloppe convexe: on obtient alors la série formée par les «trous» entre deux intervalles consécutifs, couramment appelés «gaps» de la série initiale.

Définition

Soient S une série quelconque. On appelle Gap(S) la série définie par:

Gap(S) = complément(S, Convexify(S))

2.3.5 Restriction d'une série

Restriction par rapport à un intervalle: restrict(S,J)

Si S est une série et J un intervalle quelconque (convexe ou non), alors la série Restrict(S,J), notée aussi S/J, est la série constituée par les éléments de S inclus dans l'intervalle J:

Restrict(S, J) = S/J = $\{ I \in S, I \subseteq J \}$

Exemple

Si S est la série des mois de 2005 et J est l'intervalle correspondant au premier trimestre 2005, alors la restriction de S par rapport à J est la série des mois de janvier, février et mars 2005.

Il faut noter que cette définition pourrait être assouplie en prenant en compte dans la restriction tous les éléments de *S* qui ont une intersection non vide avec *J*. Ainsi, dans l'exemple suivant:

> Ce mois-ci, j'irai à la piscine le mardi de chaque semaine

on va commencer par calculer la restriction de la série des semaines à l'intervalle constitué par le mois courant. Selon les termes de la définition ci-dessus, la dernière semaine du mois risque fort de ne pas être retenue car incomplète… et pourtant elle pourra très bien contenir un mardi que l'on a fort envie d'accepter dans l'ensemble des mardis où l'on ira à la piscine. Pour permettre cette interprétation plus souple, nous proposons une variante de l'opérateur *Restrict*, que nous appellerons *RestrictSouple*, définie par:

Définition: restriction souple

Si S est une série et J un intervalle quelconque (convexe ou non), alors la série RestrictSouple(S,J) est la série constituée par l'intersection avec J des éléments I de S qui ont une intersection non vide avec J:

RestrictSouple (S,J) = $\{ I \cap J, I \in S \text{ et } I \cap J \neq \emptyset \}$

Il reste que l'emploi de l'une ou de l'autre définition est difficile à trancher du fait d'une ambiguïté inhérente à la langue dans la plupart des cas. Ainsi, lorsqu'on parle des mois d'été, on aura tendance à y inclure ou non le mois de juin selon qu'il ait fait beau ou non en juin cette année là, ou selon des critères culturels ou personnels. Nous ne trancherons pas ce débat et nous contentons de proposer les outils nécessaires à la représentation de l'une ou l'autre des deux acceptions[21].

Définition: Restriction par rapport à une série: restrict(S1,S2)

Si S1 *et* S2 *sont deux séries, alors la série* Restrict(S1,S2), *notée aussi* S1/S2, *est la série constituée par la restriction de* S1 *par rapport à l'extension de* S2:

Restrict(S1,S2) = S1/S2 = Restrict(S1, ext(S2))

Exemple

Si S1 est la série des jours de 2005 et S2 est la série des mois pairs de 2005, alors la restriction de S1 à S2 est la série des jours contenus dans les mois pairs de 2005. De même, la restriction LUNDI / MARS fournira la série des lundis des mois de mars.

On retrouve évidemment le même type de questions que ci-dessus dès lors que l'on calcule la restriction d'une série par rapport à une autre pour laquelle les éléments ne sont pas alignés (SEMAINE / MOIS par exemple).

Définition: $\mathrm{Restrict}_n$(S1,S2)

Si S1 et S2 sont deux séries et n un nombre entier, alors la série $\mathit{Restrict}_n(S1,S2)$, *notée aussi* $S1/_n S2$, *est la série constituée par chaque* $n^{ième}$ *élément de la série S1 restreinte à la composante de S2 contenant cet élément:*

$Restrict_n(S1,S2) = S1/_nS2 = \{\ I \in S1/S2,\ ordre(I,S1/comp(I,S2)) = n\}$

21 Le problème est sans doute encore plus complexe et il est des cas où même la restriction assouplie ne convient pas: en matière de numérotation des semaines dans l'année par exemple, la norme ISO-8601 prévoit que l'on numérote les semaines dans l'année qui contient le plus grand nombre de ses jours! Un morceau de semaine de deux jours ne devrait donc pas être retenu dans la restriction *semaines/années* alors qu'il le sera manifestement dans notre définition.

Exemples

Si S1 est la série des lundis et S2 la série des mois de mars (l'une et l'autre circonscrite par un cadre donné), alors LUNDI $/_2$ MARS représente la série des deuxièmes lundis de mars. En effet, pour chaque élément *I* de *S1* (pour chaque lundi donc), *comp(I,S2)* est le mois contenant ce lundi et la série *S1/comp(I,S2)* est la série des lundis du mois contenant le lundi *I*. Dire que l'ordre de *I* dans cette série doit être égal à deux signifie donc bien que *I* doit être un deuxième lundi du mois.

La définition ci-dessus se généralise de manière évidente à un ensemble *E* d'entiers, et finalement à une contrainte quelconque.

Définition: $\mathbf{Restrict_E(S1,S2)}$

Si S1 et S2 sont deux séries et E un ensemble de nombres entiers, alors

$Restrict_E(S1,S2) = \{ I \in S1 /_n S2 \text{ pour } n \in E \}$.

Définition: $\mathbf{Restrict_C(S)}$

Si S est une série et C une contrainte quelconque, alors $Restrict_C(S)$ (noté encore S | C) est la série des éléments de S qui satisfont la contrainte C:

$Restrict_C(S) = \{I \in S, I \text{ satisfait } C\}$

Exemple

$Restrict(S,J) = Restrict_C(S)$ avec $C = \lambda I\ I \subseteq J$

Par exemple, la contrainte pourra résulter d'une qualification des éléments de la série à l'aide d'un adjectif (*les lundis pluvieux*) ou d'une proposition subordonnée (*les lundis où je vais à la piscine*). D'autres usages, plus «techniques» apparaitront en section 6.

2.3.6 Agglomération

L'opération d'agglomération consiste à créer une nouvelle série à partir d'une série *S* existante en fusionnant un certain nombre de composantes consécutives de *S*. Ainsi, si *S* est la série des jours, on obtient une série de semaines en agglomérant les jours par 7, ce que nous noterons *Agglo(S,7)*. Bien que non limitée à ce cas en principe, l'opération est particulièrement significative lorsque la série donnée est formée d'intervalles se jouxtant les uns les autres (série contiguë).

Définition: série contiguë

Une série S est contiguë si tout intervalle I la composant, à l'exception du dernier, vérifie la propriété end(I) = beg(succ(I)).

Observons que les noms calendaires génériques (jour, mois, année…) définissent des séries de ce type.

Pour formaliser l'opération d'agglomération, nous introduisons une relation d'équivalence dont les classes d'équivalence seront constituées par les éléments qui seront fusionnés pour former le même intervalle. Une propriété caractéristique d'une telle relation est de ne créer que des classes d'équivalence convexes, en ce sens que tous les composants de S qui font partie de la même classe (qui vont donc être fusionnés par l'opération d'agglomération) doivent être consécutifs. Nous dirons qu'une telle relation est *compatible* avec une série.

Définition: relation d'équivalence compatible avec une série

Soit S une série et ~ une relation d'équivalence sur les éléments de S. Nous dirons que ~ est compatible avec S si et seulement si pour tout S_i *et* $S_j \in S$, *si* $S_i \sim S_j$ *alors pour tout indice k compris entre i et j, on a* $S_i \sim S_k \sim S_j$.

On vérifie aisément qu'une telle relation d'équivalence permet de définir une relation de succession sur l'ensemble quotient: pour cela, on montre d'abord que toute classe ne peut contenir qu'un unique élément sans successeur, ainsi qu'un unique élément sans prédécesseur, dans cette classe. Dans les deux cas, la preuve est symétrique et se fait par l'absurde: soient S_n et S_p appartenant à la même classe d'équivalence (donc $S_n \sim S_p$) et tels que ni S_{n+1}, ni S_{p+1} ne soient dans cette classe. Supposons que p soit plus grand que n. Dans ce cas, par définition, puisque $n+1$ est compris entre n et p, S_{n+1} devrait être équivalent à S_n.

Notons alors *Max(C)* (respectivement *Min(C)*) l'unique élément sans successeur (respectivement, sans prédécesseur) de la classe d'équivalence *C*. Nous dirons que la classe C_1 est le successeur de la classe C_2 si et seulement si $Min(C_1)$ est le successeur de $Max(C_2)$.

Clairement, la relation de succession ainsi définie sur les classes d'équivalence permet d'établir une bijection entre l'ensemble quotient et l'intervalle *[1..k]* (où *k* est le nombre de classes). Si on considère alors les intervalles constitués par l'enveloppe convexe de chaque classe, il est aisé de se rendre compte que cette bijection est une bijection croissante de cet ensemble d'intervalles sur *[1..k]*. Autrement dit, les enveloppes convexes des classes d'équivalence d'une série *S* par une relation d'équivalence ~ compatible avec *S* constituent une série, que nous nommerons la *série quotient de S par ~*.

Observons que dans le cas d'une série contiguë, l'enveloppe convexe de chaque classe ne contient que des éléments de la série sous-jacente *S*, tandis que dans le cas contraire, les intervalles entre les éléments de *S* sont intégrés dans les éléments de l'agglomération.

Définition: série quotient

Soit S une série et ~ une relation d'équivalence sur les composants de S compatible avec S. La série quotient de S par ~ est la série notée $S/_{\sim}$ constituée par les enveloppes convexes des classes d'équivalence de ~ dans S.

On note qu'on a toujours $S \subseteq S/_{\sim}$ pour n'importe quelle relation ~ compatible avec *S*.

Une extension naturelle de cette opération consiste à regrouper les composants d'une série par paquets de taille constante. Ainsi, soit *n* un entier strictement positif, on peut considérer la relation d'équivalence ~ définie sur les composants d'une série *S* par: $S_i \sim S_j$ si et seulement si les quotients entiers de *i-1* et de *j-1* par *n* sont identiques. Les classes d'équivalence d'une telle relation sont constituées par des ensembles de la forme $\{ S_{kn+1}, S_{kn+2}, \ldots S_{(kn+n} \}$ pour un certain entier $k \geq 0$. On vérifie sans peine que cette relation est bien compatible avec n'importe quelle série *S*. On peut alors poser:

Définition: agglomération

Soit S une série et n un entier strictement positif, On note Agglo(S,n) la série définie par: Agglo(S, n) = $S/_{\sim}$ *où* $S_i \sim S_j$ *si et seulement si quotient(i-1,n) = quotient(j-1,n).*

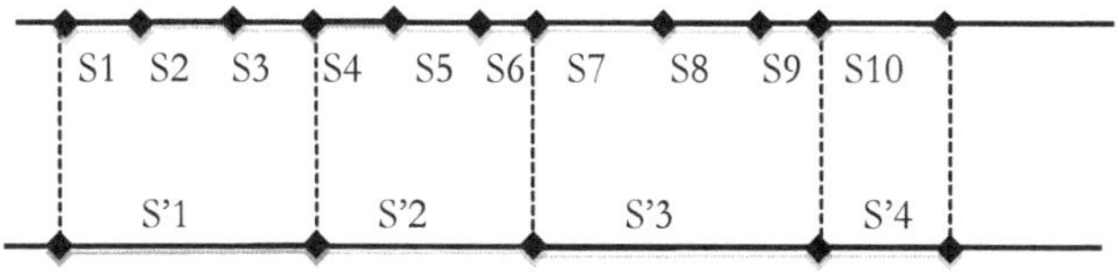

*Figure 2.2.*a. S'=Agglo(S,3) avec S contiguë

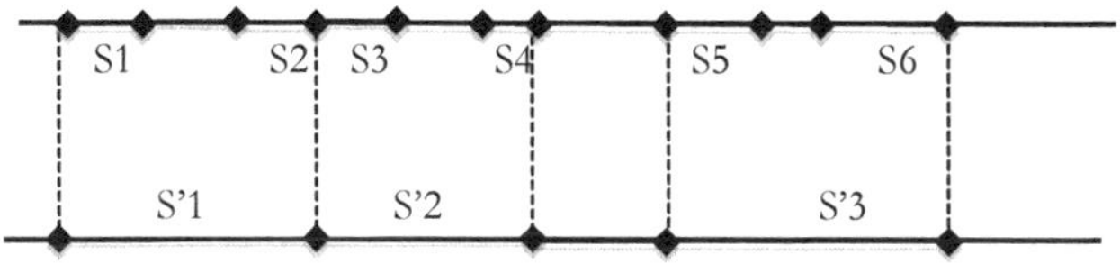

Figure 2.2.b. S'=Agglo(S,2) avec S non contiguë

2.3.7 Extraction de sous-série

L'opération d'extraction consiste à extraire d'une série *S* une sous-série constituée d'un certain nombre d'intervalles de la série. Nous en distinguons plusieurs variantes: les *n* premiers, les *n* derniers, *n* sur *p*.

Définition

Soit S une série et soit n et p deux entiers strictement positifs. On désigne par:

- Extract(S,n) la série constituée par les n premiers intervalles de S:
  Extract(S,n) = $\{S_1, S_2, \ldots, S_n\}$
- Extract(S,-n) la série constituée par les n derniers intervalles de S:
  Extract(S,-n) = $\{S_{p-n+1}, S_{p-n+2}, \ldots, S_{p-1}, S_p\}$ avec p = $||S||$
- Extract(S,n,p) la série constituée la répétition du motif «n intervalles retenus, p-n intervalles écartés» autant de fois qu'il le faut pour épuiser les intervalles de S:
  Extract(S,n,p) = Restrict_E(S, Agglo(S,p)) avec E=$\{1, 2, \ldots, n\}$

3. Sémantique des expressions calendaires itératives

3.1 Présentation

Nous commencerons la modélisation linguistique proprement dite par l'étude des expressions calendaires itératives, c'est-à-dire dénotant non pas une date fixe mais une succession de périodes revenant à intervalle plus ou moins régulier (*les lundis, certains lundis, les lundis des mois d'été*...). Ces expressions sont couramment utilisées pour situer temporellement un énoncé itératif (3.1). Ils constituent une classe particulière des *expressions de localisation temporelle à valeur itérative,* l'autre classe étant constituée par certaines subordonnées temporelles (3.2). Nous nous limiterons dans cette section aux expressions calendaires itératives (*ECI* dorénavant, en abrégé); la question des subordonnées sera examinée dans la section 5, dans le cadre de notre étude de la relation circonstancielle.

(3.1) Le jour du 14 juillet, je reste dans mon lit douillet. (Georges Brassens, La mauvaise réputation)

(3.2) Oui, quand Hélène me parle, je lui voudrais une autre voix; quand elle me regarde, je lui voudrais d'autres yeux... (Honoré de Balzac, La femme de trente ans)

Comment pourrions-nous définir formellement la sémantique de telles expressions? Nous aurons naturellement recours à la notion de série introduite précédemment. En première approximation, nous dirons que la sémantique devra faire correspondre à une ECI une *série temporelle* et nous noterons [[C]] la sémantique formelle de l'expression calendaire C.

En particulier un nom calendaire, tel que *jour*, *mois*, *année*, *heure*, mais aussi *lundi*, *mardi*... *janvier*, *février*... *printemps*, *été*... dénotera dans le modèle une série particulière (une constante), notée ici en petites majuscules: JOUR, MOIS, LUNDI, JANVIER, ETE... Ainsi: [[*lundi*]] = LUNDI, [[*mars*]] = MARS, etc.

Le point important est alors qu'un certain nombre *d'opérations algébriques sur les séries*, définies dans la précédente section, vont permettre d'interpréter les diverses constructions linguistiques intervenant dans les ECI. Par exemple, l'opération de *restriction* d'une série S1 par rapport à une série S2 (notée S1/S2) permet de rendre compte d'expressions de la forme *les N de C*, où N est un nom calendaire et C une expression calendaire éventuellement complexe. Ainsi dans:

(3.3) Tous les lundis des mois de mars, Jean allait à la piscine

nous aurons:

[[Tous les lundis des mois de mars]] = LUNDI / MARS

ce que l'on peut visualiser comme indiqué dans la figure 3.1. Bien entendu, cette opération à elle seule ne suffit pas pour construire les représentations de toutes les ECI.

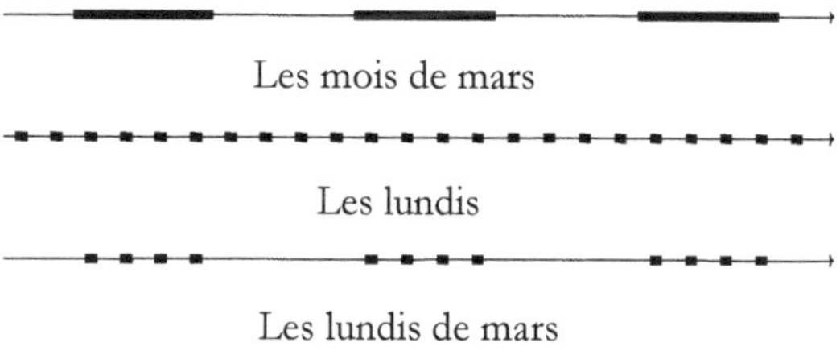

Figure 3.1. Restriction entre séries calendaires

En définitive, la sémantique formelle des ECI sera définie, dans la prochaine section, comme une fonction dont la source est l'ensemble des expressions linguistiques de type ECI, et le but l'espace algébrique des séries. Cette fonction respectera le principe de compositionnalité syntaxique[22].

3.2 Lexique calendaire

Nous considérons donc qu'un *nom calendaire*, tel que *jour*, *mois*, *année*, *heure*, mais aussi *lundi*, *mardi*… *janvier*, *février*… *printemps*, *été*… dénote dans le modèle une série particulière: JOUR, MOIS, LUNDI, JANVIER, ETE… Ce point de vue est en accord avec la tradition de la sémantique formelle, selon la-

22 Une implémentation en Prolog de ce calcul a été réalisée par C. Guinaudeau et F. Schwab (2007).

quelle la sémantique du nom est définie de manière extensionnelle comme un sous-ensemble du domaine de l'interprétation. Toutefois, il convient ici de souligner que les ensembles considérés – des séries – ne sont pas «amorphes» mais structurés par la relation de séquentialité. Cette propriété est capitale pour définir la sémantique compositionnelle des ECI.

La question qui se pose alors est de déterminer les propriétés et relations qui caractérisent ces séries comme constituant un système calendaire. Ces relations sont bien connues et nous ne ferons ici que les évoquer. Pour une application particulière, constituer la base de connaissance adéquate constitue une opération de routine.

Hiérarchie «sorte de»

Un lundi est une sorte de jour, mars une sorte de mois, été une sorte de saison. Formellement la relation correspondante est la relation de suite extraite: LUNDI < JOUR, MARS < MOIS, etc.

Inclusions

JOUR ⊆ MOIS ⊆ AN … JOUR ⊆ SEMAINE
De plus les jours constituent une partition des mois ou des semaines, etc.

Mesure et topologie

Les séries génériques (JOUR, MOIS, AN…) sont contiguës[23]. Le nombre de jours est fixe dans la semaine et «presque» dans le mois etc. Il conviendrait d'ajouter des relations métriques: tous les jours ont une durée égale, etc. Il semble toutefois ces propriétés n'interviennent pas dans les aspects proprement sémantiques et que seule la structure séquentielle des «objets calendaires» et les relations d'inclusion évoquées ci-dessus interviennent pour définir la sémantique des ECI.

23 Mais non les spécifiques LUNDI, MARS… Rappelons qu'une série est dite contiguë si deux composantes consécutives le sont.

3.3 Sémantique des ECI: principes généraux

Les noms calendaires n'apparaissent jamais seuls dans les ECI[24]: ils sont toujours soit précédés d'un déterminant (*tous les lundis*, *chaque semaine*, *certains étés*, etc.), soit utilisés dans le cadre d'une quantification explicite[25] (*trois lundis sur quatre*, *deux jours par semaine*, *deux jours*, *deux fois*, etc.). De plus, nous pouvons trouver des expressions complexes, combinant plusieurs noms calendaires et plusieurs quantifications (*deux jours par semaine en été*). Notre propos ici consiste à calculer, de manière compositionnelle, la sémantique d'une classe suffisamment vaste d'expressions de localisation temporelle de ce type.

Considérons pour commencer le cas simple d'un déterminant opérant sur un nom calendaire, «certains lundis» par exemple dans:

(3.4) Certains lundis, Jean allait à la piscine.

Il s'agit de savoir de quelle façon le déterminant agit sur l'interprétation du nom calendaire pour fabriquer celle de l'expression complète. En premier lieu il faut déterminer quel type «d'objet formel» associer à une telle expression. On pourrait penser qu'il s'agira également d'une série. Mais cela supposerait que la référence de «certains lundis» est totalement spécifiée, ce qui n'est visiblement pas le cas: plusieurs «séries de lundis» peuvent convenir, pourvu sans doute que les lundis sélectionnés ne soient pas trop fréquents. Nous considérerons donc que le déterminant «certains» va agir sur une série calendaire pour en extraire une *famille* de sous-séries,

Cela étant posé, nous considérons que le déterminant joue aussi un rôle d'introducteur *d'une nouvelle entité* (une nouvelle série) dans l'univers du discours. Cette entité est en quelque sorte une série «prototypique» choisie parmi les séries candidates, c'est-à-dire parmi celles faisant partie de la famille de séries résultant de l'interprétation de l'ECI. C'est la raison pour laquelle nous allons considérer la sémantique d'une ECI comme étant le

24 La seule circonstance où un nom calendaire peut apparaître de manière isolée semble être l'usage déictique de certains noms: *lundi, j'irai à la piscine*. Il va de soi que lundi ne serait pas interprété comme une série dans ce cas pour la simple raison qu'il ne s'agit pas ici d'un circonstanciel itératif. En cela, il sort du champ de notre étude.

25 Par ce que l'on pourrait appeler, suivant Keenan (1996) des déterminants de cardinalité.

résultat d'une fonction de choix ε agissant sur un ensemble de séries pour en extraire un élément particulier. L'interprétation de cette fonction ε sera repoussée jusqu'au moment du calcul effectif d'une interprétation globale du discours.

Sur un plan plus technique, cette façon de voir nous semble présenter le double avantage d'une part de concilier la théorie montagovienne avec une certaine effectivité du calcul de la représentation et d'autre part d'uniformiser le traitement dans le cas d'expressions imbriquées. En effet, lorsque nous parlons par exemple des *matins des jeudis de certains mois d'été*, il faudrait systématiquement redéfinir au niveau des ensembles de séries les opérateurs définis sur les séries elle-même dans la mesure où l'interprétation de chaque composante de l'expression serait en soi une famille de séries. L'utilisation de la fonction de choix ε permet alors d'uniformiser le mode de représentation en considérant que ces opérateurs s'appliquent à l'élément élu par la fonction de choix parmi les éléments de la famille dénotée par la sous-expression[26].

L'étape suivante consiste alors à appliquer ces principes de manière compositionnelle, sur des ECI complexes, à partir de leur structure syntaxique, déterminée par une grammaire. Dans les paragraphes suivants, nous allons considérer quelques expressions ou types d'expression spécifiques (parmi les plus courantes) et définir explicitement leur interprétation. Nous classerons les expressions retenues en deux catégories: celles qui sont introduites par un déterminant (*les*, *un*, *tous*, *chaque*, *certains*, etc.), celles qui comportent explicitement une quantification – un nombre d'occurrences – (*deux lundis sur trois*, *trois fois par jour*). Quelques compléments seront ensuite envisagés, concernant la question spécifique des heures et la détermination «d'intervalles itératifs».

26 Une approche en termes de quantificateurs généralisés serait ici clairement envisageable, mais nous ne la retiendrons pas. Ce point est discuté en fin de section 6.

3.4 Détermination

3.4.1 Expressions considérées

Elles sont décrites par la grammaire suivante:

ECI → DET NCSPEC

NCSPEC → NC NCSUITE

NCSUITE → vide[27] | DE ECI

DE → *de* | *en* | vide

DET → *les* | *tous les* | *certains* | *la plupart des* ...

Il s'agit donc d'une expression commençant par un déterminant suivi d'un nom calendaire spécifié (NCSPEC), lequel est constitué soit d'un nom calendaire uniquement (NC), soit d'un nom calendaire suivi d'une ECI complément du nom calendaire et relié à lui par une préposition engendrée par le symbole non-terminal DE et qui est en général la préposition *de*, laquelle pourrait parfois être remplacée par *en* (*chaque lundi en été)* ou éventuellement être élidée (*à huit heures le lundi*)[28].

Comme nous l'avons dit plus haut, nous ne prétendons pas faire preuve ici d'une quelconque exhaustivité, la grammaire complète de ces expressions nécessitant des développements spécifiques, ne serait-ce que du fait de la possibilité d'une éventuelle inversion des termes (*le lundi à huit heures*) ou d'appositions avec ou sans inversion (*chaque semaine, le lundi*), etc.

D'après les principes présentés ci-dessus, l'interprétation du déterminant est une fonction qui prend en argument une série et renvoie un ensemble de séries. Si D est un déterminant (catégorie syntaxique DET):

[[D]]: S → { S' vérifiant S' < S et S' satisfait une certaine contrainte C }

27 Nous faisons évidemment référence à la production vide, notée traditionnellement ε. Nous écrivons ici *vide* en toutes lettres pour ne pas risquer de confusion avec la fonction de choix ε précédemment définie (bien que le contexte n'autorise pas vraiment une telle confusion).

28 Il est aussi possible de considérer que les formes en «en» ou par simple apposition ne constituent pas réellement des unités syntaxiques, mais plutôt des GN et GP à fonction de complément circonstanciel apparaissant comme détachés et juxtaposés, non subordonnés.

Ce qui peut être paraphrasé ainsi: «la fonction [[D]] appliquée à une série S renvoie l'ensemble de sous-séries S' de S satisfaisant une certaine contrainte C». Cette fonction sera appliquée à la série représentant la sémantique de l'expression sous la dépendance de D.

Une fois cet ensemble déterminé, l'interprétation de l'ECI consistera à lui appliquer la fonction de choix ε pour en extraire un élément arbitraire.

Notons encore que l'interprétation d'une expression en discours dépend d'un «contexte temporel»; autrement dit, elle est relative à une certaine période temporelle définie par le contexte, que nous appellerons ici *cadre temporel.* Par exemple dans *Une année sur deux, je passe mes vacances à la mer. Les lundis je vais pêcher, les soirs je joue au bridge*... Le cadre de référence de *les lundis*, et *le soir* est donné par la première proposition. Jouant sur le fait qu'un intervalle standard (convexe) n'est jamais qu'un cas particulier de série (dégénérée, cf. § 2.1) nous pouvons considérer que le cadre temporel se présente toujours comme une série, notée S0. On aura alors les équations sémantiques suivantes, calquées sur la grammaire des ECI considérées:

[[DET NCSPEC]] = ε ([[DET]] ([[NCSPEC]]))

[[NCSPEC]] = [[NC]] / [[NCSUITE]]

[[vide]] = S0 (le cadre de référence)

[[DE ECI]] = [[ECI]]

Nous allons maintenant définir les fonctions correspondant aux déterminants les plus courants. Nous désignerons ces fonctions par un nom prototypique écrit en petites capitales, étant entendu que chacune de ces fonctions recouvre plusieurs déterminants dans la langue. Ainsi, la fonction notée CERTAIN correspondra aux déterminants *certains*, *quelques*, *des*, etc.

3.4.2 Les déterminants «les», «tous les», «chaque», ...

Des exemples d'ECI construites avec ces déterminants sont: *les lundis, tous les lundis de mars, chaque année.* Ces déterminants indiquent que l'intégralité de la série correspondant à l'expression qui suit fait partie de la sémantique de l'expression. Ils seront donc interprétés par la fonction LES définie par:

LES S = { S' tq S' < S et S' = S } = {S}

3.4.3 Les déterminants «un», «un certain», …

Des exemples d'ECI construites avec ces déterminants sont: *un lundi, un certain lundi de mars*. On rencontre également la forme moins usitée (désuète?) *certain jour*. Ces déterminants consistent à ne retenir qu'un unique intervalle de la série parente, sans contrainte de position sur cet intervalle. Ils seront donc interprétés par la fonction UN définie par:

UN S = { S' tq S' < S et | |S'| | = 1 }

3.4.4 Les déterminants «la plupart des», «presque tous les» , …

Des exemples d'ECI construites avec ces déterminants sont: *la plupart des mois d'été, presque tous les jours*. Ces déterminants extraient une sous-série constituée d'un nombre d'intervalles légèrement plus faible que celui de la série parente. Si la série parente a une cardinalité finie, ceci peut s'exprimer simplement sous la forme d'un ordre de grandeur du rapport entre la cardinalité de S et celle de sa série parente.

PLUPART S = { S' tq S' < S et | |S'| | / | |S| | > *seuil*} où *seuil* = 0,66 par exemple

Si la cardinalité de la série parente est infinie[29], la définition ci-dessus peut être reformulée en considérant la sous-série extraite constituée d'un nombre suffisamment grand d'éléments de la série parente:

PLUPART S =

{S' tq S'<S et ∃N ∀n>N | |Extract(S',n)| | / | |[[Extract(S,n)]]| | > *seuil*}

La sémantique d'autres déterminants sera obtenue en faisant varier le seuil et le sens de la relation d'ordre. Par exemple, pour *presque tous*, un seuil de 0,9 serait plausible. On peut remarquer toutefois que des expressions impliquant un petit nombre d'occurrences (qui se traduirait par un seuil «faible») semblent peu ou non usitées: par exemple on ne dira pas *peu de jours*, *peu de lundis…* D'autres tournures seraient employées, avec un adverbe: *rarement le lundi* serait possible. Mais le calcul sémantique est alors autre, comme nous le verrons en section 6.

29 Cas exclu pour cet article (cf. § 2.2.2) mais qui n'est pas inconcevable en soi.

3.4.5 Les déterminants «certains», «quelques» , ...

Des exemples d'ECI construites avec ces déterminants sont: *certains jours, certains lundi de mars*. Les exemples avec le déterminant *quelques* semblent plus difficiles à trouver, ou recevoir une interprétation en termes de durée (*quelques jours*). Ces déterminants extraient de la série parente une sous-série constituée d'un nombre d'intervalles sensiblement plus faible que celui de la série parente. La définition est inspirée de celle de PLUPART, avec des particularités intéressantes. Considérons *certains*, plus plausible que *quelques* dans ce type de contexte comme noté plus haut. D'une part, *certains N* implique que le nombre de N concernés est non nul. Mais il est également peu important «en principe», cette deuxième clause pouvant être remise en cause: «Je vais à Paris certains lundis, et même souvent» semble admissible. Nous aurons donc:

CERTAINS S = { S' tq S' < S et | |S'| |>0 et | |S'| |/| |[[S]]| | ~< *seuil*}

où *seuil* = 0,33 par exemple, en notant ~< une relation d'ordre «révisable»[30]: x~<y si x<y, sauf contradiction.

Et dans le cas d'une série s infinie:

CERTAINS S = { S' tq S' < S et ∃ N, ∀n (n>N =>
| |Extract(S',n)| |/| |[[Extract(S,n)]]| | ~< *seuil*) }

Quelques reste possible, mieux que *peu de* par exemple: *Il m'est arrivé d'aller à Paris quelques lundis*, même si l'on préfèrerait sans doute *Il m'est arrivé d'aller à Paris quelquefois le lundi*. Si l'on décide de l'accepter, la définition sémantique sera la même que pour certains, mais avec une relation d'ordre «dure»: | |S'| |/| |[[S]]| | < *seuil*. *Je vais à Paris quelques lundis, et même souvent* semble incohérent.

3.4.6 Remarque: problèmes de distributivité

De la manière dont nous l'avons défini plus haut, une expression introduite par le déterminant *un* (*un lundi de mars* par exemple) s'interprète naturellement comme le résultat de la fonction UN appliquée à la sémantique du nom calendaire spécifié qui suit. Autrement dit, nous considérons ici (et cela semble raisonnable) qu'il s'agit de la série dégénérée composée d'un

30 Au sens du «raisonnement révisable» (Thayse 1988).

unique intervalle (un lundi) choisi parmi tous les lundis disponibles durant les mois de mars.

Par contre, les mêmes règles appliquées à l'expression *un lundi de chaque mois de mars* (engendrée pourtant par la même grammaire) vont conduire à une interprétation erronée, puisque identique à la précédente. En l'occurrence, une expression telle que *un lundi de chaque mois de mars* serait à interpréter comme *un lundi par mois de mars*.

De manière générale, la construction d'une grammaire exhaustive des ECI demeure à réaliser, mais nous faisons le pari que les outils algébriques proposés fournissent un cadre adéquat au plan sémantique.

3.5 Quantification explicite

La quantification sur une série n'est pas nécessairement produite par un déterminant. Il existe en effet des expressions quantifiantes plus explicites et précises. C'est le cas notamment des ECI de la forme *n X par Y* telles que *trois jours par mois*. Comme pour tous les ECI, la sémantique de ces expressions sera une famille de séries (obtenue à partir des interprétations de X et de Y) et à laquelle nous appliquerons la fonction de choix ε.

Pour rester cohérent avec ce qui précède, nous définirons pour chaque expression une fonction FEXP (propre à cette expression) qui rendra comme valeur l'ensemble des séries acceptables pour la fonction de choix. Cependant, alors que dans le cas des déterminants cette fonction s'appliquait à un unique argument (de type série), nous aurons affaire ici à des fonctions à plusieurs arguments. Nous distinguerons essentiellement trois signatures[31] pour ces fonctions: FEXP(n, S1, S2), FEXP(n, S) et FEXP(n, p, S) où S, S1 et S2 sont des séries et n et p des entiers naturels, la valeur retournée étant toujours un ensemble de séries.

31 La signature d'une fonction définit le type des arguments qu'elle accepte et le type du résultat produit.

3.5.1 Expressions de la forme «n X par Y»

Rentrent dans cette catégories les expressions *trois jours par semaine*, *trois lundis par mois*, etc. Plus généralement nous nous intéressons ici à toute expression reconnue par la grammaire:

ECI → ENT NC1 *par* NC2

où NC1 et NC2 sont des noms calendaires vérifiant [[NC1]] ⊆ [[NC2]] et ENT est une catégorie regroupant les nombres entiers (1,2…) sous une notation quelconque.

Du point de vue de la sémantique, nous aurons:

[[n NC1 *par* NC2]] = ε (PAR(n, [[NC1]], [[NC2]]))

où la fonction PAR(n, S1, S2) renvoie un ensemble de séries dont chaque élément est une série extraite de S1 dont le ratio par rapport à S2 est une fonction constante qui, à un intervalle J quelconque de S2, associe l'entier *n*:

PAR(n, S1, S2) = { S' avec S' < S1 et ratio(S',S2) = λJ · n }

3.5.2 Expressions de la forme «n fois par Y»

C'est une variante de la forme précédente qui fait l'économie de la première série: *trois fois par jour*, par exemple. La règle de la grammaire génératrice est:

ECI → ENT *fois par* NC

Comme précédemment, la sémantique est un ensemble de séries résultant de l'application de la fonction FOISPAR aux deux arguments n et [[NC]]:

[[n *fois par* NC]] = ε (FOISPAR (n, [[NC]]))

où FOISPAR est définie ainsi:

FOISPAR(n, S) = { S' avec S' ⊆ S et ratio(S',S) = λJ · n }

3.5.3 Expressions de la forme «n X sur p»

Nous considérons ici des expressions telles que *deux mois sur douze* ou *deux jours sur trois* par exemple. Pour l'interprétation de ces formes, on se ramènera au cas *n X par Y* (étudié plus haut) en considérant que la série Y est le résultat de l'agglomération des composants de X par paquets de p intervalles. Nous aurons donc:

ECI → ENT NC *sur* ENT

[[n NC *sur* p]] = ε (SUR(n, p, [[NC]]))

où SUR est la fonction définie par:

SUR(n, p, S) = { S' avec S' < S et ratio(S', Agglo(S,p)) = λJ · n }

3.5.4 «Tous les n X»

Les ECI de la forme *tous les n X* (par exemple *tous les cinq jours*, *tous les deux ans*, …) dénotent un ensemble de séries extraites de [[X]] par l'opération *Extract([[X]], 1, n)*. On a donc:

ECI → *tous les* ENT NC

[[*tous les* n NC]] = ε (TOULES(n, [[NC]]))

où TOUSLES est la fonction définie par:

TOUSLES(n, S) = { S' avec S' = Extract(S,1,n) }

Rappelons que Extract(S,1,n) = Restrict_1(S, Agglo(S,n)) = S/$_1$Agglo(S,n)).
Forme alternative (plus souple):

TOUSLES(n, S) = { S' avec S' ⊆ Agglo(S,n) et ratio(S',Agglo(S,n)) = λJ · 1 }

3.6 Compléments

3.6.1 Heures

Il s'agit de décrire la sémantique d'expressions telles que:

Chaque jour à 8h

dans laquelle *8h* apparaît comme un instant itéré. Nous considérerons donc, de manière cohérente avec ce qui précède, que *8h* désigne une série, la série des instants repérés chaque jour de cette manière. Pour la formalisation, nous disposons de la série des heures, et l'opération de sélection indicée nous permet de repérer la 8ème heure de chaque jour: heure/$_8$jour. Mais clairement *8h* n'est pas *la huitième heure* de chaque jour, mais un instant qui marque le début de cet intervalle. C'est-à-dire en fait, selon le §2.2.1, note 19, un *intervalle ponctuel* (et non un *point temporel*) commençant cet intervalle.

Nous devons donc supposer ici que nous disposons d'une théorie définissant intervalles ponctuels et duratifs. Notons init(I) l'intervalle ponctuel débutant un intervalle duratif I. Nous définissons alors un nouvel opérateur qui renvoie le début (en ce sens) de chaque intervalle constituant une série.

init(S) = {init(J) pour J ∈ S}

Nous avons alors:

[[8h]] = init(heure/$_8$jour)

L'opération s'étend de manière triviale à d'autres granularités inférieures au jour (minute, seconde…).

3.6.2 Les intervalles itératifs

Il s'agit dans ce paragraphe de donner une sémantique à des expressions telles que *de lundi à vendredi* ou *de juin à septembre* par exemple, s'entendant respectivement sur plusieurs semaines et plusieurs années. Ces expressions sont du type *de A à B* où *A* et *B* sont des noms de série. L'objet que nous leur associons sera une série dont les éléments résultent de la convexification du couple formé d'un élément de la première série et de l'élément de la seconde qui lui est immédiatement postérieur.

Définition: Intervalle défini

Soit S1 et S2 deux séries quelconques. La série Intdef(S1,S2) est définie par:

Intdef(A,B) = {convexify(A',B') où A'∈A, B'∈B, B' = fst{I tq I ∈ B et A'<I }

Comme toutes les séries, les intervalles définis peuvent être restreints à une autre série ou à un intervalle donné. Ainsi une expression comme «*les jours de semaine de mars*» pourra être interprétée par *Intdef(lundi, vendredi)/mars.*

Notons qu'en l'occurrence, il conviendrait plutôt d'adopter ici la forme souple de la restriction:

[[jours de semaine de mars]]=RestrictSouple(Intdef(lundi, vendredi), mars).

Notons enfin que les bornes d'un intervalle définies peuvent être des séries quelconques, même si dans la pratique, elles auront le plus souvent sensiblement la même granularité. On emploiera rarement une expression comme *de lundi à septembre* par exemple, encore que la définition ci-dessus donnerait un sens à une telle expression. Un exemple moins arbitraire serait: *du second lundi à la troisième semaine de mars* qui se traduirait par: *Intdef(LUNDI/2 MARS, SEMAINE/3 MARS).*

4. Procès itératifs et relation circonstancielle: ontologie temporelle

4.1 Présentation

Deux questions sont au centre de la théorie SdT: la modélisation de l'aspectuo-temporalité et le calcul de la relation circonstancielle temporelle[32]. Ces questions sont gérées, dans le cas de procès semelfactifs, grâce à un système d'intervalles (convexes), associés, d'une part aux procès, et de l'autre aux circonstants de localisation temporelle, complétés par l'intervalle situant le temps de l'énonciation. Les valeurs aspectuo-temporelles et les relations entre procès, sont caractérisées en tant que relations entre ces divers intervalles. Un ensemble de règles, opérant sur un ensemble réduit de traits syntactico-sémantiques, permet de prédire ces relations et valeurs. On peut donc dire que, d'un point de vue mathématique, la théorie repose sur une théorie classique des intervalles temporels *à la* Allen[33] (Allen 1983).

Il s'agit alors d'étendre ces représentations et calculs pour traiter les situations où un procès itératif est en cause. Rappelons que, selon une idée déjà développée par nos coauteurs, un procès itératif doit être appréhendé à deux niveaux: celui du procès «modèle» (ou «type») – répété au cours du temps – et celui de l'itération elle-même – procès «global» résultant de cette répétition. En particulier chacun de ces deux niveaux possède une valeur aspectuelle, modélisée conformément aux principes de SdT, par une rela-

32 Sans préjudice pour d'autres aspects importants de la théorie, et qui seraient également à prendre en compte du point de vue de l'itération, comme la dimension textuelle de la temporalité.

33 Même si le jeu de relations entre intervalles n'est pas identique au jeu de primitives «classiques». Il en constitue un sous-ensemble auquel l'auteur ajoute une relation de «proximité immédiate» non prévue dans le modèle standard.

tion entre un intervalle *de procès* (le temps du procès effectivement déroulé) et un intervalle *de référence* (ce qui en est montré dans l'énoncé).

L'amendement que nous proposons d'apporter à ce schéma général est de considérer que l'intervalle de procès global (celui de l'itération) doit en fait devenir un intervalle *généralisé* – autrement dit: une *série* – représentant l'ensemble des occurrences du procès type. L'intervalle de référence «global» sera alors mis en rapport avec l'enveloppe convexe de cette série[34] pour rendre compte de l'aspect «global». Le niveau type quant à lui demeure inchangé et ne fait intervenir que des intervalles convexes.

La relation circonstancielle est, dans la théorie SdT classique représentée par une relation entre l'intervalle de procès ou de référence (selon certains critères rappelés ci-dessous) et un intervalle *circonstanciel* (IC) associé à l'expression de localisation temporelle elle-même – groupe prépositionnel ou proposition subordonnée. S'agissant de procès itératifs, il convient alors de distinguer le cas où le complément circonstanciel est lui-même itératif (*Jean est allé à la piscine <u>tous les lundis</u>*) ou non (*Jean est allé souvent à la piscine <u>le mois dernier</u>*). Le cas le plus intéressant est évidemment le premier: nous reproduirons ici le même type d'analyse que pour le procès lui-même, en deux niveaux, avec un IC «global» qui devient une série représentant la multiplicité des périodes évoquées, et un IC «type» en représentant une période générique. La relation circonstancielle doit alors mettre en rapport ces deux structures, terme à terme: intervalles types d'une part, séries globales de l'autre.

Ce sont ces structures que nous entendons mettre en place dans la présente section. Auparavant, par souci d'autosuffisance du chapitre et de manière à introduire nos propres notations, nous rappellerons les principes généraux de SdT concernant l'aspect et la relation circonstancielle.

34 C'est-à-dire, rappelons-le, l'intervalle convexe qui représente l'étendue temporelle qu'elle couvre.

4.2 Principes généraux de la théorie SdT. Rappel succinct

4.2.1 Procès (temps et aspect)

Commençons par rappeler quelques relations dont il pourra être question dans les exemples qui vont suivre (cf. figure 4.1). I et J étant deux intervalles:

> *I recouvre J (I* RE *J)* si I contient strictement J: les bornes ne peuvent être identiques;
>
> *I accède à J (I ACCESS J)* si I contient J, les bornes droites ou/et gauches pouvant coïncider;
>
> *I coïncide avec J (I* CO *J)* si I et J définissent la même plage de temps;
>
> *I est antérieur à J (I* ANT *J)* si la borne finale de I précède la borne initiale de J;
>
> *I est postérieur à J (I* POST *J)* si la borne finale de J précède la borne initiale de I.

A tout procès est associé un couple d'intervalles, dits respectivement *de procès* et *de référence.* Le premier (noté ici IP) dénote le temps d'occurrence du procès – que celui-ci soit avéré (réalisé) ou potentiel (par exemple une action interrompue). Le second (noté IR) correspond à ce qui en est montré ou perçu (par exemple ce qui est effectivement asserté). Par ailleurs, le temps de l'énonciation est repéré par *l'intervalle d'énonciation*, noté IE.

Le temps absolu d'un procès correspond alors à une relation entre l'intervalle d'énonciation IE et l'intervalle de référence IR. Dans un temps présent (*Jean marche*), IR accède à IE (IR ACCESS IE). Pour un temps (simple) du passé (*Jean marchait, Jean marcha*), il y a antériorité entre IR et IE (IR ANT IE), et symétriquement pour le futur (IE ANT IR).

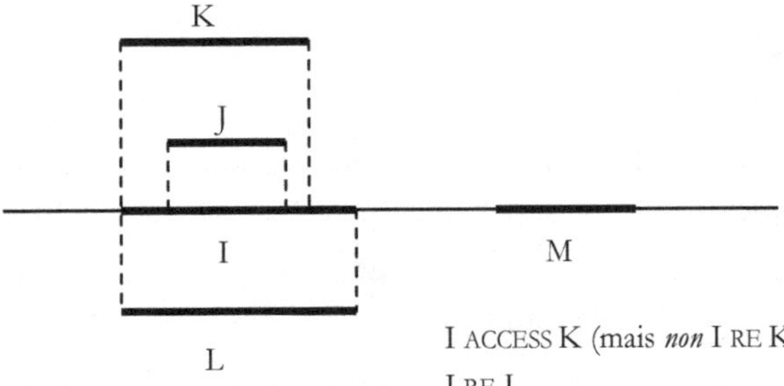

I ACCESS K (mais *non* I RE K)
I RE J
I CO L
I ANT M et M POST I

Figure 4.1. Cinq relations entre intervalles

L'aspect, quant à lui, est caractérisé par une relation entre l'intervalle de procès IP et l'intervalle de référence IR. Illustration pour deux des valeurs possibles (figure 4.2):

Aspect aoristique: IP CO IR
Jean courut jusqu'à la maison

Aspect inaccompli: IP RE IR
Jean courait vers la maison

Figure 4.2. Relations entre intervalles: aspects aoristique et inaccompli

Remarque

1. Il faut bien voir ces différents intervalles comme, en quelque sorte, «flottants»: leur position est très largement sous-spécifiée. Les valeurs de temps et d'aspect des procès – déterminées par un ensemble de critères lexicaux, morphologiques, syntaxiques… – introduisent des *contraintes*, qui se joignent à celles introduites par d'autres facteurs: circonstants temporels, entour textuel, connaissances pragmatico-référentielles… Nous dirions volontiers que la sémantique temporelle, dans le modèle SdT, se ramène à un en-

semble de règles introduisant *des contraintes sur un ensemble de variables d'intervalles*. En particulier, les représentations graphiques comme dans les figures ci-dessus peuvent être trompeuses dans la mesure où elles peuvent conduire à une interprétation sur-spécificiant les relations temporelles. Le point de vue plus abstrait en «variables + contraintes» correspond bien mieux aux opérations de la théorie. Nous pourrons reprendre cette remarque en discutant la notion *d'intervalle type* dans les prochains paragraphes.

2. Une question de notation: nous référons directement aux divers intervalles de la théorie en tant que variables, désignées par des «noms» ou «identificateurs» (IP, IR, IE...), quand Gosselin les désigne par leurs bornes (cf. chapitre 1). Les deux procédés sont, pour l'usage qui en est fait, formellement équivalents. Voici la correspondance. L'intervalle de procès est noté par nous IP, et [B1,B2] par L. Gosselin, B1 étant la borne initiale et B2 la borne finale. De même l'intervalle de référence est noté ici IR, au lieu de [I,II] et l'intervalle d'énonciation est chez nous IE et [01,02] chez Gosselin. Enfin l'intervalle circonstanciel (cf. *infra*) sera noté IC, au lieu de [ct1,ct2] (figure 4.3).

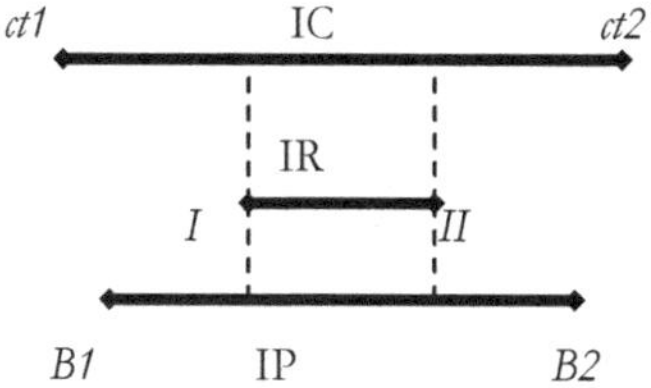

Figure 4.3. Les deux notations des relations entre intervalles

4.2.2 Relation circonstancielle

Soient les deux énoncés suivants impliquant un procès (non itératif) et un circonstant temporel:

(4.1.a) A 8 h. Jean dormait

(4.1.b) Quand Marie entra, Jean dormait

(4.1.c) Jean arriva à 8 h.

(4.1.d) Jean dormait à 8 h.

La question est de représenter la relation entre le procès et son circonstant. Le procédé proposé dans SdT peut se décomposer ainsi:

1. Il met en jeu un *intervalle circonstanciel (IC)* associé au complément circonstanciel (CC), qu'il soit adverbial (*à 8 h.*), ou défini par une subordonnée (*quand Marie entra*).
2. La relation circonstancielle s'établit entre *IC* d'une part, *IP* ou *IR* de l'autre, selon des règles dites «de portée». En pratique, et sans revenir sur la justification de cette règle, la relation porte sur *IP* si le CC est intégré au syntagme verbal – comme dans (4.1.c-d) – et sur *IR* s'il est détaché comme dans (4.1.a-b).
3. La nature (chronologique) de la relation entre *IC* et *IP*/*IR* (recouvrement, antériorité…) dépend d'un certain nombre de facteurs associés à la forme du CC, principalement au connecteur circonstanciel (préposition, conjonction…) mis en œuvre.

L'application de ces principes à nos exemples mène aux résultats suivants: (*IR*/*IP* réfère toujours au verbe de la principale):

(4.1.a-b) IC *ACCESS* IR[35] (IC contient IR – et non IP, relation clairement incompatible avec les durées respectives des deux intervalles)

(4.1.c-d) IC *RE* IP (IC contient strictement IP), ce qui implique en (d) un glissement du procès sur sa borne initiale, le procès devenant équivalent à: *Jean s'endormait*

Dans le cas d'une subordonnée, le mécanisme doit aussi spécifier la relation entre l'intervalle circonstanciel et l'un des intervalles *IP*/*IR* du procès de la subordonnée (relation circonstancielle *subordonnée*, ou *seconde*). En gros, la relation va être de recouvrement large (*ACCESS*) ou de coïncidence (*CO*) selon la locution subordonnante.

35 En fait, la relation *ACCESS* est ici «renforcée» en une coïncidence *CO*, le CC étant ponctuel.

4.3 Procès itératifs: entités temporelles associées

4.3.1 Procès type et itération. Aspect d'un procès itératif

Rappelons, à notre manière, les analyses déjà développées dans les chapitres précédents. Soient les énoncés (G. Flaubert, *Un cœur simple*):

(4.2.a) Tous les jeudis, des habitués venaient faire une partie de boston.

(4.2.b) Félicité préparait d'avance les cartes et les chaufferettes. Ils arrivaient à huit heures bien juste, et se retiraient avant le coup de onze.

En (4.2.a) un procès P, *des habitués faire une partie de boston*, est présenté comme se répétant chaque jeudi. P constitue le «modèle» de ce qui se passe effectivement chaque jeudi. Comme il se doit, ce modèle est sujet à variation, comme dans ces deux suites possibles de (4.2.a):

(4.3.a) Certains jours, des voyageurs de passage se joignaient à eux

(4.3.b) Parfois, ils remplaçaient le boston par un whist.

Nous parlerons donc de *procès modèle*, ou procès *type*[36], dont la répétition (plus ou moins fidèle) constitue le *procès global*, ou *itération*.

Reprenons maintenant la suite réelle (4.2.b) dans le roman de Flaubert. Nous sommes en présence d'une élaboration du procès type. Le lecteur est conscient que les procès énoncés (*Félicité préparer les cartes*, etc.) sont eux-mêmes répétés, chaque jeudi, mais cette information est située au second plan. Ce qui compte, c'est la relation *entre procès type*. Nous dirons que, dans (4.2.b) c'est le procès type qui est *saillant*. Alors que dans une nouvelle suite possible:

(4.3.c) Cette année, l'hiver fut si rude et la neige abondante qu'ils ne purent jouer que trois ou quatre fois de la saison.

la saillance revient sur l'itération et la propriété de fréquence qui lui est associée. (4.3.a) et (4.3.b) peuvent être considérées comme intermédiaires.

Notre première hypothèse est donc – en complet accord avec Yann Mathet – que le modèle doit clairement rendre compte de cette «double nature» de l'itération. Mais là ou Mathet élabore une construction centrée

36 Pour des raisons qui apparaîtront prochainement, nous utiliserons dorénavant cette seconde dénomination plutôt que celle de «modèle» utilisée par Y. Mathet.

sur la notion de *procès*, avec diverses *relations de discours*, nous nous proposons de développer une approche *temporelle*, basée sur les *intervalles*, suivant en cela les principes de la théorie SdT dont les grandes lignes viennent d'être rappelées.

La seconde hypothèse est alors que la notion d'aspect doit être prise en compte *aux deux niveaux*, celui du procès type et celui de l'itéré – ce qui implique de mettre en place les structures temporelles d'intervalles appropriées.

– *Au niveau type*, nous considérons que les principes de présentation du procès, caractéristiques de la notion d'aspect, sont du même ordre que pour les procès à occurrence unique. Nous introduisons donc deux intervalles (standard, convexes):

- l'intervalle de procès type, noté IP_t;
- l'intervalle de référence type, noté IR_t.

Nous noterons R_A la relation entre IP_t et IR_t. Elle caractérise *l'aspect du procès type.*

– *Au niveau itération* l'intervalle de procès devient – itération oblige – une série. Mais l'intervalle de référence demeure convexe: c'est une fenêtre sur la *période couverte par l'itéré.* Nous aurons donc:

- la *série du procès global* (*itération*), que, par homogénéité, nous pourrons continuer d'appeler *intervalle de procès global* – «intervalle» s'entendant ici comme «intervalle généralisé»: la notation, en accord avec cette remarque, sera IP_i[37];
- *l'intervalle de référence de l'itération* (intervalle *standard*), noté IR_i.

L'*aspect du procès global* sera caractérisé par des relations entre IR_i et IP_i. Ou, dit plus simplement, une relation entre IR_i et convexify(IP_i)[38], qui représente précisément la période couverte par IP_i.

Nous ajouterons à cette représentation une valeur de *saillance*, graduelle, entre *type* et *itération* selon que l'énoncé porte plus spécifiquement sur le procès type ou global. Ainsi, dans (4.2.a) la saillance pourrait être intermé-

37 C'est ici, et ici seulement, que notre système d'intervalles diffère de celui décrit dans le premier chapitre (§ 4.1) où l'intervalle de procès global est un intervalle standard (convexe), noté [Bs1,Bs2], correspondant exactement que nous désignons comme convexify(IPi). Cette différence est toutefois capitale pour la suite de notre étude.

38 Noté également [IPi], cf. section 2, § 2.2.1 pour la définition de l'opérateur *convexify*.

diaire entre les deux valeurs extrêmes, puis clairement *type* dans (4.2.b) et assez nettement *itération* dans (4.3.c).[39]

Remarques

1. Le lecteur aura noté que nous ne prévoyons pas d'intervalles de référence au niveau des *composantes* de la série IP_i. De fait, une alternative envisageable aurait été d'avoir au lieu de IP_i une succession de *couples* IP/IR, une double série en quelque sorte. C'est une piste que nous avons écartée. Il nous semble en effet que la notion de «fenêtre ouverte sur le procès» ne peut pas s'appliquer à chaque composante prise isolément. Soit nous avons une visée sur le procès type, en tant que *représentant* de ces composantes; soit nous avons une visée sur la *période* d'ensemble couverte par l'itération. La structure temporelle proposée rend compte de cette intuition cognitive.

2. Nous avons insisté dans notre présentation du modèle SdT sur le fait que les divers intervalles sont, d'un point de vue formel, comme des *variables*, supports d'un ensemble de *contraintes*. Cette remarque est importante pour l'interprétation des intervalles type. L'idée est que les propriétés et relations qui sont posées «au niveau type» sont en quelque sorte *héritables* par les composantes de la série associée à l'itération. Autrement dit un aspect important de la «signification» de ces intervalles est l'existence d'un processus *inférentiel* en direction de la série des occurrences. Il paraîtrait quelque peu aventureux, au stade actuel de notre recherche, de donner une définition formelle générale du procédé, mais nous en verrons une réalisation dans la section 5, avec le calcul de la relation circonstancielle.

4.3.2 Compléments circonstanciels

Nous venons de préciser la structure temporelle associée à un procès itératif. Il convient d'en décrire le pendant du côté du CC. Nous aurons de nouveau deux composantes:

– *Une série*, correspondant à la succession des plages temporelles évoquées par le CC. Nous l'appellerons *intervalle circonstanciel itératif*[40], noté IC_i. Dans le cas d'un circonstanciel calendaire, c'est la série dont nous avons décrit le

39 En ce qui concerne les principes et règles linguistiques de calcul de la (double) visée aspectuelle, nous renvoyons le lecteur à la lecture du chapitre 1, § 6.2.

40 «Intervalle» étant pris de nouveau dans le sens «d'intervalle généralisé».

calcul en section 3. Dans le cas d'une subordonnée, c'est une série posée comme «pont» entre le procès principal et le procès subordonné.

– *Un intervalle convexe,* dit *intervalle circonstanciel type*, noté IC_t. Intuitivement, pour le CC *les lundis*, IC_t représente la plage de temps correspondant à «un lundi typique»; pour *quand je me promène*, c'est le temps occupé par une «promenade typique»[41]. Plus formellement, c'est une variable d'intervalle, support à des relations qui auront «force de loi» pour toute composante de la série circonstancielle elle-même (IC_i).

Remarque

L'introduction de l'intervalle circonstanciel type est en cohérence avec notre analyse des procès itératifs. Il est logique que ce qui se passe pour le procès soit répercuté sur le CC, et à la vérité, d'un point de vue technique, nous ne voyons pas comment les intervalles associés au procès modèle pourraient «s'accrocher» d'une autre manière au CC.

Toutefois, la même dénomination «type» recouvre, nous semble-t-il des «mouvements cognitifs» qui peuvent se trouver inversés. En effet, dans le cas du procès, ce qui est premier, c'est le «modèle», qui se trouve répété en plusieurs occurrences; les composantes de la série associée au procès (IP_i) sont donc quelque chose comme des «instances» de l'intervalle type (IP_t). Il en va de même entre les intervalles circonstanciels type (IC_t) et d'itération (IC_i) dans le cas d'une subordonnée, comme dans:

(4.4) La partie de Boston commençait dès que tous les joueurs étaient arrivés.

C'est le procès type de la subordonnée qui crée l'itération et donc le circonstanciel. Par contre, s'agissant d'un circonstanciel calendaire (comme *tous les lundis*), ce qui est premier, de par la sémantique de ces expressions, c'est la série elle-même; l'IC type (par exemple: *un lundi type*) devient alors quelque chose comme un «générique», un «représentant» des éléments de cette série.

Il y aurait là matière à réflexion: quel est le statut cognitif du rapport entre ces deux «instances»? Quoi qu'il en soit, nous pensons, pour notre part, que les cas du procès et du circonstanciel doivent être distingués, le

41 L'exemple est, à dessein, simplificateur. Le cas général serait mieux illustré par *après m'être promené*: l'IC est alors en relation de postériorité avec l'intervalle de procès de la subordonnée *m'être promené*.

terme de «modèle» s'avérant inadéquat dans le second. D'où l'usage, ici, du terme plus neutre «type».[42]

5. La relation circonstancielle itérative

Nous nous intéressons maintenant à la relation circonstancielle (*RC* dorénavant), c'est-à-dire à la relation entre le procès et son complément circonstanciel de temps (*CC*). Dans la théorie SdT, nous venons de le rappeler, il s'agit *in fine* d'établir une relation entre un intervalle associé au CC, dit intervalle circonstanciel (*IC*) et l'un des intervalles associés au procès de la principale; de même, dans le cas d'une subordonnée, une relation est établie avec le procès subordonné (relation circonstancielle subordonnée), l'IC servant alors de «pont» entre les deux procès. La question est d'étendre ce principe au cas d'un procès itératif.

5.1 Cadre de l'étude. Principes de l'analyse

Il convient immédiatement de remarquer que le CC lui-même peut être itératif (*Tous les lundis, Jean allait à la piscine*) ou non (*La cigale chanta tout l'été*), diverses combinaisons étant par ailleurs possibles (*L'an dernier, tous les lundis, Jean allait à la piscine*).

Par ailleurs, la relation circonstancielle peut être affectée par la présence d'adverbes *aspectuels* (ou adverbes *fréquentiels*): *souvent*, *rarement*, *régulièrement*... Cette question pourra être évoquée dans la présente section, de manière à donner un aperçu général des questions à traiter, mais son analyse précise et son traitement formel seront réservés pour la sixième section du chapitre.

Donnons donc maintenant les principes généraux de notre analyse, dans les deux configurations principales susmentionnées.

42 D'autres arguments allant dans le même sens sont avancés au chapitre 1, § 7.1.

- *Configuration 1:* association d'un procès (itératif) P et d'un CC lui même itératif, soit symboliquement: CC_{iter} + P_{iter}. Considérons les exemples suivants.

(5.1.a) Le lundi, Jean allait à la piscine

(5.1.b) Le lundi, Jean allait souvent à la piscine

(5.1.c) Quand je me promène, je fume la pipe

(5.1.d) Après leur partie de tennis, les deux amis se retrouvaient souvent au club pour refaire le match.

Selon les principes généraux de notre analyse (cf. section 4), nous avons dans tous les cas un procès type, répété à diverses périodes temporelles. Ces périodes sont elles-mêmes «situées» relativement aux positions temporelles évoquées par le CC. En quoi consiste ce positionnement? Deux facettes apparaissent.

D'une part, une facette que nous pourrons appeler «fréquentielle», une *mise en correspondance* de tout ou partie de la série des occurrences du procès avec tout ou partie de la série des intervalles exprimés par le circonstanciel. Ainsi, dans (5.1.a) nous apprenons d'une part que Jean va, de manière répétée, à la piscine, et de l'autre que chaque lundi correspond à une occurrence de cette activité – mais il y en a peut-être d'autres. Dans (5.1.b), la situation est similaire, mais ce n'est qu'une partie des lundis, majoritaire et sans doute régulière, qui est concernée. De même en (5.1.c): à toute promenade va correspondre une séance de tabagisme; et en (5.1.d) à la plupart des matchs, un débat.

D'autre part, nous avons un positionnement en termes temporels de chaque occurrence du procès par rapport à la composante correspondante de la série du CC: *avant*, *pendant*, *après*.... Ou plutôt, ce qui est exprimé, c'est le positionnement *du procès type* par rapport à un *intervalle circonstanciel type*. Ainsi, le procès modèle *Jean aller à la piscine* est en inclusion temporelle par rapport à un lundi générique; une séance de tabagisme également en inclusion dans une promenade type; et le débat au club house après la partie habituelle.

L'analyse et la formalisation devront donc rendre compte de ces deux aspects, en déterminant les facteurs susceptibles d'affecter ces deux relations: relation globale de *correspondance (ensembliste) entre séries d'occurrences* et *relation temporelle entre occurrences génériques* du procès et du CC. Au niveau «global» nous verrons en particulier que la relation entre séries dépend de la structure informationnelle de l'énoncé: entre le CC et le procès, lequel peut être considéré comme relevant du *background*, lequel du *focus*[43]? Intervient également bien sûr un éventuel adverbe de fréquence, ainsi que des considérations sur la nature du CC; ces différents facteurs pouvant encore interagir avec des mécanismes pragmatiques liés à des connaissances spécifiques. Tandis que les règles déterminant la relation temporelle type sont à quelques adaptations près les règles «standard» de la SdT (cf. § 4.2.2).

– *Configuration 2:* association d'un procès (itératif) P et un CC non itératif, dit encore *unitaire*[44], $CC_{unit} + P_{iter}$. Exemple:

(5.2.a) L'an dernier, Jean allait à la piscine. (Et maintenant il joue au tennis)

(5.2.b) L'an dernier, Jean allait souvent à la piscine. (Et parfois jouait au tennis)

(5.2.c) A partir de 1960, notre homme effectue de nombreux voyages au Moyen Orient.

Ce cas se rapproche en fait fortement du cas non itératif: le procès itératif est appréhendé dans sa globalité, sans attention sur ses occurrences singulières. Ce qui compte, c'est la période recouverte par l'ensemble des itérations, et c'est elle qui est mise en relation avec l'intervalle du CC: ensemble des séances de piscine situées au cours de l'an dernier (et plus ou moins fréquentes dans cette période); série de voyages effectuées par le personnage en question après 1960. Cette configuration sera donc assez simple à étudier, mise à part la question de la sémantique des adverbes de fréquence. De nouveau, modulo quelques adaptations, les règles standard s'appliquent.

Enfin, le cas dans lequel un procès itératif est associé à la fois à un CC itératif et un CC unitaire doit être examiné:

(5.2.d) L'an dernier, Jean allait à la piscine le lundi

(5.2.e) L'an dernier, le lundi, Jean allait à la piscine.

Le procès est alors saturé quant à sa localisation temporelle par le CC itératif (*le lundi*) et le CC unitaire (*l'an dernier*) à un rôle de restriction du domaine

43 Nous adoptons provisoirement cette terminologie, pour son usage largement répandu. Quelques précisions et ajustement suivent.

44 Et «singulatif» au chapitre 1, § 7.3.

de validité de l'énoncé. Nous en rendrons compte par un mécanisme simple utilisant l'opérateur de restriction de série mis au point en section 2.

Notre plan pour le reste de la section sera le suivant. Nous nous limiterons ici à des configurations CC + P_{iter} sans adverbes fréquentiels. Nous commencerons par le cas d'un CC itératif: nous préciserons d'abord notre point de vue sur la structure informationnelle des énoncés considérés; nous pourrons alors fixer les règles de calcul de la RC; quelques points de discussion seront soulevés pour clore l'examen de cette première configuration. Suivra l'étude du cas avec CC unitaire, complétée par un rapide aperçu des configurations mixtes. La réflexion se poursuivra dans la section 6 avec l'étude des adverbes fréquentiels, leur sémantique et leur rôle comme modifieur de la RC.

5.2 Structure informationnelle des énoncés CC_{iter} + P_{iter}

Nous devons, de manière préliminaire, étudier un phénomène lié au caractère pluriel des séries d'intervalles mises en relation. Il nous faut rendre compte de la différence d'interprétation des énoncés:

(5.3.a) Le lundi, Jean allait à la piscine

(5.3.b) (A cette époque) Jean allait à la piscine le lundi.

Et de même:

(5.3.c) Quand je me promène, je fume la pipe

(5.3.d) Je fume la pipe quand je me promène.

(5.3.a) dit que, immanquablement, le lundi, Jean allait à la piscine. Mais il est possible qu'il ait eu aussi cette pratique d'autres jours, certains dimanches par exemple. Tandis que (5.3.b) dit que seul le lundi était «jour de piscine». Dans le premier cas, la série des *lundis* va donc être en correspondance avec seulement une sous-série (série extraite) de la série des occurrences du procès *Jean aller à la piscine*, et inversement en (5.3.b). Il en va de même dans le second exemple: en (5.3.c) au cours de toute promenade, je fume la pipe; tandis qu'en (5.3.d) je ne fume la pipe qu'au cours de ces promenades.

En réalité, il ne s'agit là que de lectures «par défaut». Un certain nombre de mécanismes vont avoir tendance à sur-contraindre l'interprétation. Par exemple dans (5.3.a) un mécanisme pragmatique (maxime de quantité de Grice)[45] peut faire que, implicitement, Jean n'allait pas à la piscine un autre jour («sinon, on l'aurait dit»). Ce mécanisme serait sans doute accentué dans:

(5.3.e) Le lundi, Jean allait à la piscine, et le mardi il jouait au tennis.

Nous reviendrons sur cette discussion au paragraphe 5.4 et nous en resterons dans l'immédiat à l'interprétation en quelque sorte minimale exprimée plus haut.

Première leçon: la relation circonstancielle va donc (en général) mettre en rapport, non pas la série du circonstanciel et celle du procès elles-mêmes, mais l'une des deux avec une sous-série de l'autre. Comment déterminer laquelle des deux séries doit subir cette extraction? Notre hypothèse est que ce mécanisme est en rapport étroit avec la structure informationnelle de l'énoncé. Parmi les nombreuses approches proposées dans la littérature nous invoquerons ici le principe de *présupposition stratificationnelle* de Nølke (2001). Nous verrons en section 6 que ce mécanisme est également essentiel pour rendre compte (dans certains usages) des adverbes de fréquence (*souvent*, *rarement*...).

Rappelons brièvement le principe de cette théorie (cf. chapitre 1, §2.6.2 pour plus de détails). On considère que, dans un énoncé, certains éléments informationnels sont supposés connus et établis dans la situation de communication: c'est le *substrat* de l'énoncé; d'autres éléments constituent en revanche un apport d'information nouvelle, et en tant que tels constituent selon cet auteur le *foyer* de l'énoncé[46]. Une manière de mettre en évidence

45 On pourrait aussi invoquer un principe logique dit «circonscriptif». Intuitivement, le *principe de circonscription* dit que si la proposition P est affirmée pour une classe de référents C, implicitement Non P est affirmé pour les entités qui n'appartiennent pas à C. *Les chiens aboient* affirme implicitement qu'ils sont les seuls à aboyer. Ici, le fait d'aller à la piscine étant asserté pour la localisation temporelle *les lundis* le principe de circonscription conduit à exclure d'autres occurrences. C'est un principe d'économie du codage de l'information qui a été étudié en intelligence artificielle Kayser (1997).

46 Insistons ici sur le fait que nous ne ferons ici qu'un usage simple, peu qualifié, de cette théorie particulière, sans prendre position sur les mécanismes linguistiques et cognitifs mis en œuvre. Il nous apparaît d'ailleurs que ceux-ci peuvent être différenciés dans les quelques exemples présentés: dans (5.3.b,c,d) on peut considérer que les substrat porte une «présupposition pragmatique» (au sens de Lambrecht, 2004); alors que dans (5.3.a)

cette dualité de rôles est de considérer que l'énoncé constitue une réponse à une question, réelle ou fictive: le substrat figure alors dans la question. Par exemple:

(5.3.a) Que faisait Jean (quelle activité, quel sport…) le lundi? *Substrat* = le lundi, *Foyer* = Jean allait à la piscine

(5.3.b) Quand Jean allait il à la piscine? *Substrat* = Jean allait à la piscine *Foyer* = le lundi

(5.3.c) Que fais-je quand je me promène? *Substrat* = je me promène *Foyer* = je fume

(5.3.d) Quand fumai-je? *Substrat* = je fume *Foyer* = je me promène.

Nous poserons alors:

Hypothèse

- Dans chaque énoncé CC_{iter} + P_{iter} l'un des deux, de CC et de P constitue le substrat, et l'autre le foyer[47];
- Cette propriété détermine le sens de la mise en correspondance entre les séries associées à CC et P. Plus précisément: elle fournit une «base» du calcul, complétée par divers éléments, en particulier de nature sémantique et pragmatique.

La question de savoir quels indices linguistiques peuvent permettre de déterminer la relation substrat/foyer restera, elle, en dehors du cadre de notre étude[48].

---

nous sommes plutôt dans une opération de «cadrage», de «repérage de la scène» (par rapport un élément calendaire conventionnel et partagé) évoquant la notion de *«scene setting topic»* de Chafe (1976). Ce qui semble ici importer c'est uniquement une opposition «générale» entre deux valeurs énonciatives.

47 Nous considérons, dans cette première analyse, des situations ou lectures dans lesquelles le procès (verbe + compléments) est non dissocié du point de vue de la focalisation. Excluant par exemple des énoncés tels que *le lundi Jean va à la piscine avec Marie (et le jeudi avec Agnès)* dans une lecture faisant porter la focalisation sur *avec Marie.* De telles configurations seront envisagées en section 6 à propos des adverbes fréquentiels.

48 Le détachement par antéposition du circonstanciel est certainement un indice fort de présupposition, et nous utiliserons volontiers cette configuration dans nos exemples; mais l'analyse ne peut à l'évidence en rester là.

5.3 Le calcul de la relation circonstancielle CC_{iter} + P_{iter}

Nous adopterons ici un point de vue «instructionnel». Nous dirons que l'interprétation d'un énoncé de ce type a pour effet de provoquer une mise en relation des structures temporelles associées respectivement au procès et au CC. Cette relation se situe aux deux niveaux, type et itération. Pour simplifier, nous supposerons dans un premier temps que le procès type P est à l'aspect aoristique, ce qui fait que les deux intervalles, de procès IP_t et de référence IR_t , coïncident. Le cas général sera présenté plus loin (§5.4.1).

Nous proposons les règles suivantes.

1) *Au niveau «type»*. Une relation R_t est établie entre l'intervalle circonstanciel type IC_t et l'intervalle de procès IP_t, selon les règles la théorie SdT rappelées brièvement au § 4.2.2, en fonction, principalement, de la sémantique du connecteur (*avant*, *pendant*, *après*, *dès que*…)[49]. Nous poserons que R_t est toujours orientée du CC vers le procès.
2) *Au niveau «itération»*. Une relation est établie entre l'intervalle circonstanciel itéré IC_i et l'intervalle de procès itéré IP_i. Cette relation exprime une correspondance entre composantes des deux séries et tient compte de la stratification énonciative de l'énoncé[50].

Soit $I_{Substrat}$ la série du substrat et I_{Foyer} la série foyer. De deux choses l'une: $I_{Substrat} = IC_i$ et $I_{Foyer} = IP_i$, ou le contraire. On définit R_t^* comme égale à la relation R_t, éventuellement réorientée pour partir du substrat vers le foyer. La relation entre séries s'exprime de la manière suivante:

Relation entre séries: première formulation

Un énoncé CC_{iter} + P_{iter} établit une correspondance entre $I_{Substrat}$ et I_{Foyer} telle que toute composante de la série du substrat est en relation par R_t^* avec une composante de la série du foyer. Formellement:

(RC-1) $\forall I \in I_{Substrat}\ \exists J \in I_{Foyer}\ I\ R_t^*\ J$

49 L'hypothèse simplificatrice adoptée (procès aoristique) nous permet de faire abstraction des règles de portée.

50 Et, nous le verrons dans la prochaine section, d'un éventuel adverbe de fréquence.

Exemple 1

Pour (5.3.a) *Le lundi, Jean allait à la piscine*

- *Stratification.* Nous avons vu que le substrat est le CC (*le lundi*) et le foyer le procès (*Jean aller à la piscine*).
- *Niveau type.* La relation dans le cas d'une date est le recouvrement de l'intervalle circonstanciel sur l'intervalle de procès: IC_t RE IP_t (R_t = RE). Vu la stratification, $R_t^* = R_t$,
- *Niveau itération.* En conséquence des deux points précédents, $I_{Substrat} = IC_i$ et $I_{Foyer} = IP_i$ et la relation entre série s'écrit:
  $\forall I \in IC_i\ \exists J \in IP_i \quad I \text{ RE } J$

Nous retrouvons donc l'interprétation intuitive: tout lundi contient une séance de piscine.

Pour (5.3.b) *(A cette époque) Jean allait à la piscine le lundi*

- *Stratification.* Les rôles de substrat et de foyer sont échangés.
- *Niveau type.* La relation R_t (toujours du CC vers le procès par convention) est la même (recouvrement): IC_t RE IP_t. Par contre, R_t^* doit maintenant aller du procès vers le CC, et devient donc l'inverse[51] de R_t: $R_t^* = R_t^{-1} = RE^{-1}$.
- *Niveau itération.* En conséquence des deux points précédents, $I_{Substrat} = IP_i$ et $I_{Foyer} = IC_i$ et la relation entre série s'écrit:

  $\forall J \in IP_i\ \exists I \in IC_i \qquad J \text{ RE}^{-1} I$, soit encore:

  $\forall J \in IP_i\ \exists I \in IP_i \qquad I \text{ RE } J$

Ce que l'on peut paraphraser: toute occurrence d'une séance de piscine est incluse dans un lundi.

Exemple 2

(5.4) (A cette époque Marie attendait une lettre de Jean). A peine le facteur avait-il sonné que Marie ouvrait la porte.

Préliminaire. La relation liée associée à la conjonction *à peine* est une consécution temporelle immédiate entre les bornes initiales des intervalles considé-

51 Si R est une relation binaire liant x à y (x R y), alors son inverse R^{-1} est la relation qui lie y à x (y R^{-1} x). Par exemple $<$ désignant la relation «être plus petit que», nous avons $1 < 2$ et $2 <^{-1} 1$.

rés. Pour formaliser cette notion (Gosselin, 1996) introduit la relation $\propto$ entre bornes d'intervalles: b1 $\propto$ b2 si b1 précède b2 en étant infiniment proche[52]. Nous pouvons étendre cette relation aux intervalles eux-mêmes de la manière suivante. Pour tout intervalle I, notons I_d (resp. I_f) sa borne de début (resp. de fin). On notera:

$$I \propto J \text{ ssi } I_f \propto J_d$$

Par ailleurs *ouvrir* est un procès ponctuel donc *Marie ouvrait la porte* est aoristique. Nous aurons alors:

- *Stratification.* Le CC détaché (*Le facteur sonner*) constitue le substrat et le procès (*Marie ouvrir la porte*) est le foyer.
- *Niveau type.* $R_t^* = R_t = \propto$
- *Niveau itération.* En conséquence des deux points précédents:

$$\forall I \in IC_i \, \exists J \in IP_i \qquad I \propto J$$

C'est-à-dire: toute sonnerie du facteur était immédiatement suivie (au sens ci-dessus) d'une ouverture de la porte.

Remarque

La question de la nature de la relation entre composantes du CC et du procès semble largement ignorée dans la littérature, les configurations étudiées (c'est-à-dire des prépositions ou des conjonctions introduisant le circonstant) impliquant une simple inclusion ou coïncidence[53]. La nécessité de prendre en compte des relations types arbitraires peut s'appuyer sur des exemples attestés, tels ceux-ci, proches dans leur principe de (5.4), et qui stipulent de même une relation de consécution immédiate:

(5.5.a) La figure de Bourais, sans doute, lui paraissait très drôle. Dès qu'il l'apercevait, il commençait à rire, à rire de toutes ses forces. (G. Flaubert, *Un cœur simple*)

(5.5.b) Victor alla successivement à Morlaix, à Dunkerque et à Brighton; au retour de chaque voyage, il lui offrait un cadeau. (G. Flaubert, *Un cœur simple*).

52 (Becher et al., 2000) propose un modèle donnant un sens mathématique à cet «infiniment proche».

53 La question est évoquée par de Swart (1995:326) ou Ogihara (1995) mais sans développements formels approfondis.

5.4 Propriétés de la relation entre séries

Notre première formalisation appelle quelques précisions et compléments. Le problème est celui des *propriétés* de cette relation. Une intuition première pourrait faire croire à correspondance terme à terme entre composantes du circonstanciel et du procès (la relation serait alors *bijective*). Notre formalisation contredit clairement cette intuition. Ce que dit (RC-1) est «seulement» que toute occurrence du substrat est en relation avec (au moins) une occurrence du foyer; rien ne dit non plus qu'une composante du substrat soit en relation avec une occurrence unique du foyer – et *vice versa*.

De telles propriétés seraient-elles omises à tort? Notre formalisation devrait-elle être plus contrainte? A partir d'observations similaires[54] (Rothstein 1995: 15) introduit la notion de *matching function* comme outil formel permettant d'exprimer ces propriétés au sein même de la représentation sémantique des énoncés itératifs. Nous adopterons (et adapterons) cette idée pour proposer une nouvelle formulation de la RC au niveau «itération».

5.4.1 Correspondance entre séries circonstancielles et de procès (IC_i et IP_i): deuxième formulation

Préliminaires: relations entre séries

Soient E et F deux ensembles. Une relation binaire est une mise en correspondance d'éléments de E et d'éléments de F. Formellement c'est un ensemble de couples (x,y) ou x appartient à E et y à F. L'ensemble de ces couples définissant le produit cartésien E×F, une relation R binaire sur E et F est donc un sous ensemble de E×F. En toute généralité, à un x peut correspondre 0, 1 ou plusieurs y et réciproquement. Si x est en relation avec y par R, on note: x R y et y est une *image* de x. Diverses propriétés réduisent ces possibilités. Nous aurons recours ici aux suivantes.

54 Mais avec un contexte théorique (dit néo-davidsonnien) différent et en relation avec des considérations générales sur la quantification. Notre formalisation sera aussi techniquement différente. En particulier nous conserverons un point de vue relationnel plutôt que fonctionnel.

- R est dite *totale* si tout élément x de E est relation avec au moins un y de F (tout élément de E possède au moins une image): $\forall x \in E\ \exists y \in F\ x\,R\,y$;
- R est dite *fonctionnelle* si tout élément x de E est relation avec au plus un y de F (tout élément de E possède au plus une image): $\forall x \in E\ \forall y,y' \in F\ (xRy \wedge xRy') \Rightarrow y=y'$. On peut alors définir une fonction (partielle) qui à un x associe précisément son unique image (si elle existe);
- R est dite *injective* si deux éléments distincts de E ne peuvent avoir une image commune: $\forall x,x' \in E\ \forall y \in F\ (x\,R\,y \wedge x'\,R\,y) \Rightarrow x=x'$;
- R est dite *surjective* si tout élément de F est image d'au moins un élément de E: $\forall y \in F\ \exists x \in E\ x\,R\,y$;
- R est *bijective* si elle est totale, surjective et injective (donc fonctionnelle). Nous avons alors une correspondance terme à terme entre les deux ensembles.
- Supposons en outre que E et F sont munis d'une relation d'ordre, notée $\leq$ avec $<$ pour l'ordre strict induit. R est *croissante* si les images de deux éléments comparables de E sont positionnées dans le même ordre:

$$\forall x,x' \in E\ \forall y,y' \in F\ (x < x' \wedge x\,R\,y \wedge x\,R\,y') \Rightarrow y \leq y'$$

Ici $\leq$ sera la relation de précédence temporelle entre composantes d'une série (cf. section 2).

Relation entre séries: deuxième formulation

Nous pouvons alors proposer une nouvelle spécification de la relation entre ces séries. Un énoncé $CC_{iter} + P_{iter}$ introduit une relation binaire $\mathfrak{R}$ entre $I_{Substrat}$ et I_{Foyer} ($\mathfrak{R} \subseteq I_{Substrat} \times I_{Foyer}$) telle que:

(RC-2) (i) $\mathfrak{R}$ est une relation *totale*

(ii) $\forall I \in I_{Substrat}\ \forall J \in I_{Foyer}\ I\,\mathfrak{R}\,J \Rightarrow I\,R_t^*\,J$ [55]

$\mathfrak{R}$ sera dite *relation d'alignement:* c'est elle qui spécifie la correspondance temporelle entre le procès et le CC. (i) dit que tout intervalle de la série du substrat est «concerné» par cette relation; et (ii) que si I (du substrat) est «aligné» avec J (du foyer), I et J sont dans la relation temporelle type R_t^*.

55 Autrement dit, $\mathfrak{R}$ est incluse dans R_t.

Cette nouvelle formulation est strictement équivalente à la première, dans le sens précis suivant: *(RC-1) est satisfaite si et seulement si il existe une relation $\mathfrak{R}$ satisfaisant les propriétés (RC-2).*

Il s'agit là d'une spécification minimale de la relation circonstancielle. L'interprétation d'énoncés particuliers peut conduire à imposer des propriétés additionnelles à la relation $\mathfrak{R}$. Nous allons commencer par montrer qu'aucune des propriétés ci-dessus, hormis le fait d'être une relation totale, ne peut être postulée en toute généralité (propriétés «négatives»). Puis nous envisagerons diverses situations conduisant effectivement à l'attribution de propriétés additionnelles («positives»), selon divers mécanismes: inférences temporelles ou pragmatiques, relations de discours superposées à la relation temporelle, ou encore quantification dans le CC. Nous verrons également qu'une autre propriété (*croissance*) semble pouvoir être intégrée dans la «base» du calcul.

5.4.2 Propriétés «négatives»

Nous proposons ici quelques exemples d'énoncés excluant telle ou telle des propriétés évoquées. Précisons: nous sommes dans un domaine ou plusieurs interprétations sont en général possibles, avec une plausibilité variable, en fonction notamment du contexte. Nos exemples prétendent donc seulement *admettre* une interprétation «naturelle» (voire «la plus naturelle») en contradiction avec la propriété visée.

– Surjectivité. C'est ici clairement le rôle attribué selon nous à la stratification énonciative qui est en jeu, en tant qu'elle induit une dissymétrie entre substrat et foyer, dont témoigne l'alternance de quantificateurs dans (RC-1). Reprenons:

(5.3.b) (A cette époque) Jean allait à la piscine le lundi.

La surjectivité imposerait que Jean pratique cette activité tous les lundis. Cette interprétation apparaît clairement abusive. On peut très bien dire:

(5.3.b)' (A cette époque) Jean allait à la piscine le lundi. Mais, ayant beaucoup de travail, il n'y allait qu'une semaine sur deux.

A comparer avec:

(5.3.a) Le lundi, Jean allait à la piscine

(5.3.a)' ?[56] Le lundi, Jean allait à la piscine. Mais, ayant beaucoup de travail, il n'y allait qu'une semaine sur deux.

(5.3.a)', s'il est admis, impose une réinterprétation de (5.3.a), contraire à l'interprétation naturelle. Par contre:

(5.3.a)" Le lundi, Jean allait à la piscine. Lorsqu'il avait le temps, il y allait aussi le jeudi.

est parfaitement acceptable. Il n'y a donc aucune raison que la localisation *le lundi* concerne toutes les séances de piscine, contredisant de nouveau un éventuel principe de surjectivité. Anticipons sur notre examen des adverbes de fréquence. Les exemples suivants sont encore plus nets:

(5.6.a) Un lundi sur deux, Jean allait à la piscine

(5.6.b) Le lundi, Jean allait souvent à la piscine.

Il est ici question d'un sous ensemble des lundis, défini de manière précise (a) ou «floue» (b). Dans aucun des cas l'inférence selon laquelle cette datation concernerait *toutes* les séances de piscines n'est plausible. Même phénomène avec des subordonnées:

(5.6.c) [Souvent] quand je me promène au bord de la rivière, je rencontre le maire du village.

Il est assez plausible que je le rencontre en d'autres occasions.

Une réinterprétation «logique»[57] peut aider à comprendre le phénomène. (5.3.a-b) peuvent se paraphraser respectivement (abstraction faite du temps) par:

(5.3.a) Si on est un lundi, Jean va à la piscine

(5.3.b) Si Jean va à la piscine, on est un lundi.

Et, ici comme toujours, implication ne vaut pas équivalence.

– Injectivité

(5.7.a) Jean va à la piscine tous les lundis

est parfaitement compatible avec une suite comme dans:

(5.7.b) Jean va à la piscine tous les lundis; parfois même deux fois, matin et soir.

56 La marque ? signifiera ici une mauvaise acceptabilité *sémantique*.

57 Mettant en évidence les présuppositions de ces énoncés.

Deux occurrences du procès peuvent donc avoir lieu le même lundi (non injectivité de la relation $\mathfrak{R}$). Seules des connaissances spécifiques sur les pratiques sportives «ordinaires» et des mécanismes pragmatiques peuvent rendre compte de l'interprétation la plus plausible de (a) comme spécifiant une seule séance (nous y revenons dans le prochain paragraphe). De fait, dans un contexte différent la non injectivité est la plus plausible:

(5.7.c) A la différence, hélas!, de bien des pays, en France on mange tous les jours.

– Fonctionnalité. Si un collègue «parisien» dit à ses étudiants:

(5.8.a) Je suis à Caen les mardis et mercredis

ou même:

(5.8.b) Je suis à coup sûr à Caen les lundis et mercredis.

cela ne signifie nullement qu'il fait le voyage (au moins) deux fois par semaine. Ces deux énoncés mettent en relation une succession d'états «être à Caen» avec une série de jours spécifié par le CC. Mais un même état «caennais» peut tout à fait correspondre à deux composantes (par exemple consécutives) du CC (le collègue passant une ou plusieurs nuits sur son lieu de travail). Cet exemple contredit donc le principe de fonctionnalité.

– Croissance. (Rothstein 1995) propose le contre-exemple suivant:

(5.9.a) Every time I pay a phone bill, I end up losing the receipt/lose the receipt later

que l'on pourrait adapter en français:

(5.9.b) Systématiquement, quand je paye la note de téléphone, je perds ensuite la facture.

Si la relation de correspondance est croissante, les événements de «perte de facture» sont rangés dans le même ordre que leur «paiement». Or l'auteur observe que (5.9) est compatible avec un scénario dans lequel, les factures sont payées chaque mois de mars à juin, mais les factures de mars et avril sont perdues toutes deux en avril, celle de mai en août et celle de juin en juillet. Si le paiement simultané (en avril) de deux factures ne contredit pas notre définition de la croissance, les deux autres paiements sont clairement inversés.

Il ne semble donc pas que la relation $\mathfrak{R}$ entre séries soit nécessairement croissante. Nous allons toutefois voir que les contraintes liées à la structure temporelle des séries conduisent souvent à cette propriété.

5.4.3 Propriétés «positives»

Les exemples ci-dessus semblent donc indiquer que l'on ne peut pas aller *en général* au-delà de l'interprétation «minimale» de type (RC-1)-(RC-2), en imposant telle ou telle propriété à la correspondance entre IP_i et IC_i. Toutefois l'interprétation «en contexte» produit souvent des contraintes supplémentaires. Nous allons, pour compléter notre étude, donner quelques exemples de mécanismes ainsi mis en œuvre.

– Quantification explicite. Si dans (5.3.b) nous remplaçons «de lundi» par une quantification explicite[58] comme dans:

(5.10.a) A cette époque, Jean allait à la piscine tous les lundis (ou: un lundi sur deux, la plupart des lundis…)

alors la relation est nécessairement surjective sur la série désignée par le CC[59]. La quantification explicite est incompatible avec l'imprécision d'une inclusion. De même avec la variante (5.10.b) de:

(5.3.d) Je fume la pipe quand je me promène

(5.10.b) Je fume la pipe à chaque fois que je me promène[60].

On peut aussi remarquer que la paraphrase logique évoquée plus haut ne tient plus:

(5.10.a)'? Si Jean va à la piscine, on est tous les lundis (ou: un lundi sur deux, la plupart des lundis…).

Alors que «de lundi» peut être vu comme exprimant une *propriété* (de localisation temporelle) du procès, une telle interprétation est impossible avec les expressions quantifiées. Notre hypothèse sera donc:

58 Au sens de la section 3 §3.4.

59 Celle-ci pouvant être incomplètement spécifiée et dépendre d'une fonction de choix (cf. section 2), comme dans les deux variantes de (5.10.a) proposées.

60 Dans une interprétation où «Je fume la pipe» est le substrat. L'interprétation symétrique semble ici possible.

Lorsqu'un CC exprimant une quantification explicite est en position de foyer[61], *la relation* $\mathfrak{R}$ *entre séries est nécessairement surjective.*

– Contraintes temporelles. Avec (5.3.b) *A cette époque Jean allait à la piscine le lundi*, une séance de piscine pourrait *a priori* être, selon (RC-1), contenue dans plusieurs lundis. Mais cette situation est temporellement impossible: la série des lundis étant constituée de composantes disjointes, il est impossible que deux d'entre elles *recouvrent* un même intervalle (occurrence d'une séance de piscine)[62]. La relation entre séries est donc, dans cet énoncé, *fonctionnelle*[63]. Le même type de raisonnement montre qu'elle est aussi *croissante.*

Avec (5.4) *A peine le facteur sonnait-il que Marie ouvrait la porte*, c'est également la nature de la relation type qui empêche toute association multiple: un même intervalle (sonnerie du facteur) ne peut être infiniment proche de deux intervalles (ouverture de porte) consécutifs et disjoints. De nouveau donc, la relation est *fonctionnelle et croissante.* Et dans ces deux cas, les *contraintes temporelles* liées à la structure des séries et à la nature de la RC type suffisent à assurer cette propriété.

– Contraintes pragmatiques

Nous avons vu à propos de l'exemple (5.3.a) l'effet possible, voire probable, d'un critère Gricéen de type «maxime de quantité» pour conduire à la surjectivité de la relation $\mathfrak{R}$. D'autres mécanismes que l'on peut qualifier de pragmatiques sont à l'œuvre. Notamment il semble courant d'observer une combinaison d'effets pragmatiques et de contraintes temporelles. Reprenons tout d'abord l'exemple (5.4) précédemment discuté.

(5.4) A peine le facteur sonnait-il que Marie ouvrait la porte.

61 La situation du CC comme substrat ne soulève pas la même question, puisque la relation est toujours totale. Notez aussi que cette configuration n'impose nullement l'injectivité: (5.10.a) se comporte de ce point de vue comme (5.3.b).

62 On pourrait aussi penser à invoquer des contraintes pragmatiques (durée d'une séance de piscine) mais peut-être aussi l'expression «aller à la piscine» elle-même qui focalise sur la borne gauche, ponctuelle, du procès, et ne peut donc être contenue dans plusieurs lundis successifs.

63 Notons par contre que les contraintes temporelles n'imposent nullement l'injectivité, puisque un même lundi peut recouvrir plusieurs intervalles de «piscine».

Nous avons insisté sur la contrainte temporelle liée au connecteur *à peine* qui, à elle seule, va impliquer certaines propriétés de la relation entre les séries (*fonctionnalité*, *croissance*). Mais il existe aussi clairement un lien «pragmatique» lié à une connaissance du type «quand quelqu'un sonne à la porte, on va ouvrir» qui force la correspondance entre les événements. C'est ce lien qui est à l'œuvre dans l'énoncé (5.11) proposé par Rothstein (ibid: 12)[64].

(5.11) Mary opens the door everytime the bell rings.

En second lieu, il sera intéressant de discuter un exemple dû à Ogihara (1995:11). Ogihara observe que la formalisation (5.12.b) de (5.12 .a) est inadéquate puisqu'elle admettrait une situation où John aurait allumé une seule cigarette antérieurement à tous ses appels téléphoniques.

(5.12.a) Before John makes a phone call, he always lights up a cigarette.

(5.12.b) $\forall$t [John makes a phone call at t] $\rightarrow$ $\exists$t' [t'<t John lights up a cigarette at t]

Ogihara propose de considérer que les deux instants t et t' doivent appartenir à une certaine plage de temps, la collection de ces plages temporelles constituant une succession d'intervalles disjoints deux à deux[65]. Effectivement, un raisonnement temporel du type de ceux invoqués précédemment invalide alors l'interprétation incriminée.

Ogihara met donc en avant un lien de proximité temporelle entre les événements *John lights up a cigarette* et *John gives a phone call* qui ne peut être justifié que par des connaissances générales, un scénario liant ces deux actes (par exemple pour des raisons d'ordre psychologique). Dans un autre contexte pragmatique, l'énoncé (5.13) admet parfaitement, et même implique en réalité, le type de situation rejeté pour (5.12.a): une seule validation au niveau X-1 précède tous les cours de niveau X.

(5.13) Avant de suivre les cours de niveau X, il faut avoir validé le niveau X-1.

64 Avec une chose curieuse chez cette auteure qui semble accepter une interprétation dans laquelle il y aurait plusieurs ouvertures de porte pour une même sonnerie (p. 16).

65 L'introduction de ce que nous appelons une série apparaît donc comme un élément clé de sa solution du problème. Ogihara insiste d'ailleurs sur la justification intuitive de ce dispositif: «when we use *always*, we think of all the relevant situations that fit some description and are disjoint from one another». Nous y reviendrons dans la conclusion du chapitre.

Toutefois, Ogihara ne s'attarde pas sur la justification de cette proximité temporelle – selon nous d'ordre pragmatique – ce qui pose quelques problèmes. Formellement, sa solution n'implique nullement les propriétés de fonctionnalité et d'injectivité attendues dans l'interprétation «naturelle»: il peut y avoir plusieurs cigarettes pour un appel et réciproquement, au sein d'une même «plage de temps»[66]. Pour rendre cette éventualité impossible il faudrait formuler des hypothèses supplémentaires de durée stipulant par exemple que ces «plages» sont d'un ordre de grandeur inférieur aux deux événements considérés.

C'est pourquoi – à la différence de l'exemple (5.4) dans lequel cette contrainte de durée est linguistiquement marquée (connecteur *à peine*) – nous préférons invoquer ici, comme pour (5.4) ou (5.11), un *scénario prototypique* du type «allumer une cigarette *juste avant* de passer un coup de fil».[67]

5.4.4 Bilan

Dans cette section, nous nous sommes attachés à décrire la composante «globale» de la relation entre CC et procès itératifs – c'est-à-dire la relation entre séries du CC et du procès. La première conclusion de notre étude est que cette relation n'est pas, en général, bijective, contrairement à ce qu'une toute première intuition (et une bonne partie de la littérature sur le sujet) pourrait faire supposer. La deuxième est que la structure informationnelle de l'énoncé – répartition des rôles de substrat et de foyer entre le CC et le procès – apporte une première information «minimale» en orientant en quelque sorte la relation. La troisième est que divers éléments interviennent alors pour apporter de nouvelles contraintes dans son interprétation.

Deux types de formalisation ont été proposés. La première (RC-1) est formulée en termes *quantificationnels* et exprime l'information minimale liée à la structure substrat-foyer tandis que la seconde (RC-2) pose en *objet explicite* cette relation[68] et, de ce fait, permet une caractérisation plus précise de ses

66 Nous renvoyons le lecteur à l'article cité, ne souhaitant pas nous appesantir plus que de raison sur cette formalisation particulière.

67 Nous reviendrons sur ces exemples, et l'interaction entre l'itération et cette notion de «scénario», au § 5.6.2.

68 En intelligence artificielle on parlera de *réification* de la relation.

différentes propriétés possibles. Reprenons ici ces deux formulations, en complétant (RC-2) selon les termes de notre étude.

Relation circonstancielle: synthèse

Un énoncé CC_{iter} + P_{iter} établit une relation $\mathfrak{R}$ entre $I_{Substrat}$ et I_{Foyer} ($\mathfrak{R} \subseteq I_{Substrat} \times I_{Foyer}$) qui possède les propriétés suivantes (RC-3):

- $\mathfrak{R}$ est une relation *totale* (et, par défaut, *croissante*);
- Des propriétés additionnelles peuvent résulter de divers mécanismes et informations, éventuellement combinés: inférences temporelles liés à la structure de série, relations pragmatiques ou encore quantification dans le CC;
- Les composantes du CC et du procès mises en relation par $\mathfrak{R}$ sont reliées par la relation circonstancielle type (orientée du substrat vers le foyer):

$$\forall I \in I_{Substrat}\ \forall J \in I_{Foyer}\ I\,\mathfrak{R}\,J \Rightarrow I\,R_t^*\,J \qquad \text{(Autrement dit: } \mathfrak{R} \subseteq R_t^*\text{)}$$

L'existence d'une telle relation est équivalente, mise à part l'expression de propriétés particulières, à:

$$\forall I \in I_{Substrat}\ \exists J \in I_{Foyer}\ I\,R_t^*\,J \qquad \text{(RC-1)}$$

Remarque

1) La formulation (RC-1) est relativement peu informative, mais intéressante pour relier, de manière en quelque sorte immédiate, les phénomènes étudiés à une théorie de la quantification. En tant que telle nous allons la reprendre dans l'étude des adverbes de fréquence, en exploitant la notion de *quantificateur généralisé.*
2) Les propriétés de la relation entre séries ne résultent donc pas uniquement de critères pragmatiques: les propriétés syntaxico-sémantiques du CC ainsi que la structure informationnelle de l'énoncé ont aussi une part déterminante.

5.5 Compléments: cas d'un procès non aoristique, relation circonstancielle subordonnée

5.5.1 Procès non aoristique

Nous avons jusqu'ici fait l'hypothèse que le procès principal est aoristique, ce qui permet d'évacuer la question de la portée du CC. Rappelons en effet la règle formulée dans SdT (§ 4.2.2):

> *La relation circonstancielle s'établit entre IC d'une part, IP ou IR de l'autre, selon des règles dites «de portée». En pratique, et sans revenir sur la justification de cette règle, la relation porte sur IP si le CC est intégré au syntagme verbal et sur IR s'il est détaché.*[69]

Clairement, si le procès est aoristique, les deux intervalles IP et IR coïncident et la règle est sans effet – d'où notre première hypothèse simplificatrice. Mais comment reprendre et préciser le calcul de la RC dans le cas itératif, lorsque le procès principal n'est pas (pas nécessairement) aoristique? Avant d'expliciter et d'illustrer ce calcul, rappelons les deux opérations suivantes du calcul relationnel.

Définition: Composition de deux relations.

Si R1 et R2 sont deux relations binaires, la composée R1 ∘ R2 est définie par:

x (R1 ∘ R2) y («x est en relation avec y par R1 ∘ R2») ssi il existe z tel que: x R1 z et z R2 y («x est en relation par R1 avec un certain z qui est lui-même en relation avec y par R2»)

Rappelons encore que nous avons noté R_A la relation aspectuelle liant les intervalles de référence et de procès type: IR_t R_A IP (§ 4.3.1). Nous procédons alors comme dans le cas restreint précédent, avec deux différences:

- Au niveau type, les règles de calcul de la RC tiennent maintenant compte du phénomène de portée; la relation R_t peut donc mettre en relation IC_t avec IR_t aussi bien que IP_t;
- La relation R_t^* entre IC_t et IP_t fait maintenant intervenir – lorsque R_t met en relation IC_t avec IR_t – la relation aspectuelle R_A. Plus précisément:

69 En ce qui concerne les règles linguistiques de calcul de la portée dans le cas itératif nous renvoyons le lecteur au chapitre 1, § 7.3.

$R_t^* = R_t \circ R_A$ si, d'après les règles de portée, R_t lie IC_t avec IR_t

$R_t^* = R_t$ dans le cas contraire.

De cette manière, R_t^* est toujours une relation de IC_t vers IP_t.

Exemple

Déroulons le calcul sur les deux énoncés suivants:

(5.14.a) Lorsque Marie rentrait du travail, ses enfants regardaient la télé.

(5.14.b) Lorsque Marie rentrait du travail, ses enfants avaient déjà fait leurs devoirs.

- *Stratification*: CC est le substrat et P le foyer.
- *Niveau type.* Dans les deux cas, le CC est détaché, donc la RC type relie IC_t et IR_t. C'est une relation de coïncidence (locution *lorsque*): IC_t CO IR_t, autrement dit: R_t = CO. Concernant l'aspect (par convention, nous orientons la relation aspectuelle de IR vers IP):
  (5.14.a) Aspect inaccompli (test: *les enfants regardaient la télé* ***depuis dix minutes***): IP_t RE IR_t (recouvrement). Donc $R_A = RE^{-1}$ et $R_t^* = R_t \circ R_A = CO \circ RE^{-1}$
  (5.14.b) Aspect accompli (temps composé): l'intervalle de référence est postérieur à l'intervalle de procès: IR_t POST IP_t. Donc R_A = POST et R_t^* = CO ∘ POST
- *Niveau itération.* Alignement: des contraintes temporelles et pragmatiques rendent la relation probablement injective et certainement fonctionnelle, mais probablement non surjective. La série du CC est donc mise en relation terme à terme, par la relation R_t^*, avec une sous-série de la série du procès. Nous obtenons la situation «factuelle», le «déroulé» de l'itération:
  (5.14.a) Chaque occurrence de *Marie rentrer du travail* est en relation de coïncidence avec un sous-intervalle d'une occurrence (unique) de *ses enfants regarder la télé.*
  (5.14.b) Chaque occurrence de *Marie rentrer du travail* est en relation de coïncidence avec un intervalle postérieur une occurrence (unique) de *ses enfants faire leurs devoir.*

  Ou, dit plus simplement, puisque $CO \circ RE^{-1} = RE^{-1}$ et CO ∘ POST = POST: en (5.14.a) chaque occurrence de *Marie rentrer du travail* est un sous-intervalle d'une occurrence de *ses enfants regarder la télé* et en (5.14.b) chaque occurrence de *Marie rentrer du travail* est postérieure à une occurrence de *ses enfants faire leurs devoir.*

Remarque

L'examen de cet exemple met – selon nous – en évidence l'avantage d'une formalisation «basée sur les intervalles» (et les séries), par rapport à une approche «basée sur les événements», plus classique dans la littérature sur l'itération: outre la disponibilité d'une riche ontologie de relations temporelles, nous avons la possibilité de combiner procédure d'alignement, calcul aspectuel et relations temporelles spécifiées par l'introducteur du CC.

5.5.2 La relation circonstancielle subordonnée

Lorsque le CC est une subordonnée temporelle, la structure temporelle associée au CC est en outre mise en relation avec celle du procès subordonné: c'est la *relation circonstancielle seconde* (ou *subordonnée* cf. § 4.2). Le principe est le même que pour la RC «première» quoique avec une mise en œuvre relativement simplifiée. L'intervalle circonstanciel ne joue en quelque sorte qu'un rôle de «relais» entre les deux procès.

Soit donc P' le procès de la subordonnée, IP'_t, IR'_t, IP'_i les divers intervalles associés: respectivement intervalle de procès type, intervalle de référence type, et intervalle (série) de procès itéré. Nous suivons le même schéma d'analyse que pour la RC «première».

Niveau type: on détermine la relation subordonnée R'_t entre IC_t d'une part, IP'_t ou IR'_t de l'autre, selon la nature de la locution subordonnante; les règles sont (modulo adaptation) celles de la SdT.

– Dans le cas d'une **subordination indirecte** (locutions *les jours où, les années où, au moment où, après le jour où* etc.) la relation circonstancielle subordonnée type prend la forme:

  IC_t ACCESS IR_t.

  Le circonstanciel porte sur IR_t et non sur IP_t comme l'indique la possibilité d'énoncer *les jours où il faisait beau*, qui laisse indéterminée la situation des bornes du procès lui-même (quand il a commencé et cessé de faire beau temps).

– Dans le cas d'une **subordination directe** (*quand, comme, tandis que, pendant que, avant que* etc.) la situation dénotée par la subordonnée sert non pas à identifier ou à caractériser la période correspondant à l'intervalle circonstanciel, mais à la définir. C'est pourquoi l'intervalle circonstanciel doit coïncider avec celui du procès exprimé par la subordonnée:

IC_t CO IP_t

Comme précédemment, dans les deux cas, on en déduit une relation $R'_t{}^*$ entre IC_t et IP'_t par composition éventuelle avec la relation aspectuelle de la subordonnée.

Niveau de l'itération: une relation d'alignement $\Re'$ relie les séries IC_i et IP'_i, comme $\Re$ reliait IC_i et IP_i. De nouveau il semble que nous devons distinguer les deux types de locutions.

- Dans le cas d'une subordination **directe**, pour les même raisons que plus haut (intervalle circonstanciel défini par le procès subordonné) cette relation est tout simplement une bijection (correspondance terme à terme).
- Par contre, avec une subordination **indirecte**, le nom de temps introduisant lui-même une certaine série de périodes, la relation semble pouvoir varier. Par exemple dans l*es jours où il faisait beau*, rien n'empêche qu'une certaine occurrence de la série des «beaux temps» couvre plusieurs jours. Ainsi dans:

(5.15) Les jours où il faisait beau, Jean allait à la plage.

Nous aurions à la fois une correspondance de type «extraction» (plus précisément: totale mais non nécessairement surjective) entre IC_i et IP_i (l'activité plagiste de Jean); et une relation qui resterait à préciser, mais qui n'est pas nécessairement de concordance terme à terme entre IC_i (= «les jours») et la suite des périodes de beau temps. Nous ne nous engagerons pas plus avant dans cette discussion, qui ne semble pas devoir conduire à des aménagements dans les principes de notre analyse.

Les composantes du CC et du procès subordonné mises en relation par $\Re'$ sont reliées par la relation circonstancielle seconde type:

$$\forall I \in IC_i\ \forall J \in IP'_i\quad I\ \Re\ J \Rightarrow I\ R'_t{}^*\ J$$

5.6 Discussion

Nous discuterons ici deux objections qui peuvent être soulevées à l'encontre de notre modèle, dans certaines configurations.

5.6.1 «Procès stricts»

Une première objection pourrait être la suivante, résultant de ce que l'on pourrait appeler une interprétation *stricte* des procès. Reprenons l'exemple:

(5.3.a) Le lundi, Jean allait à la piscine

dans lequel *Le lundi* est le substrat et *Jean allait à la piscine* le foyer. Nous avons insisté sur le fait que la relation entre la série du CC et la série du procès n'est pas nécessairement surjective: le procès auquel réfère le texte est susceptible de se dérouler *d'autres jours* que les lundis. Or, on pourrait aussi considérer que c'est *une série particulière* de séances de natation, ayant pour particularité de se dérouler le lundi, qui est montrée. Jean peut aller à la piscine quand bon lui semble, l'énoncé n'a pas vocation à évoquer toute sa pratique natatoire, mais seulement une certaine série d'occurrences de cette activité. En quelque sorte, c'est l'expression linguistique qui «crée» l'itération, elle ne fait pas référence à un événement itéré «pré-existant». Dans cette interprétation stricte la relation $\mathfrak{R}$ est par définition surjective, ce qui peut relativiser la pertinence de l'analyse stratificationnelle.

Il y aurait là matière à une discussion théorique de fond sur les rapports entre «expression» et «réalité», entre «procès» (linguistique) et «événement» (réel) dans laquelle nous ne nous engagerons pas. En réponse à l'argument nous avancerons toutefois trois réflexions défendant la pertinence de nos thèses:

Primo, en (5.3.a) il y a bien *compatibilité* avec une série d'événements *Jean aller à la piscine* se situant en dehors des lundis, mise en évidence dans:

(5.16.a) Le lundi, Jean allait à la piscine. Il y allait aussi le mardi.

en contraste avec:

(5.16.b) ?(A cette époque) Jean allait à la piscine le lundi. Il y allait aussi le mardi.

où la proposition ajoutée conduit à une réévaluation de l'énoncé initial *a posteriori*; l'enchaînement serait plus aisé avec: *en fait, il y allait aussi parfois le mardi.* Si l'on opte pour une interprétation *stricte*, encore faudra-t-il rendre compte de cette compatibilité. Dans (5.16.a) on est bien enclin à considérer une interprétation référentielle, dans laquelle l'énoncé évoque une «réalité» préexistante à son observation.

Secundo, dans (5.16.b) il paraît clair que tous les lundis ne sont pas nécessairement affectés: la relation n'est *a priori* pas surjective. Notre thèse a ici une application qui semble indiscutable.

Tertio, la question des autres propriétés de la relation $\Re$ demeurerait entière, par exemple celle de l'injectivité dans (5.16.a).

Nous en resterons donc à la formalisation proposée: suivre l'objection ne ferait finalement que la sur-contraindre de manière arbitraire.

5.6.2 «Lois générales»

Dans toute notre étude nous présupposons avoir affaire à un énoncé itératif, dont nous étudions le rapport avec un circonstanciel. Il doit être clair que nous ne prétendons pas ainsi couvrir tous les cas de «quantification verbale». Soit l'énoncé suivant:

(5.17.a) Avant de faire une partie de tennis, Jean fait toujours un petit footing autour du cours.

On peut discuter l'appréhension comme itération des deux procès «faire une partie de tennis» et «faire un footing», et en particulier de «l'autonomie» du second par rapport au premier. Une autre interprétation serait la formulation d'une «loi générale» relative à un scénario complexe «partie de tennis» sans évocation d'occurrences (ou de séries d'occurrences) particulières. Cette interprétation peut donner lieu à une formalisation en termes de quantification selon le principe présenté en introduction[70]:

$$\forall e_1 \text{ 'jean jouer au tennis'}(e_1) \Rightarrow \exists e_2 \, (e_2 < e_1 \wedge \text{ 'jean fait un petit footing'}(e_1))$$

Cette interprétation peut toutefois elle-même être questionnée. En effet un procès itératif peut figurer dans le contexte gauche, et devient alors substrat de l'énoncé.

70 Formalisation qui demanderait à être précisée pour tenir compte du rapport de consécution immédiate entre les deux événements.

(5.17.b) *(1)* Chaque lundi, Jean faisait une partie de tennis. *(2)* Avant de jouer, il faisait toujours un petit footing autour du cours.

Alors qu'un autre contexte, et le passage au temps présent, peut faire basculer (5.17.a) vers l'expression d'une une «loi générale»:

(5.17.c) *(1)* Jean est un sportif qui fait très attention à ménager son corps. *(2)* Par exemple avant de faire une partie de tennis, il fait toujours un petit footing autour du cours, et des étirements après.

Le passage d'une interprétation à une autre peut être assez subtil. Ainsi, dans notre exemple précédent (5.4) l'ajout de «Chaque matin» assurerait la présence claire d'une itération:

(5.4) (A cette époque Marie attendait une lettre de Jean). A peine le facteur avait-il sonné que Marie ouvrait la porte

(5.4)' (A cette époque Marie attendait une lettre de Jean). Chaque matin, à peine le facteur avait-il sonné que Marie ouvrait la porte.

Une interprétation de ces glissements de sens peut être formulée en termes de saillance, composante rappelons-le selon nous de la visée aspectuelle (§ 4.3.1): les deux facettes d'un procès itératif – modèle et succession des itérés – peuvent être mises en avant ou non, rendues saillantes ou non. En (5.17.b)(1) la saillance est clairement sur l'itération, du fait du CC calendaire «chaque lundi». En (2) elle est globalement sur le type pour le CC mais de nouveau sur l'itération (ou «mixte»?) pour le procès principal, du fait du contexte et de l'adverbe *toujours*. De même dans:

(5.17.d) (1) Chaque lundi, Jean faisait une partie de tennis. (2) Avant de jouer, il faisait souvent un petit footing autour du cours.

souvent impliquant une prise en compte de la globalité de la série des itérations (cf. section 6) renforce la saillance sur le procès «global». Un contexte droit semble pouvoir *a posteriori* jouer sur le procès dans le même sens (ici: *parfois*):

(5.17.e) (1) Avant de faire une partie de tennis, Jean faisait un petit footing autour du cours. (2) Parfois, il prenait presque un quart d'heure, ce qui exaspérait son partenaire.

Pour prendre un exemple attesté, considérons:

(5.18) A des époques indéterminées, Mme Aubain recevait la visite du marquis de Gremanville, un de ses oncles, ruiné par la crapule et qui vivait à Falaise sur le

> dernier lopin de ses terres. Il se présentait toujours à l'heure du déjeuner, avec un affreux caniche dont les pattes salissaient tous les meubles. (G. Flaubert, *Un cœur simple*)

Sans l'adverbe *toujours*, la deuxième phrase apparaît plutôt comme une élaboration du procès type de la première. Sa présence tire vers une lecture proprement itérative.

Un second élément de réponse est, en reprenant le terme de Yann Mathet (chapitre 2) de dire que notre modèle est d'inspiration «extensionnelle», c'est-à-dire met par nature l'accent sur la série «effective» des itérés. Et que cette série est effectivement toujours disponible potentiellement. Il y a donc un biais du modèle, qu'il convient certainement de bien identifier, mais qui n'est qu'un biais, un prisme de lecture, non un travestissement de la réalité linguistique. Quoi qu'il en soit, il convient de noter qu'un complément d'étude serait ici nécessaire.

5.7 CC unitaires: calcul de la relation circonstancielle $CC_{unit} + P_{iter}$

Nous considérons pour finir la situation dans laquelle un procès itératif est contraint par un CC décrivant une période «unique» – et non comme précédemment une succession de telles périodes – que nous appellerons ici *CC unitaire*. Un CC unitaire réfère donc à un intervalle convexe. Nous devrons distinguer le cas où ce CC intervient seul du cas où il accompagne un CC itératif, comme évoqué précédemment.

5.7.1 Configuration simple $CC_{unit} + P_{iter}$

Notre hypothèse est que, dans cette configuration, le CC active un point de vue *global* sur le procès: il ne contraint ni le procès type, ni ses occurrences prises individuellement – comme dans la situation $CC_{iter} + P_{iter}$ examinée précédemment – mais *la période globale* couverte par l'itération.

Rappelons que cette période peut être définie formellement comme *l'enveloppe convexe* de la série du procès itéré IP_i[71], c'est à dire le plus petit intervalle (convexe) englobant IP_i. Cet intervalle est noté $[IP_i]$. Rappelons

71 Formellement: *convexify(IP_i)*, cf. § 2.2.2 et §4.3.1.

également que nous disposons de *l'intervalle de référence de l'itération* noté IR_i. La visée aspectuelle globale sur le procès itéré est caractérisée par une relation entre IR_i et $[IP_i]$. La figure 5.1 illustre ces différentes notions.

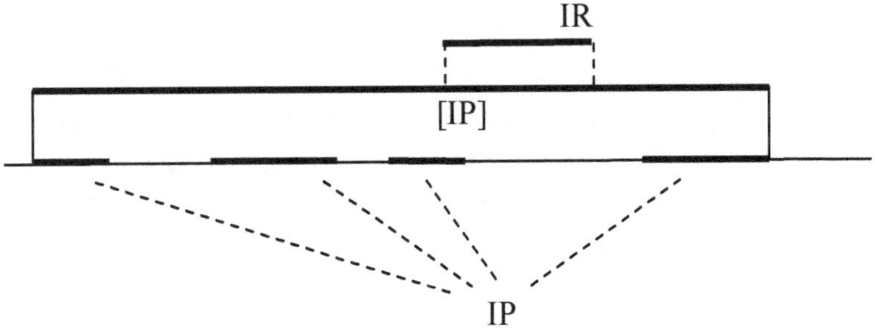

Figure 5.1. Relations aspectuelles sur le procès global

La relation circonstancielle se définit alors comme une relation entre l'intervalle circonstanciel IC et l'un des deux intervalles IR_i ou $[IP_i]$. Comme précédemment, elle dépend à la fois du phénomène de portée (pour le choix de l'intervalle) et de la locution introductrice du CC (pour la nature temporelle de la relation). La situation est donc très proche du cas semelfactif, le procès itéré étant considéré en quelque sorte comme une entité unique, délimitée par son amplitude temporelle globale.

Exemple

(5.19.a) Après sa maladie, Jean est allé régulièrement à la piscine

(5.19.b) La cigale chanta tout l'été

(5.19.c) Jean allait régulièrement à la piscine quand il rencontra Paul qui lui proposa de plutôt faire du tennis avec lui.

En (a) l'aspect global est aoristique (IR_i coïncide avec $[IP_i]$) et IC est en relation d'antériorité avec IRi (CC détaché), soit: IC ANT IR_i CO $[IP_i]$. En (b) l'aspect de *la cigale chanta* est aoristique; la RC relie IC et $[IP_i]$ par une relation de coïncidence: IC CO $[IP_i]$ CO IR_i. En (c) l'aspect de la principale est inaccompli et la relation se fait entre IC (ponctuel) et l'intervalle de référence IR_i (cas particulier de la locution *quand*): IC co IR_i RE^{-1} $[IP_i]$.

5.7.2 Configuration mixte CC_{unit} + CC_{iter} + P_{iter}

Nous conclurons donc par un examen rapide de la configuration dans laquelle les deux types de CC sont présents. Exemples:

(5.20.a) L'an dernier, Jean allait à la piscine le lundi

(5.20.b) L'an dernier, le lundi, Jean allait à la piscine.

La question est de savoir comment opère la combinaison des contraintes temporelles des deux types de CC. Notre hypothèse est que:

- nous devons à nouveau prendre en compte la dynamique de l'énoncé dans son contexte – c'est-à-dire pour nous ici son organisation en *substrat* et *foyer* – en tant qu'elle détermine la relation entre CC et procès;
- le CC unitaire intervient comme contrainte supplémentaire pour restreindre substrat.

Pour le reste, le calcul de la (double) RC fonctionne comme précédemment, dans la configuration CC_{iter} + P_{iter}.

Plus précisément: nous conservons les entités temporelles associées aux séries du procès et du circonstanciel itératif, à la fois au niveau *type* (IC_t, IP_t, IR_t) et *itération* (IP_i, IC_i). Les entités «type» sont de simples variables servant à spécifier la relation entre séries et ne concernent que le CC itératif: la relation circonstancielle *type* n'est donc pas affectée par le CC unitaire. Au niveau *itéré* la relation (RC-1) devient maintenant:

(RC-4) $\forall I \in I_{Substrat}/[[CC_{unit}]] \ \exists J \in I_{Foyer} \quad I \ R_t^* \ J$

où:

- $[[CC_{unit}]]$ est la sémantique du CC unitaire (c'est-à-dire l'intervalle convexe qu'il dénote, cf. section 3);
- / désigne l'opération de restriction de série par un intervalle: S / J est constituée de toutes les composantes de S inclues dans J[72].

Appliquons ce calcul aux deux exemples ci-dessus.

(5.20.a) Le procès *Jean allait à la piscine* constitue le substrat, le CC *le lundi* est le foyer. (RC-4) peut donc s'écrire:

72 Cas particulier de la restriction par une série, celle-ci étant ici dégénérée. Cf. § 2.1 et 2.3.1.

$\forall I \in I_{\text{Jean aller à la piscine}}$ / [[l'an dernier]] $\exists J \in I_{\text{le lundi}}$ $\quad$ I RE^{-1} J

Soit: toute occurrence de *Jean aller à la piscine* situées l'an dernier, était incluse dans un lundi.

(5.20.b) Relation substrat/foyer inversée. On aura donc:

$\forall I \in I_{\text{le lundi}}$ / [[l'an dernier]] $\exists J \in I_{\text{Jean aller à la piscine}}$ $\quad$ I RE J

Soit: tout lundi de l'an dernier, contenait une occurrence de *Jean aller à la piscine.*

Remarques

1) En réalité, un énoncé itératif «pur» (sans CC unitaire) est déjà tributaire d'une contrainte temporelle globale donnée par le contexte (contexte d'énonciation ou cotexte gauche) en fonction d'une règle très générale selon laquelle tout énoncé est situé temporellement. Nous avions déjà évoqué, pour l'interprétation des expressions temporelles itératives la notion de cadre, point de départ du calcul sémantique (§ 3.3). Il s'agirait donc en fait de généraliser cette notion, et d'étudier la dynamique de l'ajout de telles contraintes au fil du texte.
2) Ce paragraphe ne couvre à l'évidence pas l'ensemble des configurations «mixtes» envisageables. Notre conviction est que les principes ici énoncés devraient permettre d'en traiter, sinon l'intégralité, du moins une grande variété. Mais ce postulat resterait à valider.

6. Sémantique des adverbes itératifs

6.1 Principes de l'analyse

Un certain nombre d'adverbes (ou expressions adverbiales) apportent une information quantitative sur la fréquence d'un procès itératif. Cette information peut être qualitative («souvent, parfois, habituellement…») ou numérique («deux fois, à trois reprises…»). C'est cette classe d'expressions que nous nous proposons d'étudier ici sous la dénomination commune *d'adverbes itératifs*[73].

Quelle est la *fonction sémantique* de ces adverbes? En premier lieu, ils ont un rôle *d'introducteur d'itération* comme il ressort des exemples suivants:

(6.1.a) L'été dernier je suis allé voir ma grand-mère

(6.1.b) L'été dernier je suis allé souvent / régulièrement / trois fois / plusieurs fois ... / voir ma grand-mère

(6.1.c) Le lundi, Jean va souvent voir sa grand-mère

(6.1.d) Pendant vingt ans, Jean a joué [régulièrement] du piano.

L'adverbe peut être seul responsable de l'interprétation itérative, comme le montre le contraste (6.1.a-b). Il peut aussi se combiner à une autre marque, par exemple un CC itératif (6.1.c), ou compléter un phénomène de conflit (6.1.d) avec un rôle de renforcement de la lecture itérative. Nous ne nous intéresserons pas ici à cette fonctionnalité, renvoyant au chapitre 1, §5, pour une étude plus précise, et supposerons que, d'une manière ou d'une autre, grâce à une certaine configuration d'indices «sources de l'itération» la nature itérative du procès a été détectée.

La seconde fonction des adverbes itératifs est alors d'apporter une information sur ce que nous pourrons appeler la *distribution fréquentielle* de l'itération. Comme nous allons le voir, cette information peut être attachée au procès lui-même ou modifier sa relation avec un CC ou autre constituant du prédicat. A la différence des circonstanciels de localisation temporelle étudiés précédemment, les adverbes itératifs ne créent donc pas par eux-mêmes d'intervalle circonstanciel, mais apportent une information complémentaire sur les intervalles et séries déjà existants et leurs interrelations.

73 Notre terminologie reprend donc pour l'essentiel celle adoptée au chapitre 1, § 5.1, dans laquelle les expressions considérées sont également qualifiées dans leur ensemble comme *adverbiaux aspectuels*. Les deux classes *fréquentatifs* et *numéraux* (ou *répétitifs*) sont en correspondance avec notre dichotomie entre quantification *qualitative* et *numérique*. La troisième classe (adverbiaux *présuppositionnels*) est ici omise, ne portant pas d'information fréquentielle. Notons également que nous ne considérons ces adverbes que dans leur usage temporel, laissant de côté un rôle quantificateur plus général comme dans le classique *Les alsaciens sont souvent des buveurs de bière.*

Nonobstant leur fonction d'introducteur de l'itération, ils agissent donc essentiellement comme *modifieurs*[74].

Leur fonctionnement précis est étroitement lié à des phénomènes de *portée* et de *structure informationnelle*, que nous appréhenderons comme précédemment en termes de stratification énonciative. Nous serons ainsi amenés à distinguer deux types de configurations, dépendant de la présence, ou non, d'une *composante itérative* dans le substrat. Dans le premier cas, l'information fréquentielle va porter sur cette composante – et dans le second, sur le procès lui-même. Examinons de plus près ces deux configurations, en commençant par la seconde.

(1) Le substrat ne contient pas de composante itérative (configuration autonome)[75]

Une configuration «canonique» est celle d'un procès itératif accompagné d'un CC unitaire (c'est-à-dire définissant un intervalle circonstanciel convexe) comme dans:

(6.2.a) L'été dernier nous nous sommes baignés très souvent [rarement / régulièrement / quelques fois/ au plus cinq fois/….].

Nous pourrons noter $CC_{unit} + A_{iter} + P_{iter}$ cette configuration. Ici, la seule structure itérative disponible est le procès lui-même, et c'est donc sur lui que porte l'indication de fréquence communiquée par l'adverbe; autrement dit, c'est sur lui que l'adverbe opère comme *modifieur*. Nous appellerons cette configuration *autonome* pour indiquer l'absence d'autre entité itérative dans l'énoncé.

Quelle est la nature de cette modification? Elle porte sur ce que nous appellerons la *distribution fréquentielle* du procès dans l'intervalle défini par le CC, notion recouvrant potentiellement tout un ensemble de propriétés: nombre plus ou moins grand d'occurrences du procès type, régularité de ces occurrences, distance séparant deux occurrences consécutives etc. Au cœur de la formalisation, on trouvera donc une spécification de la relation d'inclusion de l'intervalle de procès de l'itération (IP_i) dans l'intervalle circonstanciel IC, paramétrée selon l'adverbe considéré. Ce que nous noterons:

74 Telle est d'ailleurs la raison du qualificatif *aspectuel* proposé par Laurent Gosselin.

75 La dualité «autonome / non autonome» semble assez proche de l'opposition «relationnel / non relationnel» de Abeillé *et al.* (2004).

$IP_i \subseteq_A IC$

avec une relation $\subseteq_A$ entre une série S et un intervalle convexe I:

$S \subseteq_A I$

«S est incluse dans I selon une distribution fréquentielle indiquée par A»

Soit, sur l'exemple:

La série des occurrences de *se baigner* $\subseteq_A$ L'intervalle *l'été dernier* (avec A = souvent/ rarement/régulièrement...)

Pour chaque adverbe A, la relation $\subseteq_A$ sera définie en termes de nombre, de régularité des occurrences, de distance entre occurrences consécutives, etc.

(2) Le substrat contient une composante itérative (configuration non autonome)

Une première configuration typique sera ici celle d'un procès itératif accompagné d'un CC lui-même itératif, soit: $CC_{iter} + A_{iter} + P_{iter}$, comme dans:

(6.2.b) Le lundi, Jean allait souvent [rarement / régulièrement / trois fois sur quatre...] voir sa grand-mère.

Le sens de cet énoncé est clairement que, à l'époque considérée, Jean rendait visite à sa grand-mère *certains* lundis[76]: pas *tous* les lundis, mais *certains* d'entre eux, selon une certaine *périodicité [fréquente ou non / régulière / par périodes de trois lundis sur quatre...]*. La fonction de l'adverbe est donc d'opérer une *sélection* parmi les lundis. Pour poursuivre la présentation qui précède, on parlera de distribution fréquentielle au sein de l'intervalle défini par le CC, mais ce dernier est maintenant un intervalle *non convexe* (une *série*).

Cette configuration doit être étendue au cas où le substrat est en quelque sorte anaphorique:

(6.2.c) Le lundi, Jean allait à la piscine. Parfois, il allait aussi courir au stade.

Ce type de situation semble très fréquent en corpus, une phrase possédant un adverbe itératif venant en quelque sorte préciser une itération précédemment introduite[77], comme dans:

76 Et éventuellement d'autres jours, conformément aux analyses de la section 5.

77 C'est la notion de *sélection* de Yann Mathet (chapitre 2).

(6.2.d) L'après-midi, on s'en allait avec l'âne au-delà des Roches-Noires, du côté d'Hennequeville. [...] Presque toujours on se reposait dans un pré, ayant Deauville à gauche, Le Havre à droite et en face la pleine mer. (G. Flaubert, *Un cœur simple*)

Formellement, on est conduit à introduire *une famille de relations d'extraction de série*, précisant ou quantifiant en quelque sorte la relation < [78]:

$S <_A S'$

«S est une série extraite de S' avec une fréquence (une régularité, etc.) spécifiée par l'adverbe A»

La sémantique temporelle de (6.2.b) peut alors se formuler:

(6.2.b)' Les lundis où Jean allait voir sa grand-mère constituent une sous-série fréquente [rare / occasionnelle / dans un ratio de trois sur quatre...] de tous les lundis.

Avec une pré-formalisation qui sera, en notant LUNDI la série des lundis, et comme toujours I ∈ S si I est une composante de la série S:

(6.2.b)" {I / I ∈ LUNDI & I contient une composante de la série du procès *Jean aller voir sa grand-mère*} $<_A$ LUNDI

Cette analyse ouvre la porte à une formalisation en termes de *quantificateurs généralisés (QG)*. Rappelons-en sommairement le principe et l'usage «classique» dans l'étude de la détermination nominale. Soit l'énoncé:

La plupart des [beaucoup de / peu de / certains] étudiants sont célibataires.

L'analyse en termes de QG paraphrase cet énoncé par:

L'ensemble des <u>étudiants</u> qui sont <u>célibataires</u> constitue une proportion majoritaire [importante/faible...] de l'ensemble des <u>étudiants.</u>

que l'on formalisera à l'aide d'un quantificateur généralisé:

Q [Etudiant] [Célibataire] avec Q = BEAUCOUP / PEU / CERTAIN...:

On voit immédiatement le lien avec la reformulation de (6.2.b) *supra* en:

(6.2.b)' Les lundis où Jean allait voir sa grand-mère constituent une sous-série fréquente [rare / occasionnelle / dans un ratio de trois sur quatre...] de tous les lundis

78 Cf. section 2, § 2.1 et 2.3.1. Rappelons que S_1 est extraite de S_2 ($S_1 < S_2$) si S_1 est constitué d'un sous-ensemble de composantes de S_2.

la question étant de préciser la nature des «quantificateurs» à mettre en œuvre dans ces contextes particuliers. Le même principe peut s'appliquer à des situations où l'adverbe ne modifie pas la relation circonstancielle, mais la relation avec un constituant du procès (complément du verbe), comme dans:

(6.2.f) Jean allait souvent [rarement, quelquefois, trois fois sur quatre…] à la piscine avec Marie. (Et parfois avec Albertine)

qui peut se paraphraser:

(6.2.f)' Les fois où Jean allait à la piscine en compagnie de Marie constituent une sous-série fréquente [rare / occasionnelle / dans un ratio de trois sur quatre…] de toutes les fois où Jean allait à la piscine.

Ces différentes configurations (et quelques autres) seront traitées de manière parfaitement homogène dans les développements qui suivent. Les adverbes de fréquence vont se traduire par ce que nous pourrons appeler une «quantification généralisée temporelle», dans laquelle la famille de relations $<_A$ interviendra de manière essentielle[79]: il s'agira en effet de remplacer les critères purement ensemblistes (majorité, minorité, petit ou grand nombre…) par une relation mettant en jeu la structure proprement temporelle des composants de la phrase (formalisée en termes de séries d'intervalles) et une notion de *distribution fréquentielle* plus fine, intégrant des mesures de régularité, d'espace entre les occurrences, etc. Par ailleurs, la «traduction» en termes de QG devra ici faire intervenir la structure informationnelle de l'énoncé – là où la structure syntaxique suffit dans le cas des déterminants.

Nous allons maintenant nous attacher à préciser et formaliser plus avant ces analyses. Nous nous concentrerons d'abord en quelque sorte sur l'aspect «phrastique» de l'affaire, c'est-à-dire sur *la mise en relation* des constituants du procès itératif, sans nous préoccuper de la description des relations $\subseteq_A$ et $<_A$ elles-mêmes. Nous commencerons par les configurations non autonomes de type (6.2.b), dans laquelle l'adverbe vient en fait modifier et préciser la relation circonstancielle: ce cas nous permettra de mettre en place un cadre formel et en particulier de proposer une formalisation en

79 La formalisation en termes de QG n'est pertinente que pour les configurations à substrat *itératif*. Cf. infra, §6.3.2, remarque.

termes de quantificateurs généralisés. Nous examinerons ensuite les situations, telle (6.2.f), dans lesquelles le foyer est un autre type de constituant de la phrase. Nous poursuivrons avec l'examen des configurations autonomes et terminerons par la caractérisation mathématique des relations $\subseteq_A$ et $<_A$.

Remarques

1. Notons que la problématique proposée ici pour les adverbes itératifs est en cohérence avec notre étude de la relation circonstancielle dans la section 5: nous retrouvons bien, comme cas particuliers, les deux types de circonstanciels, unitaires et itératifs; et la structure informationnelle de l'énoncé demeure au centre de la formalisation.
2. La dichotomie proposée ici – entre configurations autonomes ou non – n'est certes pas sans écho dans la littérature. On pourra noter ainsi une certaine correspondance avec les analyses de Kleiber (1987) lorsqu'il introduit la notion d'occasion restreinte et pose la question du domaine de quantification. Un peu plus proche est la dualité proposée par S. Vogeleer (2007), dans un héritage revendiqué de Kleiber, entre phrases habituelles quantificationnelles et non quantificationnelles.

   L'analyse proposée ici en termes de propriétés du substrat – présence ou non d'une structure itérative – présente cependant, pensons-nous, au moins deux avantages:

   - elle met l'accent sur la structure informationnelle de l'énoncé itératif, en accord avec l'observation faite par de nombreux auteurs, comme le souligne S. Vogeleer (*op. cit.* note 6): «Il est généralement admis qu'un quantificateur adverbial quantifie sur une présupposition», que celle-ci soit exprimée en termes de «présupposition sémantique», de «topique de discours» ou encore de «sémantique du focus»[80].
   - de ce fait, elle subsume une assez grande variété de structures phrastiques particulières, qu'il s'agisse des situations obtenues en inversant les rôles du substrat et du foyer dans (6.2.b):

     (6.2.e) Jean allait souvent [rarement / trois fois sur quatre…] voir sa grand-mère le lundi. (Et parfois [plus souvent / le reste du temps…] le jeudi.)

     où de celles dans lesquelles la focalisation porte sur un constituant du procès (complément du verbe), comme en (6.2.f).

80 Voir également de Swart (1995), Fintel (1996/2004), Rimell (2005).

3. Notre proposition s'intègre donc d'une certaine manière dans la tradition qui voit dans les adverbes de fréquence des opérateurs de quantification, mais avec plusieurs spécificités:
   - nous pensons qu'un tel cadre formel n'est valide que dans les configurations non autonomes;
   - notre point de vue est résolument temporel: le domaine de quantification est constitué d'intervalles et non de «situations» ou «événements»;
   - ce qui va nous permettre de donner une sémantique formelle très précise à «nos» quantificateurs;
   - en postulant l'existence de séries, associées aux procès itératifs, nous conservons l'idée d'un point de vue «global» (ou «unitaire»), conformément aux principes rappelés en section 1.

6.2 Cas d'un substrat à composante itérative

Nous commencerons par considérer les situations où l'adverbe de fréquence modifie la relation circonstancielle. Autrement dit, il s'agit d'étudier les configurations comprenant un procès et un CC, tous deux itératifs, accompagnés d'un adverbe itératif: $CC_{iter} + A_{iter} + P_{iter}$. Le substrat peut être le CC comme dans (6.2.b), ou le procès comme dans (6.2.e). Poursuivant une remarque ci-dessus, nous considérerons que le CC peut être syntaxiquement lié à la phrase, ou anaphorique comme en (6.2.c). Nous considérerons ensuite la situation où l'adverbe «modifie» une relation interne au procès comme en (6.2.f).

Notre formalisation repose sur la notion de quantificateur généralisé, dont nous commencerons par rappeler rapidement le principe[81].

6.2.1 Quantificateurs généralisés

Considérons la famille d'énoncés suivants:

(6.3.a) Tous les étudiants sont célibataires

81 Pour plus de détails, voir par exemple Barwise & Cooper (1981), Kamp & Reyle (1993, chapitre 4), Keenan (1996).

(6.3.b) La plupart des étudiants sont célibataires

(6.3.c) Peu d'étudiants sont célibataires

(6.3.d) Aucun étudiant n'est célibataire.

En notant A pour «être étudiant» et B pour «être célibataire», on peut les rassembler sous un «patron» unique:

(R1) Q (A) (B)

Q désignant un des déterminants «tous les», «la plupart de», «peu de», «aucun». Cette formulation est caractéristique de «déterminants de quantification» et subsume une grande variété d'énoncés, par exemple (Kamp & Reyle 1993: 310):

(6.4) Suzanne a trouvé tous les livres que Paul cherchait

avec «être un livre que Paul cherche» pour A et «être trouvé par Suzanne» pour B.

Comment décrire formellement la sémantique de ces quantificateurs? Revenant aux exemples (6.3) nous pouvons dire que «des étudiants célibataires» forment une certaine proportion de «l'ensemble de tous les étudiants». Soit, notant comme il est d'usage de la même manière un prédicat et son extension (ensemble des entités qui le satisfont), $\cap$ désignant l'intersection de deux ensembles, et $||E||$ le cardinal (nombre d'éléments) de l'ensemble E:

(R2) $||A \cap B|| / ||A|| \in [a,b]$ ou $[a,b]$ est un intervalle inclus dans $[0,1]$ caractéristique de Q

Par exemple: pour Q = «Tous», $||A \cap B|| / ||A|| \in [1,1]$ (donc égal à 1); pour Q= «la plupart», $||A \cap B|| / ||A|| \in [1/2,1]$; etc.

Nous proposerons ici une reformulation quelque peu généralisante. Ecrivons:

(R3) $E \subseteq_Q F$ pour: E est sous ensemble de F, la relation d'inclusion possédant une certaine propriété associée à Q.

Nous pouvons alors écrire, comme sémantique de (R1):

(R4) $A \cap B \subseteq_Q A$

avec, pour les exemples traités:

(R5) $E \subseteq_Q F$ si $||E|| / ||F|| \in [a,b]$

où [a,b] est un intervalle inclus dans [0,1] caractéristique de Q

Mais la notation permet de capter d'autres formes de quantification, par exemple (Keenan 1996):

(6.5) Les dix enfants (A) sont endormis (B)

se formalisera par:

$A \cap B \subseteq_{\text{les dix}} A$

avec:

$E \subseteq_{\text{les N}} F \quad \text{si } ||F|| = N \text{ et } E = F.$

C'est cette analyse que nous allons transposer pour traiter de la quantification par les adverbes de fréquence. En particulier l'analogue de la relation $\subseteq_Q$ sera une relation entre séries, tenant compte de leur nature séquentielle, et non une relation entre ensembles «amorphes».

6.2.2 Les adverbes itératifs comme modificateurs de la relation circonstancielle: formalisation

Première tentative

Rappelons les principes de notre formalisation de la relation circonstancielle (RC) itérative (section 5.3), en l'absence de quantificateur adverbial. Deux facettes doivent être prises en compte:

Au niveau «type». Une relation R_t est établie entre l'intervalle circonstanciel type IC_t et l'intervalle de procès IP_t, en fonction de la sémantique de la locution prépositionnelle (*avant*, *pendant*, *après*, *dès que*…)[82]. Cette facette reste inchangée en présence d'un adverbe de fréquence, puisque précisément elle se situe au niveau «type» et n'impacte donc aucunement la distribution fréquentielle de l'itération.

Au niveau «itération». Une relation est établie entre l'intervalle circonstanciel itéré IC_i et l'intervalle de procès itéré IP_i. Cette relation est spécifiée par la relation (RC-1) en tenant compte de la stratification énonciative de l'énoncé:

82 Dans le cas d'un procès type aoristique, auquel nous nous tiendrons ici par souci de simplification. Dans le cas général, il faut prendre en compte la relation aspectuelle (§ 5.5.1).

(RC-1) $\forall I \in I_{Substrat} \exists J \in I_{Foyer}\ I\ R_t^*\ J$

où $I_{Substrat}$ désigne la série du substrat et I_{Foyer} la série foyer (l'un sera donc IC_i et l'autre IP_i), R_t^* étant égale à la relation R_t, éventuellement réorientée pour partir du substrat vers le foyer. C'est ici que les occurrences du procès sont temporellement situées – relativement au CC – et c'est donc cette relation de séries qui va être affectée par la présence d'un adverbe.

Soit donc maintenant un énoncé intégrant un adverbe itératif, tel que

(6.2.b) Le lundi, Jean allait souvent [rarement / régulièrement / trois fois sur quatre…] voir sa grand-mère.

En l'absence d'adverbe, le CC «le lundi» constituant ici le substrat, et le procès «Jean aller voir sa grand-mère» le foyer, nous aurions, en application de (RC-1):

(P1) $\forall I \in IC_i \exists J \in IP_i \quad I \text{ RE } J$ [83]

Avec un adverbe, c'est une certaine *sélection* des lundis – autrement dit une sous-série de IC_i. – qui accueille une occurrence du procès itéré: tout intervalle d'une certaine *sous-série* [fréquente, rare, régulière, dans un ratio de 3 sur 4…] de IC_i contient une occurrence de IP_i.

De même, si les rôles de substrat et de foyer étaient inversés, comme dans:

(6.2.c) Jean allait souvent [rarement / trois fois sur quatre…] voir sa grand-mère le lundi.

Sans adverbe, on aurait:

(P2) $\forall I \in IP_i \exists J \in IC_i \quad J \text{ RE } I$

et, avec adverbe, c'est en fait une *sélection* de IP_i qui doit faire l'objet de la quantification universelle. On remarque que, comme attendu, dans les deux cas la sélection opère sur la série du substrat, si bien que, en présence d'un adverbe **A**, nous pouvons proposer une *première reformulation* de (RC-1):

(RC-Adv-1) $\exists S\ S <_{\mathsf{A}} I_{Substrat}\ \&\ \forall I \in S \exists J \in I_{Foyer} \quad I\ R_t^*\ J$

où $<_{\mathsf{A}}$ est la relation introduite dans l'introduction et $S <_{\mathsf{A}} I_{Substrat}$ exprime que S constitue une certaine sélection de la série substrat, dépendant de l'adverbe **A**.

83 Rappelons que I RE J se lit I *recouvre* J (§ 4.2.1).

La relation $<_A$: aperçu

Attardons nous quelque peu sur cette relation. $<_A$ est une restriction (par surspécification) de la relation d'extraction «simple» $<$. Elle est définie par des critères de fréquence et de régularité. Par exemple (S et T sont deux séries):

$S <_{souvent} T$ ssi $S < T$ et S est constituée d'un ensemble de composantes de T distribuées de manière fréquente et assez régulière.

$S <_{rarement} T$ ssi $S < T$ et S est constituée d'un ensemble de composantes de T peu fréquente mais non dépourvue de régularité.

$S <_{parfois} T$ ssi $S < T$ et S est constituée d'un ensemble de composantes de T peu fréquente et sans contrainte de régularité.

$S <_{n\ fois\ sur\ p} T$ ssi $S < T$ et S est constituée d'un ratio n/p de composantes de T distribuées de manière très régulière.

$S <_{n\ fois} T$ ssi $S < T$ et S est constituée de n composantes de T.

Il sera également commode d'introduire un adverbe nul, pour rendre compte de manière homogène de la configuration sans adverbe.

$S <_{nul} T$ ssi $S = T$.

Ce sera l'objet de la section 6.7 de motiver et donner un contenu mathématique à ces critères.

Quantificateurs temporels généralisés

La première formulation (RC-Adv-v0) n'est pas totalement satisfaisante: la série S extraite de la série du substrat y est nettement sous-spécifiée. En particulier, on voit aisément que son assertion pour un certain adverbe A a toute chance d'impliquer sa vérité pour tout A' exprimant une fréquence moins grande: d'une sous-série fréquente de S on peut en général extraire une série plus occasionnelle. Ainsi, de (6.2.b) *Jean allait souvent voir sa grand-mère*, on pourrait déduire *qu'il y allait rarement* ou *parfois*.

En fait, ce que dit précisément (6.2.b) par exemple est que «des lundis lors desquels Jean allait voir sa grand-mère constituent une sous-série fréquente de tous les lundis». Soit, de manière générale:

$\{I \,/\, I \in IC_i \;\&\; I$ en relation R_t^* avec une occurrence de $IP_i\} <_A IC_i$

Et de même pour (6.2.c): «des visites à sa grand-mère ayant lieu un lundi sont une sous-série fréquente de toutes ses visites»:

$\{I \,/\, I \in IP_i$ & I en relation Rt* avec une occurrence de $IC_i\} <_A IP_i$

Et plus généralement:

$\{I \,/\, I \in I_{Substrat}$ & I en relation R_t* avec une occurrence de $I_{Foyer}\} <_A I_{Substrat}$

Pour formaliser plus avant ce genre de propriété, nous aurons recours à la notion *de restriction de série par une contrainte* (§ 2.3.5):

Définition: $\mathbf{Restrict_C(S)}$

Si S est une série et C une contrainte quelconque, alors $Restrict_C(S)$ (encore notée S | C) est la série des éléments de S qui satisfont la contrainte C

$Restrict_C(S) = S \mid C = \{I \in S$ tq I satisfait C$\}$

Rappelons également le principe de la λ–notation: $\lambda x.f(x)$ désigne la fonction qui à un élément x associe l'objet $f(x)$. En particulier, si $p(x)$ désigne une propriété (fonction à valeur «logique», vrai ou faux): $\lambda x.p(x)$ se lit «posséder la propriété p, parlant de x». En pratique pour nous ici, il s'agit d'une notation permettant de repérer la variable sur laquelle la propriété visée doit porter.

On pourra alors écrire de manière condensée la relation entre série de procès et série circonstancielle en présence d'un adverbe A:

(RC-Adv-2) $I_{Substrat} \mid (\lambda I.\ \exists J \in I_{Foyer}\ I\ R_t^* J) <_A I_{Substrat}$

c'est-à-dire: la restriction de la série du substrat par la propriété «être en relation par R_t* avec un composante de la série du foyer» en est une sous-série extraite selon $<_A$.

Finalement, nous sommes en mesure de proposer une formulation en termes de quantificateurs généralisés. Rappelons la forme générale (R1) d'un QG nominal (§ 6.2.1) et sa sémantique (R2):

(R1) Q (A) (B)

(R4) $A \cap B \subseteq_Q A$

où A et B désignent des propriétés «ensemblistes». Nous pouvons, de manière analogue, introduire une quantification temporelle et sa sémantique:

(R6) A (S) (P)

avec pour signification formelle:

(R7) $(S \mid P) <_{A} S$

où A est un quantificateur temporel exprimé par un adverbe de fréquence, S une série, et P une propriété portant sur des intervalles (convexes). (R6) peut se lire: «P est vraie sur la série temporelle S selon la fréquence A». Nous obtenons alors la forme suivante:

(RC-Adv-3) $A\ (I_{Substrat})\ (\lambda I.\ \exists J \in I_{Foyer}\ I\ R_t{*}J)$

Par exemple, si le CC constitue le substrat (6.2.b):

$A\ (IC_i)\ (\lambda I.\ \exists J \in IP_i\ I\ R_t{*}J)$

A sera appelé quantificateur temporel généralisé (QTG) [84].

Remarques

1. Si nous prenons pour A le quantificateur nul – c'est-à-dire dans le cas d'un énoncé sans adverbe itératif – nous obtenons:

$nul\ (I_{Substrat})\ (\lambda I.\ \exists J \in I_{Foyer}\ I\ R_t{*}J)$ équivalent à:
$I_{Substrat} \mid (\lambda I.\ \exists J \in I_{Foyer}\ I\ R_t{*}J) <_{nul} I_{Substrat}$ équivalent à:
$I_{Substrat} \mid (\lambda I.\ \exists J \in I_{Foyer}\ I\ R_t{*}J) = I_{Substrat}$ équivalent à:
$\forall I \in I_{Substrat}\ \exists\ J \in I_{Foyer}\ I\ R_t{*}\ J$

c'est-à-dire exactement la formule (RC-1) dont nous sommes partis.

2. Comme précédemment en l'absence d'adverbe itératif (§ 5.4), la propriété (RC-Adv-3), ou un de ces équivalents, établit une correspondance entre les séries du procès et du CC, notée $\mathfrak{R}$ et dite relation *d'alignement*. Nous avions alors prétendu que, contrairement peut-être à une première intuition, cette relation n'est pas bijective. Ce postulat nous paraît très clairement renforcé en présence d'un adverbe.

84 La forme obtenue rejoint donc les principes de l'analyse classique de quantification en langue, en termes de triplet quantificateur-restricteur-noyau (comme rappelé et exemplifié au chapitre 1 §5.3):
(112a) QUANTIFICATEUR [Restriction] [Portée nucléaire]
(112b) SOUVENT [*quand Pierre se promène*]$_{restr.}$ [*il se promène dans le jardin*]$_{portée\ nucl.}$
Notre proposition permet de donner une sémantique formelle précise à ce type de construction, tenant compte des spécificités de la quantification temporelle.

En premier lieu, puisque une sélection est opérée sur la série du substrat, La relation n'est donc plus totale[85]. De ce fait, elle a également d'autant moins de chance, si l'on peut dire, d'être surjective. Par exemple dans:

(6.2.c) Jean allait souvent [rarement / trois fois sur quatre…] voir sa grand-mère le lundi

il est clairement spécifié que toutes les visites n'avaient pas lieu un lundi: 𝔑 n'est pas totale; elle n'est très probablement pas non plus surjective: d'autant moins que la fréquence des visites concernées est faible.

Pour ce qui est des autres propriétés, l'analyse ne semble pas affectée pour l'essentiel. Un examen plus approfondi pourrait cependant être intéressant. On remarquera par exemple que la présence d'une quantification explicite:

(5.10.a) A cette époque, Jean allait à la piscine tous les lundis (ou: un lundi sur deux, la plupart des lundis…)

est maintenant exclu:

(5.10.a)'? A cette époque, Jean allait [souvent, rarement, parfois…] à la piscine tous les lundis (ou: un lundi sur deux, la plupart des lundis…)

Les deux formes de quantification, par l'adverbe et par le CC sont en effet incompatibles (cf. *infra* §6.2.4).

6.2.3 Les adverbes itératifs comme modificateurs de la relation prédicative (cas où le foyer est un constituant du procès). Généralisation

Considérons maintenant des situations où la relation substrat-foyer n'est pas liée à la RC. Autrement dit, ni l'un ni l'autre n'est un CC (itératif), comme dans:

(6.2.f) Jean allait souvent [rarement, quelquefois…] à la piscine avec Marie.(Et parfois avec Albertine).

Le sens (le plus plausible) est clairement que parmi toutes les fois *où Jean allait à la piscine* (*substrat* de l'énoncé, reprenant une présupposition concernant une pratique sportive de Jean) un sous-ensemble fréquent [rare, occa-

85 Rappelons qu'elle l'est en l'absence d'adverbe.

sionnel...] se faisait *avec Marie* (*foyer*). De manière semi-formelle, nous pouvons exprimer cette propriété par:

(P3) Les fois où Jean allait à la piscine avec Marie $<_{\mathsf{A}}$ toutes les fois où Jean allait à la piscine

et reconnaître une situation analogue aux précédentes, formalisable en termes de quantificateur temporel généralisé, avec comme base la série du procès, la contrainte de restriction P devant exprimer que l'action se fait «avec Marie». Une formalisation poussée nécessiterait clairement un modèle formel de représentation des procès et de leur structure. Nous n'entrerons pas dans ces détails et nous nous contenterons d'une première approximation qui pourra, pensons-nous, être aisément transposable dans un modèle plus élaboré de la prédication.

Introduisons un prédicat True(I,P) exprimant: «la propriété P est vraie sur l'intervalle I»[86]. (6.2.f) s'exprimera en termes de QTG:

$\mathsf{A}\ (IP_i)\ (\lambda I.\ \mathrm{True}(I,\text{'Jean avec Marie'})\ )$

ou, plus explicitement:

$IP_i \mid (\lambda I.\ \mathrm{True}(I,\text{'Jean avec Marie'}) <_{\mathsf{A}} IP_i$

Rassemblant les deux situations types examinées (modification de la RC ou de la relation prédicative) le format général sera, dans les deux formes:

$\mathsf{A}\ (I_{\mathrm{Substrat}})\ (P_{\mathrm{Foyer}})$

ou, plus explictement:

$I_{\mathrm{Substrat}} \mid P_{\mathrm{Foyer}} <_{\mathsf{A}} I_{\mathrm{Substrat}}$

où P_{Foyer} désigne la propriété temporelle définie par le foyer. Par exemple, pour le cas d'une RC, P_{Foyer} sera: $(\lambda I.\ \exists J \in I_{\mathrm{Foyer}}\ I\ R_t{*}J)$.

Toute une combinatoire semble ouverte, que nous laisserons le lecteur explorer par lui-même. Notons simplement, à titre d'exemple, une combinaison dans laquelle un CC itératif fait partie du substrat, en compagnie du procès, le foyer étant un constituant du prédicat:

(6.2.g) Le lundi, Jean allait souvent [rarement, quelquefois...] à la piscine avec Marie.(Et parfois avec Albertine)

86 Il existe de nombreux formalismes et une littérature abondante dans le domaine de l'Intelligence Artificielle sur la représentation de propriétés dépendant du temps.

Ici le CC opère comme restriction des occurrences du procès et nous aurons simplement:

A (IP_i/IC_i) (λI. True(I,'Jean avec Marie'))

IP_i/IC_i | (λI. True(I,'Jean avec Marie') $<_{\mathsf{A}}$ IP_i/IC_i

Soit, en clair: les occurrences de *Jean aller à la piscine* situées un lundi, et dans lesquelles Marie l'accompagne, constituent une sous-série de fréquence A de toutes ces occurrences du lundi.

6.2.4 Discussion. Adverbiaux et adverbes itératifs: des formes de quantifications distinctes?

On pourrait considérer que (A) *je vais souvent à la piscine le lundi* et (B) *je vais à la piscine la plupart des lundis* doivent conduire, *in fine*, à la même représentation, et que la sémantique de *souvent* et la *plupart* doive faire l'objet du même traitement formel[87]. Or, dans notre approche, (B) est traité de manière «relationnelle», *souvent* modifiant la relation entre séries de procès et séries circonstancielles, alors que dans (A), *la plupart* est interprété comme un «constructeur» de série. La quantification à l'œuvre dans ces deux expressions apparemment très similaires reçoit donc un traitement sensiblement différent. Autrement dit, en termes plus formels, on pourrait demander pourquoi, dans l'analyse de (A) nous avons fait appel – modulo adaptation – à la théorie des quantificateurs généralisés et point dans (B) (§ 3.4.4), alors même que *la plupart* est considéré traditionnellement comme QG on ne peut plus typique.

Une première réponse, d'ordre technique, concerne les multiples quantifications qui peuvent coexister dans un même CTI, comme dans *un lundi sur deux la plupart des mois de mars*. Une représentation en termes de QTG est probablement techniquement réalisable, mais donnerait lieu de manière tout aussi certaine à des expressions quelque peu contournées dont la plausibilité cognitive pourrait être discutée. Ajoutons qu'il faudrait introduire de nombreux quantificateurs non standard, reposant de manière essentielle sur la structure séquentielle des séries: «un NC sur p, tous les p NC, etc.» (NC désignant ici un nom calendaire: mois, jour, lundi…).

87 Assimilation opérée, rappelons-le, par de Swart (1995).

On peut ensuite se demander si l'information fréquentielle portée par *souvent* est strictement équivalente à celle portée par *la* plupart. Nous argumenterons *a contrario* au § 6.4, un critère de régularité intervenant selon nous pour le premier et manquant au second (§ 6.4).

Un troisième argument, de nature linguistique, est pour nous fondamental. Considérons (C) *Le mois dernier, Pierre est allé à la piscine un lundi.* Selon la théorie SdT un objet «intervalle circonstanciel» est introduit dans l'univers de discours comme associé à *un lundi.* Cet objet est relié par des relations temporelles aux intervalles associés au procès. Nous sommes alors fondés à considérer que (D) *Le mois dernier, Pierre est allé à la piscine la plupart des lundis* doit aussi être interprété comme introduisant un IC. Cette interprétation semble corroborée par la possibilité de reprises anaphoriques comme dans (E) *Le mois dernier, Pierre est allé à la piscine la plupart des lundis. Les mêmes jours [les autres jours] il est allé voir sa grand-mère.*

Finalement donc, c'est la différence entre circonstants de localisation temporels et circonstants aspectuels qui est en cause: les premiers (qui intègrent des constructions comme «la plupart des lundis») *introduisent* un IC alors que les seconds (adverbes itératifs) ne font que *modifier* certaines relations dans l'énoncé. Il y a donc bien place pour deux «mécanismes de quantification» distincts.

6.3 Cas d'un substrat non itératif

6.3.1 Configurations étudiées

Les configurations typiques étudiées sont celles indiquée au § 6.1, cas (1), constituées d'un procès itératif accompagné d'un CC unitaire, comme dans:

(6.2.a) L'été dernier nous nous sommes baignés très souvent [rarement / régulièrement / quelques fois/ au plus cinq fois/....]

que l'on peut noter CC_{unit} + A_{iter} + P_{iter}. Imposer la présence d'un CC unitaire n'est pas une restriction; comme précédemment ce dernier peut être considéré comme anaphorique:

(6.6.a) L'été dernier nous sommes allés en vacances sur la Côte d'Azur. Il faisait chaud et nous nous sommes baignés très souvent

Il convient d'inclure ici le cas d'un usage *distributif* de l'adverbe itératif, celui dans lequel l'itération qualifiée par l'adverbe se situe en fait à l'intérieur d'une itération englobante. Par exemple dans:

(6.6.b) En été, je vais souvent à la plage

il s'agit de la lecture selon laquelle, chaque été, l'auteur (qui habite sans doute en bord de mer) fait de nombreuses «séances de plage». Le CC unitaire à prendre en considération est le CC type («un été type») lié au procès modèle *aller à la plage*.

Notons que ce type d'énoncé est facilement ambigu, entre une lecture distributive et une sélective, conforme à notre étude au paragraphe précédent. Dans:

(6.6.c) En été, je vais souvent à la mer

il peut s'agir d'une reformulation du (6.6.b) ou de l'affirmation d'un lieu de vacance estival habituel.

En réalité, il ne s'agit là que de configurations typiques, dont nous pourrons partir dans l'analyse. Mais l'important, nous allons le voir, est *l'absence d'élément itératif dans le substrat*, le foyer étant le procès lui-même – cette dernière hypothèse étant discutée au § 6.3.3.

6.3.2 Formalisation

Une première approximation serait, comme proposé au § 6.1:

(RC-Adv-4) $IP_i \subseteq_A IC$

avec une relation $\subseteq_A$ entre une série S et un intervalle convexe I:

$S \subseteq_A I$: «S est incluse dans I selon une distribution fréquentielle indiquée par A»

$\subseteq_A$ découpe une suite plus ou moins «dense» d'intervalles convexes dans I. Comme précédemment $<_A$, elle est définie en termes de fréquence (nombre de composantes) et de régularité. Mais maintenant ce comptage n'est plus relatif à une série englobante, mais défini en termes d'écart, de distance, entre composantes successives; une caractérisation mathématique est proposée au § 6.4.

Il s'agit toutefois d'une première approximation. Ou plutôt, d'une formulation liée à un cas particulier: celui où l'étendue du procès itératif est *coextensif* avec l'intervalle circonstanciel, du fait d'une interprétation intégrant des connaissances «du monde». Or cette situation ne peut être érigée en règle. En premier lieu, dans une situation très proche de (6.2.a) il semble peu intuitif de faire porter l'itération sur la totalité du CC:

(6.7.a) Hier il faisait très chaud et je me suis baigné souvent.

(6.7.b) L'an dernier, Jean allait (encore) régulièrement à la piscine. (Maintenant il a abandonné toute pratique sportive.)

En (a) les «connaissances du monde» nous incitent plutôt à considérer une période de baignade diurne, ne couvrant pas la totalité de l'intervalle «hier». En (b) la relation circonstancielle lie en fait IC et l'intervalle de référence global (IR_i) du procès[88], et les bornes du procès sont indéterminées, commençant probablement *avant* la période dénotée par «l'an dernier».

D'autre part, il faut tenir compte de la diversité des relations susceptibles de relier l'intervalle circonstanciel IC et le procès (POST, ANTE...):

(6.7.c) Depuis son infarctus Jean, qui en principe détestait le sport, va très régulièrement à la piscine.

En fait, la propriété de fréquence spécifiée par l'adverbe n'est pas liée au CC, mais à l'étendue du procès lui-même. C'est une propriété *intrinsèque* du procès. Ce qui s'exprime très simplement en référence à l'extension du procès, c'est-à-dire au convexifié $[IP_i]$ de l'intervalle de procès global.

Notre formulation finale sera donc:

(RC-Adv-5) $IP_i \subseteq_A [IP_i]$

IP_i est une série de distribution fréquentielle spécifiée par A au sein de son convexifié.

Avec, de manière encore intuitive, précisée au § 6.4.2:

S $\subseteq_{\text{souvent}}$ I: la série S est incluse dans l'intervalle I, avec une distribution fréquente et assez régulière;

S $\subseteq_{\text{rarement}}$ I: la série S est incluse dans l'intervalle I, avec une distribution «clairsemée»;

S $\subseteq_{\text{n fois}}$ I: la série S est incluse dans l'intervalle I et comprend exactement n occurrences.

Observons que dans le cas particulier de (6.2.a), dans lequel et IC et $[IP_i]$ sont coextensifs, on retrouve bien la formule (RC-Adv-4).

88 Conséquence des règles générales de «portée» (§ 4.2.2).

Remarque

La formalisation dans cette deuxième configuration n'est donc pas du tout quantificationnelle au sens logique du terme[89]. Ce qui confirme bien la distinction opérée par S. Vogeleer *(op. cit.)* entre lecture quantificationnelle et non quantificationnelle. Et ce qui explique les difficultés, mises en évidence par G. Kleiber *(op. cit.)*, à formaliser ce type de phrase habituelle en termes de quantification logique[90].

6.3.3 Discussion: focalisation sur l'adverbe

Cette proposition supposait, nous l'avons spécifié d'emblée, que le substrat est constitué du seul CC. Ce n'est toutefois pas toujours le cas, même en l'absence de CC itératif. Il semble en fait assez commun que la focalisation porte sur l'adverbe lui-même, le procès étant présupposé et entrant donc dans le substrat de l'énoncé

(6.8.a) Après son infarctus Jean, alla très régulièrement à la piscine. Il n'y allait que très rarement auparavant

ou, avec une lecture distributive

(6.8.b) Nous nous baignons souvent en été, et plus rarement en hiver.

Dans les deux cas, une «habitude de baignade» est présupposée[91]. L'information nouvelle porte sur la fréquence de cette pratique, différentiée selon les périodes concernées. La focalisation porte donc bien sur l'adverbe, le substrat comprenant à la fois le procès et le CC unitaire (sa *composante* unitaire «type» dans le cas de (6.8.b)).

Le test de la négation confirme la valeur de présupposition du procès, l'effet de focalisation étant particulièrement clair en dans ce cas:

(6.7.c)' Depuis son infarctus Jean ne va pas souvent à la piscine.

89 Ce qui n'est pas la même chose que de parler d'une «évaluation quantitative» de la présence des occurrences du procès. Tâche à laquelle nous nous attelons dans la prochaine section.

90 Cette discussion est reprise *infra* § 8.2.

91 Que cette présupposition ne soit véritablement (ou probablement) acquise dans nos exemples qu'à la lecture de l'énoncé complet n'importe pas ici.

Nous n'entrerons pas plus avant dans la discussion de ces configurations, et esquisserons seulement un amendement à notre formalisation, susceptible de les prendre en compte. L'idée est de relativiser la propriété de fréquence portée par l'adverbe à la restriction du procès sur la période I introduite par le CC. Cette période est définie à partir de l'intervalle circonstanciel IC en tenant compte des connecteurs temporels qui introduisent le CC[92]. Par exemple en (6.7.c)' IC correspond à l'infarctus et I à la période située entre ce moment et l'intervalle de référence. Nous obtenons alors:

(RC-Adv-6) $IP_i/I \subseteq_A [IP_i/I]$

Si, le procès est asserté sur la durée de I, et non présupposé, I coïncide avec le cadre du procès ($I = [IP_i]$) et comme $IP_i/[IP_i] = IP_i$, nous retrouvons la formule (RC-Adv-4). Convenons toutefois que ce type de configuration mériterait un examen plus approfondi.

6.4 Sémantique lexicale des adverbes aspectuels: distributions fréquentielles caractéristiques

Dans les paragraphes précédents nous avons postulé l'existence de deux familles de relations, $<_A$ et $\subseteq_A$, associées aux adverbes de fréquence respectivement dans les configurations à substrat itératif et non itératif. Nous avons montré comment ces deux relations permettent en quelque sorte de *paramétrer* l'action d'un adverbe A sur son environnement phrastique. Nous avons donné une idée intuitive de ces relations, formulée en termes de *fréquence* et de *régularité* et nous voudrions maintenant entreprendre d'en donner une définition mathématique plus rigoureuse. En quelque sorte, après une sémantique «phrastique» nous passons à une sémantique «lexicale».

Nous appellerons *sélectif* l'usage d'un adverbe dans une configuration à substrat itératif: comme nous l'avons vu plus haut, il sélectionne en effet certaines occurrences au sein d'une série préexistante dans le substrat (relation $<_A$); et *restrictif* dans le cas contraire car il s'agit au contraire de restreindre les occurrences du procès dans un certain intervalle (relation $\subseteq_A$).

92 Techniquement, c'est *l'image* de IC par la relation temporelle associée au connecteur.

Nous examinerons successivement ces deux cas, en distinguant à chaque fois les adverbes de types qualitatif et numérique.

6.4.1 Usage sélectif: caractérisation de la famille de relations $<_A$

a. Adverbes qualitatifs

Soient S et T deux séries liées par la relation S $<_A$ T. Nous en avions proposé la sémantique intuitive suivante:
S $<_{souvent}$ T ssi S $<$ T et S est constituée d'un ensemble de composantes de T distribuées de manière fréquente et assez régulière.
S $<_{rarement}$ T ssi S $<$ T et S est constituée d'un ensemble de composantes de T peu fréquentes mais non dépourvues de régularité.
Etc.

Pour donner un contenu mathématique à ces notions de «densité» et de «régularité», nous aurons besoin de deux indicateurs statistiques. Le premier est une mesure de *fréquence relative.* C'est le plus simple à concevoir et exprimer. Rappelons que pour toute série S, |S| désigne sa *cardinalité*, c'est-à-dire le nombre d'intervalles convexes qui la constituent.

Définition

Soit S une série extraite de T (S<T). La fréquence relative de S par rapport à T, notée F(S/T) est définie comme le rapport entre la longueur de S et celle de T:

$$F(S/T) = |S| \,/\, |T|$$

F(S/T) est par définition compris entre 0 et 1. F(S/T) = 1 indique une fréquence relative maximale: S coïncide avec T; 0 est un cas limite où S est en fait vide. Plus plausiblement, si F(S/T) est voisin de 1, S correspond à un événement très fréquent par rapport à celui repéré par T; et peu fréquent si F(S/T) est faible.

Le deuxième indicateur mesure la *régularité* des occurrences de S dans T. Par exemple, supposons que T est l'ensemble des lundis d'une année donnée. Une distribution de S (un certain ensemble de lundis, donc) qui serait constituée de: 1 lundi en janvier, 3 en mars, encore 3 en août, puis 2 en septembre et 3 en décembre, serait irrégulière; par contre, avec la même fréquence relative, *le premier lundi du mois* serait très régulier. Notre indice de régularité va donc reposer sur la distance qui sépare deux composantes de S (la série extraite), exprimée en nombre de composantes de T (la sur-série): celui-ci est-il plutôt constant (forte régularité) ou très variable (distribution irrégulière)? Autrement dit: on regarde si le nombre de composantes de T qui séparent deux composantes de S varie beaucoup ou non tout au long de S.

Les deux indicateurs sont en principe «orthogonaux». Une sous-série peut être «assez fréquente» mais irrégulière: prendre tous les lundis du premier trimestre, un sur deux au deuxième, puis tous ceux du quatrième. Ou régulière et peu fréquente: le premier lundi de chaque trimestre. A noter toutefois qu'une fréquence élevée va avoir tendance *ipso facto* à réduire les écarts entre composantes et donc induire une bonne régularité. Une corrélation apparaît donc *de facto*, le cas limité correspondant à «toujours» qui satisfait clairement aux deux critères.

Pour définir mathématiquement la régularité, nous aurons recours à quelques notions statistiques simples. Rappelons que si S est une série, S_i en désigne la $i^{ème}$ composante. Soit X la *suite des écarts*[93] entre deux composantes consécutives de S:

X_i = 1 + nombre de composantes de T comprises strictement entre S_i et S_{i+1}

définie pour $1 \leq i < |Si|$.

Autrement dit, X_i représente le nombre de «sauts» qu'il faut effectuer dans T pour aller de S_i à S_{i+1}. $X_i = 1$ signifie que S_i et S_{i+1}sont consécutives dans T; $X_i = 2$ qu'une composante de T les sépare, etc. (figure 6.1). On remarquera que, dans cette définition, la position «globale» de S dans T (positions de début et de fin) n'est pas prise en compte. Des variantes sont bien sûr envisageables.

X_i constitue une variable aléatoire. Nous pouvons en définir la moyenne $\underline{X}$, puis la variance V définie comme la moyenne des carrés des écarts à la moyenne, et enfin l'écart type σ, la racine carrée de la variance:

$$\underline{X} = (\Sigma_{i=1..|S|-1} X_i) / |X|$$

$$V = (\Sigma_{i=1..|S|-1} (X_i-\underline{X})^2) / |X|$$

$$\sigma = \sqrt{V}$$

La *dispersion* de S dans T, notée D(S/T), est égale à l'écart type, rapporté à la moyenne de X:

93 Ou «gaps» (§ 2.3.4).

$D(S/T) = \sigma/\underline{X}$

Une dispersion nulle indique que l'écart type est lui-même nul, donc la suite X constante: le phénomène est totalement régulier. Une valeur proche de 1, voire supérieure, traduira au contraire une grande irrégularité. Sur l'exemple de la figure 6.1: D(S/T) ≅ 0,35: S est assez régulière. D(S'/T) ≅ 0,53: S' est plutôt irrégulière.

T	T_1	T_2	T_3	T_4	T_5	T_6	T_7	T_8	T_9	T_{10}	T_{11}	T_{12}	T_{13}
S		S_1		S_2	S_3		S_4	S_5	S_6				
X		2		1	2		1	1	–				
S'	S'_1				S'_2	S'_3		S'_4	S'_5				S'_6
X'	4				1	2		1	3				–

Figure 6.1. Suite X des écarts pour deux sous-séries S et S' de T.
S_1 coïncide avec T_2, S_2 avec T_4, etc. X_1 vaut 2 (2 «sauts» entre T_2 et T_4), X_2 vaut 1 (un seul de T_4 et T_5) etc. X est indéfini. Même principe pour S' et X'.

Nous pouvons alors caractériser la famille de relations $<_A$ – c'est-à-dire finalement la sémantique (lexicale) des adverbes itératifs en usage sélectif – par des contraintes sur ces deux indicateurs. Donnons quelques exemples. Les valeurs sont données à titre indicatif. Nous pourrons dire qu'une distribution est fréquente si F(S/T) > 0,5, très fréquente pour F(S/T) > 0,7, rare si F(S/T) < 0,3. Elle sera très régulière pour une dispersion D(S/T) faible, par exemple: D(S/T) < 0,3, et irrégulière pour une supérieure à 1: D(S/T) > 1.

S $<_{\mathbf{souvent}}$ T. Distribution fréquente: F(S/T) ≥ 0,5.

La question de la régularité est plus délicate. On pourrait défendre l'idée que la régularité, donc D(S/T), est non spécifiée: l'événement est fréquent, sans que la régularité soit imposée. Il nous semble au contraire qu'un critère de régularité doit être fixé[94]. Dirions-nous: *Depuis deux ans, Jean est allé souvent à la piscine* s'il y est allé (i) par blocs de trois mois séparés par des blocs de même taille sans cette activité? (ii) par groupes de trois semaines alternés de même? (iii) un lundi sur deux? Dans les trois cas la fréquence relative est de 0,5. Mais la dispersion diffère: 1,7 en (i), 0,7 en (ii) et 0 en (iii). Et de fait, il

94 Indépendamment de la corrélation observée ci-dessus pour des fréquences hautes.

nous semble que la situation (iii) est sensiblement plus conforme à l'énoncé que (ii) et cette dernière que (i).

Nous proposons donc d'ajouter la contrainte: D(S/T) < 1 (distribution «pas trop irrégulière»). Notre interprétation est que, s'agissant de phrases exprimant l'habitualité, une valeur de régularité n'est pas absente des situations les plus typiques.

$\mathbf{S} <_{\mathbf{rarement}} \mathbf{T}$. La fréquence relative est faible, mais «pas excessivement»: 0,1 < F(S/T) < 0,3. Ici un critère de régularité peut sembler moins pertinent. Toutefois, «tous les lundis de janvier et de décembre» (F(S/T) = 0,2 et D(S/T) = 2,3: très faible régularité) permet-il de dire *Le lundi, Jean est allé rarement à la piscine?* la situation n'est-elle pas moins typique que *un lundi sur dix* (D(S/T) = 0)? Nous laisserons la question ouverte.

$\mathbf{S} <_{\mathbf{parfois}} \mathbf{T}$. Situation similaire, avec une fréquence relative très faible (mais non nulle) mais avec une tendance inverse en ce qui concerne la régularité: si Jean va régulièrement à la piscine tous les cinq lundis (F(S/T) = 0,2 et D(S/T) = 0) on ne dira probablement pas qu'il y va «parfois». Le contraste entre *rarement* et *parfois* pourrait donc être éclairant.

$\mathbf{S} <_{\mathbf{régulièrement}}$ T. Régularité forte, c'est le trait dominant. Mais fréquence relative pas trop faible (qui rendrait d'ailleurs la notion de régularité peu significative). F(S/T) > 0,3, D(S/T) < 0,5.

b. Adverbes numériques

Nous en considérons deux.

$\mathbf{S} <_{\mathbf{n\ fois}} \mathbf{T}$. C'est le cas simple. Un exemple serait: *L'an dernier, Jean est allé cinq fois à la piscine avec Marie*, T correspondant aux séances de piscine de Jean et S à celle où il est accompagné de Marie. La formalisation est extrêmement simple: S < T et |S| = n. La régularité n'intervient pas.

$\mathbf{S} <_{\mathbf{n\ fois\ sur\ p}} \mathbf{T}$. Deux pôles interprétatifs semblent se dessiner:

- Une interprétation «stricte» dans laquelle l'événement S apparaît par blocs de n parmi p événements T: cycles de n composantes de T retenues, puis (p-n) écartées. Le cas est analogue aux quantificateurs de type «n X sur p» (par exemple *trois lundis sur quatre*) traité en 3.5.3. On le formalisera avec l'opérateur *Extract* défini au § 2.3.7: S = Extract(T,n,p). Un assouplissement serait de remplacer l'égalité par une relation «d'égalité approximative».

– Une interprétation «souple» dans laquelle on exprime une fréquence relative de l'ordre de n/p, avec un «bon» degré de régularité. De nouveau en effet, on ne dira pas: *Depuis deux ans Jean va à la piscine tous les lundis. Il y va trois fois sur quatre avec Marie* si les séances accompagnées de Marie se situent toutes les neuf premiers mois de l'année; le critère de fréquence serait bien rempli (F(S/T) = 0,75), mais la distribution est irrégulière (D(S/T) = 1,5). Par contre, la distribution de l'interprétation stricte (groupes de trois lundi consécutifs) donne, avec la même fréquence relative, une dispersion D(S/T) = 0,35. On posera donc, pour cette interprétation: $F(S/T) \approx n/p$, $D(S/T) \leq 0,5$.

Remarque

1. Clairement d'autres indicateurs statistiques, peuvent être envisagés, pour mieux capter la (ou les) notion(s) intuitive(s) de régularité. Par exemple, dans un énoncé tel que *Le lundi Jean va souvent à la piscine*, une répartition par blocs de 4 semaines alternés sera jugée «assez irrégulière» selon la mesure proposée, alors même qu'une autre forme de régularité (présence de cycles) peut être défendue. De plus, il conviendrait sans doute de raisonner en termes de valeurs «incertaines» ou «floues», comme pour d'autres items lexicaux appelant une quantification (adjectifs «grand», «petit», «long»... par exemple)[95]: ce qui constitue un moyen pour traiter de phénomènes de typicité dont nous avons souligné plus haut la pertinence. Ces remarques ne nous semblent néanmoins pas de nature à remettre en cause le principe de la modélisation.

2. Comme énoncé plus haut, les valeurs proposées pour la caractérisation des différents adverbes sont purement indicatives, permettant de concrétiser la méthode: une étude plus approfondie, appuyée sans doute sur des tests psycholinguistiques, serait nécessaire. Notons à ce sujet que des contraintes «pragmatiques» interviennent et feront dépendre ces valeurs du contexte. Toutefois, la dépendance au contexte nous semble moins marquée que dans l'usage restrictif, comme nous allons le voir maintenant[96].

95 Voir par exemple (Bouchon-Meunier 1999).

96 Une notion de «norme» pourrait aisément être introduite par analogie avec notre proposition pour l'usage restrictif.

3. Selon notre analyse, adverbes qualitatifs et numériques relèvent donc des mêmes principes de modélisation. Si dans *n fois* – à considérer comme cas limite – le critère de régularité est absent, il est bien présent dans *n fois sur p* (que ce soit de manière «stricte» ou «souple»). Il serait intéressant d'étudier sous cet angle *quelquefois* qui peut être vu simplement comme un *indéterminé: n fois pour n >1* (point de vue «numérique»); mais aussi comme un *qualitatif*, proche de *rarement* avec une valeur appréciative «positive» plutôt que «négative», mais le même type de contraintes sur la fréquence et la régularité.

6.4.2 Usage restrictif: caractérisation de la famille de relations $\subseteq_A$

Rappelons qu'il s'agit de configurations telles que:

(6.9.a) L'été dernier, je suis allé souvent [rarement, régulièrement...] voir ma grand-mère

(6.9.b) L'été dernier, je me suis baigné trois fois [plusieurs fois/trois fois...]

que nous avons caractérisés par la contrainte temporelle:

(RC-Adv-5) $IP_i \subseteq_A [IP_i]$

a. Adverbes numériques

La seule valeur portée par ces adverbes semble être le nombre d'occurrences du procès, qui peut être plus ou moins déterminée.

$\mathbf{S} \subseteq_{\mathbf{n\ fois}} \mathbf{I}$: $S \subseteq I$ et $|S| = n$

$\mathbf{S} \subseteq_{\mathbf{plusieurs\ fois}} \mathbf{I}$: $S \subseteq I$ et $|S| \geq 2$

b. Adverbes qualitatifs

Le principe général est le même que dans l'usage sélectif, impliquant des critères de fréquence et de régularité. Mais les indicateurs statistiques doivent être revisités.

– *Concernant la fréquence:* il semble que des critères «pragmatiques», référant à un usage «normal», évoqués dans le cas sélectif, interviennent maintenant de manière tout à fait essentielle. Ainsi, en (6.9.a) – cas de *souvent* – une fréquence de l'ordre de cinq à dix fois dans l'été est *a priori* plausible, alors qu'en (6.9.c) nous serions plutôt sur un rythme journalier:

(6.9.c) L'été dernier, je me suis baigné souvent.

De fait les adverbes étudiés contiennent de manière intrinsèque une valeur comparative. Dans le cas sélectif, nous disposions d'une série englobante pouvant jouer le rôle de «base de référence». Mais ce n'est plus le cas et nous ne pouvons nous référer qu'à une «norme» relative à l'activité exprimée par le procès ou des activités «proches».

Soit alors S0 une série «typique», «normale» d'activité de type P. Notre premier indicateur devient:

$$F(S/S0) = |S| \;/\; |S0|$$

Une valeur supérieure à 1 correspondra à un pôle «souvent» (plus ou moins affirmé) et une valeur inférieure à 1 à «rarement».

– *Concernant la régularité:* il s'agit toujours d'exprimer que l'écart entre deux composantes de la série est «stable», «sans grandes variations». Toutefois cet écart ne peut plus être mesuré en nombre d'occurrences de la série englobante, mais en termes de *durée* dans le sens le plus usuel.

Formellement, nous aurons recours à la notion de «série des *gaps*» introduite dans la section 2, § 2.3.4. Rappelons en ici simplement le principe intuitif. Soit S une série c'est-à-dire une succession d'intervalles sans chevauchement. *Gap(S)* est la série complémentaire, constituée des intervalles qui séparent deux intervalles consécutifs. Nous noterons G_i les composantes de cette nouvelle série (figure 6.2).

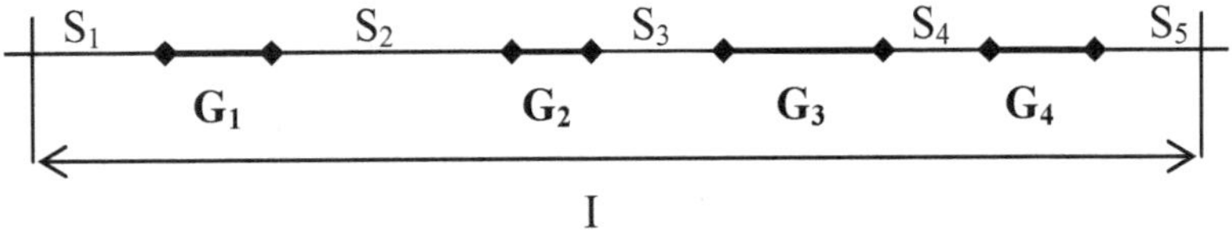

Figure 6.2. Série (S) de cadre I et gaps (G)

Comme précédemment X_i, $|G_i|$ (longueur, c'est-à-dire durée, de G_i, exprimée dans une unité quelconque) est une variable aléatoire dont nous pouvons calculer la moyenne ($\underline{G}$), la variance (V), l'écart type ($\sigma = \sqrt{V}$) et finalement le coefficient de dispersion $D(S/I) = \sigma \,/\, \underline{G}$.

La caractérisation des différents adverbes en valeur restrictive suit alors son pendant en valeur sélective, avec toutefois des contraintes de régularité plus forte: il nous semble en effet que des énoncés comme (6.9) ont un sens d'habitualité marqué qui impose cette contrainte. Voyons quelques exemples.

$\mathbf{S \subseteq_{\text{souvent}} I}$. Distribution fréquente: F(S/S0) > 1 (plus que la «norme») et régulière: D(S/I) < 1.

Par exemple, un événement ayant lieu tous les deux jours pendant deux mois – avec le jour comme unité de temps – aura comme suite de (durée des) gaps: <2,2,2,…,2>. Le critère de fréquence sera probablement respecté s'il s'agit d'une activité humaine «ordinaire» et, avec une dispersion de 0, la régularité est parfaite. On pourra dire qu'il occurre «souvent». Quelques irrégularités (10 gaps de 1 ou 3 jours sur l'ensemble) ne changent pas la donne: D(S/I) = 0,3. Par contre, une répartition en trois blocs de 10 jours paraît clairement moins typique; on dira peut-être *je me suis beaucoup baigné* plutôt que *je me suis baigné souvent*; la dispersion est de 1,8. La pertinence du critère de régularité nous semble confirmée par l'examen de quelques occurrences en corpus, telle:

(6.10) Toutes ses petites affaires occupaient un placard dans la chambre à deux lits. Mme Aubain les inspectait le moins souvent possible. (G. Flaubert, *Un cœur simple*)

$\mathbf{S \subseteq_{\text{rarement}} I}$. Distribution peu fréquente par rapport à la norme: F(S/S0) < 0,3. Un critère de régularité est plus problématique.

$\mathbf{S \subseteq_{\text{régulièrement}} I}$. Bonne régularité: D(S/I) < 0,8 et fréquence pas trop faible: F(S/S0) > 0,5. Finalement, le terme semble un assez bon synonyme de «souvent» avec l'accent mis sur la régularité et critère de fréquence moins strict. Une variante telle que *à intervalles réguliers* relativiserait sans doute encore ce critère. Inversement, l'irrégularité peut être marquée: «de manière irrégulière», «à des époques indéterminées»…

(6.11) A des époques indéterminées, Mme Aubain recevait la visite du marquis de Gremanville, un de ses oncles, ruiné par la crapule et qui vivait à Falaise sur le dernier lopin de ses terres. (G. Flaubert, *Un cœur simple*)

La discussion entre *parfois* et *quelquefois* est intéressante. Si le critère de fréquence paraît comparable, il nous semble que «quelquefois» porte une valeur de régularité (due sans doute, dans l'exemple (6.11.a), à une valeur sémantique d'habitualité), alors que *parfois* impliquerait plutôt un caractère d'imprévisibilité.

(6.11.a) Quand le cancer eut crevé, elle le pansa tous les jours, *quelquefois* lui apportait de la galette, le plaçait au soleil sur une botte de paille. (G. Flaubert, *Un cœur simple*)

(6.11.b) Il écrivit au Havre. Un certain Fellacher se chargea de cette besogne. Mais, comme la diligence égarait *parfois* les colis, elle résolut de le porter elle-même jusqu'à Honfleur. (G. Flaubert, *Un cœur simple*)

S $\subseteq_{\text{quelquefois}}$ I. Distribution peu fréquente: F(S/S0) < 0,3, mais une «certaine» régularité: D(S/I) < 1.

S $\subseteq_{\text{parfois}}$ I. Distribution peu fréquente: F(S/S0) < 0,3, et régularité faible: D(S/I) > 1 (ou non spécifiée).

7. L'itération en discours

Notre modèle – cela n'aura pas échappé au lecteur – est en l'état clairement intra-phrastique: le focus a été placé délibérément sur la relation circonstancielle et la sémantique des adverbes itératifs, sans réelle prise en considération d'effets «de plus longue distance» au sein d'un texte, tels qu'illustrés par la citation introductive de notre ouvrage:

> Nous rentrions toujours de bonne heure de nos promenades pour pouvoir faire une visite à ma tante Léonie avant le dîner. Au commencement de la saison, où le jour finit tôt, quand nous arrivions rue du Saint-Esprit, il y avait encore un reflet du couchant sur les vitres de la maison et un bandeau de pourpre au fond des bois du Calvaire, qui se reflétait plus loin dans l'étang […]. Dans l'été au contraire, quand nous rentrions, le soleil ne se couchait pas encore; et pendant la visite que nous faisions chez ma tante Léonie, sa lumière qui s'abaissait et touchait la fenêtre était arrêtée entre les grands rideaux et les embrasses, divisée, ramifiée, filtrée, et incrustant de petits morceaux d'or le bois de citronnier de la commode, illuminait obliquement la chambre […]. Mais certains jours fort rares, quand nous rentrions, il y avait bien longtemps que la commode avait perdu ses incrustations momentanées, il n'y avait plus quand nous arrivions rue du Saint-Esprit nul reflet de couchant étendu sur les vitres et l'étang au pied du calvaire avait perdu sa rougeur, quelquefois il était déjà couleur d'opale […].

Cette question est abordée plus centralement par nos deux coauteurs qui verront, dans un tel fragment, la présentation *d'une* itération – déclinée sous plusieurs facettes – là où nos analyses nous conduiraient à envisager *une succession* d'énoncés itératifs. Énoncés que nous pourrions relier lorsqu'ils participent d'une même phrase et entrent dans une relation circonstancielle; mais *quid* de l'ensemble du discours?

Ne le cachons pas, traiter pleinement cette question constituerait une étude à part entière, non encore réalisée. Nous voudrions néanmoins ici poser quelques jalons, proposer quelques pistes sur la manière dont elle pourrait être traitée au sein de notre modèle. Une rapide comparaison avec le type de traitement proposé dans les deux précédents chapitres permettra, pensons-nous, d'expliciter certaines difficultés inhérentes à la prise en compte de l'itération *en discours*.

7.1 Une dynamique assertionnelle

Nous nous appuierons sur un exemple proposé par L. Gosselin au chapitre 1 (§3.3):

(82) Chaque lundi, il allait faire ses courses. Il rendait parfois visite à un ami, puis il rentrait chez lui.

Cet énoncé comprend trois procès et un complément circonstanciel:
P_1: il allait faire ses courses
P_2: Il rendait parfois visite à un ami
P_3: il rentrait chez lui.
CC: Chaque lundi

Comment en décririons-nous la structure temporelle? La première phrase ne pose pas de problème: nous sommes dans le cas bien étudié plus haut d'une relation circonstancielle entre P_1 et CC. Mais nous avons ensuite à établir le lien avec la phrase suivante, et au sein de cette dernière à traiter la coordination par *puis*. La démarche générale à laquelle notre modèle nous conduirait serait la suivante:

1) Considérer chaque proposition comme *introduisant un procès itératif* particulier, auquel peuvent être associés les intervalles de procès et de référence habituels;
2) Etablir des liens entre les procès – c'est-à-dire entre ces intervalles – aux deux niveaux *type* et *global*, en nous inspirant de la mise en relation qui prévaut dans la relation circonstancielle;

3) Chacun des «liens» entre procès se traduit (de même que les liens circonstanciels) par *l'assertion* de relations entre intervalles.

Le modèle interprétatif invoqué est donc celui selon lequel un texte *introduit des référents* (et notamment des référents de procès) et *pose (asserte) des relations* entre ces référents.

Les procès type de l'exemple étant tous aoristiques[97], nous pourrons faire l'économie des intervalles de référence type dans cette esquisse de traitement. Notons IP_t^1 et IP_i^1 les intervalles de procès type et global pour P_1, et similairement pour les autres procès. IC_t et IC_i sont de même les deux intervalles, type et global, pour CC. Nous aurons les représentations suivantes.

Relation circonstancielle entre P_1 et CC

Niveau type

IC_t RE IP_t^1 [IC_t contient IP_t^1]

Niveau global (CC est le substrat, P_1 le foyer)

$\forall I \in IC_i\ \exists J \in IP_i^1\ I\ \text{RE}\ J$

Ce que l'on peut encore écrire sous forme de quantification généralisée (par souci d'homogénéité avec la relation suivante liée à «parfois». Rappelons que **nul** est le quantificateur temporel lié à l'adverbe «vide»):

$\text{nul}\ IC_i\ (\lambda I.\ \exists J \in IP_i^1\ I\ \text{RE}\ J)$

équivalent encore à:

$IC_i \mid (\lambda I.\ \exists J \in IP_i^1\ I\ \text{RE}\ J) = IC_i$

Relation interphrastique entre P_1 et P_2

Niveau type

$IP_t{}^1$ ANT $IP_t{}^2$ [antériorité[98]]

Niveau global

97 Le procès global étant, lui, inaccompli (compatibilité avec depuis + durée).

98 Ou «antériorité immédiate», relation MEET de Allen. Nous laissons cette discussion de côté ici.

La relation entre deux procès consécutifs est assimilée à une relation circonstancielle dans laquelle le premier joue le rôle de circonstant (cf. § 6.1, exemples (6.2.c) et (6.2.d)). P_1 est alors le substrat[99], P_2 le foyer.

parfois $IP_i^1\ (\lambda I.\ \exists J \in IP_i^1\ I\ \text{ANT}\ J)$

c'est-à-dire:

$IP_i^1 \mid (\lambda I.\ \exists J \in IP_i^1\ I\ \text{ANT}\ J) <_{\text{parfois}} IP_i^1$

Relation coordonnante entre P_2 et P_3

Nous considérons que le lien «directement» porté par le texte lie P_3 à P_2. On pourrait considérer qu'il porte aussi sur P_1 – ce qui pose immédiatement un problème de formalisation puisque P_1 et P_2 n'ont pas la même fréquence. Nous considérerons ici que ce deuxième lien (avec P_1) serait inféré, dans un processus d'intégration sémantique de l'ensemble du texte (cf. infra §7.3).

Niveau type

$IP_t^{\,2}\ \text{ANT}\ IP_t^{\,3}$

Niveau global (CC est le substrat, P_1 le foyer)

nul $IP_i^2\ (\lambda I.\ \exists J \in IP_i^3\ I\ \text{ANT}\ J)$

c'est-à-dire:

$IP_i^2 \mid (\lambda I.\ \exists J \in IP_i^3\ I\ \text{ANT}\ J) = IP_i^2$

ou encore, simplement:

$\forall I \in IP_i^2\ \exists\ J \in IP_i^3\ I\ \text{ANT}\ J$

Au total, nous parvenons à un ensemble de relations posées au niveau type d'une part, et global de l'autre. Les procès ont étés traités en séquence.

En complément à cette représentation en terme d'intervalles il convient d'ajouter, comme indiqué au §4.3.1 «une valeur aspectuelle de *saillance*, graduelle, entre *type* et *itération* selon que l'énoncé porte plus spécifiquement sur le procès type ou global». Ici, nous proposerons de voir dans P1 un sail-

99 Il serait sans doute plus juste de considérer que le substrat est en fait $IP_i^1/IC_{i:}$ les occurrences de P_1 situées un lundi. Par souci de simplification, nous en resterons à la formulation proposée.

lance forte sur le procès global (une information centrale de la proposition concerne la régularité et la fréquence hebdomadaire de l'événement); P2 serait mixte parce que, d'une part, nous avons un prolongement du procès type, mais également une indication de fréquence globale); en P3 le glissement est achevé vers une visée type.

Cette évolution de saillance complète donc la dynamique des relations entre intervalle.

7.2 Discussion

Observons maintenant l'analyse et la représentation proposées au chapitre 1 pour cette même séquence. L'ensemble est présenté comme un *macro procès* itératif résultant de l'application d'un opérateur *iter* à un *agglomérat* de procès composé de P1, P2 et P3, reliés par des *relations d'antériorité* notées $\wedge_{ANT}$; de plus, la mise entre crochets de la relation avec P2 signale le «décrochement» temporel lié à l'adverbe *parfois*. Soit au total:

(82') iter (p1 [$\wedge_{ANT}$ p2] $\wedge_{ANT}$ p3)

en précisant encore – la remarque est importante, nous allons le voir – que p1, p2, p3 (en minuscules) correspondent aux composantes *type* de nos P1, P2, P3.

Deux différences apparaissent de prime abord avec notre modélisation.

Premièrement, d'un strict point de vue temporel, la représentation en intervalles est évidemment plus précise, tant en ce qui concerne la relation entre procès type que pour la spécification de la relation de fréquence relative définie par *parfois*.

Deuxièmement, et plus centralement dans le thème de ce paragraphe, (82') introduit une «entité sémantique» unique regroupant l'ensemble des procès, lesquels reçoivent chacun une description autonome dans notre modèle. La représentation (80') met donc l'accent sur *la continuité de la narration au niveau type* ou, dans les termes du chapitre 2, une sorte de «transfert» du lecteur dans *l'espace mental «modèle»*. Il convient de reconnaître ici la pertinence de ce point de vue dans la dynamique du texte. Le prix à payer est, en quelque sorte, *la sous-estimation et la sous-représentation de la facette globale* et des relations de fréquences relatives[100] – à laquelle notre modèle est *a contrario* fortement attaché.

Au-delà de ces réflexions comparatives, se pose la question du statut de cette «entité sémantique». Question particulièrement aigüe si l'on considère un fragment de texte de quelque importance tel que l'extrait de *La recherche* repris ci-dessus, ou l'extrait de *L'éducation sentimentale* traité par L. Gosselin selon les mêmes principes.

Une représentation sémantique de tels passages ne peut, nous semble-t-il, que résulter d'un processus *d'intégration sémantique*[101] complexe, intégrant notamment:

– Des relations discursives non temporelles. Imaginons par exemple une suite à (82):

> (82+) (P1) Chaque lundi, il allait faire ses courses. (P2) Il rendait parfois visite à un ami, (P3) puis il rentrait chez lui. (P4) Il arrivait alors en retard pour le déjeuner.

Nous aurons une relation temporelle entre P_3 et P_4 similaire aux précédentes, mais également une relation de discours de type «conséquence» entre P_2 et P_4.

– Un ensemble de connaissances générales dont par exemple, dans l'extrait de *La Recherche*, un *scénario* «promenade» dont on «remplit» en quelques sorte plusieurs facettes, variables selon les occurrences – responsable pour une bonne part de l'unité du fragment et donc d'une éventuelle «itération» unique.

La notion de procès, fût-ce sous les espèces de macro-procès, peut-elle être étendue à ce point? La question vaut, nous semble-t-il, d'être posée.

En conclusion, toute provisoire, de cette discussion nous dirions volontiers que la question de l'étude de l'itération en discours demeure, à notre sens, largement ouverte, un «bon» modèle devant intégrer les points forts des différentes modélisations présentées dans cet ouvrage. S'agissant de prolonger la démarche du présent chapitre, nous pourrions proposer la piste suivante:

100 La remarque vaut moins pour le modèle de Yann Mathet, qui introduit une notion de sélection pour rendre compte de la variation des occurrences, mais sans toutefois formuler de sémantique temporelle précise.

101 Au sens de Caron (1989: 158-160).

- Se situer dans le cadre d'un modèle de représentation intégrant une variété de relations discursives (SDRT par exemple);
- Mais considérer que les relations temporelles doivent être représentées plus finement que par des relations «globales» entre unités[102]: associer aux procès, en tant qu'attributs temporels, les différents intervalles proposés ici, et décrire les relations entre unités par les relations explicites entre ces attributs;
- Resterait encore – sans doute la tâche la plus ardue – à introduire dans le modèle discursif une dynamique de changement de «référentiel», ou «espace mental», pour rendre compte d'une dynamique propre aux séquences d'énoncés itératifs.

8. Conclusion

Nous voudrions pour conclure dresser un bilan de notre contribution en regard du programme de travail annoncé en introduction. Nous tenterons de présenter de manière synthétique les points clés de notre modèle sans oublier d'en mentionner un certain nombre de prolongements intéressants ou nécessaires.

8.1 Notre contribution peut être rassemblée en cinq points

Une ontologie temporelle formelle pour les phénomènes itératifs.

Notre tout premier objectif était, rappelons-le, de reconsidérer les entités temporelles maniées par le modèle SdT de manière à prendre en compte la pluralité d'inscription temporelle des énoncés (et autres constructions langagières) itératifs. Notre démarche a été de convoquer la notion d'*intervalle généralisé* (*non convexe*), bien connue en intelligence artificielle, adaptée pour notre propos sous les espèces de la *série temporelle*. La section 2 définit dans ce cadre un certain nombre de notions et d'opérations nécessaires à la for-

102 Par exemple, la relation NARRATION de la SDRT, équivalente au $\wedge_{\text{ANT}}$ ci-dessus.

malisation des phénomènes itératifs en langue. La notion de série constitue la base formelle de l'ensemble de nos analyses.

Sémantique des expressions de localisation temporelle itératives

En tout premier lieu, un *calcul compositionnel* de la sémantique des expressions de localisation temporelle itératives, formulée en termes de séries, a pu être défini. Ce calcul utilise de manière essentielle – et illustre de manière particulièrement riche – les opérations sur les séries définies en section 2.

Intervalles associés aux procès itératifs

Cet appareillage permet, pensons-nous, de donner un cadre mathématique rigoureux aux représentations temporo-aspectuelles présentées au chapitre 1 de l'ouvrage. Ces représentations reposent sur la notion de *procès type* (ou *modèle*) et de *procès global* (*itération*) répétant ce procès au cours du temps. Nous avons pu proposer une définition précise des différents intervalles (intervalles de *procès* et de *référence*) associés tant au procès type qu'à l'itération. Un point important est ici la reformulation de la notion d'intervalle de procès *global* qui devient un intervalle généralisé, c'est-à-dire une *série*, représentant l'ensemble des occurrences du procès itéré.

De la même manière, un complément circonstanciel itératif se voit associer à la fois une série, représentant la suite des périodes temporelles dénotées, et un intervalle (convexe) type, représentant un intervalle «prototypique» de cet ensemble de périodes.

Calcul de la relation circonstancielle temporelle itérative

Cette évolution nous permet de proposer les principes d'un calcul de la relation circonstancielle, comme rapport entre le jeu d'intervalles associé au procès et son analogue associé au circonstant temporel. Lorsque le circonstant est unitaire (c'est-à-dire définissant un intervalle convexe) l'affaire est assez simple: le calcul du cas semelfactif est simplement transposé, en prenant l'enveloppe convexe de la série du procès comme intervalle de procès. Lorsque le circonstant est lui-même itératif l'affaire est plus complexe et nous avons montré que le calcul doit faire apparaître deux facettes:

- Une mise en correspondance, *a priori* partielle, des deux séries (c'est-à-dire entre une *sous-série* de chacune d'elle): ce que nous avons appelé avec la relation *d'alignement*, qui établit en quelque sorte une relation de fréquence relative;
- Une relation temporelle (précédence, inclusion, coïncidence...) établie entre l'intervalle circonstanciel type (qui est convexe) et l'intervalle de procès ou de référence du procès type.

La relation entre circonstant et procès doit faire intervenir *simultanément* ces deux aspects, et nous avons proposé deux procédés pour la spécifier formellement: un premier en termes de quantification et un second dans lequel la relation d'alignement est un objet formel à part entière, ce qui permet d'en spécifier aisément les propriétés.

Ce point est essentiel car, de nouveau, nous pensons l'avoir montré, la relation d'alignement est en général *non bijective*. En premier lieu intervient la structure de *focalisation* (ou *structure informationnelle*) de l'énoncé, qui en quelque sorte l'oriente: depuis la totalité de la série du substrat (circonstanciel ou procès) vers une sous-série de la série du foyer (resp. procès ou circonstanciel). D'autres éléments de l'énoncé pouvant apporter des contraintes supplémentaires, d'ordre sémantique et/ou pragmatique.

Nous souhaitons souligner ici que ces questions ne sont (à notre connaissance) que très partiellement discutées dans la littérature. Seule S. Rothstein *(op. cit.)* semble avoir clairement identifié la question des propriétés de la relation d'alignement – sans disposer toutefois de l'appareil formel mis en place ici-même, et sans identifier le rôle de la structure informationnelle. Et la question de la relation temporelle entre occurrences du CC et du procès semble largement ignorée, avec des configurations étudiées (c'est-à-dire des prépositions ou des conjonctions introduisant le circonstant) impliquant une simple inclusion ou coïncidence.

Notons encore que, dans les travaux de notre connaissance, c'est toujours le CC qui fournit le domaine de quantification, alors que, nous l'avons vu, la structure de focalisation peut conduire à une orientation inverse, du procès vers le CC. Seule l'homogénéité de représentation entre le CC et le procès – association d'une série aux deux objets – permet d'établir cette symétrie.

Sémantique phrastique et lexicale des adverbes fréquentiels

La dernière question étudiée en détail dans ce chapitre est celle de la sémantique des adverbes itératifs (fréquentatifs ou numéraux). Deux facettes de nouveau doivent être selon nous distinguées. L'une, dite ici *phrastique*, vise à déterminer quels éléments de la sémantique de l'énoncé sont *modifiés*, et l'autre, dite *lexicale*, à spécifier l'information de *fréquence* portée par l'adverbe.

Pour le premier point, il est acquis par plusieurs auteurs que la structure de focalisation est de première importance, ainsi que la présence ou non de circonstanciels itératifs. Nous avons proposé de généraliser et d'abstraire quelque peu ces observations en identifiant deux types de configurations: selon que le substrat (circonstanciel ou procès) est itératif – et l'adverbe opère alors une *sélection* des occurrences du substrat; ou non – et l'adverbe précise alors le *découpage temporel* de l'intervalle qu'il spécifie. Sur le plan formel, on passera dans le premier cas – et uniquement dans ce cas – d'une quantification «simple» à une notion de *quantificateur temporel généralisé*.

Concernant le volet lexical de la sémantique, nous proposons un cadre général d'analyse permettant de caractériser de manière mathématique rigoureuse les différents adverbes. Cette caractérisation fait intervenir à la fois des propriétés de fréquence et de régularité – ce dernier aspect étant semble-t-il ignoré de la littérature –, formalisées en termes d'indicateurs statistiques. Il convient de noter que seule la disponibilité d'un objet global «série», rassemblant l'ensemble des occurrences, autorise la définition de ces indicateurs.

L'ensemble de cette étude souligne, nous semble-t-il, l'adéquation d'un point de vue «centré sur les intervalles» à une formalisation poussée de l'itération en langue. Elle souligne aussi la complexité du phénomène, à la modélisation duquel nous espérons avoir apporté quelques outils formels. La place de la quantification au sein de ce modèle mérite tout particulièrement quelques ultimes commentaires.

8.2 Pluralité verbale, quantification et séries temporelles

Un de nos points de départ était, dès l'introduction de cet ouvrage, un questionnement critique sur les approches quantificationnelles de l'itération. Pour autant, il n'aura pas échappé au lecteur que la quantification, qu'elle soit «simple» ou «généralisée» tient une place, sinon exclusive, du moins non négligeable dans notre modèle. Il est donc temps de préciser notre position et, en quelque sorte, notre vision d'un «bon usage» de ce type de technique dans la modélisation de l'itération.

En revenant toujours à nos prémisses, ce que nous contestions dans une modélisation en termes de quantification trop «brutale» c'est la perte du procès itéré *dans son unité*. Selon notre analyse, il faut considérer que (8.1.b), au même titre que (8.1.a), *introduit un procès* dans l'univers du discours: seule la valeur aspectuelle change, passant d'un semelfactif à un itératif.

(8.1.a) Hier, Jean est allé à la piscine.

(8.1.b) Jean va à la piscine tous les jours.

Une itération possède donc une double nature: unitaire comme tout procès, et multiple par la multiplicité des occurrences du procès modèle qu'il stipule. Une représentation telle que (8.2) – pour (8.1.b) – ne conserve que la multiplicité:

(8.2) $\forall t\ \text{jour}(t) \Rightarrow \exists e\ (e \subseteq t\ \&\ \text{'Jean aller à la piscine'}(e))$

Un autre problème est celui des itérations sans domaine de quantification, notamment dans des phrases *habituelles* telles que:

(8.3) (a) Paul fume. (b) Paul fume souvent. (c) Longtemps je me suis couché de bonne heure (d) Il pleut souvent en Normandie.

dans lesquelles l'absence de CC rend très problématique l'expression d'une quelconque quantification[103].

La notion de série est notre manière de résoudre la contradiction, étant elle-même *une* comme objet et *multiple* par la collection de composantes qu'elle rassemble. Nous pouvons alors conserver le principe constructiviste de *l'introduction d'un objet procès* dans l'univers du discours. La question des

103 Cette question, rappelons le, est au cœur de la première partie de l'ouvrage de G. Kleiber de 1987.

énoncés habituels de type (8.3) est *ipso facto* résolue. Tandis que les «vraies» questions de quantification trouvent dans l'objet série un support dont nous venons de rappeler la fécondité[104].

Terminons par quelques notes bibliographiques montrant, selon nous, que la notion de série semble en quelque sorte pressentie par divers auteurs. Particulièrement explicite est Ogihara (*op. cit.*, p. 11)[105]: analysant l'énoncé (8.4), il constate que l'explicitation (8.5) n'est pas adéquate dans la mesure où cette formule est satisfaite dans le cas de l'existence d'un unique t', indépendant de t: autrement dit, il suffit que John allume une cigarette une fois, avant son premier appel téléphonique, pour que la formule soit vraie!

(8.4) Before John makes a phone call, he always lights up a cigarette

(8.5) $\forall$t [John makes a phone call at t] $\rightarrow$ $\exists$t' [t'<t John lights up a cigarette at t]

Sa proposition pour résoudre le problème est la suivante:

> The problem is avoided if we assume that always quantifies over a preselected set of non-overlapping intervals. This is based upon our intuition that when we use always, we think of all the relevant situations that fit some description and are disjoint from one another

L'auteur introduit donc la notion «d'ensemble d'intervalles sans chevauchement» (*non-overlapping intervals*) c'est-à-dire très exactement ce que nous avons appelé une série. Seule l'introduction d'un tel objet permettrait de décrire la correspondance entre deux séquences d'événements, comme dans (8.4). Notons le statut cognitif fort qui lui est attribué par l'auteur: *we think of all the relevant situations that fit some description.*

Evoquons également (Van Eynde 1987) qui introduit «un ensemble de sous-intervalles distincts, sans chevauchement, inclus dans le cadre temporel» (*a set of distincts, non-overlapping subintervals which are all part of the frame time*) contenant toutes les instances de l'événement itéré, et sur lesquels seront situées les occurrences de cet événement. Cet objet joue un rôle essentiel dans son modèle, sans toutefois recevoir un traitement formel très abouti[106].

104 Sans prétendre, redisons-le ici, résoudre toutes les questions liées à la pluralité verbale.

105 Une discussion, sous un autre angle, figure au § 5.4.3.

106 Ainsi la propriété de non chevauchement y est formalisée par la formule: $\cap I = \varnothing$, où I est une variable parcourant l'ensemble des intervalles de l'ensemble considéré.

Enfin, nous retrouvons bien l'idée d'une appréhension globale de la succession des événements itérés chez S. Rothstein: rappelons que l'auteur va jusqu'à proposer l'introduction d'une fonction de correspondance (*matching function*) entre de telles séquences, dont différentes propriétés peuvent être invoquées pour rendre compte de différents effets textuels.

La notion de série proposée dans ce chapitre constitue donc une réponse formelle à ces différentes «intuitions».

8.3 Prolongements, travaux futurs

Un certain nombre de questions demeurent en suspens pour compléter notre projet. Nous en retiendrons principalement trois.

1) Une étude plus systématique, et fondée sur des exemples attestés, de la *relation d'alignement.*
2) Une étude également plus systématique de la *sémantique lexicale des adverbes fréquentatifs*, visant à valider et préciser notre analyse en termes de fréquence et de régularité. Étude fondée sur des expériences psycholinguistiques d'une part, et sur un examen plus approfondi de la littérature concernant la sémantique des termes qualitatifs[107] de l'autre.
3) Une étude des énoncés itératifs *complexes*, et plus généralement de la *mise en discours* d'énoncés itératifs, question écartée ici dans un premier temps et tout juste évoquée en section 7, pour ne pas faire écran à la mise en évidence des principes généraux de l'analyse et du modèle. Il s'agirait d'abord de considérer des énoncés itératifs emboîtés (*L'été, je me baigne tous les jours*) ou dans lequel le procès itéré est constitué de procès coordonnés (*Chaque matin, il se levait, avalait un café très fort, s'habillait et sortait.).* Puis de considérer la manière dont peut se construire, au fil d'un texte, une telle itération complexe – procédé habituel dans le genre romanesque. Le jeu entre énoncé de «lois générales» et itération, évoqué au § 5.6.2, devrait également intervenir ici.

Formule quelque peu imprécise et qui n'implique nullement que les composantes soient disjointes deux à deux.

107 Question classique dans le cadre du raisonnement «flou» ou «qualitatif» en Intelligence Artificielle.

Conclusion

Dans cet ouvrage, trois regards ont été portés sur le phénomène de l'itération en français, guidés par trois cultures, trois types de méthodes: linguistique, informatique, logique. Trois regards, certes, mais guidés par une forte convergence sur un ensemble de principes et d'observations que nous voudrions mettre en évidence pour conclure. Deux aspects seront mis en avant: celui de l'expression de l'itération et celui de sa modélisation sémantique.

1. Modélisation

Deux traditions se partagent les études sur l'itération: la première, dite «nominale» entend traiter ce phénomène en termes de quantification sur des événements réifiés, tandis que la seconde, dite «verbale» y voit une catégorie aspectuelle, l'aspect itératif. Toutefois un rapprochement apparaît aujourd'hui nécessaire et semble en effet à l'œuvre – comme en témoignent par exemple les travaux de Maria Asnes (2004, 2008). Ces diverses positions et propositions ont été exposées et discutées en différentes occurrences dans notre ouvrage et nous voudrions ici synthétiser les lignes de force de nos propres réponses.

L'itération comme objet conceptuel

Une considération sous-tend dans une très large part l'ensemble de l'étude, l'idée selon laquelle un énoncé itératif fait l'objet d'une *double appréhension:*

- celle du *procès modèle* (ou *occurrence type*, ou encore *itérant*) d'une part: l'entité événementielle (ou plus généralement l'*éventualité*, état ou événement) générique;
- celle du procès *global* (*série itérative*) de l'autre: l'itération proprement dite, conçue comme ensemble des occurrences du modèle, et donnant accès à ces occurrences.

Un procès itératif est donc par lui-même un objet sémantique complexe, possédant une structure interne à double facette. Plusieurs arguments ont été avancés à l'appui de cette thèse dès l'introduction, et développés ensuite: en termes d'aspect et de relations circonstancielles, qui peuvent porter «aux deux niveaux» d'une part; en termes de dynamique discursive de l'autre, chaque facette pouvant apparaître de manière plus ou moins saillante au fil d'un texte.

Eu égard à la dualité de traditions susmentionnée, ce principe constitue le socle de notre propre synthèse: l'appréhension d'une série itérative comme objet à part entière donne droit à l'idée de procès itératif; le rapport entre procès modèle, générique, et multiplicité des occurrences renvoie à l'idée de quantification.

Ceci étant posé, la question apparaît immédiatement de situer cette construction, de lui donner un statut théorique le plus clair possible, puis d'en donner une description (éventuellement formelle) rigoureuse. Une première réponse (d'orientation linguistique) est donnée au chapitre 1, à travers la notion d'aspect conceptuel. Rappelons qu'il est proposé de requalifier l'opposition classique entre aspect lexical et grammatical en une opposition entre aspect conceptuel et visée aspectuelle: le premier correspond à l'appréhension du procès comme entité sémantique, éventuellement complexe, structurée; la seconde à la présentation (monstration) qui en est faite. La notion *d'aspect itératif*, objet de tous les débats, est alors décrite comme relevant de l'aspect conceptuel. Il entre dans une combinatoire de constitution de procès complexes, aux côtés d'opérations de phasage ou d'agglomération. Une représentation de type algébrique est proposée pour décrire ces structures. Il est montré que de tels *macroprocès* possèdent potentiellement une dimension discursive et peuvent, notamment dans des textes romanesques, s'étendre sur plusieurs phrases, problématique sur laquelle nous reviendrons en toute fin de cette conclusion.

Une seconde réponse, développée au chapitre 2, est d'inspiration cognitive dans son principe et informatique dans sa formalisation. Au plan cognitif, une analogie est dressée avec le dispositif des *espaces mentaux* de Fauconnier: l'évocation du procès modèle se fait dans un espace mental spécifique, plus abstrait que l'espace «de référence» dans lequel se déploie de manière extensionnelle la suite des occurrences du procès itéré. Des mécanismes d'héritage référentiel gèrent, comme chez Fauconnier, le passage de l'un à l'autre, en plus de mécanismes strictement temporels, et permettent de rendre compte de la *généricité* du procès modèle. Une formalisation inspirée des langages de programmation «à objets» vient préciser et en quelque sorte opérationnaliser ces principes. Le concept d'objet apporte en effet une réponse adaptée à la nécessité que nous avons d'une part de pouvoir réifier un certain nombre d'entités (procès modèles, occurrences...) et d'autre part de les organiser les unes par rapport aux autres en tant qu'instances issues de classes entretenant des relations particulières (comme l'héritage et l'association).

Le modèle permet de décrire des structures itératives complexes, relevant, là encore, d'une inscription discursive, au moyen de deux mécanismes complémentaires. Le premier, fondamental, donne corps aux itérations dans leur double identité générique et extensionnelle: il permet en effet de définir, pour une itération donnée, un «modèle itératif», comportant un certain nombre de «procès modèles», et rendant compte du contenu itératif dans sa facette générique. Une itération possède par ailleurs un «itérateur», entité qui permet de cloner ce modèle itératif en un certain nombre d'itérés, de façon extensionnelle, et de projeter ces derniers dans l'espace de référence conformément à la sémantique que porte cet itérateur («tous les lundis», «sept fois», etc.). Parallèlement, un second mécanisme appelé «sélection», permet, à partir d'une itération première, de définir un sous-ensemble parmi ses itérés (relativement à la sémantique d'une expression telle que «les trois premières fois» ou d'adverbes fréquentiels tels que «parfois», «souvent»...) et d'apporter des amendements et/ou des ajouts au contenu de ces derniers (comme des précisions sur les circonstances, l'ajout de procès, etc.).

Ces deux pans du modèle permettent de rendre compte d'une grande diversité d'usages en langue, y compris à un niveau discursif (itération portée par plusieurs propositions). Leur conjugaison apporte une réponse au paradoxe de l'identité double des procès itérés: une occurrence particulière est à la fois un événement unique (notamment du fait que ses bornes temporelles sont, par définition de l'itération, distinctes de celles de toutes les autres occurrences) et un événement semblable (par construction, du fait du clonage multiple d'un même modèle itératif) à tous les autres itérés. Ainsi, dans l'exemple «Il a concouru trois fois à l'ENA. Il a été admissible la première et la troisième fois, pour être finalement reçu», la troisième occurrence possède d'une part un facette générique, celle issue du modèle itératif «concourir à l'ENA», une facette plus singulière, mais encore partagée sélectivement par les occurrences 1 et 3, «être admissible», et enfin une facette totalement singulière, «être reçu».

Itération et temporalité

Se pose ensuite la question de la modélisation temporelle proprement dite: s'il est admis que l'inscription temporelle d'un procès singulatif se formalise commodément grâce à la notion d'intervalle, comment cette notion peut-elle être utilisée, et éventuellement adaptée, pour traiter de procès itératifs? Sachant que les diverses notions et constructions relatives à l'aspectuo-temporalité sont effectivement définies dans la SdT en termes de relations entre intervalles, comment peuvent-elles être traitées en présence d'énoncés itératifs? En particulier, comment prendre en compte la dualité d'appréhension rappelée ci-dessus?

La clé de notre réponse à ces questions réside dans la notion d'*intervalle généralisé,* notion bien connue dans le domaine de l'intelligence artificielle d'inspiration logique: un intervalle généralisé étant un ensemble d'intervalles «standard», l'inscription temporelle d'un procès itératif s'exprime de manière naturelle en ces termes. Autrement dit, et en première approche, l'intervalle généralisé est au procès itératif ce que l'intervalle standard est au singulatif. Cette première idée est totalement confortée par l'étude des circonstanciels de localisation temporelle itératifs, par exemple mais non exclusivement calendaires, dont la sémantique s'exprime et se calcule grâce à un jeu d'opérateurs et de relations sur ces structures.

S'agissant maintenant de la visée aspectuelle la dualité type/itération va se traduire par une double visée, reposant sur un double jeu d'intervalles: au niveau type, un couple d'intervalles standard «de procès» et «de référence» comme dans le cas singulatif; tandis qu'au niveau itéré, l'intervalle de procès devient «généralisé». On voit donc l'unification de traitement opérer entre singulatif et itératif grâce à la généralisation de la notion d'intervalle, les règles linguistiques de calcul des valeurs aspectuelles et temporelles faisant l'objet d'une adaptation «légère».

Selon les mêmes principes, un calcul de la relation circonstancielle itérative peut être développé comme mise en relation d'intervalles *généralisés*. La problématique de la quantification reprend ici ses droits, mais porte sur des intervalles plutôt que sur des procès réifiés. Le fait de disposer dans une structure «globale» de l'ensemble des occurrences permet une représentation «fine» du rapport entre les occurrences du procès et du circonstanciel, de localisation temporelle; il permet également de définir rigoureusement (et mathématiquement) la notion de «distribution fréquentielle» inhérente à la sémantique des adverbes de fréquence. Au total donc, le hiatus entre les deux traditions, quantificationnelle (nominale) et aspectuelle (verbale), se trouve ainsi réduit, sur le plan de la représentation temporelle, grâce à l'introduction d'intervalles généralisés constituant le domaine de quantification.

2. L'expression de l'itération

A la question traditionnelle des marqueurs (ou déclencheurs, sources, etc.) de l'itération et de leur combinatoire locale, nous joindrons ici celle, peu étudiée semble-t-il quoique aisément observable en corpus, de son déploiement en discours.

Les sources de l'itération

L'itération peut être exprimée de façon *explicite*, au moyen de marqueurs spécifiquement itératifs (ex. *chaque semaine, à trois reprises, de temps en temps*, etc.), ou *implicite* (en l'absence de tels éléments).

Parmi les marqueurs itératifs, on distingue, d'un point de vue énonciatif, les marqueurs *présuppositionnels* des marqueurs *non présuppositionnels*. Les premiers (ex. *encore, déjà, re-, une fois de plus, habituel*, etc.) servent à poser un procès comme s'inscrivant dans une série itérative présupposée (ex. «*Il est, cette fois encore, en danger*»). Les seconds posent simultanément une série itérative et une occurrence-type de procès constitutif de cette série (ex. «*Il se baigne fréquemment*»). Ces deux entités peuvent alors faire l'objet de diverses déterminations aspectuo-temporelles (visées aspectuelles, compléments de temps, de durée, relations chronologiques, etc.). Ainsi dans l'exemple modifié «*Depuis deux mois, il se baigne fréquemment pendant deux heures*», le premier complément de durée porte sur la série itérative et induit une visée aspectuelle inaccomplie, alors que le second porte sur l'occurrence-type et implique une visée globale, aoristique.

Par ailleurs, on doit encore distinguer, au plan sémantique, les marqueurs *répétitifs*, qui indiquent que le nombre d'occurrences de procès dont la série est constituée est déterminé, sans qu'il soit nécessairement précisé (ex. *trois fois*, *à plusieurs reprises*, etc.), et les marqueurs *fréquentatifs* qui laissent ce nombre indéterminé, se contentant d'une indication de fréquence (ex. *souvent*, *parfois*, *rarement*, etc.). Les séries répétitives sont intrinsèquement bornées (compatibles, au passé composé, avec [*en* + durée]), alors que les série fréquentatives sont bornées de façon extrinsèque (compatibles, au passé composé, avec [*pendant* + durée]).

Les marqueurs répétitifs peuvent entrer dans la portée de marqueurs fréquentatifs. Il y a alors construction d'une itération fréquentative de séries répétitives: «*Il avait coutume de se baigner trois fois dans l'après-midi*». Quoique plus rarement attesté, l'inverse est possible aussi (on obtient ainsi une série répétitive de séries fréquentatives): «*Les trois fois où il est venu à la maison, il a souvent repris du vin*».

Les fréquentatifs peuvent donner lieu à des interprétations différentes selon que l'indication de fréquence qu'ils expriment se rapporte à une période de référence déterminée (lecture *dépendante*: «*Cette semaine-là, il était souvent malade*»), ou indéterminée (lecture *indépendante*: «*Il était souvent malade*»), ce qui, dans certains contextes, génère des ambiguïtés virtuelles: «*Il était chez nous cette semaine-là. Comme il était souvent malade* [*cette semaine-là* ou *en général*?], *on le soignait énergiquement*».

Par ailleurs, lorsqu'ils articulent deux séries itératives (comme dans l'ex. «*Quand il est à la maison, il est souvent malade*»), les fréquentatifs peuvent prendre pour période de référence soit la série globale («*quand il est à la maison*») selon une lecture *relationnelle*, qui évalue un rapport entre les ensembles d'occurrences correspondant à chacune des deux séries, soit l'une des occurrences de cette série, selon la lecture *non relationnelle*, paraphrasable par: «*Chaque fois qu'il est à la maison, il est souvent malade*». Le recours au concept d'intervalle généralisé (convexe ou non convexe) nous a permis d'unifier le traitement de ces différentes interprétations.

Les marqueurs itératifs relèvent de différentes catégories morpho-syntaxiques (lexèmes verbaux, adverbes, locutions adverbiales, groupes prépositionnels, locutions prépositives, subordonnées circonstancielles, etc.). Certains ne sont itératifs qu'en contexte, comme les circonstanciels de date incomplète (ex. «*le lundi*») qui reçoivent une lecture singulative si la date est complétée (de façon singulative) par le contexte (ex. «*cette semaine-là, le lundi...*», et une lecture itérative dans le cas contraire.

La question de l'expression *implicite* de l'itération (fréquentative) donne lieu à des réponses très différentes les unes des autres. On peut dégager trois grandes orientations:

a) On étend à certains temps verbaux la catégorie des marqueurs fréquentatifs qui ne le sont que dans certains contextes. C'est la solution traditionnellement adoptée pour l'imparfait et le présent par les grammaires françaises (voir aussi Lim 2002). On parle alors d'imparfait et de présent «d'habitude».
b) On postule la présence de marqueurs itératifs «invisibles» ou «silencieux», qui occupent une position bien définie dans les structures syntaxiques et sémantiques, mais sont dépourvus de réalisation morphologique et phonétique.
c) On considère que l'itération est une signification émergente, qui résulte d'une résolution de conflit entre contraintes contradictoires. C'est la solution retenue dans cet ouvrage.

La première option peut se prévaloir du fait que d'autres marqueurs fréquentatifs (comme les dates incomplètes) prennent en contexte des valeurs singulatives. Mais elle se heurte à deux difficultés majeures:

– Il s'avère impossible de dissocier nettement deux classes de temps verbaux: (virtuellement) itératifs *versus* singulatifs. Car tous les temps verbaux peuvent entrer dans des énoncés itératifs, et ce même en l'absence de tout marqueur spécifiquement itératif. C'est le cas du passé composé dans l'exemple déjà analysé «*Longtemps, je me suis couché de bonne heure*», ou du passé simple dans «*Toute sa jeunesse, il alla à l'école en bus*». Et pourtant les grammaires ne parlent jamais de passé composé ou de passé simple «d'habitude».

– Cette analyse ne possède aucun caractère prédictif, mais se contente d'enregistrer un effet interprétatif.

Peut-on pour autant rejeter radicalement cette analyse en affirmant que les temps verbaux ne sont pour rien dans la production d'effets de sens itératifs qui ne seraient dus qu'au contexte? Cette position, défendue par Bres (2007), nous paraît excessive, dans la mesure où, à contexte égal, certains temps verbaux bloquent, rendent possible et/ou favorisent l'itération fréquentative: «*En dix minutes, il fit* (singulatif) / *fait* (plausiblement itératif) *le tour du stade*».

La seconde solution (le recours au marqueur silencieux) paraît indispensable pour satisfaire aux exigences d'un calcul compositionnel atomiste du sens itératif fréquentatif, mais en réalité, elle ne fait, elle aussi, qu'enregistrer le produit de l'interprétation. Car on ne peut détecter la présence d'un marqueur fréquentatif silencieux avant d'avoir procédé à l'interprétation de l'énoncé. Il y a là une forme de circularité: on peut calculer et prédire l'interprétation itérative dès lors qu'on prend en compte l'opérateur silencieux, dont on postule l'existence pour rendre compte de l'interprétation itérative.

La troisième option ne peut s'avérer opératoire que si l'on parvient à classer les différents types de conflits dont la résolution débouche sur la construction du sens itératif, et surtout, à analyser ce mode de résolution de conflit de façon suffisamment précise pour donner lieu à des règles prédictives, et suffisamment générale pour avoir une portée explicative.

Le mécanisme général, tel que nous l'avons décrit, est le suivant: nous avons montré que l'occurrence-type du procès itéré et la série itérative constituaient deux Procès *lato sensu*, et pouvaient, à ce titre, faire l'objet de diverses déterminations aspectuo-temporelles. On comprend dès lors en quoi l'émergence d'une valeur itérative (par la double construction d'une occurrence-type et d'une série itérative) permet de résoudre un conflit entre contraintes contradictoires: certaines contraintes vont affecter l'occurrence-type, alors que d'autres vont porter sur la série prise globalement. Et l'on a pu classer l'ensemble des situations de conflit résolues par l'itération, selon que les contraintes en question sont de nature linguistique et/ou pragmatico-référentielle, et selon la dimension sémantique principalement concernée (aspect conceptuel, visée aspectuelle, temps absolu, temps relatif). Dans ce cadre, les temps verbaux, en tant qu'ils codent des instructions aspectuelles et/ou temporelles, sont susceptibles d'entrer en conflit avec d'autres marqueurs aspecto-temporels de l'énoncé (par ex. l'imparfait, qui code l'aspect inaccompli, et un circonstanciel de durée globale, qui exclut ce type de visée) et/ou avec des contraintes pragmatico-référentielles (par ex. la situation d'énonciation qui ne peut correspondre au procès exprimé au présent). Si les temps verbaux ne peuvent, par conséquent, être considérés comme des marqueurs itératifs, ils ne sont pas pour autant sans effet sur l'émergence de l'interprétation itérative fréquentative.

L'itération en discours

Plusieurs phénomènes importants se manifestent lorsque l'on franchit le seuil de la proposition et de la phrase, qui méritent attention et étude. En effet, comme déjà l'indiquait l'extrait de *La recherche* cité dans l'introduction de l'ouvrage, suivi ensuite par d'autres citations attestées[1], il est courant qu'une itération se déploie, par développements successifs, sur tout un empan de texte. Nous pourrons rassembler un ensemble d'observations effectuées au long de cet ouvrage à l'aide l'exemple suivant (G. Flaubert, *Un cœur simple*):

(1) Tous les jeudis, des habitués venaient faire une partie de boston. Félicité préparait d'avance les cartes et les chaufferettes. Ils arrivaient à huit heures bien juste, et se retiraient avant le coup de onze.

Un premier aspect concerne la délimitation même de l'empan à considérer, pour laquelle plusieurs facteurs peuvent intervenir. On peut, fréquemment mais non universellement, observer un phénomène de cadrage discursif au sens de Charolles (1997): dans l'exemple, l'introducteur «tous les lundis» – adverbial en position détachée à l'initiale de phrase – tend à étendre sa portée au delà de la proposition qui le contient, ouvrant ainsi un espace textuel pour une structure itérative complexe. Une relation de discours peut conduire à y inscrire un nouvel énoncé, comme la relation temporelle et intentionnelle marquée par «d'avance» dans la deuxième phrase de (1). Une information temporelle spécifique telle qu'une datation à un niveau de grain

1 Pour une étude sur corpus mettant en évidence ce phénomène, particulièrement dans le genre romanesque mais aussi dans des textes journalistiques, voir Lebranchu (2011).

inférieur («à huit heures, avant le coup de onze») interviendra aussi couramment.

Un autre type de «continuation» est illustré par la suite possible

(2) (a) La soirée se prolongeait parfois autour d'une bouteille de Calva. (b) Il arrivait qu'ils remplacent le boston par un whist

dans laquelle interviennent deux «sélections» dans la suite des jeudis et des parties de cartes. Il peut s'agir comme en (a) de situer une nouvelle série de procès par rapport à une itération précédemment introduite, en établissant une correspondance avec une série extraite de l'itération première. Des mécanismes similaires à ceux qui opèrent dans un calcul circonstanciel (en lecture *relationnelle*) interviennent ici et la notion d'intervalle généralisé nous semble un outil théorique adéquat pour caractériser ce mouvement de correspondance-extraction. Il peut aussi s'agir d'une modification d'informations associées au procès «habituel»: en (b) un amendement apporté à la nature du jeu de cartes pratiqué. Outre l'aspect strictement temporel, apparaît ici la question de la généricité du procès itéré, avec les phénomènes *d'exceptions* habituels dans la relation entre un objet (sémantique) générique et ses instances; question prise en compte dans l'ouvrage grâce à la dualité «modèle-itération» rappelée plus haut.

Il convient encore de relever la dynamique discursive liée à cette dualité, qui peut faire passer d'une *saillance* sur le procès global, la série itérative dans son ensemble (première phrase de (1)), à un focus sur le procès modèle (suite de l'extrait), ou inversement (réintroduction d'une vision globale marquée par les adverbes de fréquence dans la suite (2)).

L'examen de l'ensemble de ces questions nous semble devoir être intégré à l'étude de l'itération en langue et en discours, et a de fait influé de manière substantielle sur nos propositions de modélisation.

Bibliographie

Abeillé, A., Doetjes, J., Molendijk, A., de Swart, H. (2004). Adverbs and quantification. *In* F. Corblin, et H. de Swart (éds). *Handbook of French Semantics*, CSLI, Stanford: 185-210.

Allen, J.F. (1983). Maintaining Knowledge About Temporal Intervals. *Comm. of the ACM* 26, 11: 832-843.

Allen, J.F., Hayes, P.J. (1989). Moments and points in an interval-based temporal logic. *Computational Intelligence*: 225-238.

Amiot, D. (2002). *Re-* préfixe aspectuel? *Cahiers Chronos* 10: 1-20.

Apothéloz, D. (2008). *Entrer quelques instants* VS *arriver quelques instants*. Le problème de la spécification de la durée de l'état résultant. *Verbum* 30, 2-3: 199-219.

Aristote (éd. 1977). *De l'interprétation*. trad. J. Tricot. Vrin, Paris.

Aristote (éd. 1983). *Ethique à Nicomaque*. trad. J. Tricot. Vrin, Paris.

Asher, N., Lascarides, A. (2003). *Logics of Conversation*. C.U.P., Cambridge.

Asnes, M. (2004). *Référence nominale et verbale. Analogies et interactions*. Presses de l'Université Paris-Sorbonne, Paris.

Asnes, M. (2007). Aspectual interactions between predicates and their external arguments in French. *Cahiers Chronos* 17: 67-80.

Asnes, M. (2008). Quantification d'objets et d'événements: analyse contrastive des quantifieurs nominaux et des flexions verbales. *Langages* 169: 82-91.

Barcelo, G. J. et Bres, J. (2006). *Les temps de l'indicatif en français*. Paris, Ophrys.

Barwise, J., Cooper, R. (1981). Generalized Quantifiers and Natural Language, *Linguistics and Philosophy* 4: 159-219.

Battistelli, D., Chagnoux, M., Desclés, J.-P. (2006). Référentiels et ordonnancements temporels dans les textes, Information temporelle, procédures et ordre discursif. *Cahiers Chronos* 18, Rodopi, Amsterdam (24 pages).

Battistelli, D., Minel, J.L., Schwer, S. (2006). Représentation des expressions calendaires dans les textes: vers une application à la lecture assistée de bibliographies, *Traitement Automatique des Langues* 47,2: 1-24.

Battistelli, D. (2009). *La temporalité linguistique*. Dossier d'HDR, Université Paris X-Nanterre.

Becher, G. (1996). First Order Modal Temporal Logic with Generalized Intervals. *In Proceedings 3rd International Workshop on Temporal Representation and Reasoning (TIME'96)*, IEEE Press, New York: 29-36.

Becher, G., Clérin-Debart, F, Enjalbert, P. (2000). A Qualitative Model for Time Granularity, *Computational Intelligence* 16, 2: 137-168.

Bertinetto, P.M., Lenci, A. (2012). Pluractionality, habituality and gnomic imperfectivity. *In* R. Binnick (éd.). *Oxford Handbook of Tense and Aspect*, Oxford, Oxford University Press: 852-880.

Bilhaut, F. et Widlöcher, A. (2006). LinguaStream: An Integrated Environment for Computational Linguistics Experimentation, *In. Proceedings of the 11th Conference of the European Chapter of the Association of Computational Linguistics* (EACL) (Companion Volume), Trento, Italy.

Boneh, N. et Doron, E. (2008). Deux concepts d'habitualité. *Recherches linguistiques de Vincennes* 37: 113-138.

Boneh, N. et Doron, E. (2010). Modal and Temporal Aspects of Habituality. *In* M. Rappaport Hovav, E. Doron et I. Sichel (eds), *Lexical Semantics, Syntax and Event Structure*, Oxford, O.U.P.: 338-363.

Booch, G., Rumbaugh, J., Jacobson, I. (2000). *The Unified Modeling Language Reference Manual*, éditions Addison-Wesley.

Borillo, A. (1991). De la nature compositionnelle de l'aspect. *Travaux de linguistique et de philologie* 29: 97-102.

Borillo, A. (2005). Peut-on identifier et caractériser les formes lexicales de l'aspect en français? *In* H. Bat-Zeev Shyldkrot et N. Le Querler (éds), *Les périphrases verbales*. Amsterdam, Benjamins: 67-82.

Bouchon-Meunier, B. (1999). *La logique Floue*. Coll. Que Sais-je, N° 2702, PUF, Paris.

Bres, J. (2005). *L'imparfait dit narratif*. CNRS Editions, Paris.

Bres, J. (2007). Fréquence narrative et temps verbal: une approche linguistique à partir de *Un Balcon en forêt* de Gracq. *L'information grammaticale* 115: 42-46.

Carlier, A. (2002). Les propriétés aspectuelles du passif. *Cahiers Chronos* 10: 41-63.

Caron, J. (1989). *Précis de psycholinguistique*. P. U.F., Paris.

Caudal, P. et Vetters, C. (2006). Les temps verbaux: des connecteurs temporels qui s'ignorent? *Cahiers Chronos* 15: 105-137.

Chafe W.L. (1976). Giveness, constrastive-ness, definiteness, subjects, topics and point of view. *Subject and Topic*, Academic Press, New York.

Charolles M. (1997). L'encadrement du discours. Univers, champs, domaines et espace. *Cahier de recherche* linguistique 6: 1-60.

Chierchia, G. (1992). Anaphora and Dynamic Binding. *Linguistics and Philosophy* 15: 111-183.

Col, G. et Victorri, B. (2007). Comment formaliser en linguistique cognitive? Opération de fenêtrage et calcul du sens temporel. *In* G. Achard-Bayle et M.-A. Paveau (éds), *Cognition, discours, contextes*. n° spécial de *Corela* (revue en ligne).

Condamines, A. (1990). *Subordination temporelle en français: Analyse pour une représentation de l'itérativité dans une perspective de traitement automatisé du discours.* Thèse de l'Université Toulouse Le Mirail.

Costachescu, A. (2012). Quantification et prédication: les sources de la prédication multiple. *In* C. Schnedecker et C. Armbrecht (eds), *La quantification et ses domaines.* Paris. Champion: 381-393..

Croft, W. (2011). *Verbs: aspect and argument structure.* Oxford, O.U.P.

Cukierman, D., Delgrande, J. (1996). Characterising Temporal Repetition.. *Proceedings 3rd International Workshop on Temporal Representation and Reasoning (TIME-96),* Key West, Florida: 80-87.

Cunha, L.F. (2012). Frequentative and habitual structures: similarities and differences. *In* C. Schnedecker et C. Ambrecht (éds). La quantification et ses domaines, Champion, Paris: 339-351.

Davidson, D. (1993). *Actions et événements.* Trad. P. Engel. Paris, PUF.

De Mulder, W. et Carlier, A. (2011). *Ça* est-il un pronom impersonnel? *In* D. Amiot, W. De Mulder, E. Moline et D. Stosic (éds), *Ars Grammatica, Hommages à Nelly Flaux.* Peter Lang, Berne: 105-131.

Demirdache, H. et Uribe-Etxebarria, M. (2002). La grammaire des prédicats spatio-temporels: temps, aspects et adverbes de temps. *In* B. Laca (éd.), *Temps et aspect. De la morphologie à l'interprétation.* Saint-Denis: P.U.V.: 125-176.

Desclés J.-P. (1995). Les référentiels temporels pour le temps linguistique. *Modèles linguistiques* XVI, 2: 9-36.

Dik, S. (1989). *The Theory of Functional Grammar.* I. Foris, Dordrecht.

Dik, S. (1997). *The Theory of Functional Grammar* II. Foris, Dordrecht.

Doetjes, J. (2007). Adverbs and Quantification: Degree versus Frequency. *Lingua* 117-4: 685-720.

Dowty, D. (1977). Toward a Semantic Analysis of Verb Aspect and the English 'Imperfective' Progressive. *Linguistics and Philosophy* 1: 45-77.

Dowty, D. (2007). Compositionality as an Empirical Problem. *In* C. Barker et P. Jacobson (eds), *Direct Compositionality.* O.U.P., Oxford: 23-101.

Eberle, K. (1988). Partial Ordering and Aktionsarten in Discourse Representation Theory. *In Proceedings 12th Conference on Computational linguistics, COLING'88,* (Volume 1): 160-165.

Elias, N. (1984/1996). *Du temps,* trad. M. Hulin. Fayard, Paris.

Engel, P. (1994). *Davidson et la philosophie du langage.* PUF, Paris.

Erteschik-Shir, N. et Rapoport, T. (2010). Contact and Other Results. *In* M. Rappaport Hovav, E. Doron et I. Sichel (eds), *Lexical Semantics, Syntax and Event Structure.* O.U.P., Oxford: 59-75.

Everaert, M. (2010). The Lexical Encoding of Idioms. *In* M. Rappaport Hovav, E. Doron et I. Sichel (eds), *Lexical Semantics, Syntax and Event Structure.* O.U.P., Oxford: 76-98.

Fauconnier G. (1984). *Espaces mentaux: Aspects de la construction du sens dans les langues naturelles.* Les Editions de Minuit, Paris.

Fintel, K. von (1996/2004). A minimal Theory of adverbial Quantification. *In* B. Partee et H. Kamp (eds), *Context Dependance in the Analysis of Linguistic Meaning.* Elsevier, Amsterdam: 137-175.

Fournier, B. (2000). *Histoire du quatuor à cordes* T. 1. Fayard, Paris.

Franckel, J.-J. (1989). *Etude de quelques marqueurs aspectuels du français.* Droz, Genève.

François, J. (1989). *Changement, Causation, Action. Trois catégories sémantiques fondamentales du lexique verbal français et allemand.* Droz, Genève.

François, J. (2003). *La prédication verbale et les cadres prédicatifs.* Peeters, Louvain.

François, J. (2008). *Commencer par / finir par:* un couple mal assorti. *Scolia* 23:. 29-44.

Fuchs, C. (1994). *Paraphrase et énonciation.* Ophrys, Gap.

Fuchs, C. (1995). *Encore...* des paraphrases: approches linguistiques de la signification et mises en perspective cognitives. *In* J. Bouscaren, J.-J. Franckel, et S. Robert (éds.), *Langues et langage. Problèmes et raisonnement en linguistique. Mélanges offerts à Antoine Culioli.* P.U.F., Paris: 279-300.

Fuchs, C., Gosselin, L., et Victorri, B. (1991). Polysémie, glissements de sens et calcul des types de procès. *Travaux de linguistique et de philologie* 29: 137-169.

Genette, G. (1972). *Figures III.* Ed. du Seuil, Paris.

Gosselin, L. (1996). *Sémantique de la temporalité en français.* Duculot, Louvain-la-Neuve.

Gosselin, L. (1999). Le sinistre Fantômas et l'imparfait narratif. *Cahiers de praxématique* 32: 19-42.

Gosselin, L. (2005). *Temporalité et modalité.* De Boeck-Duculot, Bruxelles.

Gosselin, L. (2007). Les séquences de connecteurs temporels: ordre et informativité des constituants. *Cahiers Chronos* 18: 47-68.

Gosselin, L. (2010a). Les relations entre périphrases aspectuelles et conjugaisons en français. *In*: N. Flaux, D. Stosic et C. Vet (éds), *Interpréter les temps verbaux.* Peter Lang, Berne: 33-61.

Gosselin, L. (2010b). Entre lexique et grammaire: les périphrases aspectuelles du français. *Cahiers de Lexicologie* 96: 67-95.

Gosselin, L. (2010c). *Les modalités en français.* Rodopi, Amsterdam-New York.

Gosselin, L. (2011). L'aspect de phase en français: le rôle des périphrases verbales. *Journal of French Language Studies* 21.3: 149-171.

Gosselin, L. (2013). The semantics and pragmatics of the interaction of time and modality in French. *In* K. Jaszczolt et L. de Saussure (eds), *Time: Language, Cognition, and Reality*. Oxford, O.U.P.

Gosselin, L. et François, J. (1991). Les typologies de procès: des verbes aux prédications. *Travaux de linguistique et de philologie* 29: 19-86.

Gosselin, L. et Person, C. (2005). Temporalité. *In* Enjalbert, P. (dir.), *Sémantique et traitement automatique du langage naturel (chapitre 5)*, Hermès, Coll. IC2: 173-213.

Gruber T. (1993). Towards Principles for the Design of Ontologies Used for Knowledge Sharing. *In Formal Ontology in Conceptual Analysis and Knowledge Representation,* Kluwer Academic Publishers.

Guinaudeau, C. et Schwab, F. (2007). *Analyse syntaxique et sémantique de l'itération.* Mémoire de Master 1, Département d'Informatique, Université de Caen.

Guillaume, G. (1974). *Leçons de linguistique 1949-1950.* Québec, Presses de l'Université Laval.

Haillet, P. (2007). *Pour une linguistique des représentations discursives.* De Boek-Duculot, Bruxelles.

Hamma, B. (2004). *Commencer par* et *finir par*, des semi-auxiliaires non élus à l'unanimité. *Débuter, terminer* et *couronner + par*, des candidats malheureux à l'"auxiliarité". *In* C. Vaguer et B. Lavieu (éds.), *Le Verbe dans tous ses états: grammaire, sémantique, didactique.* Presses Universitaires de Namur: 95-115.

Harper L., Mani I., Dundheim B. (Dir.) (2001). *ACL Workshop on Temporal and Spatial Information Processing*, 39th Annual Meeting and 10th Conference of the European Chapter. Association for Computational Linguistics.

Hendriks, P. de Hoop, H., Krämer, I, de Swart, H. et Zwarts, J. (2010). *Conflicts in Interpretation.* Equinox, Londres.

Herburger E. et Mauck, S (1989). Conditionals, adverbs of quantification, and generics. *In* Chierchia, G., B. Partee and R. Turner (Eds), *Properties, Types and Meaning. Vol II: Semantic.*

Hornstein, N. (1990). *As Time Goes By.* MIT Press, Cambridge, MA.

Kamp, H. et Rohrer, C. (1983). Tense in Texts. *In* R. Bauerle, Ch. Schwarze et A. von Stechow (éds), *Meaning, Use and Interpretation of Language.* De Gruyter, Berlin: 250-269.

Kamp, H., Reyle, U. (1993). *From Discourse to Logic*, 2 volumes. Kluwer Academic Press, Dordrecht.

Karttunen, L. (1976). Discourse Referents. *In* McCawley, J. D. (ed.), *Syntax and Semantics 7: Notes from the Linguistic Underground.* Academic Press, New York: 363-85.

Kaufman, S., Condoravdi, C., Harizanov, V. (2006). Formal Approaches to Modality. *In* W. Frawley (ed.), *The Expression of Modality*. Berlin, Mouton-De Gruyter: 71-106.

Kayser, D. (1997). *La représentation des connaissances*. Hermès.

Keenan, E. (1996). The Semantics of Determiners. *In* Shalom Lappin (ed), *The Handbook of Contemporary Semantic Theory*, Blackwell: 41-63.

Kleiber, G. (1987). *Du côté de la référence verbale. Les phrases habituelles*. Peter Lang, Berne.

Kleiber, G. (2003). *Entre les deux mon cœur balance* ou L'imparfait entre aspect et anaphore. *Langue Française* 138: 8-19.

Klein, W. (1994). *Time in Language*. Routledge, Londres.

Krifka, M. (1992). A Framework for Focus-Sensitive Quantification. *SALT 2*: 215-236.

Krifka, M. (1998). The Origins of Telicity. *In* S. Rothstein (ed.), *Events and Grammar*. Dordrecht, Kluwer: 197-235.

Kronning, H. (1996). *Modalité, cognition et polysémie: sémantique du verbe modal «devoir»*. Acta Universitatis Upsaliensis, Uppsala, distr.: Almqvist & Wiksell, Stockholm.

Laca, B. (2005). Périphrases aspectuelles et temps grammatical dans les langues romanes. *In* H. Bat-Zeev Shyldkrot et N. Le Querler (éds), *Les périphrases verbales*. Amsterdam, Benjamins: 47-66.

Laca, B. (2006). Pluriactionnalité. *In* D. Godard, L. Roussarie et F. Corblin (éds.), *Sémanticlopédie: dictionnaire de sémantique*, GDR Sémantique & Modélisation, CNRS. http://www.semantique-gdr.net/dico/.

Ladkin, P. (1996). Time Representation: A Taxonomy of Interval Represeantation. *In Proceedings 4th AAAI Conference On Artificial Intelligence (AAAI-86)*. Morgan-Kaufman: 360-366.

Lagerqvist, H. (2009). *Le subjonctif en français moderne. Esquisse d'une théorie modale.* Paris, P.U.P.S.

Lakoff, G. (1987). *Women, Fire and Dangerous Things*, Chicago U.P.

Lambrecht, K. (1994). *Information Structure and Sentence Form*. Cambridge. C.U.P.

Lambrecht, K. (2004). Un système pour l'analyse de la structure informationnelle des phrases. L'exemple des constructions clivées. *In* J. Fernandez-Vest et S. Carter-Thomas (dir.), *Structure informationnelle et particules énonciatives*, Paris, L'Harmattan: 21-61.

Langacker, R. (1987). *Foundations of Cognitive Grammar* I. Stanford U.P.

Langacker, R. (1992). *Foundations of Cognitive Grammar* II. Stanford U.P.

Lasersohn, P. (1995). *Plurality, Conjunction and Events*. Dordrecht. Kluwer.

Lasersohn, P. (1998). Events in the semantics of collectivizing adverbials. *In* S. Rothstein (ed.), *Events in Grammar*. Dordrecht. Kluwer: 273-292.

Lebranchu, J. (2011). *Etude des phénomènes itératifs en langue: Inscription discursive et Calcul aspectuo-temporel, Vers un traitement automatisé*, Thèse de doctorat en informatique de l'Université de Caen.

Ligozat, G. (1991). On Generalized Interval Calculi. *In Proceedings 9th AAAI Conference On Artificial Intelligence (AAAI-91)*: 234-240.

Lim, J.-H. (2002). *La fréquence et son expression en français*. Champion, Paris.

Martin, R. (1983). *Pour une logique du sens*. Paris, PUF.

Martin, R. (1988). Temporalité et «classes de verbes». *L'information grammaticale* 39: 3-8.

Mascherin, L. (2007). *Analyse morphosémantique de l'aspectuo-temporalité en français. Le cas du préfixe RE-*. Thèse de l'Université de Nancy 2.

Milner, J.-Cl. (1989). *Introduction à une science du langage*. Ed. du Seuil, Paris

Moens, M. et Steedman, M. (1988). Temporal Ontology and Temporal Reference. *Computational Linguistics* 14. 2: 15-27.

Moeschler, J. (1993). Aspects pragmatiques de la référence temporelle: indétermination, ordre temporel et inférence. *Langages* 112: 39-54.

Moeschler, J. (éd.) (1998). *Le temps des événements. Pragmatique de la référence temporelle.* Kimé, Paris.

Molendijk, A. (2001). Frequency, iteration and tense use in French. *In* R. Bok-Bennema, B. de Jonge, B. Kampers-Manhe, et A. Molendijk (eds.), *Adverbial modification*, Selected papers from the Fifth Colloquium on Romance Linguistics, Groningen, 10-12 September 1998, Rodopi, Amsterdam/Atlanta: 79-92.

Molendijk, A., & de Swart, H. (1998). Frequency and tense use in French. *Belgian journal of linguistics* 12: 43-60.

Molinier, Ch., & Lévrier, F. (1999). *Grammaire des adverbes*. Droz, Genève.

Morin, E. (2007). Complexité restreinte, complexité générale. *In* J.-L. Le Moigne et E. Morin (éds), *L'intelligence de la complexité. Epistémologie et pragmatique*. Editions de l'Aube, Paris: 28-64.

Nølke, H. (2001). *Le regard du locuteur 2*. Kimé, Paris.

Ogihara, T. (1995). Non-Factual Before and Adverbs of Quantification. *In* Mandy Simon and Teresa Galloway (eds.), *SALT V*, Cornell University, Ithaca, N.Y.: 273-91.

Partee, B. (1991). Topic, Focus and Quantification. *SALT 1*: 159-187.

Partee, B. (2000). Some Remarks on Linguistic Uses of the Notion of «Event». *In* C. Tenny et J. Pustejovsky (eds.), *Events as Grammatical Objects: The Converging Perspectives of Lexical Semantics, Logical Semantics and Syntax*. CSLI, Stanford: 483-496.

Patard, A. (2007). *L'un et le multiple. L'imparfait de l'indicatif en français. Valeur en langue et usages en discours.* Thèse de l'Université P. Valéry, Montpellier.

Person, C. (2004). *Traitement automatique de la temporalité du récit: implémentation du modèle linguistique SdT*. Thèse de doctorat en informatique de l'Université de Caen.

Platon (éd. 1950). Protagoras. trad. L. Robin. *In Œuvres complètes* I. Gallimard, Bibl. de la Pléiade, Paris: 73-146.

Portner, P. (2009). *Modality*. Oxford, O.U.P.

Pratt, I., Francez, N. (2001). Temporal Prepositions and Temporal Generalized Quantifiers. *Linguistics and Philosophy*, 24, 2: 187-222.

Pratt-Hartmann, I. (2005). Temporal Prepositions and their Logic, *Artificial Intelligence*, 166, 1-2: 1-36.

Provôt A., Desclés, J.-P., et Vinzerich, A. (2010). Invariant sémantique du présent de l'indicatif en français. *Cahiers Chronos* 21: 235-259.

Rastier, F., Cavazza, M. et Abeillé, A. (1994). *Sémantique pour l'analyse*, Masson, Paris.

Reichenbach, H.G. (1947/1980). *Elements of Symbolic Logic*. Dover Publications, New York.

Récanati, F. (2007). *Le sens littéral*. Ed. de L'éclat, Paris.

Rescher, N., Urquhart, A. (1971). *Temporal logic*, Springer-Verlag.

Reyle, U., Rossdeutscher, A. & Kamp, H. (2007). Ups and downs in the theory of temporal reference. *Linguistics and Philosophy* 30: 565-635.

Rimell, L. (2005). Habitual sentences and generic quantification. *In* V. Chand, A. Kelleher, A. J. Rodríguez, and B.Schmeiser (eds.), *Proceedings of the 23rd West Coast Conference on Formal Linguistics*. Cascadilla Press, Somerville: 663-676.

Rooth, M. (1992). A Theory of Focus Interpretation. *Natural Language Semantics* 1: 75-116.

Rosch E. (1973). Natural categories. *Cognitive Psychology* 4: 328-350.

Rothstein, S. (1995). Adverbial quantification over events. *Natural Language Semantics* 3, 1, Springer: 1-31.

Saussure, L. de (1997). Passé simple et encapsulation d'événements. *Cahiers de linguistique française* 19: 323-344.

Saussure, L. de (1998). L'encapsulation d'événements. L'exemple du passé simple. *In* J. Moeschler (éd.), *Le temps des événements. Pragmatique de la référence temporelle*. Kimé, Paris: 245-269.

Saussure, L. de (2003). *Temps et pertinence*. Duculot / de Boeck, Bruxelles.

Saussure, L. de (2010). Pragmatique procédurale des temps verbaux: la question des usages interprétatifs. *In* C. Vet, N. Flaux et D. Stosic (éds), *Interpréter les temps verbaux*, Peter Lang, Berne: 129-160.

Schlyter, S. (1977). *La place des adverbes en –ment en français*. Thèse de l'Université de Constance.

Schwer S. et Tovena L. (2009). Ontologies temporelles et sémantique de la temporalité. *XVIèmes rencontres de Rochebrune, Rencontres interdisciplinaires sur les systèmes complexes naturels et artificiels.*

Setzer A. (2001). *Temporal Information in Newswire Articles: an Annotation Scheme and Corpus Study.* Thèse de doctorat, Université de Sheffield, Royaume-Uni.

Smith, C. (1991). *The Parameter of Aspect.* Dordrecht, Kluwer.

Swart, H. de (1991/1993). *Adverbs of Quantification: A Generalized Quantifier Approach.* Garland, New York.

Swart, H. de (1995). Quantification Over Time. *In* J. van der Does et J. van Eijck (eds), *Quantifiers, Logic, and Language, CSLI Publications, Stanford*

Swart, H. de (1998). Aspect shift and coercion. *Natural Language and Linguistic Theory* 16: 347-385.

Swart, H. de, (2010). Circonstanciels temporels et aspect verbal: interactions dans les contextes épisodiques et habituels. *In* C. Vet, N. Flaux et D. Stosic (éds), *Interpréter les temps verbaux.* Peter Lang, Berne: 83-105.

Talmy, L. (2000). *Toward a Cognitive Semantics*, Volume 1. MIT Press, Cambridge, MA.

Terenziani, P. (1995). Reasoning about periodic events. *In Proceedings International Workshop on Temporal Representation and Reasoning (TIME'95)*, Melbourne, Fl. USA: 134-144.

Thayse, A. (1988). *Approche Logique de l'Intelligence Artificielle*, Dunod.

Theissen, A. (2007). Quantification universelle: *chaque fois / toutes les fois. Verbum* XXIX 3-4: 243-257.

Theissen A. (2008). A propos de la détermination du N fois par l'article défini et par l'adjectif démonstratif. *Travaux de linguistique* 56: 125-139.

Theissen, A. (2009). *Chaque fois/ toutes les fois* + relative: une construction anticipante particulière. *Revue Romane* 44,2: 175-194.

Thomason, R. H. (1984). Combinations of Tense and Modality. *In* D. M. Gabbay et F. Guenthner (eds), *Handbook of Philosophical Logic: Extensions of Classical Logic*, vol. II. Dordrecht, Reidel: 135-165.

Tournadre, N. (2004). Typologie des aspects verbaux et intégration à une théorie du TAM. *Bulletin de la Société de Linguistique de Paris* 99. 1: 7-68.

Tovena, L. (éd.) (2008), Aspect et pluralité d'événements. *Recherches Linguistiques de Vincennes* 37, Presses Universitaires de Vincennes, Saint-Denis.

Tovena, L. & Donazzan, M. (2008). On Ways of Repeating. *Recherches linguistiques de Vincennes* 37: 85-112.

Van Eynde, F. (1987). Iteration and Quantification. *In* J. Groenendijk, M. Stokhof, and F. Veltman (eds.), *Proceedings 6th Amsterdam Colloquium*, Itli, University of Amsterdam: 43-64.

Van Geenhoven, V. (2004). *For*-adverbials, frequentative aspect and pluractionality. *Natural Language Semantics* 12: 135-190.

Van Geenhoven, V. (2005). Atelicity, pluractionality and adverbial quantification. *In* H. Verkuyl, H. de Swart et A. van Hout (eds), *Perspectives on aspect.* Dordrecht, Kluwer: 107-124.

Varenne, F. (2007). *Du modèle à la simulation informatique.* Vrin, Paris.

Vendler, Z. (1967). *Linguistics in Philosophy.* Cornell U. P.

Verkuyl, H. (2005). Aspectual Composition: Surveying the ingredients. *In* H. Verkuyl, H. de Swart et A. van Hout (eds.), *Perspectives on Aspect*, Springer, Dordrecht: 19-39.

Vet, C. (1980). *Temps, aspects et adverbes de temps en français contemporain.* Genève, Droz.

Vet, C. (1981). La notion de «monde possible» et le système temporel et aspectuel du français. *Langages* 64: 09-124.

Vet, C. (2002). Les adverbes de temps: décomposition lexicale et 'coercion'. *In* B. Laca (éd.), *Temps et aspect: de la morphologie à l'interprétation*, Presses Universitaires de Vincennes, Saint-Denis: 179-192.

Vetters, C. (2003). L'aspect global: un effet secondaire d'un contenu procédural? *Cahiers Chronos* 11: 113-131.

Victorri, B. (1997). La polysémie: un artefact de la linguistique? *Revue de Sémantique et de Pragmatique*, 2: 41-62.

Victorri, B. (1999). Le sens grammatical. *Langages* 136: 85-105.

Victorri, B. et Fuchs, C. (1996). *La polysémie. Construction dynamique du sens.* Paris, Hermès.

Vlach, F. (1981). La sémantique du temps et de l'aspect en anglais. *Langages* 64: 65-79.

Vogeleer, S. (2006). La quantification adverbiale et l'indéfini objet des phrases génériques. *Linx* 55:153-172

Vogeleer, S. (2007). La lecture habituelle: quantification, atélicité et nombre. *Verbum*, XXIX 3-4: 259-272.

Widlöcher A. et Mathet Y. (2009). La plate-forme Glozz: environnement d'annotation et d'exploration de corpus. In *Actes de TALN 2009*, Senlis, France.

Wilmet, M. (1997). *Grammaire critique du français.* 1ère éd. Duculot-Hachette, Louvain-la-Neuve.

Wilmet, M. (2010). *Grammaire critique du français.* 5ème éd. De Boeck-Duculot, Bruxelles

Favoriser la confrontation interdisciplinaire et internationale de toutes les formes de recherches consacrées à la communication humaine, en publiant sans délai des travaux scientifiques d'actualité: tel est le rôle de la collection *Sciences pour la communication.* Elle se propose de réunir des études portant sur tous les langages, naturels ou artificiels, et relevant de toutes les disciplines sémiologiques: linguistique, psychologie ou sociologie du langage, sémiotiques diverses, logique, traitement automatique, systèmes formels, etc. Ces textes s'adressent à tous ceux qui voudront, à quelque titre que ce soit et où que ce soit, se tenir au courant des développements les plus récents des sciences du langage.

Ouvrages parus

Sc!

1. Alain Berrendonner – L'éternel grammairien · Etude du discours normatif, 1982 (épuisé)
2. Jacques Moeschler – Dire et contredire · Pragmatique de la négation et acte de réfutation dans la conversation, 1982 (épuisé)
3. C. Bertaux / J.-P. Desclés / D. Dubarle / Y. Gentilhomme / J.-B. Grize / I. Mel'Cuk / P. Scheurer / R. Thom – Linguistique et mathématiques · Peut-on construire un discours cohérent en linguistique? · Table ronde organisée par l'ATALA, le Séminaire de philosophie et mathématiques de l'Ecole Normale Supérieure de Paris et le Centre de recherches sémiologiques de Neuchâtel (Neuchâtel, 29-31 mai 1980), 1982
4. Marie-Jeanne Borel / Jean-Blaise Grize / Denis Miéville – Essai de logique naturelle, 1983, 1992
5. P. Bange / A. Bannour / A. Berrendonner / O. Ducrot / J. Kohler-Chesny / G. Lüdi / Ch. Perelman / B. Py / E. Roulet – Logique, argumentation, conversation · Actes du Colloque de pragmatique (Fribourg, 1981), 1983
6. Alphonse Costadau: Traité des signes (tome I) – Edition établie, présentée et annotée par Odile Le Guern-Forel, 1983
7. Abdelmadjid Ali Bouacha – Le discours universitaire · La rhétorique et ses pouvoirs, 1984
8. Maurice de Montmollin – L'intelligence de la tâche · Eléments d'ergonomie cognitive, 1984, 1986 (épuisé)
9. Jean-Blaise Grize (éd.) – Sémiologie du raisonnement · Textes de D. Apothéloz, M.-J. Borel, J.-B. Grize, D. Miéville, C. Péquegnat, 1984
10. Catherine Fuchs (éd.) – Aspects de l'ambiguïté et de la paraphrase dans les langues naturelles · Textes de G. Bès, G. Boulakia, N. Catach, F. François, J.-B. Grize, R. Martin, D. Slakta, 1985
11. E. Roulet / A. Auchlin / J. Moeschler / C. Rubattel / M. Schelling – L'articulation du discours en français contemporain, 1985, 1987, 1991 (épuisé)
12. Norbert Dupont – Linguistique du détachement en français, 1985
13. Yves Gentilhomme – Essai d'approche microsystémique · Théorie et pratique · Application dans le domaine des sciences du langage, 1985
14. Thomas Bearth – L'articulation du temps et de l'aspect dans le discours toura, 1986
15. Herman Parret – Prolégomènes à la théorie de l'énonciation · De Husserl à la pragmatique, 1987
16. Marc Bonhomme – Linguistique de la métonymie · Préface de M. Le Guern, 1987 (épuisé)
17. Jacques Rouault – Linguistique automatique · Applications documentaires, 1987
18. Pierre Bange (éd.) – L'analyse des interactions verbales: «La dame de Caluire. Une consultation» · Actes du Colloque tenu à l'Université Lyon II (13-15 décembre 1985), 1987
19. Georges Kleiber – Du côté de la référence verbale · Les phrases habituelles, 1987

20. Marianne Kilani-Schoch – Introduction à la morphologie naturelle, 1988
21. Claudine Jacquenod – Contribution à une étude du concept de fiction, 1988
22. Jean-Claude Beacco – La rhétorique de l'historien · Une analyse linguistique du discours, 1988
23. Bruno de Foucault – Les structures linguistiques de la genèse des jeux de mots, 1988
24. Inge Egner – Analyse conversationnelle de l'échange réparateur en wobé · Parler WEE de Côte d'Ivoire, 1988
25. Daniel Peraya – La communication scalène : Une analyse sociosémiotique de situations pédagogiques, 1989
26. Christian Rubattel (éd.) – Modèles du discours · Recherches actuelles en Suisse romande · Actes des Rencontres de linguistique française (Crêt-Bérard, 1988), 1989
27. Emilio Gattico – Logica e psicologia · Studi piagettiani e postpiagettiani, 1989
28. Marie-José Reichler-Béguelin (éd.) – Perspectives méthodologiques et épistémologiques dans les sciences du langage · Actes du Colloque de Fribourg (11-12 mars 1988), 1989
29. Pierre Dupont – Eléments logico-sémantiques pour l'analyse de la proposition, 1990
30. Jacques Wittwer – L'analyse relationnelle · Une physique de la phrase écrite · Introduction à la psychosyntagmatique, 1990
31. Michel Chambreuil / Jean-Claude Pariente – Langue naturelle et logique · La sémantique intentionnelle de Richard Montague, 1990
32. Alain Berrendonner / Herman Parret (éds) – L'interaction communicative, 1990 (épuisé)
33. Jacqueline Bideaud / Olivier Houdé – Cognition et développement · Boîte à outils théoriques · Préface de Jean-Blaise Grize, 1991 (épuisé)
34. Beat Münch – Les constructions référentielles dans les actualités télévisées · Essai de typologie discursive, 1992
35. Jacques Theureau – Le cours d'action · Analyse sémio-logique · Essai d'une anthropologie cognitive située, 1992 (épuisé)
36. Léonardo Pinsky (†) – Concevoir pour l'action et la communication · Essais d'ergonomie cognitive · Textes rassemblés par Jacques Theureau et collab., 1992
37. Jean-Paul Bernié – Raisonner pour résumer · Une approche systémique du texte, 1993
38. Antoine Auchlin – Faire, montrer, dire – Pragmatique comparée de l'énonciation en français et en chinois, 1993
39. Zlatka Guentcheva – Thématisation de l'objet en bulgare, 1993
40. Corinne Rossari – Les opérations de reformulation · Analyse du processus et des marques dans une perspective contrastive français – italien, 1993, 1997
41. Sophie Moirand / Abdelmadjid Ali Bouacha / Jean-Claude Beacco / André Collinot (éds) – Parcours linguistiques de discours spécialisés · Colloque en Sorbonne les 23-24-25 septembre 1992, 1994, 1995

42. Josiane Boutet – Construire le sens · Préface de Jean-Blaise Grize, 1994, 1997
43. Michel Goyens – Emergence et évolution du syntagme nominal en français, 1994
44. Daniel Duprey – L'universalité de «bien» · Linguistique et philosophie du langage, 1995
45. Chantal Rittaud-Hutinet – La phonopragmatique, 1995
46. Stéphane Robert (éd.) – Langage et sciences humaines: propos croisés · Actes du colloque «Langues et langages» en hommage à Antoine Culioli (Ecole normale supérieure. Paris, 11 décembre 1992), 1995
47. Gisèle Holtzer – La page et le petit écran: culture et télévision · Le cas d'Apostrophes, 1996
48. Jean Wirtz – Métadiscours et déceptivité · Julien Torma vu par le Collège de 'Pataphysique, 1996
49. Vlad Alexandrescu – Le paradoxe chez Blaise Pascal · Préface de Oswald Ducrot, 1997
50. Michèle Grossen, Bernard Py (éds) – Pratiques sociales et médiations symboliques, 1997
51. Daniel Luzzati / Jean-Claude Beacco / Reza Mir-Samii / Michel Murat / Martial Vivet (éds) – Le Dialogique · Colloque international sur les formes philosophiques, linguistiques, littéraires, et cognitives du dialogue (Université du Maine, 15-16 septembre 1994), 1997
52. Denis Miéville / Alain Berrendonner (éds) – Logique, discours et pensée · Mélanges offerts à Jean-Blaise Grize, 1997, 1999
53. Claude Guimier (éd.) – La thématisation dans les langues · Actes du colloque de Caen, 9-11 octobre 1997, 1999, 2000
54. Jean-Philippe Babin – Lexique mental et morphologie lexicale, 1998, 2000
55. Thérèse Jeanneret – La coénonciation en français · Approches discursive, conversationnelle et syntaxique, 1999
56. Pierre Boudon – Le réseau du sens · Une approche monadologique pour la compréhension du discours, 1999 (épuisé)
58. Jacques Moeschler, Marie-José Béguelin (éds) – Référence temporelle et nominale. Actes du 3e cycle romand de Sciences du langage, Cluny (15–20 avril 1996), 2000
59. Henriette Gezundhajt – Adverbes en *-ment* et opérations énonciatives · Analyse linguistique et discursive, 2000
60. Christa Thomsen – Stratégies d'argumentation et de politesse dans les conversations d'affaires · La séquence de requête, 2000
61. Anne-Claude Berthoud, Lorenza Mondada (éds) – Modèles du discours en confrontation, 2000
62. Eddy Roulet, Anne Grobet, Laurent Filliettaz, avec la collaboration de Marcel Burger – Un modèle et un instrument d'analyse de l'organisation du discours, 2001
63. Annie Kuyumcuyan – Diction et mention · Pour une pragmatique du discours narratif, 2002

64. Patrizia Giuliano – La négation linguistique dans l'acquisition d'une langue étrangère · Un débat conclu? 2004

65. Pierre Boudon – Le réseau du sens II · Extension d'un principe monadologique à l'ensemble du discours, 2002

66. Pascal Singy (éd.) – Le français parlé dans le domaine francoprovençal · Une réalité plurinationale, 2002

67. Violaine de Nuchèze, Jean-Marc Colletta (éds) – Guide terminologique pour l'analyse des discours · Lexique des approches pragmatiques du langage, 2002

68. Hanne Leth Andersen, Henning Nølke – Macro-syntaxe et macro-sémantique · Actes du colloque international d'Århus, 17-19 mai 2001, 2002

69. Jean Charconnet – Analogie et logique naturelle · Une étude des traces linguistiques du raisonnement analogique à travers différents discours, 2003

70. Christopher Laenzlinger – Initiation à la Syntaxe formelle du français · Le modèle *Principes et Paramètres* de la Grammaire Générative Transformationnelle, 2003

71. Hanne Leth Andersen, Christa Thomsen (éds) – Sept approches à un corpus · Analyses du français parlé, 2004

72. Patricia Schulz – Description critique du concept traditionnel de «métaphore», 2004

73. Joël Gapany – Formes et fonctions des relatives en français · Etude syntaxique et sémantique, 2004

74. Anne Catherine Simon – La structuration prosodique du discours en français · Une approche mulitdimensionnelle et expérientielle, 2004

75. Corinne Rossari, Anne Beaulieu-Masson, Corina Cojocariu, Anna Razgouliaeva – Autour des connecteurs · Réflexions sur l'énonciation et la portée, 2004

76. Pascal Singy (éd.) – Identités de genre, identités de classe et insécurité linguistique, 2004

77. Liana Pop – La grammaire graduelle, à une virgule près, 2005

78. Injoo Choi-Jonin, Myriam Bras, Anne Dagnac, Magali Rouquier (éds) – Questions de classification en linguistique: méthodes et descriptions · Mélanges offerts au Professeur Christian Molinier, 2005

79. Marc Bonhomme – Le discours métonymique, 2005

80. Jasmina Milićević – La paraphrase · Modélisation de la paraphrase langagière, 2007

81. Gilles Siouffi, Agnès Steuckardt (éds) – Les linguistes et la norme · Aspects normatifs du discours linguistique, 2007

82. Agnès Celle, Stéphane Gresset, Ruth Huart (éds) – Les connecteurs, jalons du discours, 2007

83. Nicolas Pepin – Identités fragmentées · Eléments pour une grammaire de l'identité, 2007

84. Olivier Bertrand, Sophie Prévost, Michel Charolles, Jacques François, Catherine Schnedecker (éds) – Discours, diachronie, stylistique du français · Etudes en hommage à Bernard Combettes, 2008

85. Sylvie Mellet (dir.) – Concession et dialogisme · Les connecteurs concessifs à l'épreuve des corpus, 2008

86. Benjamin Fagard, Sophie Prévost, Bernard Combettes, Olivier Bertrand (éds) – Evolutions en français · Etudes de linguistique diachronique, 2008

87. Denis Apothéloz, Bernard Combettes, Franck Neveu (éds) – Les linguistiques du détachement · Actes du colloque international de Nancy (7-9 juin 2006), 2009

88. Aris Xanthos – Apprentissage automatique de la morphologie · Le cas des structures racine–schème, 2008

89. Bernard Combettes, Céline Guillot, Evelyne Oppermann-Marsaux, Sophie Prévost, Amalia Rodríguez Somolinos (éds) – Le changement en français · Etudes de linguistique diachronique, 2010

90. Camino Álvarez Castro, Flor Mª Bango de la Campa, María Luisa Donaire (éds.) – Liens linguistiques · Etudes sur la combinatoire et la hiérarchie des composants, 2010

91. Marie-José Béguelin, Mathieu Avanzi, Gilles Corminboeuf (éds) – La Parataxe · Entre dépendance et intégration; Tome 1, 2010

92. Marie-José Béguelin, Mathieu Avanzi, Gilles Corminboeuf (éds) – La Parataxe · Structures, marquages et exploitations discursives; Tome 2, 2010

93. Nelly Flaux, Dejan Stosic, Co Vet (éds) – Interpréter les temps verbaux, 2010

94. Christian Plantin – Les bonnes raisons des émotions · Principes et méthode pour l'étude du discours *émotionné*, 2011

95. Dany Amiot, Walter De Mulder, Estelle Moline et Dejan Stosic (éds) – *Ars Grammatica* · Hommages à Nelly Flaux, 2011.

96. André Horak (éd.) – La litote · Hommage à Marc Bonhomme, 2011.

97. Franck Neveu, Nicole Le Querler et Peter Blumenthal (éds) – Au commencement était le verbe. Syntaxe, sémantique et cognition · Mélanges en l'honneur du Professeur Jacques François, 2011.

98. Louis de Saussure et Alain Rihs (éds) – Etudes de sémantique et pragmatique françaises, 2012.

99. L. de Saussure, A. Borillo, M. Vuillaume (éds) – Grammaire, lexique, référence. Regards sur le sens · Mélanges offerts à Georges Kleiber pour ses quarante ans de carrière, 2012.

100. Groupe de Fribourg – Grammaire de la période, 2012

101. C. Guillot, B. Combettes, A. Lavrentiev, E. Oppermann-Marsaux, S. Prévost (éd.) – Le changement en français · Etudes de linguistique diachronique, 2012.

102. Gudrun Vanderbauwhede – Le déterminant démonstratif en français et en néerlandais · Théorie, description, acquisition, 2012.

103. Genoveva Puskás – Initiation au Programme Minimaliste · Eléments de syntaxe comparative, 2013.

104. Coco Norén, Kerstin Jonasson, Henning Nølke et Maria Svensson (éds) – Modalité, évidentialité et autres friandises langagières · Mélanges offerts à Hans Kronning à l'occasion de ses soixante ans, 2013.

105. Jean-Claude Anscombre, María Luisa Donaire, Pierre Patrick Haillet (éds.) – Opérateurs discursifs du français · Eléments de description sémantique et pragmatique, 2013.

106. Laurent Gosselin, Yann Mathet, Patrice Enjalbert, Gérard Becher – Aspects de l'itération · L'expression de la répétition en français: analyse linguistique et formalisation, 2013.

FSC
www.fsc.org
MIX
Papier | Fördert gute Waldnutzung
FSC® C083411

Kolibri 360 GmbH
Ferdinand-Jühlke-Straße 7
99095 Erfurt, Deutschland
produktsicherheit@kolibri360.de